通用规范汉字笔顺规范

Stroke Orders

of the Commonly Used Standard Chinese Characters

中华人民共和国教育部
国家语言文字工作委员会 发布

商务印书馆
创于1897 The Commercial Press

图书在版编目(CIP)数据

通用规范汉字笔顺规范/中华人民共和国教育部,国家语言文字工作委员会发布.—北京:商务印书馆,2021(2024.3重印)
ISBN 978-7-100-19347-4

Ⅰ.①通… Ⅱ.①中…②国… Ⅲ.①汉字—书写规则 Ⅳ.①H124.7

中国版本图书馆 CIP 数据核字(2021)第 005069 号

权利保留,侵权必究。

TŌNGYÒNG GUĪFÀN HÀNZÌ BǏSHÙN GUĪFÀN
通用规范汉字笔顺规范
中华人民共和国教育部 国家语言文字工作委员会 发布

商 务 印 书 馆 出 版
(北京王府井大街36号 邮政编码100710)
商 务 印 书 馆 发 行
北京中科印刷有限公司印刷
ISBN 978-7-100-19347-4

| 2021年2月第1版 | 开本 880×1240 1/16 |
| 2024年3月北京第3次印刷 | 印张 36½ |

定价:138.00元

GF 0023—2020

目　次

前言 ··· Ⅲ
1　范围 ·· 1
2　规范性引用文件 ··· 1
3　术语和定义 ·· 1
4　制定原则 ··· 2
5　《通用规范汉字笔顺表》说明 ··· 2
6　通用规范汉字笔顺表 ·· 2

I

前　言

本规范由教育部语言文字信息管理司提出立项。
本规范由国家语言文字工作委员会语言文字规范标准审定委员会审定。
本规范由教育部、国家语言文字工作委员会发布。
本规范起草单位：教育部语言文字应用研究所。
本规范起草人员：傅永和、王敏、何瑞。

通用规范汉字笔顺规范

1 范围

本规范规定了《通用规范汉字表》所包含的 8105 个汉字的笔顺规范。

本规范主要适用于汉字信息处理、出版印刷、辞书编纂等领域，也可用于汉字教学与研究等方面。

2 规范性引用文件

下列文件对于本规范的应用是必不可少的。凡是注日期的引用文件，仅注日期的版本适用于本规范。凡是不注日期的引用文件，其最新版本（包括所有的修改单）适用于本规范。

通用规范汉字表（2013 年 6 月 5 日国务院发布）

现代汉语通用字笔顺规范（1997 年 4 月 7 日国家语言文字工作委员会和中华人民共和国新闻出版署联合发布）

GF 3001—1997 信息处理用 GB 13000.1 字符集汉字部件规范

GF 3002—1999 GB 13000.1 字符集汉字笔顺规范

GF 3003—1999 GB 13000.1 字符集汉字字序（笔画序）规范

GF 0014—2009 现代常用字部件及部件名称规范

GF 2001—2001 GB 13000.1 字符集汉字折笔规范

ISO/IEC 10646 信息技术—通用编码字符集（Information Technology-Universal Coded Character Set）

3 术语和定义

下列术语和定义适用于本规范。

3.1 笔画 stroke

构成汉字楷书字形的最小书写单位。

3.2 笔形 stroke feature

笔画的形状。楷书汉字最基本的笔形有五种，其排列顺序为横（一）、竖（丨）、撇（丿）、点（丶）、折（乛）。

3.3 主笔形与附笔形（basic stroke feature and subordinate stroke feature）

汉字的五种基本笔形横（一）、竖（丨）、撇（丿）、点（丶）、折（乛）称为主笔形，与主笔形对应的从属笔形（除撇外的主笔形都有相对应的从属笔形）称为附笔形。五种主笔形分别用序号 1、2、3、4、5 表示，笔形按先主后附依次排序。

3.4 平笔笔形与折笔笔形（plane stroke feature and turning stroke feature）

横、竖、撇、点四种主笔形及其对应的附笔形称为平笔笔形，主笔形折及其对应的附笔形称为折笔笔形。

3.5 笔顺 stroke order

书写每个汉字时笔画的次序和方向。

笔顺的表示形式通常有三种：跟随式、笔画式和序号式。

3.6 笔画组合关系 stroke combination

笔画之间的位置关系、比例关系。笔画的位置关系一般有相离、相接和相交三种。

3.7 汉字部件 Chinese character component

由笔画组成的具有组配汉字功能的构字单位。

3.8 汉字结构 Chinese character structure

部件构成汉字时的方式和规则。

3.9 字形 character form

构成方块汉字的二维图形。构成汉字字形的要素是笔画、部件、笔画数、部件数、笔画组合关系及汉字部件的位置关系等。

3.10 字序 character order

汉字在一定的集合中按一定规则排列的次序。

4 制定原则

4.1 稳定性原则

本规范继承以往笔顺规范研制标准，贯彻《现代汉语通用字笔顺规范》《GB 13000.1 字符集汉字笔顺规范》的笔顺规则。

4.2 系统性原则

本规范在遵循笔顺规则的前提下，综合参考其他相关规范，如《GB 13000.1 字符集汉字字序（笔画序）规范》《GB 13000.1 字符集汉字折笔规范》。

本规范按笔画排序时与前述相关规范协调一致。

4.3 实用性原则

本规范立足应用，以现行规范汉字为范围，依据现行汉字的字形特征确定笔顺，也充分调查了现行汉字的检索、排序、教学、书写等方面的需求。

5 《通用规范汉字笔顺表》说明

5.1 本表给出《通用规范汉字表》8105 个汉字的笔顺。每个汉字的笔顺用两种形式表示：一是跟随式，一笔接一笔地写出整字；二是序号式，用横、竖、撇、点、折五个主笔形的序号 1、2、3、4、5 表示。

5.2 本表的字形依据《通用规范汉字表》确定。

5.3 本表 8105 个汉字按照《GB 13000.1 字符集汉字字序（笔画序）规范》统一排序。本表同时保留《通用规范汉字表》的分级序号。

5.4 本表提供 ISO/IEC 10646（Information Technology-Universal Coded Character Set 信息技术—通用编码字符集）国际标准编码，简称 UCS。

6 通用规范汉字笔顺表

汉字	笔顺	《字表》序号	UCS
一 1 画	一 1	0001	04E00
乙 1 画	乙 5	0002	04E59
二 2 画	一 二 1 1	0003	04E8C
十 2 画	一 十 1 2	0004	05341
丁 2 画	一 丁 1 2	0005	04E01
厂 2 画	一 厂 1 3	0006	05382
七 2 画	一 七 1 5	0007	04E03
卜 2 画	丨 卜 2 4	0008	0535C
八 2 画	丿 八 3 4	0009	0516B
人 2 画	丿 人 3 4	0010	04EBA
入 2 画	丿 入 3 4	0011	05165
乂 2 画	丿 乂 3 4	3501	04E42
儿 2 画	丿 儿 3 5	0012	0513F

汉字	笔顺	《字表》序号	UCS
匕 2 画	丿 匕 3 5	0013	05315
几 2 画	丿 几 3 5	0014	051E0
九 2 画	丿 九 3 5	0015	04E5D
刁 2 画	𠃍 刁 5 1	0016	05201
了 2 画	乛 了 5 2	0017	04E86
刀 2 画	𠃍 刀 5 3	0018	05200
力 2 画	𠃍 力 5 3	0019	0529B
乃 2 画	𠄎 乃 5 3	0020	04E43
又 2 画	𠃌 又 5 4	0021	053C8
乜 2 画	乛 乜 5 5	3502	04E5C
三 3 画	一 二 三 1 1 1	0022	04E09
干 3 画	一 二 干 1 1 2	0023	05E72
亍 3 画	一 二 亍 1 1 2	6501	04E8D

汉字	笔顺	《字表》序号	UCS	汉字	笔顺	《字表》序号	UCS
于 3画	一二于 1 1 2	0024	04E8E	万 3画	一丆万 1 5 3	0035	04E07
亏 3画	一二亏 1 1 5	0025	04E8F	弋 3画	一弋弋 1 5 4	3504	05F0B
工 3画	一丅工 1 2 1	0026	05DE5	上 3画	丨上上 2 1 1	0036	04E0A
土 3画	一十土 1 2 1	0027	0571F	小 3画	亅小小 2 3 4	0037	05C0F
士 3画	一十士 1 2 1	0028	058EB	口 3画	丨冂口 2 5 1	0038	053E3
才 3画	一丁才 1 2 3	0029	0624D	山 3画	丨屮山 2 5 2	0039	05C71
下 3画	一丅下 1 2 4	0030	04E0B	巾 3画	丨冂巾 2 5 2	0040	05DFE
寸 3画	一寸寸 1 2 4	0031	05BF8	千 3画	丿二千 3 1 2	0041	05343
大 3画	一ナ大 1 3 4	0032	05927	乞 3画	丿𠂉乞 3 1 5	0042	04E5E
丈 3画	一ナ丈 1 3 4	0033	04E08	川 3画	丿川川 3 2 2	0043	05DDD
兀 3画	一丁兀 1 3 5	3503	05140	亿 3画	丿亻亿 3 2 5	0044	04EBF
九 3画	一ナ九 1 3 5	6502	05C22	彳 3画	丿𠂉彳 3 3 2	6503	05F73
与 3画	一与与 1 5 1	0034	04E0E	个 3画	丿人个 3 4 2	0045	04E2A

3画（丿丶→）　GF 0023—2020

汉字	笔顺	《字表》序号	UCS
夕 3画	3 5 4	0046	05915
久 3画	3 5 4	0047	04E45
么 3画	3 5 4	0048	04E48
勺 3画	3 5 4	0049	052FA
凡 3画	3 5 4	0050	051E1
丸 3画	3 5 4	0051	04E38
及 3画	3 5 4	0052	053CA
广 3画	4 1 3	0053	05E7F
亡 3画	4 1 5	0054	04EA1
门 3画	4 2 5	0055	095E8
丫 3画	4 3 2	0056	04E2B
义 3画	4 3 4	0057	04E49
之 3画	4 5 4	0058	04E4B

汉字	笔顺	《字表》序号	UCS
尸 3画	5 1 3	0059	05C38
己 3画	5 1 5	0060	05DF1
已 3画	5 1 5	0061	05DF2
巳 3画	5 1 5	0062	05DF3
弓 3画	5 1 5	0063	05F13
子 3画	5 2 1	0064	05B50
孑 3画	5 2 1	3505	05B51
卫 3画	5 2 1	0065	0536B
孓 3画	5 2 4	3506	05B53
也 3画	5 2 5	0066	04E5F
女 3画	5 3 1	0067	05973
刃 3画	5 3 4	0068	05203
飞 3画	5 3 4	0069	098DE

汉字	笔顺	《字表》序号	UCS
习 3画	5 4 1	0070	04E60
叉 3画	5 4 4	0071	053C9
马 3画	5 5 1	0072	09A6C
乡 3画	5 5 3	0073	04E61
幺 3画	5 5 4	3507	05E7A
丰 4画	1 1 1 2	0074	04E30
王 4画	1 1 2 1	0075	0738B
亓 4画	1 1 3 2	3508	04E93
开 4画	1 1 3 2	0076	05F00
井 4画	1 1 3 2	0077	04E95
天 4画	1 1 3 4	0078	05929
夫 4画	1 1 3 4	0079	0592B
元 4画	1 1 3 5	0080	05143

汉字	笔顺	《字表》序号	UCS
无 4画	1 1 3 5	0081	065E0
韦 4画	1 1 5 2	3509	097E6
云 4画	1 1 5 4	0082	04E91
专 4画	1 1 5 4	0083	04E13
丐 4画	1 2 1 5	0084	04E10
扎 4画	1 2 1 5	0085	0624E
廿 4画	1 2 2 1	3510	05EFF
艺 4画	1 2 2 5	0086	0827A
木 4画	1 2 3 4	0087	06728
五 4画	1 2 5 1	0088	04E94
支 4画	1 2 5 4	0089	0652F
丏 4画	1 2 5 5	3511	04E0F
厅 4画	1 3 1 2	0090	05385

4画（一丨）　　GF 0023—2020

汉字	笔顺	《字表》序号	UCS
卅 4画	1 3 2 2	3512	05345
不 4画	1 3 2 4	0091	04E0D
仄 4画	1 3 3 4	3513	04EC4
犬 4画	1 3 4 4	0092	072AC
太 4画	1 3 4 4	0093	0592A
区 4画	1 3 4 5	0094	0533A
历 4画	1 3 5 3	0095	05386
歹 4画	1 3 5 4	0096	06B79
友 4画	1 3 5 4	0097	053CB
尤 4画	1 3 5 4	0098	05C24
厄 4画	1 3 5 5	3514	05384
匹 4画	1 3 5 5	0099	05339
车 4画	1 5 1 2	0100	08F66
巨 4画	1 5 1 5	0101	05DE8
牙 4画	1 5 2 3	0102	07259
屯 4画	1 5 2 5	0103	05C6F
戈 4画	1 5 3 4	0104	06208
比 4画	1 5 3 5	0105	06BD4
互 4画	1 5 5 1	0106	04E92
切 4画	1 5 5 3	0107	05207
瓦 4画	1 5 5 4	0108	074E6
止 4画	2 1 2 1	0109	06B62
少 4画	2 3 4 3	0110	05C11
曰 4画	2 5 1 1	0111	066F0
日 4画	2 5 1 1	0112	065E5
中 4画	2 5 1 2	0113	04E2D

汉字	笔顺	《字表》序号	UCS	汉字	笔顺	《字表》序号	UCS
贝 4画	丨 冂 贝 贝 / 2 5 3 4	0114	08D1D	长 4画	ノ 一 长 长 / 3 1 5 4	0127	0957F
冈 4画	丨 冂 冈 冈 / 2 5 3 4	0115	05188	仁 4画	ノ 亻 仁 仁 / 3 2 1 1	0128	04EC1
内 4画	丨 冂 内 内 / 2 5 3 4	0116	05185	什 4画	ノ 亻 什 什 / 3 2 1 2	0129	04EC0
水 4画	亅 水 水 水 / 2 5 3 4	0117	06C34	仃 4画	ノ 亻 仃 仃 / 3 2 1 2	3515	04EC3
见 4画	丨 冂 贝 见 / 2 5 3 5	0118	089C1	片 4画	ノ 丿 片 片 / 3 2 1 5	0130	07247
午 4画	ノ 一 乇 午 / 3 1 1 2	0119	05348	仆 4画	ノ 亻 仆 仆 / 3 2 2 4	0131	04EC6
牛 4画	ノ 一 乇 牛 / 3 1 1 2	0120	0725B	化 4画	ノ 亻 化 化 / 3 2 3 5	0132	05316
手 4画	一 二 三 手 / 3 1 1 2	0121	0624B	仉 4画	ノ 亻 仉 仉 / 3 2 3 5	3516	04EC9
气 4画	ノ 一 乇 气 / 3 1 1 5	0122	06C14	仇 4画	ノ 亻 仇 仇 / 3 2 3 5	0133	04EC7
毛 4画	一 二 三 毛 / 3 1 1 5	0123	06BDB	币 4画	一 厂 币 币 / 3 2 5 2	0134	05E01
壬 4画	一 二 千 壬 / 3 1 2 1	0124	058EC	仂 4画	ノ 亻 仂 仂 / 3 2 5 3	3517	04EC2
升 4画	一 二 升 升 / 3 1 3 2	0125	05347	仍 4画	ノ 亻 仍 仍 / 3 2 5 3	0135	04ECD
夭 4画	一 二 夭 夭 / 3 1 3 4	0126	0592D	仅 4画	ノ 亻 仅 仅 / 3 2 5 4	0136	04EC5

汉字	笔顺	《字表》序号	UCS
斤 4画	3 3 1 2	0137	065A4
爪 4画	3 3 2 4	0138	0722A
反 4画	3 3 5 4	0139	053CD
兮 4画	3 4 1 5	3518	0516E
刈 4画	3 4 2 2	3519	05208
介 4画	3 4 3 2	0140	04ECB
父 4画	3 4 3 4	0141	07236
从 4画	3 4 3 4	0142	04ECE
爻 4画	3 4 3 4	3520	0723B
仑 4画	3 4 3 5	0143	04ED1
今 4画	3 4 4 5	0144	04ECA
凶 4画	3 4 5 2	0145	051F6
分 4画	3 4 5 3	0146	05206

汉字	笔顺	《字表》序号	UCS
乏 4画	3 4 5 4	0147	04E4F
公 4画	3 4 5 4	0148	0516C
仓 4画	3 4 5 5	0149	04ED3
月 4画	3 5 1 1	0150	06708
氏 4画	3 5 1 5	0151	06C0F
勿 4画	3 5 3 3	0152	052FF
欠 4画	3 5 3 4	0153	06B20
风 4画	3 5 3 4	0154	098CE
丹 4画	3 5 4 1	0155	04E39
匀 4画	3 5 4 1	0156	05300
乌 4画	3 5 5 1	0157	04E4C
印 4画	3 5 5 2	6504	0536C
殳 4画	3 5 5 4	6505	06BB3

汉字	笔顺	《字表》序号	UCS
勾 4画	3 5 5 4	0158	052FE
凤 4画	3 5 5 4	0159	051E4
卞 4画	4 1 2 4	3521	0535E
六 4画	4 1 3 4	0160	0516D
文 4画	4 1 3 4	0161	06587
亢 4画	4 1 3 5	0162	04EA2
方 4画	4 1 5 3	0163	065B9
闩 4画	4 2 5 1	3522	095E9
火 4画	4 3 3 4	0164	0706B
为 4画	4 3 5 4	0165	04E3A
斗 4画	4 4 1 2	0166	06597
忆 4画	4 4 2 5	0167	05FC6
计 4画	4 5 1 2	0168	08BA1
订 4画	4 5 1 2	0169	08BA2
户 4画	4 5 1 3	0170	06237
讣 4画	4 5 2 4	3523	08BA3
认 4画	4 5 3 4	0171	08BA4
冗 4画	4 5 3 5	0172	05197
讥 4画	4 5 3 5	0173	08BA5
心 4画	4 5 4 4	0174	05FC3
尹 4画	5 1 1 3	3524	05C39
尺 4画	5 1 3 4	0175	05C3A
夬 4画	5 1 3 4	3525	0592C
引 4画	5 1 5 2	0176	05F15
丑 4画	5 2 1 1	0177	04E11
爿 4画	5 2 1 3	3526	0723F

汉字	笔顺	《字表》序号	UCS
巴 4画	5 2 1 5	0178	05DF4
孔 4画	5 2 1 5	0179	05B54
队 4画	5 2 3 4	0180	0961F
辽 4画	5 2 5 2	6506	20676
办 4画	5 3 4 4	0181	0529E
以 4画	5 4 3 4	0182	04EE5
允 4画	5 4 3 5	0183	05141
予 4画	5 4 5 2	0184	04E88
邓 4画	5 4 5 2	0185	09093
劝 4画	5 4 5 3	0186	0529D
双 4画	5 4 5 4	0187	053CC
毌 4画	5 5 2 1	6507	06BCC
书 4画	5 5 2 4	0188	04E66

汉字	笔顺	《字表》序号	UCS
毋 4画	5 5 3 1	3527	06BCB
幻 4画	5 5 4 5	0189	05E7B
玉 5画	1 1 2 1 4	0190	07389
刊 5画	1 1 2 2 2	0191	0520A
未 5画	1 1 2 3 4	0192	0672A
末 5画	1 1 2 3 4	0193	0672B
示 5画	1 1 2 3 4	0194	0793A
击 5画	1 1 2 5 2	0195	051FB
邗 5画	1 1 2 5 2	3528	09097
邘 5画	1 1 2 5 2	6508	09098
戋 5画	1 1 5 3 4	6509	0620B
圢 5画	1 2 1 1 2	6510	05722
打 5画	1 2 1 1 2	0196	06253

汉字	笔顺	《字表》序号	UCS
巧 5画	1 2 1 1 5	0197	05DE7
正 5画	1 2 1 2 1	0198	06B63
扑 5画	1 2 1 2 4	0199	06251
卉 5画	1 2 1 3 2	0200	05349
扒 5画	1 2 1 3 4	0201	06252
邛 5画	1 2 1 5 2	3529	0909B
功 5画	1 2 1 5 3	0202	0529F
扔 5画	1 2 1 5 3	0203	06254
去 5画	1 2 1 5 4	0204	053BB
甘 5画	1 2 2 1 1	0205	07518
世 5画	1 2 2 1 5	0206	04E16
艾 5画	1 2 2 3 4	0207	0827E
艽 5画	1 2 2 3 5	3530	0827D
古 5画	1 2 2 5 1	0208	053E4
节 5画	1 2 2 5 2	0209	08282
艿 5画	1 2 2 5 3	3531	0827F
本 5画	1 2 3 4 1	0210	0672C
术 5画	1 2 3 4 4	0211	0672F
札 5画	1 2 3 4 5	3532	0672D
可 5画	1 2 5 1 2	0212	053EF
叵 5画	1 2 5 1 5	3533	053F5
匝 5画	1 2 5 2 5	3534	0531D
丙 5画	1 2 5 3 4	0213	04E19
左 5画	1 3 1 2 1	0214	05DE6
厉 5画	1 3 1 5 3	0215	05389
丕 5画	1 3 2 4 1	3535	04E15

汉字	笔顺	《字表》序号	UCS
石 5 画	1 3 2 5 1	0216	077F3
右 5 画	1 3 2 5 1	0217	053F3
布 5 画	1 3 2 5 2	0218	05E03
夯 5 画	1 3 4 5 3	0219	0592F
戊 5 画	1 3 5 3 4	0220	0620A
龙 5 画	1 3 5 3 4	0221	09F99
平 5 画	1 4 3 1 2	0222	05E73
灭 5 画	1 4 3 3 4	0223	0706D
轧 5 画	1 5 2 1 5	0224	08F67
东 5 画	1 5 2 3 4	0225	04E1C
匜 5 画	1 5 2 5 5	3536	0531C
劢 5 画	1 5 3 5 3	3537	052A2
卡 5 画	2 1 1 2 4	0226	05361
北 5 画	2 1 1 3 5	0227	05317
占 5 画	2 1 2 5 1	0228	05360
凸 5 画	2 1 2 5 1	0229	051F8
卢 5 画	2 1 5 1 3	0230	05362
业 5 画	2 2 4 3 1	0231	04E1A
旧 5 画	2 2 5 1 1	0232	065E7
帅 5 画	2 3 2 5 2	0233	05E05
归 5 画	2 3 5 1 1	0234	05F52
旦 5 画	2 5 1 1 1	0235	065E6
目 5 画	2 5 1 1 1	0236	076EE
且 5 画	2 5 1 1 1	0237	04E14
叶 5 画	2 5 1 1 2	0238	053F6
甲 5 画	2 5 1 1 2	0239	07532

汉字	笔顺	《字表》序号	UCS
申 5画	2 5 1 1 2	0240	07533
叮 5画	2 5 1 1 2	0241	053EE
电 5画	2 5 1 1 5	0242	07535
号 5画	2 5 1 1 5	0243	053F7
田 5画	2 5 1 2 1	0244	07530
由 5画	2 5 1 2 1	0245	07531
卟 5画	2 5 1 2 4	3538	0535F
只 5画	2 5 1 3 4	0246	053EA
叭 5画	2 5 1 3 4	0247	053ED
史 5画	2 5 1 3 4	0248	053F2
央 5画	2 5 1 3 4	0249	0592E
叱 5画	2 5 1 3 5	3539	053F1
兄 5画	2 5 1 3 5	0250	05144
叽 5画	2 5 1 3 5	0251	053FD
叼 5画	2 5 1 5 1	0252	053FC
叫 5画	2 5 1 5 2	0253	053EB
叩 5画	2 5 1 5 2	0254	053E9
叨 5画	2 5 1 5 3	0255	053E8
叻 5画	2 5 1 5 3	3540	053FB
另 5画	2 5 1 5 3	0256	053E6
叹 5画	2 5 1 5 4	0257	053F9
冉 5画	2 5 2 1 1	0258	05189
皿 5画	2 5 2 2 1	0259	076BF
凹 5画	2 5 2 5 1	0260	051F9
囚 5画	2 5 3 4 1	0261	056DA
四 5画	2 5 3 5 1	0262	056DB

汉字	笔顺	《字表》序号	UCS
生 5 画	3 1 1 2 1	0263	0751F
矢 5 画	3 1 1 3 4	0264	077E2
失 5 画	3 1 1 3 4	0265	05931
氕 5 画	3 1 1 5 3	6511	06C15
乍 5 画	3 1 2 1 1	0266	04E4D
禾 5 画	3 1 2 3 4	0267	079BE
仨 5 画	3 2 1 1 1	3541	04EE8
丘 5 画	3 2 1 2 1	0268	04E18
仕 5 画	3 2 1 2 1	3542	04ED5
付 5 画	3 2 1 2 4	0269	04ED8
仗 5 画	3 2 1 3 4	0270	04ED7
代 5 画	3 2 1 5 4	0271	04EE3
仙 5 画	3 2 2 5 2	0272	04ED9
仟 5 画	3 2 3 1 2	3543	04EDF
仡 5 画	3 2 3 1 5	3544	04EE1
仫 5 画	3 2 3 5 4	3545	04EEB
伋 5 画	3 2 3 5 4	6512	04F0B
们 5 画	3 2 4 2 5	0273	04EEC
仪 5 画	3 2 4 3 4	0274	04EEA
白 5 画	3 2 5 1 1	0275	0767D
仔 5 画	3 2 5 2 1	0276	04ED4
他 5 画	3 2 5 2 5	0277	04ED6
仞 5 画	3 2 5 3 4	3546	04EDE
斥 5 画	3 3 1 2 4	0278	065A5
卮 5 画	3 3 1 5 5	3547	0536E
瓜 5 画	3 3 5 4 4	0279	074DC

汉字	笔顺	《字表》序号	UCS
仝 5画	3 4 1 2 1	6513	04EDD
乎 5画	3 4 3 1 2	0280	04E4E
从 5画	3 4 3 4 1	0281	04E1B
令 5画	3 4 4 5 4	0282	04EE4
用 5画	3 5 1 1 2	0283	07528
甩 5画	3 5 1 1 5	0284	07529
印 5画	3 5 1 5 2	0285	05370
氐 5画	3 5 1 5 4	3548	06C10
尔 5画	3 5 2 3 4	0286	05C14
乐 5画	3 5 2 3 4	0287	04E50
句 5画	3 5 2 5 1	0288	053E5
匆 5画	3 5 3 3 4	0289	05306
犰 5画	3 5 3 3 5	3549	072B0

汉字	笔顺	《字表》序号	UCS
册 5画	3 5 3 5 1	0290	0518C
卯 5画	3 5 3 5 2	0291	0536F
犯 5画	3 5 3 5 5	0292	072AF
外 5画	3 5 4 2 4	0293	05916
处 5画	3 5 4 2 4	0294	05904
冬 5画	3 5 4 4 4	0295	051AC
鸟 5画	3 5 4 5 1	0296	09E1F
务 5画	3 5 4 5 3	0297	052A1
刍 5画	3 5 5 1 1	3550	0520D
包 5画	3 5 5 1 5	0298	05305
饥 5画	3 5 5 3 5	0299	09965
主 5画	4 1 1 2 1	0300	04E3B
江 5画	4 1 1 2 1	6514	051AE

5 画（丶）　GF 0023—2020

汉字	笔顺	《字表》序号	UCS
市 5 画	4 1 2 5 2	0301	05E02
邝 5 画	4 1 3 5 2	3551	0909D
立 5 画	4 1 4 3 1	0302	07ACB
冯 5 画	4 1 5 5 1	0303	051AF
邙 5 画	4 1 5 5 2	3552	09099
玄 5 画	4 1 5 5 4	0304	07384
闪 5 画	4 2 5 3 4	0305	095EA
兰 5 画	4 3 1 1 1	0306	05170
半 5 画	4 3 1 1 2	0307	0534A
汁 5 画	4 4 1 1 2	0308	06C41
汀 5 画	4 4 1 1 2	3553	06C40
汇 5 画	4 4 1 1 5	0309	06C47
头 5 画	4 4 1 3 4	0310	05934

汉字	笔顺	《字表》序号	UCS
氿 5 画	4 4 1 3 5	6515	06C3F
汈 5 画	4 4 1 5 1	6516	06C48
汉 5 画	4 4 1 5 4	0311	06C49
氾 5 画	4 4 1 5 5	6517	06C3E
忉 5 画	4 4 2 5 3	6518	05FC9
宁 5 画	4 4 5 1 2	0312	05B81
穴 5 画	4 4 5 3 4	0313	07A74
它 5 画	4 4 5 3 5	0314	05B83
宄 5 画	4 4 5 3 5	6519	05B84
讦 5 画	4 5 1 1 2	3554	08BA6
𬣙 5 画	4 5 1 1 2	6520	2C8D9
讧 5 画	4 5 1 2 1	3555	08BA7
讨 5 画	4 5 1 2 4	0315	08BA8

汉字	笔顺	《字表》序号	UCS
写 5画	4 5 1 5 1	0316	05199
让 5画	4 5 2 1 1	0317	08BA9
礼 5画	4 5 2 4 5	0318	0793C
讪 5画	4 5 2 5 2	3556	08BAA
讫 5画	4 5 3 1 5	3557	08BAB
训 5画	4 5 3 2 2	0319	08BAD
议 5画	4 5 4 3 4	0320	08BAE
必 5画	4 5 4 3 4	0321	05FC5
讯 5画	4 5 5 1 2	0322	08BAF
记 5画	4 5 5 1 5	0323	08BB0
永 5画	4 5 5 3 4	0324	06C38
讱 5画	4 5 5 3 4	6521	08BB1
司 5画	5 1 2 5 1	0325	053F8

汉字	笔顺	《字表》序号	UCS
尼 5画	5 1 3 3 5	0326	05C3C
尻 5画	5 1 3 3 5	3558	05C3B
民 5画	5 1 5 1 5	0327	06C11
弗 5画	5 1 5 3 2	0328	05F17
弘 5画	5 1 5 5 4	0329	05F18
出 5画	5 2 2 5 2	0330	051FA
阡 5画	5 2 3 1 2	3559	09621
辽 5画	5 2 4 5 4	0331	08FBD
奶 5画	5 3 1 5 3	0332	05976
奴 5画	5 3 1 5 4	0333	05974
尕 5画	5 3 2 3 4	3560	05C15
召 5画	5 3 2 5 1	0334	053EC
加 5画	5 3 2 5 1	0335	052A0

汉字	笔顺	《字表》序号	UCS
皮 5画	5 3 2 5 4	0336	076AE
边 5画	5 3 4 5 4	0337	08FB9
孕 5画	5 3 5 2 1	0338	05B55
发 5画	5 3 5 4 4	0339	053D1
圣 5画	5 4 1 2 1	0340	05723
对 5画	5 4 1 2 4	0341	05BF9
弁 5画	5 4 1 3 2	3561	05F01
台 5画	5 4 2 5 1	0342	053F0
矛 5画	5 4 5 2 3	0343	077DB
纠 5画	5 5 1 5 2	0344	07EA0
驭 5画	5 5 1 5 4	3562	09A6D
母 5画	5 5 4 1 4	0345	06BCD
幼 5画	5 5 4 5 3	0346	05E7C

汉字	笔顺	《字表》序号	UCS
丝 5画	5 5 5 5 1	0347	04E1D
匡 6画	1 1 1 2 1 5	3563	05321
耒 6画	1 1 1 2 3 4	3564	08012
邦 6画	1 1 1 3 5 2	0348	090A6
玎 6画	1 1 2 1 1 2	3565	0738E
玑 6画	1 1 2 1 3 5	3566	07391
式 6画	1 1 2 1 5 4	0349	05F0F
迂 6画	1 1 2 4 5 4	0350	08FC2
刑 6画	1 1 3 2 2 2	0351	05211
邢 6画	1 1 3 2 5 2	3567	090A2
戎 6画	1 1 3 5 3 4	0352	0620E
动 6画	1 1 5 4 5 3	0353	052A8
圩 6画	1 2 1 1 1 2	3568	05729

汉字	笔顺	《字表》序号	UCS
扞 6画	1 2 1 1 1 2	6522	0625E
圬 6画	1 2 1 1 1 5	3569	0572C
圭 6画	1 2 1 1 2 1	3570	0572D
扛 6画	1 2 1 1 2 1	0354	0625B
寺 6画	1 2 1 1 2 4	0355	05BFA
吉 6画	1 2 1 2 5 1	0356	05409
扣 6画	1 2 1 2 5 1	0357	06263
圲 6画	1 2 1 3 1 2	6523	05732
扦 6画	1 2 1 3 1 2	3571	06266
考 6画	1 2 1 3 1 5	0358	08003
圫 6画	1 2 1 3 1 5	6524	0572B
圪 6画	1 2 1 3 1 5	3572	0572A
托 6画	1 2 1 3 1 5	0359	06258

汉字	笔顺	《字表》序号	UCS
圳 6画	1 2 1 3 2 2	3573	05733
老 6画	1 2 1 3 3 5	0360	08001
巩 6画	1 2 1 3 5 4	0361	05DE9
圾 6画	1 2 1 3 5 4	0362	0573E
执 6画	1 2 1 3 5 4	0363	06267
圹 6画	1 2 1 4 1 3	3574	05739
扩 6画	1 2 1 4 1 3	0364	06269
扪 6画	1 2 1 4 2 5	3575	0626A
扫 6画	1 2 1 5 1 1	0365	0626B
圮 6画	1 2 1 5 1 5	3576	0572E
圯 6画	1 2 1 5 1 5	3577	0572F
地 6画	1 2 1 5 2 5	0366	05730
场 6画	1 2 1 5 3 3	0367	0573A

汉字	笔顺	《字表》序号	UCS
扬 6画	1 2 1 5 3 3	0368	0626C
耳 6画	1 2 2 1 1 1	0369	08033
芋 6画	1 2 2 1 1 2	0370	0828B
芏 6画	1 2 2 1 2 1	6525	0828F
共 6画	1 2 2 1 3 4	0371	05171
芊 6画	1 2 2 3 1 2	3578	0828A
芍 6画	1 2 2 3 5 4	3579	0828D
芃 6画	1 2 2 3 5 4	6526	08283
芄 6画	1 2 2 3 5 4	3580	08284
芨 6画	1 2 2 3 5 4	3581	082A8
芒 6画	1 2 2 4 1 5	0372	08292
亚 6画	1 2 2 4 3 1	0373	04E9A
芝 6画	1 2 2 4 5 4	0374	0829D
芑 6画	1 2 2 5 1 5	3582	08291
芎 6画	1 2 2 5 1 5	3583	0828E
芗 6画	1 2 2 5 5 3	3584	08297
朽 6画	1 2 3 4 1 5	0375	0673D
朴 6画	1 2 3 4 2 4	0376	06734
杋 6画	1 2 3 4 3 4	6527	06733
机 6画	1 2 3 4 3 5	0377	0673A
朸 6画	1 2 3 4 5 3	6528	06738
权 6画	1 2 3 4 5 4	0378	06743
过 6画	1 2 4 4 5 4	0379	08FC7
亘 6画	1 2 5 1 1 1	3585	04E98
臣 6画	1 2 5 1 2 5	0380	081E3
吏 6画	1 2 5 1 3 4	0381	0540F

汉字	笔顺	《字表》序号	UCS
再 6画	1 2 5 2 1 1	0382	0518D
协 6画	1 2 5 3 4 4	0383	0534F
西 6画	1 2 5 3 5 1	0384	0897F
郝 6画	1 2 5 4 5 2	6529	28678
压 6画	1 3 1 2 1 4	0385	0538B
厌 6画	1 3 1 3 4 4	0386	0538C
厍 6画	1 3 1 5 1 2	3586	0538D
戌 6画	1 3 1 5 3 4	0387	0620C
在 6画	1 3 2 1 2 1	0388	05728
百 6画	1 3 2 5 1 1	0389	0767E
有 6画	1 3 2 5 1 1	0390	06709
存 6画	1 3 2 5 2 1	0391	05B58
而 6画	1 3 2 5 2 2	0392	0800C
页 6画	1 3 2 5 3 4	0393	09875
匠 6画	1 3 3 1 2 5	0394	05320
夸 6画	1 3 4 1 1 5	0395	05938
夺 6画	1 3 4 1 2 4	0396	0593A
夼 6画	1 3 4 3 2 2	3587	0593C
灰 6画	1 3 4 3 3 4	0397	07070
达 6画	1 3 4 4 5 4	0398	08FBE
戍 6画	1 3 4 5 3 4	3588	0620D
尥 6画	1 3 5 3 5 4	3589	05C25
列 6画	1 3 5 4 2 2	0399	05217
死 6画	1 3 5 4 3 5	0400	06B7B
成 6画	1 3 5 5 3 4	0401	06210
夹 6画	1 4 3 1 3 4	0402	05939

6 画（一丨）　　GF 0023—2020

汉字	笔顺	《字表》序号	UCS
夷 6 画	1 5 1 5 3 4	0403	05937
轨 6 画	1 5 2 1 3 5	0404	08F68
邪 6 画	1 5 2 3 5 2	0405	090AA
邨 6 画	1 5 2 5 5 2	6530	090A8
尧 6 画	1 5 3 1 3 5	0406	05C27
划 6 画	1 5 3 4 2 2	0407	05212
迈 6 画	1 5 3 4 5 4	0408	08FC8
毕 6 画	1 5 3 5 1 2	0409	06BD5
至 6 画	1 5 4 1 2 1	0410	081F3
此 6 画	2 1 2 1 3 5	0411	06B64
乩 6 画	2 1 2 5 1 5	3590	04E69
贞 6 画	2 1 2 5 3 4	0412	08D1E
师 6 画	2 3 1 2 5 2	0413	05E08

汉字	笔顺	《字表》序号	UCS
尘 6 画	2 3 4 1 2 1	0414	05C18
尖 6 画	2 3 4 1 3 4	0415	05C16
劣 6 画	2 3 4 3 5 3	0416	052A3
光 6 画	2 4 3 1 3 5	0417	05149
当 6 画	2 4 3 5 1 1	0418	05F53
早 6 画	2 5 1 1 1 2	0419	065E9
吁 6 画	2 5 1 1 1 2	0420	05401
吐 6 画	2 5 1 1 2 1	0421	05410
吓 6 画	2 5 1 1 2 4	0422	05413
旯 6 画	2 5 1 1 3 5	3591	065EF
曳 6 画	2 5 1 1 5 3	3592	066F3
虫 6 画	2 5 1 2 1 4	0423	0866B
曲 6 画	2 5 1 2 2 1	0424	066F2

23

汉字	笔顺	《字表》序号	UCS
团 6画	2 5 1 2 3 1	0425	056E2
吕 6画	2 5 1 2 5 1	0426	05415
同 6画	2 5 1 2 5 1	0427	0540C
吊 6画	2 5 1 2 5 2	0428	0540A
吒 6画	2 5 1 3 1 5	6531	05412
吃 6画	2 5 1 3 1 5	0429	05403
因 6画	2 5 1 3 4 1	0430	056E0
吸 6画	2 5 1 3 5 4	0431	05438
吖 6画	2 5 1 4 3 2	6532	05416
吗 6画	2 5 1 5 5 1	0432	05417
吆 6画	2 5 1 5 5 4	0433	05406
屼 6画	2 5 2 1 3 5	6533	05C7C
屿 6画	2 5 2 1 5 1	0434	05C7F
屾 6画	2 5 2 2 5 2	6534	05C7E
屹 6画	2 5 2 3 1 5	0435	05C79
岁 6画	2 5 2 3 5 4	0436	05C81
岌 6画	2 5 2 3 5 4	3593	05C8C
帆 6画	2 5 2 3 5 4	0437	05E06
辿 6画	2 5 2 4 5 4	6535	08FBF
回 6画	2 5 2 5 1 1	0438	056DE
屺 6画	2 5 2 5 1 5	3594	05C7A
岂 6画	2 5 2 5 1 5	0439	05C82
则 6画	2 5 3 4 2 2	0440	05219
刚 6画	2 5 3 4 2 2	0441	0521A
网 6画	2 5 3 4 3 4	0442	07F51
肉 6画	2 5 3 4 3 4	0443	08089

汉字	笔顺	《字表》序号	UCS
凼 6画	2 5 3 4 5 2	3595	051FC
囡 6画	2 5 5 3 1 1	3596	056E1
钆 6画	3 1 1 1 5 5	6536	09486
钇 6画	3 1 1 1 5 5	3597	09487
年 6画	3 1 1 2 1 2	0444	05E74
朱 6画	3 1 1 2 3 4	0445	06731
缶 6画	3 1 1 2 5 2	3598	07F36
氘 6画	3 1 1 5 3 2	3599	06C18
氖 6画	3 1 1 5 5 3	3600	06C16
先 6画	3 1 2 1 3 5	0446	05148
牝 6画	3 1 2 1 3 5	3601	0725D
丢 6画	3 1 2 1 5 4	0447	04E22
廷 6画	3 1 2 1 5 4	0448	05EF7

汉字	笔顺	《字表》序号	UCS
舌 6画	3 1 2 2 5 1	0449	0820C
竹 6画	3 1 2 3 1 2	0450	07AF9
迁 6画	3 1 2 4 5 4	0451	08FC1
乔 6画	3 1 3 4 3 2	0452	04E54
迄 6画	3 1 5 4 5 4	0453	08FC4
伟 6画	3 2 1 1 5 2	0454	04F1F
传 6画	3 2 1 1 5 4	0455	04F20
乒 6画	3 2 1 2 1 3	0456	04E52
乓 6画	3 2 1 2 1 4	0457	04E53
休 6画	3 2 1 2 3 4	0458	04F11
伍 6画	3 2 1 2 5 1	0459	04F0D
伎 6画	3 2 1 2 5 4	3602	04F0E
伏 6画	3 2 1 3 4 4	0460	04F0F

汉字	笔顺	《字表》序号	UCS
伛 6画	3 2 1 3 4 5	3603	04F1B
优 6画	3 2 1 3 5 4	0461	04F18
臼 6画	3 2 1 5 1 1	0462	081FC
伢 6画	3 2 1 5 2 3	3604	04F22
伐 6画	3 2 1 5 3 4	0463	04F10
佌 6画	3 2 1 5 3 5	6537	04EF3
延 6画	3 2 1 5 5 4	0464	05EF6
佤 6画	3 2 1 5 5 4	3605	04F64
仲 6画	3 2 2 5 1 2	0465	04EF2
伣 6画	3 2 2 5 3 5	6538	04F23
仵 6画	3 2 3 1 1 2	3606	04EF5
件 6画	3 2 3 1 1 2	0466	04EF6
任 6画	3 2 3 1 2 1	0467	04EFB

汉字	笔顺	《字表》序号	UCS
伤 6画	3 2 3 1 5 3	0468	04F24
伥 6画	3 2 3 1 5 4	3607	04F25
价 6画	3 2 3 4 3 2	0469	04EF7
伦 6画	3 2 3 4 3 5	0470	04F26
份 6画	3 2 3 4 5 3	0471	04EFD
伧 6画	3 2 3 4 5 5	3608	04F27
华 6画	3 2 3 5 1 2	0472	0534E
仰 6画	3 2 3 5 5 2	0473	04EF0
伉 6画	3 2 4 1 3 5	3609	04F09
仿 6画	3 2 4 1 5 3	0474	04EFF
伙 6画	3 2 4 3 3 4	0475	04F19
伪 6画	3 2 4 3 5 4	0476	04F2A
伫 6画	3 2 4 4 5 1	3610	04F2B

汉字	笔顺	《字表》序号	UCS
伈 6 画	3 2 4 5 4 4	6539	04F08
自 6 画	3 2 5 1 1 1	0477	081EA
伊 6 画	3 2 5 1 1 3	0478	04F0A
皃 6 画	3 2 5 1 1 5	6540	0767F
血 6 画	3 2 5 2 2 1	0479	08840
向 6 画	3 2 5 2 5 1	0480	05411
囟 6 画	3 2 5 3 4 1	3611	056DF
似 6 画	3 2 5 4 3 4	0481	04F3C
后 6 画	3 3 1 2 5 1	0482	0540E
行 6 画	3 3 2 1 1 2	0483	0884C
甪 6 画	3 3 5 1 1 2	6541	0752A
舟 6 画	3 3 5 4 1 4	0484	0821F
全 6 画	3 4 1 1 2 1	0485	05168
会 6 画	3 4 1 1 5 4	0486	04F1A
杀 6 画	3 4 1 2 3 4	0487	06740
合 6 画	3 4 1 2 5 1	0488	05408
兆 6 画	3 4 1 5 3 4	0489	05146
企 6 画	3 4 2 1 2 1	0490	04F01
汆 6 画	3 4 2 5 3 4	3612	06C46
众 6 画	3 4 3 4 3 4	0491	04F17
爷 6 画	3 4 3 4 5 2	0492	07237
伞 6 画	3 4 4 3 1 2	0493	04F1E
邠 6 画	3 4 5 3 5 2	6542	090A0
创 6 画	3 4 5 5 2 2	0494	0521B
刖 6 画	3 5 1 1 2 2	3613	05216
肌 6 画	3 5 1 1 3 5	0495	0808C

汉字	笔顺	《字表》序号	UCS
肋 6画	3 5 1 1 5 3	0496	0808B
朵 6画	3 5 1 2 3 4	0497	06735
杂 6画	3 5 1 2 3 4	0498	06742
夙 6画	3 5 1 3 5 4	3614	05919
危 6画	3 5 1 3 5 5	0499	05371
旬 6画	3 5 2 5 1 1	0500	065EC
旨 6画	3 5 2 5 1 1	0501	065E8
旮 6画	3 5 2 5 1 1	3615	065EE
旭 6画	3 5 2 5 1 1	0502	065ED
负 6画	3 5 2 5 3 4	0503	08D1F
犴 6画	3 5 3 1 1 2	6543	072B4
刎 6画	3 5 3 3 2 2	3616	0520E
犷 6画	3 5 3 4 1 3	3617	072B7
匈 6画	3 5 3 4 5 2	0504	05308
犸 6画	3 5 3 5 5 1	3618	072B8
舛 6画	3 5 4 1 5 2	3619	0821B
名 6画	3 5 4 2 5 1	0505	0540D
各 6画	3 5 4 2 5 1	0506	05404
多 6画	3 5 4 3 5 4	0507	0591A
凫 6画	3 5 4 5 3 5	3620	051EB
争 6画	3 5 5 1 1 2	0508	04E89
邬 6画	3 5 5 1 5 2	3621	090AC
色 6画	3 5 5 2 1 5	0509	08272
饧 6画	3 5 5 5 3 3	3622	09967
冱 6画	4 1 1 5 5 1	6544	051B1
壮 6画	4 1 2 1 2 1	0510	058EE

汉字	笔顺	《字表》序号	UCS
冲 6画	4 1 2 5 1 2	0511	051B2
妆 6画	4 1 2 5 3 1	0512	05986
冰 6画	4 1 2 5 3 4	0513	051B0
庄 6画	4 1 3 1 2 1	0514	05E84
庆 6画	4 1 3 1 3 4	0515	05E86
亦 6画	4 1 3 2 3 4	0516	04EA6
刘 6画	4 1 3 4 2 2	0517	05218
齐 6画	4 1 3 4 3 2	0518	09F50
交 6画	4 1 3 4 3 4	0519	04EA4
衣 6画	4 1 3 5 3 4	0520	08863
次 6画	4 1 3 5 3 4	0521	06B21
产 6画	4 1 4 3 1 3	0522	04EA7
决 6画	4 1 5 1 3 4	0523	051B3
亥 6画	4 1 5 3 3 4	0524	04EA5
邡 6画	4 1 5 3 5 2	6545	090A1
充 6画	4 1 5 4 3 5	0525	05145
妄 6画	4 1 5 5 3 1	0526	05984
闫 6画	4 2 5 1 1 1	6546	095EB
闭 6画	4 2 5 1 2 3	0527	095ED
问 6画	4 2 5 2 5 1	0528	095EE
闯 6画	4 2 5 5 5 1	0529	095EF
羊 6画	4 3 1 1 1 2	0530	07F8A
并 6画	4 3 1 1 3 2	0531	05E76
关 6画	4 3 1 1 3 4	0532	05173
米 6画	4 3 1 2 3 4	0533	07C73
灯 6画	4 3 3 4 1 2	0534	0706F

汉字	笔顺	《字表》序号	UCS
州 6画	4 3 4 2 4 2	0535	05DDE
汗 6画	4 4 1 1 1 2	0536	06C57
污 6画	4 4 1 1 1 5	0537	06C61
江 6画	4 4 1 1 2 1	0538	06C5F
沥 6画	4 4 1 1 5 3	6547	2C1D5
汕 6画	4 4 1 2 5 2	3623	06C55
汔 6画	4 4 1 3 1 5	3624	06C54
汐 6画	4 4 1 3 5 4	3625	06C50
汋 6画	4 4 1 3 5 4	6548	06C4B
汲 6画	4 4 1 3 5 4	3626	06C72
汛 6画	4 4 1 5 1 2	0539	06C5B
汜 6画	4 4 1 5 1 5	3627	06C5C
池 6画	4 4 1 5 2 5	0540	06C60
汝 6画	4 4 1 5 3 1	0541	06C5D
汤 6画	4 4 1 5 3 3	0542	06C64
汊 6画	4 4 1 5 4 4	3628	06C4A
忖 6画	4 4 2 1 2 4	3629	05FD6
忏 6画	4 4 2 3 1 2	3630	05FCF
忙 6画	4 4 2 4 1 5	0543	05FD9
兴 6画	4 4 3 1 3 4	0544	05174
宇 6画	4 4 5 1 1 2	0545	05B87
守 6画	4 4 5 1 2 4	0546	05B88
宅 6画	4 4 5 3 1 5	0547	05B85
字 6画	4 4 5 5 2 1	0548	05B57
安 6画	4 4 5 5 3 1	0549	05B89
讲 6画	4 5 1 1 3 2	0550	08BB2

汉字	笔顺	《字表》序号	UCS
讳 6 画	4 5 1 1 5 2	0551	08BB3
讴 6 画	4 5 1 3 4 5	3631	08BB4
军 6 画	4 5 1 5 1 2	0552	0519B
讵 6 画	4 5 1 5 1 5	3632	08BB5
讶 6 画	4 5 1 5 2 3	0553	08BB6
祁 6 画	4 5 2 4 5 2	3633	07941
讷 6 画	4 5 2 5 3 4	3634	08BB7
许 6 画	4 5 3 1 1 2	0554	08BB8
讹 6 画	4 5 3 2 3 5	0555	08BB9
䜣 6 画	4 5 3 3 1 2	6549	04723
论 6 画	4 5 3 4 3 5	0556	08BBA
讻 6 画	4 5 3 4 5 2	6550	08BBB
讼 6 画	4 5 3 4 5 4	0557	08BBC
农 6 画	4 5 3 5 3 4	0558	0519C
讽 6 画	4 5 3 5 3 4	0559	08BBD
设 6 画	4 5 3 5 5 4	0560	08BBE
访 6 画	4 5 4 1 5 3	0561	08BBF
𬣞 6 画	4 5 4 4 5 1	6551	2C8DE
诀 6 画	4 5 5 1 3 4	0562	08BC0
聿 6 画	5 1 1 1 1 2	3635	0807F
寻 6 画	5 1 1 1 2 4	0563	05BFB
那 6 画	5 1 1 3 5 2	0564	090A3
艮 6 画	5 1 1 5 3 4	3636	0826E
厾 6 画	5 1 2 1 5 4	3637	053BE
迅 6 画	5 1 2 4 5 4	0565	08FC5
尽 6 画	5 1 3 4 4 4	0566	05C3D

汉字	笔顺	《字表》序号	UCS
导 6画	5 1 5 1 2 4	0567	05BFC
异 6画	5 1 5 1 3 2	0568	05F02
弛 6画	5 1 5 5 2 5	0569	05F1B
阱 6画	5 2 1 1 3 2	3638	09631
阮 6画	5 2 1 1 3 5	3639	0962E
孙 6画	5 2 1 2 3 4	0570	05B59
阵 6画	5 2 1 5 1 2	0571	09635
孖 6画	5 2 1 5 2 1	6552	05B56
阳 6画	5 2 2 5 1 1	0572	09633
收 6画	5 2 3 1 3 4	0573	06536
阪 6画	5 2 3 3 5 4	3640	0962A
阶 6画	5 2 3 4 3 2	0574	09636
阴 6画	5 2 3 5 1 1	0575	09634
防 6画	5 2 4 1 5 3	0576	09632
丞 6画	5 2 5 3 4 1	3641	04E1E
奸 6画	5 3 1 1 1 2	0577	05978
如 6画	5 3 1 2 5 1	0578	05982
妁 6画	5 3 1 3 5 4	3642	05981
妇 6画	5 3 1 5 1 1	0579	05987
妃 6画	5 3 1 5 1 5	0580	05983
好 6画	5 3 1 5 2 1	0581	0597D
她 6画	5 3 1 5 2 5	0582	05979
妈 6画	5 3 1 5 5 1	0583	05988
戏 6画	5 4 1 5 3 4	0584	0620F
羽 6画	5 4 1 5 4 1	0585	07FBD
观 6画	5 4 2 5 3 5	0586	089C2

汉字	笔顺	《字表》序号	UCS
牟 6画	5 4 3 1 1 2	3643	0725F
欢 6画	5 4 3 5 3 4	0587	06B22
买 6画	5 4 4 1 3 4	0588	04E70
纡 6画	5 5 1 1 1 2	3644	07EA1
红 6画	5 5 1 1 2 1	0589	07EA2
纣 6画	5 5 1 1 2 4	3645	07EA3
驮 6画	5 5 1 1 3 4	0590	09A6E
纤 6画	5 5 1 3 1 2	0591	07EA4
纥 6画	5 5 1 3 1 5	3646	07EA5
驯 6画	5 5 1 3 2 2	0592	09A6F
𬘓 6画	5 5 1 3 2 2	6553	2C613
约 6画	5 5 1 3 5 4	0593	07EA6
纨 6画	5 5 1 3 5 4	3647	07EA8

汉字	笔顺	《字表》序号	UCS
级 6画	5 5 1 3 5 4	0594	07EA7
纩 6画	5 5 1 4 1 3	6554	07EA9
纪 6画	5 5 1 5 1 5	0595	07EAA
驰 6画	5 5 1 5 2 5	0596	09A70
纫 6画	5 5 1 5 3 4	0597	07EAB
巡 6画	5 5 5 4 5 4	0598	05DE1
寿 7画	1 1 1 3 1 2 4	0599	05BFF
玕 7画	1 1 2 1 1 1 2	3648	07395
玒 7画	1 1 2 1 1 2 1	6555	07392
弄 7画	1 1 2 1 1 3 2	0600	05F04
玙 7画	1 1 2 1 1 5 1	3649	07399
麦 7画	1 1 2 1 3 5 4	0601	09EA6
玖 7画	1 1 2 1 3 5 4	0602	07396

汉字	笔顺	《字表》序号	UCS
玓 7 画	1 1 2 1 3 5 4	6556	07393
玘 7 画	1 1 2 1 5 1 5	6557	07398
玚 7 画	1 1 2 1 5 3 3	6558	0739A
玛 7 画	1 1 2 1 5 5 1	0603	0739B
形 7 画	1 1 3 2 3 3 3	0604	05F62
进 7 画	1 1 3 2 4 5 4	0605	08FDB
戒 7 画	1 1 3 2 5 3 4	0606	06212
吞 7 画	1 1 3 4 2 5 1	0607	0541E
远 7 画	1 1 3 5 4 5 4	0608	08FDC
违 7 画	1 1 5 2 4 5 4	0609	08FDD
韧 7 画	1 1 5 2 5 3 4	0610	097E7
刬 7 画	1 1 5 3 4 2 2	6559	0522C
运 7 画	1 1 5 4 4 5 4	0611	08FD0

汉字	笔顺	《字表》序号	UCS
扶 7 画	1 2 1 1 1 3 4	0612	06276
抚 7 画	1 2 1 1 1 3 5	0613	0629A
坛 7 画	1 2 1 1 1 5 4	0614	0575B
抟 7 画	1 2 1 1 1 5 4	3650	0629F
技 7 画	1 2 1 1 2 5 4	0615	06280
坏 7 画	1 2 1 1 3 2 4	0616	0574F
抔 7 画	1 2 1 1 3 2 4	3651	06294
㧟 7 画	1 2 1 1 3 4 5	6560	2BB5F
抠 7 画	1 2 1 1 3 4 5	0617	062A0
坜 7 画	1 2 1 1 3 5 3	6561	0575C
扰 7 画	1 2 1 1 3 5 4	0618	06270
扼 7 画	1 2 1 1 3 5 5	0619	0627C
拒 7 画	1 2 1 1 5 1 5	0620	062D2

汉字	笔顺	《字表》序号	UCS
坉 7画	1 2 1 1 5 2 5	6562	05749
扽 7画	1 2 1 1 5 2 5	6563	0627D
找 7画	1 2 1 1 5 3 4	0621	0627E
批 7画	1 2 1 1 5 3 5	0622	06279
址 7画	1 2 1 2 1 2 1	0623	05740
扯 7画	1 2 1 2 1 2 1	0624	0626F
走 7画	1 2 1 2 1 3 4	0625	08D70
抄 7画	1 2 1 2 3 4 3	0626	06284
贡 7画	1 2 1 2 5 3 4	0627	08D21
汞 7画	1 2 1 2 5 3 4	0628	06C5E
坝 7画	1 2 1 2 5 3 4	0629	0575D
攻 7画	1 2 1 3 1 3 4	0630	0653B
赤 7画	1 2 1 3 2 3 4	0631	08D64
圻 7画	1 2 1 3 3 1 2	3652	0573B
折 7画	1 2 1 3 3 1 2	0632	06298
抓 7画	1 2 1 3 3 2 4	0633	06293
坂 7画	1 2 1 3 3 5 4	3653	05742
扳 7画	1 2 1 3 3 5 4	0634	06273
𫭢 7画	1 2 1 3 4 3 5	6564	2BB62
抡 7画	1 2 1 3 4 3 5	0635	062A1
坋 7画	1 2 1 3 4 5 3	6565	0574B
扮 7画	1 2 1 3 4 5 3	0636	0626E
抢 7画	1 2 1 3 4 5 5	0637	062A2
抵 7画	1 2 1 3 5 1 5	6566	0627A
孝 7画	1 2 1 3 5 2 1	0638	05B5D
坎 7画	1 2 1 3 5 3 4	0639	0574E

汉字	笔顺	《字表》序号	UCS
坍 7 画	1 2 1 3 5 4 1	3654	0574D
均 7 画	1 2 1 3 5 4 1	0640	05747
坞 7 画	1 2 1 3 5 5 1	3655	0575E
抑 7 画	1 2 1 3 5 5 2	0641	06291
抛 7 画	1 2 1 3 5 5 3	0642	0629B
投 7 画	1 2 1 3 5 5 4	0643	06295
抃 7 画	1 2 1 4 1 2 4	3656	06283
坟 7 画	1 2 1 4 1 3 4	0644	0575F
坑 7 画	1 2 1 4 1 3 5	0645	05751
抗 7 画	1 2 1 4 1 3 5	0646	06297
坊 7 画	1 2 1 4 1 5 3	0647	0574A
㧑 7 画	1 2 1 4 3 5 4	6567	039D1
抖 7 画	1 2 1 4 4 1 2	0648	06296
护 7 画	1 2 1 4 5 1 3	0649	062A4
壳 7 画	1 2 1 4 5 3 5	0650	058F3
志 7 画	1 2 1 4 5 4 4	0651	05FD7
块 7 画	1 2 1 5 1 3 4	0652	05757
抉 7 画	1 2 1 5 1 3 4	3657	06289
扭 7 画	1 2 1 5 2 1 1	0653	0626D
声 7 画	1 2 1 5 2 1 3	0654	058F0
把 7 画	1 2 1 5 2 1 5	0655	0628A
报 7 画	1 2 1 5 2 5 4	0656	062A5
拟 7 画	1 2 1 5 4 3 4	0657	062DF
却 7 画	1 2 1 5 4 5 2	0658	05374
抒 7 画	1 2 1 5 4 5 2	0659	06292
劫 7 画	1 2 1 5 4 5 3	0660	052AB

汉字	笔顺	《字表》序号	UCS
㧐 7 画	1 2 1 5 4 5 4	3658	039D0
毐 7 画	1 2 1 5 5 3 1	6568	06BD0
芙 7 画	1 2 2 1 1 3 4	0661	08299
芫 7 画	1 2 2 1 1 3 5	3659	082AB
芜 7 画	1 2 2 1 1 3 5	0662	0829C
苇 7 画	1 2 2 1 1 5 2	0663	082C7
邯 7 画	1 2 2 1 1 5 2	3660	090AF
芸 7 画	1 2 2 1 1 5 4	3661	082B8
芾 7 画	1 2 2 1 2 5 2	3662	082BE
芰 7 画	1 2 2 1 2 5 4	6569	082B0
芣 7 画	1 2 2 1 3 2 4	6570	082A3
苈 7 画	1 2 2 1 3 5 3	3663	082C8
苊 7 画	1 2 2 1 3 5 5	6571	082CA
苉 7 画	1 2 2 1 3 5 5	6572	082C9
苣 7 画	1 2 2 1 5 1 5	3664	082E3
芽 7 画	1 2 2 1 5 2 3	0664	082BD
芘 7 画	1 2 2 1 5 3 5	6573	08298
芷 7 画	1 2 2 2 1 2 1	3665	082B7
芮 7 画	1 2 2 2 5 3 4	3666	082AE
苋 7 画	1 2 2 2 5 3 5	3667	082CB
芼 7 画	1 2 2 3 1 1 5	3668	082BC
苌 7 画	1 2 2 3 1 5 4	3669	082CC
花 7 画	1 2 2 3 2 3 5	0665	082B1
芹 7 画	1 2 2 3 3 1 2	0666	082B9
芥 7 画	1 2 2 3 4 3 2	0667	082A5
苁 7 画	1 2 2 3 4 3 4	3670	082C1

汉字	笔顺	《字表》序号	UCS
苓 7画	1 2 2 3 4 4 5	3671	082A9
芬 7画	1 2 2 3 4 5 3	0668	082AC
苍 7画	1 2 2 3 4 5 5	0669	082CD
芪 7画	1 2 2 3 5 1 5	3672	082AA
芴 7画	1 2 2 3 5 3 3	6574	082B4
芡 7画	1 2 2 3 5 3 4	3673	082A1
芟 7画	1 2 2 3 5 5 4	3674	0829F
苄 7画	1 2 2 4 1 2 4	3675	082C4
芠 7画	1 2 2 4 1 3 4	6575	082A0
芳 7画	1 2 2 4 1 5 3	0670	082B3
严 7画	1 2 2 4 3 1 3	0671	04E25
𫇭 7画	1 2 2 4 3 5 4	6576	2B1ED
苎 7画	1 2 2 4 4 5 1	3676	082CE

汉字	笔顺	《字表》序号	UCS
芦 7画	1 2 2 4 5 1 3	0672	082A6
芯 7画	1 2 2 4 5 4 4	0673	082AF
劳 7画	1 2 2 4 5 5 3	0674	052B3
克 7画	1 2 2 5 1 3 5	0675	0514B
芭 7画	1 2 2 5 2 1 5	0676	082AD
芤 7画	1 2 2 5 2 1 5	6577	082A4
苏 7画	1 2 2 5 3 4 4	0677	082CF
苡 7画	1 2 2 5 4 3 4	3677	082E1
杆 7画	1 2 3 4 1 1 2	0678	06746
杠 7画	1 2 3 4 1 2 1	0679	06760
杜 7画	1 2 3 4 1 2 1	0680	0675C
材 7画	1 2 3 4 1 2 3	0681	06750
村 7画	1 2 3 4 1 2 4	0682	06751

汉字	笔顺	《字表》序号	UCS
枤 7 画	1 2 3 4 1 3 4	6578	06755
杖 7 画	1 2 3 4 1 3 4	0683	06756
杌 7 画	1 2 3 4 1 3 5	3678	0674C
杙 7 画	1 2 3 4 1 5 4	6579	06759
杏 7 画	1 2 3 4 2 5 1	0684	0674F
杄 7 画	1 2 3 4 3 1 2	6580	06744
杉 7 画	1 2 3 4 3 3 3	0685	06749
巫 7 画	1 2 3 4 3 4 1	0686	05DEB
杓 7 画	1 2 3 4 3 5 4	3679	06753
极 7 画	1 2 3 4 3 5 4	0687	06781
杧 7 画	1 2 3 4 4 1 5	6581	06767
杞 7 画	1 2 3 4 5 1 5	3680	0675E
李 7 画	1 2 3 4 5 2 1	0688	0674E

汉字	笔顺	《字表》序号	UCS
杨 7 画	1 2 3 4 5 3 3	0689	06768
杈 7 画	1 2 3 4 5 4 4	3681	06748
杩 7 画	1 2 3 4 5 5 1	6582	06769
求 7 画	1 2 4 1 3 4 4	0690	06C42
忑 7 画	1 2 4 4 5 4 4	3682	05FD1
孛 7 画	1 2 4 5 5 2 1	3683	05B5B
甫 7 画	1 2 5 1 1 2 4	0691	0752B
匣 7 画	1 2 5 1 1 2 5	0692	05323
更 7 画	1 2 5 1 1 3 4	0693	066F4
束 7 画	1 2 5 1 2 3 4	0694	0675F
吾 7 画	1 2 5 1 2 5 1	0695	0543E
豆 7 画	1 2 5 1 4 3 1	0696	08C46
两 7 画	1 2 5 3 4 3 4	0697	04E24

汉字	笔顺	《字表》序号	UCS
邴 7画	1 2 5 3 4 5 2	3684	090B4
酉 7画	1 2 5 3 5 1 1	0698	09149
丽 7画	1 2 5 4 2 5 4	0699	04E3D
医 7画	1 3 1 1 3 4 5	0700	0533B
辰 7画	1 3 1 1 5 3 4	0701	08FB0
励 7画	1 3 1 5 3 5 3	0702	052B1
邳 7画	1 3 2 4 1 5 2	3685	090B3
否 7画	1 3 2 4 2 5 1	0703	05426
还 7画	1 3 2 4 4 5 4	0704	08FD8
矶 7画	1 3 2 5 1 3 5	3686	077F6
奁 7画	1 3 4 1 3 4 5	3687	05941
尪 7画	1 3 5 1 1 2 1	6583	05C2A
豕 7画	1 3 5 3 3 3 4	3688	08C55

汉字	笔顺	《字表》序号	UCS
龙 7画	1 3 5 3 3 3 4	6584	05C28
尬 7画	1 3 5 3 4 3 2	0705	05C2C
歼 7画	1 3 5 4 3 1 2	0706	06B7C
来 7画	1 4 3 1 2 3 4	0707	06765
忒 7画	1 4 5 4 4 5 4	3689	05FD2
连 7画	1 5 1 2 4 5 4	0708	08FDE
欤 7画	1 5 1 3 5 3 4	3690	06B24
轩 7画	1 5 2 1 1 1 2	0709	08F69
轪 7画	1 5 2 1 1 3 4	6585	08F6A
𫐄 7画	1 5 2 1 1 3 5	6586	2B404
轫 7画	1 5 2 1 5 3 4	3691	08F6B
迓 7画	1 5 2 3 4 5 4	3692	08FD3
坒 7画	1 5 3 5 1 2 1	6587	05752

汉字	笔顺	《字表》序号	UCS
邶 7画	2 1 1 1 5 5 2	3693	090B6
忐 7画	2 1 1 4 5 4 4	3694	05FD0
芈 7画	2 1 2 1 1 1 2	6588	08288
步 7画	2 1 2 1 2 3 3	0710	06B65
卤 7画	2 1 2 5 3 4 1	0711	05364
卣 7画	2 1 2 5 5 1 1	3695	05363
邺 7画	2 2 4 3 1 5 2	3696	090BA
坚 7画	2 2 5 4 1 2 1	0712	0575A
肖 7画	2 4 3 2 5 1 1	0713	08096
旰 7画	2 5 1 1 1 1 2	3697	065F0
旱 7画	2 5 1 1 1 1 2	0714	065F1
旴 7画	2 5 1 1 1 1 2	6589	065F4
盯 7画	2 5 1 1 1 1 2	0715	076EF

汉字	笔顺	《字表》序号	UCS
呈 7画	2 5 1 1 1 2 1	0716	05448
时 7画	2 5 1 1 1 2 4	0717	065F6
吴 7画	2 5 1 1 1 3 4	0718	05434
呋 7画	2 5 1 1 1 3 4	3698	0544B
呒 7画	2 5 1 1 1 3 5	3699	05452
助 7画	2 5 1 1 1 5 3	0719	052A9
县 7画	2 5 1 1 1 5 4	0720	053BF
里 7画	2 5 1 1 2 1 1	0721	091CC
呓 7画	2 5 1 1 2 2 5	3700	05453
呆 7画	2 5 1 1 2 3 4	0722	05446
旵 7画	2 5 1 1 2 5 2	6590	065F5
吱 7画	2 5 1 1 2 5 4	0723	05431
吠 7画	2 5 1 1 3 4 4	0724	05420

汉字	笔顺	《字表》序号	UCS
呔 7 画	2 5 1 1 3 4 4	3701	05454
呕 7 画	2 5 1 1 3 4 5	0725	05455
园 7 画	2 5 1 1 3 5 1	0726	056ED
呖 7 画	2 5 1 1 3 5 3	3702	05456
呃 7 画	2 5 1 1 3 5 5	3703	05443
旷 7 画	2 5 1 1 4 1 3	0727	065F7
围 7 画	2 5 1 1 5 2 1	0728	056F4
呀 7 画	2 5 1 1 5 2 3	0729	05440
吨 7 画	2 5 1 1 5 2 5	0730	05428
旸 7 画	2 5 1 1 5 3 3	3704	065F8
吡 7 画	2 5 1 1 5 3 5	3705	05421
町 7 画	2 5 1 2 1 1 2	3706	0753A
足 7 画	2 5 1 2 1 3 4	0731	08DB3
虬 7 画	2 5 1 2 1 4 5	3707	0866C
邮 7 画	2 5 1 2 1 5 2	0732	090AE
男 7 画	2 5 1 2 1 5 3	0733	07537
困 7 画	2 5 1 2 3 4 1	0734	056F0
吵 7 画	2 5 1 2 3 4 3	0735	05435
串 7 画	2 5 1 2 5 1 2	0736	04E32
呗 7 画	2 5 1 2 5 3 4	3708	05457
员 7 画	2 5 1 2 5 3 4	0737	05458
呐 7 画	2 5 1 2 5 3 4	0738	05450
呙 7 画	2 5 1 2 5 3 4	6591	05459
吽 7 画	2 5 1 3 1 1 2	3709	0543D
听 7 画	2 5 1 3 3 1 2	0739	0542C
㕮 7 画	2 5 1 3 4 3 4	6592	0356E

汉字	笔顺	《字表》序号	UCS
吟 7 画	2 5 1 3 4 4 5	0740	0541F
吩 7 画	2 5 1 3 4 5 3	0741	05429
呛 7 画	2 5 1 3 4 5 5	0742	0545B
吻 7 画	2 5 1 3 5 3 3	0743	0543B
吹 7 画	2 5 1 3 5 3 4	0744	05439
呜 7 画	2 5 1 3 5 5 1	0745	0545C
吭 7 画	2 5 1 4 1 3 5	0746	0542D
吣 7 画	2 5 1 4 5 4 4	3710	05423
吲 7 画	2 5 1 5 1 5 2	3711	05432
吧 7 画	2 5 1 5 2 1 5	0747	05427
邑 7 画	2 5 1 5 2 1 5	0748	09091
吼 7 画	2 5 1 5 2 1 5	0749	0543C
囤 7 画	2 5 1 5 2 5 1	0750	056E4
别 7 画	2 5 1 5 3 2 2	0751	0522B
吮 7 画	2 5 1 5 4 3 5	0752	0542E
岍 7 画	2 5 2 1 1 3 2	6593	05C8D
帏 7 画	2 5 2 1 1 5 2	3712	05E0F
岐 7 画	2 5 2 1 2 5 4	3713	05C90
岖 7 画	2 5 2 1 3 4 5	0753	05C96
𫵷 7 画	2 5 2 1 3 5 3	6594	2BD77
岠 7 画	2 5 2 1 5 1 5	6595	05CA0
岈 7 画	2 5 2 1 5 2 3	3714	05C88
岗 7 画	2 5 2 2 5 3 4	0754	05C97
岘 7 画	2 5 2 2 5 3 5	3715	05C98
帐 7 画	2 5 2 3 1 5 4	0755	05E10
岑 7 画	2 5 2 3 4 4 5	3716	05C91

汉字	笔顺	《字表》序号	UCS
岚 7画	2 5 2 3 5 3 4	3717	05C9A
兕 7画	2 5 2 5 1 3 5	3718	05155
岜 7画	2 5 2 5 2 1 5	6596	05C9C
财 7画	2 5 3 4 1 2 3	0756	08D22
囧 7画	2 5 3 4 2 5 1	6598	0518F
呇 7画	2 5 3 4 2 5 1	6597	05447
囵 7画	2 5 3 4 3 5 1	3719	056F5
囫 7画	2 5 3 5 3 3 1	3720	056EB
觃 7画	2 5 3 5 5 2 1	6599	089C3
针 7画	3 1 1 1 5 1 2	0757	09488
钉 7画	3 1 1 1 5 1 2	0758	09489
钊 7画	3 1 1 1 5 2 2	3721	0948A
钋 7画	3 1 1 1 5 2 4	3722	0948B
钌 7画	3 1 1 1 5 5 2	3723	0948C
迕 7画	3 1 1 2 4 5 4	3724	08FD5
氙 7画	3 1 1 5 2 5 2	3725	06C19
氚 7画	3 1 1 5 3 2 2	3726	06C1A
牡 7画	3 1 2 1 1 2 1	0759	07261
告 7画	3 1 2 1 2 5 1	0760	0544A
牤 7画	3 1 2 1 4 1 5	3727	07264
我 7画	3 1 2 1 5 3 4	0761	06211
乱 7画	3 1 2 2 5 1 5	0762	04E71
利 7画	3 1 2 3 4 2 2	0763	05229
秃 7画	3 1 2 3 4 3 5	0764	079C3
秀 7画	3 1 2 3 4 5 3	0765	079C0
私 7画	3 1 2 3 4 5 4	0766	079C1

7 画（丿）　GF 0023—2020

汉字	笔顺	《字表》序号	UCS
忝 7 画	3 1 3 4 2 5 2	6600	05C99
每 7 画	3 1 5 5 4 1 4	0767	06BCF
佞 7 画	3 2 1 1 5 3 1	3728	04F5E
兵 7 画	3 2 1 2 1 3 4	0768	05175
邱 7 画	3 2 1 2 1 5 2	3729	090B1
估 7 画	3 2 1 2 2 5 1	0769	04F30
体 7 画	3 2 1 2 3 4 1	0770	04F53
何 7 画	3 2 1 2 5 1 2	0771	04F55
佐 7 画	3 2 1 3 1 2 1	0772	04F50
伾 7 画	3 2 1 3 2 4 1	6601	04F3E
佑 7 画	3 2 1 3 2 5 1	0773	04F51
攸 7 画	3 2 2 3 1 3 4	3730	06538
但 7 画	3 2 2 5 1 1 1	0774	04F46
伸 7 画	3 2 2 5 1 1 2	0775	04F38
佃 7 画	3 2 2 5 1 2 1	0776	04F43
佚 7 画	3 2 3 1 1 3 4	3731	04F5A
作 7 画	3 2 3 1 2 1 1	0777	04F5C
伯 7 画	3 2 3 2 5 1 1	0778	04F2F
伶 7 画	3 2 3 4 4 5 4	0779	04F36
佣 7 画	3 2 3 5 1 1 2	0780	04F63
低 7 画	3 2 3 5 1 5 4	0781	04F4E
你 7 画	3 2 3 5 2 3 4	0782	04F60
佝 7 画	3 2 3 5 2 5 1	3732	04F5D
佟 7 画	3 2 3 5 4 4 4	3733	04F5F
㑇 7 画	3 2 3 5 5 1 1	6602	03447
住 7 画	3 2 4 1 1 2 1	0783	04F4F

汉字	笔顺	《字表》序号	UCS
位 7画	3 2 4 1 4 3 1	0784	04F4D
伭 7画	3 2 4 1 5 5 4	6603	04F2D
伴 7画	3 2 4 3 1 1 2	0785	04F34
佗 7画	3 2 4 4 5 3 5	3734	04F57
佖 7画	3 2 4 5 4 3 4	6604	04F56
身 7画	3 2 5 1 1 1 3	0786	08EAB
皂 7画	3 2 5 1 1 1 5	0787	07682
伺 7画	3 2 5 1 2 5 1	0788	04F3A
伲 7画	3 2 5 1 3 3 5	6605	04F32
佛 7画	3 2 5 1 5 3 2	0789	04F5B
伽 7画	3 2 5 3 2 5 1	3735	04F3D
囱 7画	3 2 5 3 5 4 1	0790	056F1
佁 7画	3 2 5 4 2 5 1	6606	04F41

汉字	笔顺	《字表》序号	UCS
近 7画	3 3 1 2 4 5 4	0791	08FD1
彻 7画	3 3 2 1 5 5 3	0792	05F7B
役 7画	3 3 2 3 5 5 4	0793	05F79
彷 7画	3 3 2 4 1 5 3	3736	05F77
返 7画	3 3 5 4 4 5 4	0794	08FD4
佘 7画	3 4 1 1 2 3 4	3737	04F58
余 7画	3 4 1 1 2 3 4	0795	04F59
希 7画	3 4 1 3 2 5 2	0796	05E0C
佥 7画	3 4 1 4 4 3 1	3738	04F65
坐 7画	3 4 3 4 1 2 1	0797	05750
谷 7画	3 4 3 4 2 5 1	0798	08C37
孚 7画	3 4 4 3 5 2 1	3739	05B5A
妥 7画	3 4 4 3 5 3 1	0799	059A5

汉字	笔顺	《字表》序号	UCS
豸 7画	3 4 4 3 5 3 3	3740	08C78
含 7画	3 4 4 5 2 5 1	0800	0542B
邻 7画	3 4 4 5 4 5 2	0801	090BB
坌 7画	3 4 5 3 1 2 1	3741	0574C
岔 7画	3 4 5 3 2 5 2	0802	05C94
肝 7画	3 5 1 1 1 1 2	0803	0809D
肟 7画	3 5 1 1 1 1 5	3742	0809F
肛 7画	3 5 1 1 1 2 1	0804	0809B
肚 7画	3 5 1 1 1 2 1	0805	0809A
肘 7画	3 5 1 1 1 2 4	0806	08098
肠 7画	3 5 1 1 5 3 3	0807	080A0
邸 7画	3 5 1 5 4 5 2	3743	090B8
龟 7画	3 5 2 5 1 1 5	0808	09F9F

汉字	笔顺	《字表》序号	UCS
甸 7画	3 5 2 5 1 2 1	0809	07538
奂 7画	3 5 2 5 1 3 4	3744	05942
免 7画	3 5 2 5 1 3 5	0810	0514D
劬 7画	3 5 2 5 1 5 3	3745	052AC
狂 7画	3 5 3 1 1 2 1	0811	072C2
犹 7画	3 5 3 1 3 5 4	0812	072B9
狈 7画	3 5 3 2 5 3 4	0813	072C8
狄 7画	3 5 3 4 3 3 4	3746	072C4
飏 7画	3 5 3 4 5 3 3	6607	098CF
角 7画	3 5 3 5 1 1 2	0814	089D2
删 7画	3 5 3 5 1 2 2	0815	05220
狃 7画	3 5 3 5 2 1 1	6608	072C3
狁 7画	3 5 3 5 4 3 5	3747	072C1

汉字	笔顺	《字表》序号	UCS
鸠 7画	3 5 3 5 4 5 1	3748	09E20
条 7画	3 5 4 1 2 3 4	0816	06761
彤 7画	3 5 4 1 3 3 3	0817	05F64
卵 7画	3 5 4 3 5 2 4	0818	05375
灸 7画	3 5 4 4 3 3 4	0819	07078
岛 7画	3 5 4 5 2 5 2	0820	05C9B
邹 7画	3 5 5 1 1 5 2	3749	090B9
刨 7画	3 5 5 1 5 2 2	0821	05228
饨 7画	3 5 5 1 5 2 5	3750	09968
迎 7画	3 5 5 2 4 5 4	0822	08FCE
饩 7画	3 5 5 3 1 1 5	3751	09969
饪 7画	3 5 5 3 1 2 1	3752	0996A
饫 7画	3 5 5 3 1 3 4	3753	0996B
饬 7画	3 5 5 3 1 5 3	3754	0996C
饭 7画	3 5 5 3 3 5 4	0823	0996D
饮 7画	3 5 5 3 5 3 4	0824	0996E
系 7画	3 5 5 4 2 3 4	0825	07CFB
言 7画	4 1 1 1 2 5 1	0826	08A00
冻 7画	4 1 1 5 2 3 4	0827	051BB
状 7画	4 1 2 1 3 4 4	0828	072B6
亩 7画	4 1 2 5 1 2 1	0829	04EA9
况 7画	4 1 2 5 1 3 5	0830	051B5
亨 7画	4 1 2 5 1 5 2	3755	04EA8
庑 7画	4 1 3 1 1 3 5	3756	05E91
床 7画	4 1 3 1 2 3 4	0831	05E8A
庋 7画	4 1 3 1 2 5 4	3757	05E8B

汉字	笔顺	《字表》序号	UCS
库 7 画	4 1 3 1 5 1 2	0832	05E93
庇 7 画	4 1 3 1 5 3 5	0833	05E87
疔 7 画	4 1 3 4 1 1 2	3758	07594
疗 7 画	4 1 3 4 1 5 2	0834	07597
疖 7 画	4 1 3 4 1 5 2	3759	07596
吝 7 画	4 1 3 4 2 5 1	0835	0541D
应 7 画	4 1 3 4 4 3 1	0836	05E94
这 7 画	4 1 3 4 4 5 4	0837	08FD9
冷 7 画	4 1 3 4 4 5 4	0838	051B7
庐 7 画	4 1 3 4 5 1 3	0839	05E90
序 7 画	4 1 3 5 4 5 2	0840	05E8F
辛 7 画	4 1 4 3 1 1 2	0841	08F9B
肓 7 画	4 1 5 2 5 1 1	3760	08093
弃 7 画	4 1 5 4 1 3 2	0842	05F03
冶 7 画	4 1 5 4 2 5 1	0843	051B6
忘 7 画	4 1 5 4 5 4 4	0844	05FD8
闰 7 画	4 2 5 1 1 2 1	0845	095F0
闱 7 画	4 2 5 1 1 5 2	3761	095F1
闲 7 画	4 2 5 1 2 3 4	0846	095F2
闳 7 画	4 2 5 1 3 5 4	3762	095F3
间 7 画	4 2 5 2 5 1 1	0847	095F4
闵 7 画	4 2 5 4 1 3 4	3763	095F5
闶 7 画	4 2 5 4 1 3 5	6609	095F6
闷 7 画	4 2 5 4 5 4 4	0848	095F7
羌 7 画	4 3 1 1 1 3 5	3764	07F8C
判 7 画	4 3 1 1 3 2 2	0849	05224

汉字	笔顺	《字表》序号	UCS
兑 7画	4 3 2 5 1 3 5	0850	05151
灶 7画	4 3 3 4 1 2 1	0851	07076
灿 7画	4 3 3 4 2 5 2	0852	0707F
灼 7画	4 3 3 4 3 5 4	0853	0707C
炀 7画	4 3 3 4 5 3 3	3765	07080
弟 7画	4 3 5 1 5 2 3	0854	05F1F
沣 7画	4 4 1 1 1 1 2	3766	06CA3
汪 7画	4 4 1 1 1 2 1	0855	06C6A
汧 7画	4 4 1 1 1 3 2	6610	06C67
汫 7画	4 4 1 1 1 3 2	6611	06C6B
沅 7画	4 4 1 1 1 3 5	3767	06C85
𣲘 7画	4 4 1 1 1 3 5	6612	23C98
𣲗 7画	4 4 1 1 1 5 2	6613	23C97
沄 7画	4 4 1 1 1 5 4	6614	06C84
沐 7画	4 4 1 1 2 3 4	0856	06C90
沛 7画	4 4 1 1 2 5 2	0857	06C9B
沔 7画	4 4 1 1 2 5 5	3768	06C94
汰 7画	4 4 1 1 3 4 4	0858	06C70
沤 7画	4 4 1 1 3 4 5	3769	06CA4
沥 7画	4 4 1 1 3 5 3	0859	06CA5
沌 7画	4 4 1 1 5 2 5	3770	06C8C
沘 7画	4 4 1 1 5 3 5	6615	06C98
沏 7画	4 4 1 1 5 5 3	3771	06C8F
沚 7画	4 4 1 2 1 2 1	3772	06C9A
沙 7画	4 4 1 2 3 4 3	0860	06C99
汩 7画	4 4 1 2 5 1 1	3773	06C69

汉字	笔顺	《字表》序号	UCS
汨 7画	4 4 1 2 5 1 1	3774	06C68
𬇙 7画	4 4 1 2 5 3 4	6616	2C1D9
汭 7画	4 4 1 2 5 3 4	6617	06C6D
汽 7画	4 4 1 3 1 1 5	0861	06C7D
沃 7画	4 4 1 3 1 3 4	0862	06C83
沂 7画	4 4 1 3 3 1 2	3775	06C82
㳇 7画	4 4 1 3 4 3 4	6618	03CC7
沦 7画	4 4 1 3 4 3 5	0863	06CA6
汹 7画	4 4 1 3 4 5 2	0864	06C79
汾 7画	4 4 1 3 4 5 3	3776	06C7E
泛 7画	4 4 1 3 4 5 4	0865	06CDB
沧 7画	4 4 1 3 4 5 5	0866	06CA7
沨 7画	4 4 1 3 5 3 4	3777	06CA8
没 7画	4 4 1 3 5 5 4	0867	06CA1
沟 7画	4 4 1 3 5 5 4	0868	06C9F
汴 7画	4 4 1 4 1 2 4	3778	06C74
汶 7画	4 4 1 4 1 3 4	3779	06C76
沆 7画	4 4 1 4 1 3 5	3780	06C86
沩 7画	4 4 1 4 3 5 4	3781	06CA9
沪 7画	4 4 1 4 5 1 3	0869	06CAA
沈 7画	4 4 1 4 5 3 5	0870	06C88
沉 7画	4 4 1 4 5 3 5	0871	06C89
沁 7画	4 4 1 4 5 4 4	0872	06C81
泐 7画	4 4 1 5 2 5 3	3782	06CD0
沇 7画	4 4 1 5 4 3 5	6619	06C87
怃 7画	4 4 2 1 1 3 5	3783	06003

汉字	笔顺	《字表》序号	UCS
忮 7画	4 4 2 1 2 5 4	6620	05FEE
怀 7画	4 4 2 1 3 2 4	0873	06000
怄 7画	4 4 2 1 3 4 5	3784	06004
忧 7画	4 4 2 1 3 5 4	0874	05FE7
忳 7画	4 4 2 1 5 2 5	6621	05FF3
忡 7画	4 4 2 2 5 1 2	3785	05FE1
忤 7画	4 4 2 3 1 1 2	3786	05FE4
忾 7画	4 4 2 3 1 1 5	3787	05FFE
怅 7画	4 4 2 3 1 5 4	3788	06005
忻 7画	4 4 2 3 3 1 2	3789	05FFB
忪 7画	4 4 2 3 4 5 4	3790	05FEA
怆 7画	4 4 2 3 4 5 5	3791	06006
忺 7画	4 4 2 3 5 3 4	6622	05FFA
忭 7画	4 4 2 4 1 2 4	3792	05FED
忱 7画	4 4 2 4 5 3 5	0875	05FF1
快 7画	4 4 2 5 1 3 4	0876	05FEB
忸 7画	4 4 2 5 2 1 1	3793	05FF8
完 7画	4 4 5 1 1 3 5	0877	05B8C
宋 7画	4 4 5 1 2 3 4	0878	05B8B
宏 7画	4 4 5 1 3 5 4	0879	05B8F
牢 7画	4 4 5 3 1 1 2	0880	07262
究 7画	4 4 5 3 4 3 5	0881	07A76
穷 7画	4 4 5 3 4 5 3	0882	07A77
灾 7画	4 4 5 4 3 3 4	0883	0707E
良 7画	4 5 1 1 5 3 4	0884	0826F
𬣡 7画	4 5 1 1 5 3 4	6623	2C8E1

汉字	笔顺	《字表》序号	UCS
证 7画	4 5 1 2 1 2 1	0885	08BC1
诂 7画	4 5 1 2 2 5 1	3794	08BC2
诃 7画	4 5 1 2 5 1 2	3795	08BC3
启 7画	4 5 1 3 2 5 1	0886	0542F
评 7画	4 5 1 4 3 1 2	0887	08BC4
补 7画	4 5 2 3 4 2 4	0888	08865
初 7画	4 5 2 3 4 5 3	0889	0521D
社 7画	4 5 2 4 1 2 1	0890	0793E
祀 7画	4 5 2 4 5 1 5	0891	07940
祃 7画	4 5 2 4 5 5 1	6624	07943
诅 7画	4 5 2 5 1 1 1	3796	08BC5
识 7画	4 5 2 5 1 3 4	0892	08BC6
诇 7画	4 5 2 5 2 5 1	6625	08BC7

汉字	笔顺	《字表》序号	UCS
诈 7画	4 5 3 1 2 1 1	0893	08BC8
诉 7画	4 5 3 3 1 2 4	0894	08BC9
罕 7画	4 5 3 4 1 1 2	0895	07F55
诊 7画	4 5 3 4 3 3 3	0896	08BCA
诋 7画	4 5 3 5 1 5 4	3797	08BCB
诌 7画	4 5 3 5 5 1 1	3798	08BCC
邲 7画	4 5 4 3 4 5 2	6626	090B2
词 7画	4 5 5 1 2 5 1	0897	08BCD
诎 7画	4 5 5 2 2 5 2	6627	08BCE
诏 7画	4 5 5 3 2 5 1	3799	08BCF
诐 7画	4 5 5 3 2 5 4	6628	08BD0
译 7画	4 5 5 4 1 1 2	0898	08BD1
诒 7画	4 5 5 4 2 5 1	3800	08BD2

汉字	笔顺	《字表》序号	UCS
君 7画	5 1 1 3 2 5 1	0899	0541B
灵 7画	5 1 1 4 3 3 4	0900	07075
即 7画	5 1 1 5 4 5 2	0901	05373
层 7画	5 1 3 1 1 5 4	0902	05C42
屁 7画	5 1 3 1 5 3 5	0903	05C41
屃 7画	5 1 3 2 5 3 4	6629	05C43
尿 7画	5 1 3 2 5 3 4	0904	05C3F
尾 7画	5 1 3 3 1 1 5	0905	05C3E
迟 7画	5 1 3 4 4 5 4	0906	08FDF
局 7画	5 1 3 5 2 5 1	0907	05C40
𫸩 7画	5 1 5 1 3 4 5	6630	2BE29
改 7画	5 1 5 3 1 3 4	0908	06539
张 7画	5 1 5 3 1 5 4	0909	05F20

汉字	笔顺	《字表》序号	UCS
忌 7画	5 1 5 4 5 4 4	0910	05FCC
际 7画	5 2 1 1 2 3 4	0911	09645
陆 7画	5 2 1 1 2 5 2	0912	09646
阿 7画	5 2 1 2 5 1 2	0913	0963F
孜 7画	5 2 1 3 1 3 4	3801	05B5C
陇 7画	5 2 1 3 5 3 4	3802	09647
陈 7画	5 2 1 5 2 3 4	0914	09648
岊 7画	5 2 1 5 2 5 2	6631	05C8A
阽 7画	5 2 2 1 2 5 1	6632	0963D
阻 7画	5 2 2 5 1 1 1	0915	0963B
䢺 7画	5 2 2 5 2 5 2	6633	048BA
阼 7画	5 2 3 1 2 1 1	6634	0963C
附 7画	5 2 3 2 1 2 4	0916	09644

汉字	笔顺	《字表》序号	UCS
坠 7画	5 2 3 4 1 2 1	0917	05760
陀 7画	5 2 4 4 5 3 5	3803	09640
陂 7画	5 2 5 3 2 5 4	3804	09642
陉 7画	5 2 5 4 1 2 1	3805	09649
妍 7画	5 3 1 1 1 3 2	3806	0598D
妩 7画	5 3 1 1 1 3 5	6635	059A7
妩 7画	5 3 1 1 1 3 5	3807	059A9
妘 7画	5 3 1 1 1 5 4	6636	05998
妓 7画	5 3 1 1 2 5 4	0918	05993
妪 7画	5 3 1 1 3 4 5	3808	059AA
妣 7画	5 3 1 1 5 3 5	3809	059A3
妙 7画	5 3 1 2 3 4 3	0919	05999
妊 7画	5 3 1 3 1 2 1	3810	0598A

汉字	笔顺	《字表》序号	UCS
妖 7画	5 3 1 3 1 3 4	0920	05996
妗 7画	5 3 1 3 4 4 5	3811	05997
姊 7画	5 3 1 3 5 2 3	0921	059CA
妨 7画	5 3 1 4 1 5 3	0922	059A8
妫 7画	5 3 1 4 3 5 4	3812	059AB
妒 7画	5 3 1 4 5 1 3	0923	05992
妞 7画	5 3 1 5 2 1 1	3813	0599E
姒 7画	5 3 1 5 4 3 4	3814	059D2
妤 7画	5 3 1 5 4 5 2	3815	059A4
努 7画	5 3 1 5 4 5 3	0924	052AA
邵 7画	5 3 2 5 1 5 2	3816	090B5
劭 7画	5 3 2 5 1 5 3	3817	052AD
忍 7画	5 3 4 4 5 4 4	0925	05FCD

汉字	笔顺	《字表》序号	UCS
到 7画	5 4 1 2 1 2 2	3818	0522D
劲 7画	5 4 1 2 1 5 3	0926	052B2
𨚕 7画	5 4 1 3 2 5 2	6637	28695
甬 7画	5 4 2 5 1 1 2	3819	0752C
邰 7画	5 4 2 5 1 5 2	3820	090B0
矣 7画	5 4 3 1 1 3 4	0927	077E3
鸡 7画	5 4 3 5 4 5 1	0928	09E21
纬 7画	5 5 1 1 1 5 2	0929	07EAC
纭 7画	5 5 1 1 1 5 4	3821	07EAD
驱 7画	5 5 1 1 3 4 5	0930	09A71
纮 7画	5 5 1 1 3 5 4	6638	07EAE
纯 7画	5 5 1 1 5 2 5	0931	07EAF
纰 7画	5 5 1 1 5 3 5	3822	07EB0

汉字	笔顺	《字表》序号	UCS
纱 7画	5 5 1 2 3 4 3	0932	07EB1
驲 7画	5 5 1 2 5 1 1	6639	09A72
纲 7画	5 5 1 2 5 3 4	0933	07EB2
纳 7画	5 5 1 2 5 3 4	0934	07EB3
纴 7画	5 5 1 3 1 2 1	3823	07EB4
驳 7画	5 5 1 3 4 3 4	0935	09A73
纵 7画	5 5 1 3 4 3 4	0936	07EB5
纶 7画	5 5 1 3 4 3 5	3824	07EB6
纷 7画	5 5 1 3 4 5 3	0937	07EB7
纸 7画	5 5 1 3 5 1 5	0938	07EB8
𫘜 7画	5 5 1 4 1 3 4	6640	2B61C
纹 7画	5 5 1 4 1 3 4	0939	07EB9
纺 7画	5 5 1 4 1 5 3	0940	07EBA

汉字	笔顺	《字表》序号	UCS
纻 7 画	5 5 1 4 4 5 1	6641	07EBB
驴 7 画	5 5 1 4 5 1 3	0941	09A74
𬘘 7 画	5 5 1 4 5 3 5	6642	2C618
𫘝 7 画	5 5 1 5 1 3 4	6643	2B61D
纼 7 画	5 5 1 5 1 5 2	6644	07EBC
纽 7 画	5 5 1 5 2 1 1	0942	07EBD
纾 7 画	5 5 1 5 4 5 2	3825	07EBE
奉 8 画	1 1 1 3 4 1 1 2	0943	05949
玤 8 画	1 1 2 1 1 1 1 2	6645	073A4
玞 8 画	1 1 2 1 1 1 3 4	6646	0739E
玩 8 画	1 1 2 1 1 1 3 5	0944	073A9
玮 8 画	1 1 2 1 1 1 5 2	3826	073AE
环 8 画	1 1 2 1 1 3 2 4	0945	073AF
玡 8 画	1 1 2 1 1 5 2 3	3827	073A1
玭 8 画	1 1 2 1 1 5 3 5	3828	073AD
武 8 画	1 1 2 1 2 1 5 4	0946	06B66
青 8 画	1 1 2 1 2 5 1 1	0947	09752

汉字	笔顺	《字表》序号	UCS
责 8 画	1 1 2 1 2 5 3 责 4	0948	08D23
现 8 画	1 1 2 1 2 5 3 现 5	0949	073B0
玫 8 画	1 1 2 1 3 1 3 玫 4	0950	073AB
玠 8 画	1 1 2 1 3 4 3 玠 2	3829	073A0
玢 8 画	1 1 2 1 3 4 5 玢 3	3830	073A2
玱 8 画	1 1 2 1 3 4 5 玱 5	6647	073B1
玥 8 画	1 1 2 1 3 5 1 玥 1	3831	073A5
表 8 画	1 1 2 1 3 5 3 表 4	0951	08868
玟 8 画	1 1 2 1 4 1 3 玟 4	6648	0739F
玦 8 画	1 1 2 1 5 1 3 玦 4	3832	073A6
盂 8 画	1 1 2 2 5 2 2 盂 1	3833	076C2
忝 8 画	1 1 3 4 2 4 4 忝 4	3834	05FDD
规 8 画	1 1 3 4 2 5 3 规 5	0952	089C4
匦 8 画	1 1 5 2 1 3 5 匦 5	3835	05326

汉字	笔顺	《字表》序号	UCS
抹 8 画	1 2 1 1 1 2 3 4	0953	062B9
卦 8 画	1 2 1 1 2 1 2 4	0954	05366
邽 8 画	1 2 1 1 2 1 5 2	6649	090BD
坩 8 画	1 2 1 1 2 2 1 1	3836	05769
邿 8 画	1 2 1 1 2 4 5 2	6650	090BF
坷 8 画	1 2 1 1 2 5 1 2	0955	05777
坯 8 画	1 2 1 1 3 2 4 1	0956	0576F
拓 8 画	1 2 1 1 3 2 5 1	0957	062D3
拢 8 画	1 2 1 1 3 5 3 4	0958	062E2
拔 8 画	1 2 1 1 3 5 4 4	0959	062D4
坪 8 画	1 2 1 1 4 3 1 2	0960	0576A
抨 8 画	1 2 1 1 4 3 1 2	3837	062A8
拣 8 画	1 2 1 1 5 5 3 4	0961	062E3
拤 8 画	1 2 1 2 1 1 2 4	3838	062E4

汉字	笔顺	《字表》序号	UCS
坫 8画	1 2 1 2 1 2 5 1	3839	0576B
拈 8画	1 2 1 2 1 2 5 1	3840	062C8
垆 8画	1 2 1 2 1 5 1 3	3841	05786
坦 8画	1 2 1 2 5 1 1 1	0962	05766
坥 8画	1 2 1 2 5 1 1 1	6651	05765
担 8画	1 2 1 2 5 1 1 1	0963	062C5
坤 8画	1 2 1 2 5 1 1 2	0964	05764
押 8画	1 2 1 2 5 1 1 2	0965	062BC
抻 8画	1 2 1 2 5 1 1 2	3842	062BB
抽 8画	1 2 1 2 5 1 2 1	0966	062BD
劼 8画	1 2 1 2 5 1 5 3	3843	052BC
拐 8画	1 2 1 2 5 1 5 3	0967	062D0
垌 8画	1 2 1 2 5 2 5 1	6652	05770
拃 8画	1 2 1 3 1 2 1 1	3844	062C3

8 画（一）

汉字	笔顺	《字表》序号	UCS	汉字	笔顺	《字表》序号	UCS
拖 8画	一 十 扌 扩 扩 拧 拎 拖	0968	062D6	坬 8画	一 十 土 圠 圠 坬 坬	6653	0576C
拊 8画	一 十 扌 扩 扌 扌 扌 拊	3845	062CA	坅 8画	一 十 土 圠 圠 坅 坅	6654	0577D
者 8画	一 十 土 耂 耂 者 者 者	0969	08005	拎 8画	一 十 扌 扌 扌 扌 拎	0973	062CE
拍 8画	一 十 扌 扩 扩 扫 拍 拍	0970	062CD	拥 8画	一 十 扌 扌 扌 扌 拥 拥	0974	062E5
顶 8画	一 丁 丁 顶 顶 顶 顶 顶	0971	09876	坻 8画	一 十 土 圠 圠 坻 坻	3847	0577B
坜 8画	一 十 土 圠 圠 圠 坜 坜	3846	0577C	抵 8画	一 十 扌 扌 扌 抵 抵	0975	062B5
拆 8画	一 十 扌 扩 扩 折 拆 拆	0972	062C6	拘 8画	一 十 扌 扌 扌 拘 拘	0976	062D8

61

汉字	笔顺	《字表》序号	UCS
势 8 画	1 2 1 3 5 4 5 3	0977	052BF
抱 8 画	1 2 1 3 5 5 1 5	0978	062B1
拄 8 画	1 2 1 4 1 1 2 1	0979	062C4
垃 8 画	1 2 1 4 1 4 3 1	0980	05783
拉 8 画	1 2 1 4 1 4 3 1	0981	062C9
拦 8 画	1 2 1 4 3 1 1 1	0982	062E6
幸 8 画	1 2 1 4 3 1 1 2	0983	05E78
拌 8 画	1 2 1 4 3 1 1 2	0984	062CC
㧟 8 画	1 2 1 4 4 1 1 5	3848	039DF
拧 8 画	1 2 1 4 4 5 1 2	0985	062E7
坨 8 画	1 2 1 4 4 5 3 5	3849	05768
坭 8 画	1 2 1 5 1 3 3 5	3850	0576D
抿 8 画	1 2 1 5 1 5 1 5	3851	062BF
拂 8 画	1 2 1 5 1 5 3 2	0986	062C2

汉字	笔顺	《字表》序号	UCS
拙 8 画	1 2 1 5 2 2 5 2	0987	062D9
招 8 画	1 2 1 5 3 2 5 1	0988	062DB
坡 8 画	1 2 1 5 3 2 5 4	0989	05761
披 8 画	1 2 1 5 3 2 5 4	0990	062AB
拨 8 画	1 2 1 5 3 5 4 4	0991	062E8
择 8 画	1 2 1 5 4 1 1 2	0992	062E9
奔 8 画	1 2 1 5 4 1 3 2	6655	05F06

汉字	笔顺	《字表》序号	UCS
抬 8 画	1 2 1 5 4 2 5 1	0993	062AC
拇 8 画	1 2 1 5 5 4 1 4	0994	062C7
坳 8 画	1 2 1 5 5 4 5 3	3852	05773
拗 8 画	1 2 1 5 5 4 5 3	0995	062D7
耵 8 画	1 2 2 1 1 1 1 2	6656	08035
其 8 画	1 2 2 1 1 1 3 4	0996	05176
耶 8 画	1 2 2 1 1 1 5 2	3853	08036

汉字	笔顺	《字表》序号	UCS
取 8 画	1 2 2 1 1 1 5 4	0997	053D6
茉 8 画	1 2 2 1 1 2 3 4	0998	08309
苷 8 画	1 2 2 1 2 2 1 1	3854	082F7
苦 8 画	1 2 2 1 2 2 5 1	0999	082E6
苯 8 画	1 2 2 1 2 3 4 1	3855	082EF
昔 8 画	1 2 2 1 2 5 1 1	1000	06614
苛 8 画	1 2 2 1 2 5 1 2	1001	082DB

汉字	笔顺	《字表》序号	UCS
苤 8 画	1 2 2 1 3 2 4 1	3856	082E4
若 8 画	1 2 2 1 3 2 5 1	1002	082E5
䢼 8 画	1 2 2 1 3 4 5 2	6657	048BC
茂 8 画	1 2 2 1 3 5 3 4	1003	08302
茏 8 画	1 2 2 1 3 5 3 4	3857	0830F
苹 8 画	1 2 2 1 4 3 1 2	1004	082F9
苫 8 画	1 2 2 2 1 2 5 1	3858	082EB

汉字	笔顺	《字表》序号	UCS
苜 8 画	1 2 2 2 5 1 1 1	3859	082DC
苴 8 画	1 2 2 2 5 1 1 1	3860	082F4
苗 8 画	1 2 2 2 5 1 2 1	1005	082D7
𦭜 8 画	1 2 2 2 5 1 3 4	6658	26B5C
英 8 画	1 2 2 2 5 1 3 4	1006	082F1
苒 8 画	1 2 2 2 5 2 1 1	3861	082D2
苘 8 画	1 2 2 2 5 2 5 1	3862	082D8

汉字	笔顺	《字表》序号	UCS
茌 8 画	1 2 2 3 2 1 2 1	3863	0830C
苻 8 画	1 2 2 3 2 1 2 4	3864	082FB
苓 8 画	1 2 2 3 4 4 5 4	3865	082D3
茚 8 画	1 2 2 3 5 1 5 2	3866	0831A
茋 8 画	1 2 2 3 5 1 5 4	6659	0830B
苟 8 画	1 2 2 3 5 2 5 1	1007	082DF
茆 8 画	1 2 2 3 5 3 5 2	3867	08306

汉字	笔顺	《字表》序号	UCS
茑 8 画	1 2 2 3 5 4 5 1	3868	08311
苑 8 画	1 2 2 3 5 4 5 5	1008	082D1
苞 8 画	1 2 2 3 5 5 1 5	1009	082DE
范 8 画	1 2 2 4 4 1 5 5	1010	08303
苧 8 画	1 2 2 4 4 5 1 2	6660	082E7
茓 8 画	1 2 2 4 4 5 3 4	3869	08313
茔 8 画	1 2 2 4 5 1 2 1	3870	08314
苾 8 画	1 2 2 4 5 4 3 4	6661	082FE
茕 8 画	1 2 2 4 5 5 1 2	3871	08315
直 8 画	1 2 2 5 1 1 1 1	1011	076F4
苠 8 画	1 2 2 5 1 5 1 5	6662	082E0
茀 8 画	1 2 2 5 1 5 3 2	3872	08300
茁 8 画	1 2 2 5 2 2 5 2	1012	08301
苕 8 画	1 2 2 5 3 2 5 1	3873	082D5

汉字	笔顺	《字表》序号	UCS
茄 8 画	1 2 2 5 3 2 5 1	1013	08304
茎 8 画	1 2 2 5 4 1 2 1	1014	0830E
苔 8 画	1 2 2 5 4 2 5 1	1015	082D4
茅 8 画	1 2 2 5 4 5 2 3	1016	08305
枉 8 画	1 2 3 4 1 1 2 1	1017	06789
枅 8 画	1 2 3 4 1 1 3 2	6663	06785
林 8 画	1 2 3 4 1 2 3 4	1018	06797

汉字	笔顺	《字表》序号	UCS
枝 8 画	1 2 3 4 1 2 5 4	1019	0679D
杯 8 画	1 2 3 4 1 3 2 4	1020	0676F
枢 8 画	1 2 3 4 1 3 4 5	1021	067A2
枥 8 画	1 2 3 4 1 3 5 3	3874	067A5
柜 8 画	1 2 3 4 1 5 1 5	1022	067DC
枇 8 画	1 2 3 4 1 5 3 5	3875	06787
杪 8 画	1 2 3 4 2 3 4 3	3876	0676A

汉字	笔顺	《字表》序号	UCS
杏 8 画	1 2 3 4 2 5 1 1	3877	06773
㭎 8 画	1 2 3 4 2 5 3 4	6664	03B4E
枘 8 画	1 2 3 4 2 5 3 4	6665	06798
枧 8 画	1 2 3 4 2 5 3 5	3878	067A7
杵 8 画	1 2 3 4 3 1 1 2	3879	06775
枚 8 画	1 2 3 4 3 1 3 4	1023	0679A
枨 8 画	1 2 3 4 3 1 5 4	3880	067A8
析 8 画	1 2 3 4 3 3 1 2	1024	06790
板 8 画	1 2 3 4 3 3 5 4	1025	0677F
枍 8 画	1 2 3 4 3 4 1 5	6666	0678D
枞 8 画	1 2 3 4 3 4 3 4	3881	0679E
松 8 画	1 2 3 4 3 4 5 4	1026	0677E
枪 8 画	1 2 3 4 3 4 5 5	1027	067AA
枫 8 画	1 2 3 4 3 5 3 4	1028	067AB

汉字	笔顺	《字表》序号	UCS
构 8 画	1 2 3 4 3 5 5 构 4	1029	06784
杭 8 画	1 2 3 4 4 1 3 杭 5	1030	0676D
枋 8 画	1 2 3 4 4 1 5 枋 3	3882	0678B
杰 8 画	1 2 3 4 4 4 4 杰 4	1031	06770
述 8 画	1 2 3 4 4 4 5 述 4	1032	08FF0
枕 8 画	1 2 3 4 4 5 3 枕 5	1033	06795
杻 8 画	1 2 3 4 5 2 1 杻 1	3883	0677B
杷 8 画	1 2 3 4 5 2 1 杷 5	3884	06777
杼 8 画	1 2 3 4 5 4 5 杼 2	3885	0677C
丧 8 画	1 2 4 3 1 5 3 丧 4	1034	04E27
或 8 画	1 2 5 1 1 5 3 或 4	1035	06216
画 8 画	1 2 5 1 2 1 5 画 2	1036	0753B
卧 8 画	1 2 5 1 2 5 2 卧 4	1037	05367
事 8 画	1 2 5 1 5 1 1 事 2	1038	04E8B

汉字	笔顺	《字表》序号	UCS
刺 8画	1 2 5 2 3 4 2 2	1039	0523A
枣 8画	1 2 5 2 3 4 4 4	1040	067A3
雨 8画	1 2 5 2 4 4 4 4	1041	096E8
卖 8画	1 2 5 4 4 1 3 4	1042	05356
矸 8画	1 3 2 5 1 1 1 2	3886	077F8
矼 8画	1 3 2 5 1 1 2 1	6667	077FC
郁 8画	1 3 2 5 1 1 5 2	1043	090C1
矻 8画	1 3 2 5 1 3 1 5	6668	077FB
矾 8画	1 3 2 5 1 3 5 4	1044	077FE
矿 8画	1 3 2 5 1 4 1 3	1045	077FF
砀 8画	1 3 2 5 1 5 3 3	3887	07800
码 8画	1 3 2 5 1 5 5 1	1046	07801
厕 8画	1 3 2 5 3 4 2 2	1047	05395
奈 8画	1 3 4 1 1 2 3 4	1048	05948

汉字	笔顺	《字表》序号	UCS
刳 8画	1 3 4 1 1 5 2 2	3888	05233
奔 8画	1 3 4 1 2 1 3 2	1049	05954
奇 8画	1 3 4 1 2 5 1 2	1050	05947
匼 8画	1 3 4 1 2 5 1 5	6669	0533C
奄 8画	1 3 4 2 5 1 1 5	3889	05944
奋 8画	1 3 4 2 5 1 2 1	1051	0594B
态 8画	1 3 4 4 4 5 4 4	1052	06001
瓯 8画	1 3 4 5 1 5 5 4	3890	074EF
欧 8画	1 3 4 5 3 5 3 4	1053	06B27
殴 8画	1 3 4 5 3 5 5 4	1054	06BB4
垄 8画	1 3 5 3 4 1 2 1	1055	05784
殁 8画	1 3 5 4 3 5 5 4	3891	06B81
郏 8画	1 4 3 1 3 4 5 2	3892	090CF
妻 8画	1 5 1 1 2 5 3 1	1056	059BB

汉字	笔顺	《字表》序号	UCS
轰 8 画	1 5 1 2 5 4 5 4	1057	08F70
顷 8 画	1 5 1 3 2 5 3 4	1058	09877
转 8 画	1 5 2 1 1 1 5 4	1059	08F6C
轭 8 画	1 5 2 1 1 3 5 5	3893	08F6D
斩 8 画	1 5 2 1 3 3 1 2	1060	065A9
轮 8 画	1 5 2 1 3 4 3 5	1061	08F6E
𬨂 8 画	1 5 2 1 3 5 1 5	6670	2CA02
软 8 画	1 5 2 1 3 5 3 4	1062	08F6F
到 8 画	1 5 4 1 2 1 2 2	1063	05230
郅 8 画	1 5 4 1 2 1 5 2	3894	090C5
鸢 8 画	1 5 4 3 5 4 5 1	3895	09E22
非 8 画	2 1 1 1 2 1 1 1	1064	0975E
叔 8 画	2 1 1 2 3 4 5 4	1065	053D4
歧 8 画	2 1 2 1 1 2 5 4	1066	06B67

汉字	笔顺	《字表》序号	UCS
肯 8画	2 1 2 1 2 5 1 1	1067	080AF
齿 8画	2 1 2 1 3 4 5 2	1068	09F7F
些 8画	2 1 2 1 3 5 1 1	1069	04E9B
卓 8画	2 1 2 5 1 1 1 2	1070	05353
虎 8画	2 1 5 3 1 5 3 5	1071	0864E
虏 8画	2 1 5 3 1 5 5 3	1072	0864F
肾 8画	2 2 5 4 2 5 1 1	1073	080BE

汉字	笔顺	《字表》序号	UCS
贤 8画	2 2 5 4 2 5 3 4	1074	08D24
尚 8画	2 4 3 2 5 2 5 1	1075	05C1A
盱 8画	2 5 1 1 1 1 1 2	3896	076F1
旺 8画	2 5 1 1 1 1 2 1	1076	065FA
具 8画	2 5 1 1 1 1 3 4	1077	05177
昊 8画	2 5 1 1 1 1 3 4	3897	0660A
𬀩 8画	2 5 1 1 1 1 5 2	6671	2C029

汉字	笔顺	《字表》序号	UCS
昙 8画	2 5 1 1 1 1 5 4	3898	06619
味 8画	2 5 1 1 1 2 3 4	1078	05473
杲 8画	2 5 1 1 1 2 3 4	3899	06772
果 8画	2 5 1 1 1 2 3 4	1079	0679C
昃 8画	2 5 1 1 1 3 3 4	3900	06603
昆 8画	2 5 1 1 1 5 3 5	1080	06606
国 8画	2 5 1 1 2 1 4 1	1081	056FD

汉字	笔顺	《字表》序号	UCS
哎 8画	2 5 1 1 2 2 3 4	1082	054CE
咕 8画	2 5 1 1 2 2 5 1	1083	05495
昌 8画	2 5 1 1 2 5 1 1	1084	0660C
呵 8画	2 5 1 1 2 5 1 2	1085	05475
咂 8画	2 5 1 1 2 5 2 5	3901	05482
畅 8画	2 5 1 1 2 5 3 3	1086	07545
𬀪 8画	2 5 1 1 2 5 3 5	6672	2C02A

汉字	笔顺	《字表》序号	UCS
昨 8画	2 5 1 1 3 1 1 2	6673	065FF
昇 8画	2 5 1 1 3 1 3 2	6674	06607
呸 8画	2 5 1 1 3 2 4 1	3902	05478
昕 8画	2 5 1 1 3 3 1 2	3903	06615
昄 8画	2 5 1 1 3 3 5 4	6675	06604
明 8画	2 5 1 1 3 5 1 1	1087	0660E
昒 8画	2 5 1 1 3 5 3 3	6676	06612
易 8画	2 5 1 1 3 5 3 3	1088	06613
咙 8画	2 5 1 1 3 5 3 4	1089	05499
昀 8画	2 5 1 1 3 5 4 1	3904	06600
昂 8画	2 5 1 1 3 5 5 2	1090	06602
昃 8画	2 5 1 1 4 1 3 4	3905	065FB
昉 8画	2 5 1 1 4 1 5 3	3906	06609
炅 8画	2 5 1 1 4 3 3 4	3907	07085

汉字	笔顺	《字表》序号	UCS
昈 8 画	2 5 1 1 4 5 1 3	6677	06608
咔 8 画	2 5 1 2 1 1 2 4	3908	05494
畀 8 画	2 5 1 2 1 1 3 2	3909	07540
虮 8 画	2 5 1 2 1 4 3 5	3910	0866E
迪 8 画	2 5 1 2 1 4 5 4	1091	08FEA
典 8 画	2 5 1 2 2 1 3 4	1092	05178
固 8 画	2 5 1 2 2 5 1 1	1093	056FA
忠 8 画	2 5 1 2 4 5 4 4	1094	05FE0
咀 8 画	2 5 1 2 5 1 1 1	3911	05480
呷 8 画	2 5 1 2 5 1 1 2	3912	05477
呻 8 画	2 5 1 2 5 1 1 2	1095	0547B
黾 8 画	2 5 1 2 5 1 1 5	3913	09EFE
咉 8 画	2 5 1 2 5 1 3 4	6678	05489
咒 8 画	2 5 1 2 5 1 3 5	1096	05492

汉字	笔顺	《字表》序号	UCS
咋 8画	2 5 1 3 1 2 1 1	1097	0548B
咐 8画	2 5 1 3 2 1 2 4	1098	05490
呱 8画	2 5 1 3 3 5 4 4	3914	05471
呼 8画	2 5 1 3 4 3 1 2	1099	0547C
呤 8画	2 5 1 3 4 4 5 4	3915	05464
咚 8画	2 5 1 3 5 4 4 4	3916	0549A
呜 8画	2 5 1 3 5 4 5 1	1100	09E23

汉字	笔顺	《字表》序号	UCS
咆 8画	2 5 1 3 5 5 1 5	3917	05486
咛 8画	2 5 1 4 4 5 1 2	3918	0549B
咇 8画	2 5 1 4 5 4 3 4	6679	05487
咏 8画	2 5 1 4 5 5 3 4	1101	0548F
呢 8画	2 5 1 5 1 3 3 5	1102	05462
咄 8画	2 5 1 5 2 2 5 2	1103	05484
呶 8画	2 5 1 5 3 1 5 4	3919	05476

汉字	笔顺	《字表》序号	UCS
咖 8 画	2 5 1 5 3 2 5 1	1104	05496
哈 8 画	2 5 1 5 4 2 5 1	6680	0548D
呣 8 画	2 5 1 5 5 4 1 4	3920	05463
呦 8 画	2 5 1 5 5 4 5 3	3921	05466
咝 8 画	2 5 1 5 5 5 5 1	3922	0549D
岵 8 画	2 5 2 1 2 2 5 1	6681	05CB5
岢 8 画	2 5 2 1 2 5 1 2	3923	05CA2
岸 8 画	2 5 2 1 3 1 1 2	1105	05CB8
岩 8 画	2 5 2 1 3 2 5 1	1106	05CA9
岽 8 画	2 5 2 1 5 2 3 4	6682	05CBD
帖 8 画	2 5 2 2 1 2 5 1	1107	05E16
罗 8 画	2 5 2 2 1 3 5 4	1108	07F57
岿 8 画	2 5 2 2 3 5 1 1	3924	05CBF
岨 8 画	2 5 2 2 5 1 1 1	6683	05CA8

汉字	笔顺	《字表》序号	UCS
岬 8 画	2 5 2 2 5 1 1 2	3925	05CAC
岫 8 画	2 5 2 2 5 1 2 1	3926	05CAB
帜 8 画	2 5 2 2 5 1 3 4	1109	05E1C
帙 8 画	2 5 2 3 1 1 3 4	3927	05E19
岞 8 画	2 5 2 3 1 2 1 1	6684	05C9E
帕 8 画	2 5 2 3 2 5 1 1	1110	05E15
岭 8 画	2 5 2 3 4 4 5 4	1111	05CAD

汉字	笔顺	《字表》序号	UCS
峋 8 画	2 5 2 3 5 2 5 1	3928	05CA3
峁 8 画	2 5 2 3 5 3 5 2	3929	05CC1
刿 8 画	2 5 2 3 5 4 2 2	3930	0523F
峂 8 画	2 5 2 3 5 4 4 4	6685	05CC2
㟃 8 画	2 5 2 5 1 2 5 1	6686	037C3
迥 8 画	2 5 2 5 1 4 5 4	3931	08FE5
岷 8 画	2 5 2 5 1 5 1 5	3932	05CB7

汉字	笔顺	《字表》序号	UCS
剀 8 画	2 5 2 5 1 5 2 2	3933	05240
凯 8 画	2 5 2 5 1 5 3 5	1112	051EF
帔 8 画	2 5 2 5 3 2 5 4	3934	05E14
峄 8 画	2 5 2 5 4 1 1 2	3935	05CC4
困 8 画	2 5 3 1 2 3 4 1	6687	056F7
沓 8 画	2 5 3 4 2 5 1 1	3936	06C93
败 8 画	2 5 3 4 3 1 3 4	1113	08D25
账 8 画	2 5 3 4 3 1 5 4	1114	08D26
贩 8 画	2 5 3 4 3 3 5 4	1115	08D29
贬 8 画	2 5 3 4 3 4 5 4	1116	08D2C
购 8 画	2 5 3 4 3 5 5 4	1117	08D2D
贮 8 画	2 5 3 4 4 4 5 1	1118	08D2E
囹 8 画	2 5 3 4 4 5 4 1	3937	056F9
图 8 画	2 5 3 5 4 4 4 1	1119	056FE

汉字	笔顺	《字表》序号	UCS
罔 8画	2 5 4 3 1 4 1 5	3938	07F54
钍 8画	3 1 1 1 5 1 2 1	3939	0948D
𫓩 8画	3 1 1 1 5 1 5 4	6688	2CB29
钎 8画	3 1 1 1 5 3 1 2	3940	0948E
钏 8画	3 1 1 1 5 3 2 2	3941	0948F
钐 8画	3 1 1 1 5 3 3 3	6689	09490
钓 8画	3 1 1 1 5 3 5 4	1120	09493
钒 8画	3 1 1 1 5 3 5 4	3942	09492
钔 8画	3 1 1 1 5 4 2 5	6690	09494
钕 8画	3 1 1 1 5 5 3 1	3943	09495
钖 8画	3 1 1 1 5 5 3 3	6691	09496
钗 8画	3 1 1 1 5 5 4 4	3944	09497
邾 8画	3 1 1 2 3 4 5 2	3945	090BE
制 8画	3 1 1 2 5 2 2 2	1121	05236

汉字	笔顺	《字表》序号	UCS
知 8 画	3 1 1 3 4 2 5 1 知	1122	077E5
迭 8 画	3 1 1 3 4 4 5 4 迭	1123	08FED
氛 8 画	3 1 1 5 3 4 5 3 氛	1124	06C1B
迮 8 画	3 1 2 1 1 4 5 4 迮	3946	08FEE
垂 8 画	3 1 2 1 2 2 1 1 垂	1125	05782
牦 8 画	3 1 2 1 3 1 1 5 牦	3947	07266
牧 8 画	3 1 2 1 3 1 3 4 牧	1126	07267
物 8 画	3 1 2 1 3 5 3 3 物	1127	07269
牥 8 画	3 1 2 1 4 1 5 3 牥	6692	07265
乖 8 画	3 1 2 2 1 1 3 5 乖	1128	04E56
刮 8 画	3 1 2 2 5 1 2 2 刮	1129	0522E
秆 8 画	3 1 2 3 4 1 1 2 秆	1130	079C6
和 8 画	3 1 2 3 4 2 5 1 和	1131	0548C
季 8 画	3 1 2 3 4 5 2 1 季	1132	05B63

汉字	笔顺	《字表》序号	UCS
委 8 画	3 1 2 3 4 5 3 1	1133	059D4
竺 8 画	3 1 4 3 1 4 1 1	3948	07AFA
秉 8 画	3 1 5 1 1 2 3 4	1134	079C9
迤 8 画	3 1 5 2 5 4 5 4	3949	08FE4
佳 8 画	3 2 1 2 1 1 2 1	1135	04F73
侍 8 画	3 2 1 2 1 1 2 4	1136	04F8D
佶 8 画	3 2 1 2 1 2 5 1	3950	04F76

汉字	笔顺	《字表》序号	UCS
岳 8 画	3 2 1 2 1 2 5 2	1137	05CB3
佬 8 画	3 2 1 2 1 3 3 5	3951	04F6C
佴 8 画	3 2 1 2 2 1 1 1	6693	04F74
供 8 画	3 2 1 2 2 1 3 4	1138	04F9B
使 8 画	3 2 1 2 5 1 3 4	1139	04F7F
佰 8 画	3 2 1 3 2 5 1 1	3952	04F70
侑 8 画	3 2 1 3 2 5 1 1	3953	04F91

汉字	笔顺	《字表》序号	UCS
侉 8 画	3 2 1 3 4 1 1 5	3954	04F89
例 8 画	3 2 1 3 5 4 2 2	1140	04F8B
侠 8 画	3 2 1 4 3 1 3 4	1141	04FA0
臾 8 画	3 2 1 5 1 1 3 4	3955	081FE
侥 8 画	3 2 1 5 3 1 3 5	1142	04FA5
版 8 画	3 2 1 5 3 3 5 4	1143	07248
侄 8 画	3 2 1 5 4 1 2 1	1144	04F84
垈 8 画	3 2 1 5 4 1 2 1	6694	05788
岱 8 画	3 2 1 5 4 2 5 2	3956	05CB1
侦 8 画	3 2 2 1 2 5 3 4	1145	04FA6
侣 8 画	3 2 2 5 1 2 5 1	1146	04FA3
侗 8 画	3 2 2 5 1 2 5 1	3957	04F97
侃 8 画	3 2 2 5 1 3 2 5	3958	04F83
侧 8 画	3 2 2 5 3 4 2 2	1147	04FA7

汉字	笔顺	《字表》序号	UCS
侏 8画	3 2 3 1 1 2 3 4	3959	04F8F
侁 8画	3 2 3 1 2 1 3 5	6695	04F81
凭 8画	3 2 3 1 2 1 3 5	1148	051ED
侹 8画	3 2 3 1 2 1 5 4	6696	04FB9
佸 8画	3 2 3 1 2 2 5 1	6697	04F78
侨 8画	3 2 3 1 3 4 3 2	1149	04FA8
佺 8画	3 2 3 4 1 1 2 1	6698	04F7A
侩 8画	3 2 3 4 1 1 5 4	3960	04FA9
佻 8画	3 2 3 4 1 5 3 4	3961	04F7B
佾 8画	3 2 3 4 2 5 1 1	3962	04F7E
佩 8画	3 2 3 5 1 2 5 2	1150	04F69
货 8画	3 2 3 5 2 5 3 4	1151	08D27
侈 8画	3 2 3 5 4 3 5 4	1152	04F88
隹 8画	3 2 4 1 1 1 2 1	6699	096B9

汉字	笔顺	《字表》序号	UCS
㑊 8 画	3 2 4 1 3 2 3 4	6700	0344A
侂 8 画	3 2 4 1 3 3 1 5	6701	04F82
侪 8 画	3 2 4 1 3 4 3 2	3963	04FAA
佼 8 画	3 2 4 1 3 4 3 4	3964	04F7C
依 8 画	3 2 4 1 3 5 3 4	1153	04F9D
佽 8 画	3 2 4 1 3 5 3 4	6702	04F7D
佯 8 画	3 2 4 3 1 1 1 2	3965	04F6F

汉字	笔顺	《字表》序号	UCS
侘 8 画	3 2 4 4 5 3 1 5	6703	04F98
侬 8 画	3 2 4 5 3 5 3 4	3966	04FAC
帛 8 画	3 2 5 1 1 2 5 2	3967	05E1B
卑 8 画	3 2 5 1 1 3 1 2	1154	05351
的 8 画	3 2 5 1 1 3 5 4	1155	07684
迫 8 画	3 2 5 1 1 4 5 4	1156	08FEB
阜 8 画	3 2 5 1 5 1 1 2	3968	0961C

汉字	笔顺	《字表》序号	UCS
侔 8 画	3 2 5 4 3 1 1 2	3969	04F94
质 8 画	3 3 1 2 2 5 3 4	1157	08D28
欣 8 画	3 3 1 2 3 5 3 4	1158	06B23
郈 8 画	3 3 1 2 5 1 5 2	6704	090C8
征 8 画	3 3 2 1 2 1 2 1	1159	05F81
徂 8 画	3 3 2 2 5 1 1 1	3970	05F82
往 8 画	3 3 2 4 1 1 2 1	1160	05F80
爬 8 画	3 3 2 4 5 2 1 5	1161	0722C
彼 8 画	3 3 2 5 3 2 5 4	1162	05F7C
径 8 画	3 3 2 5 4 1 2 1	1163	05F84
所 8 画	3 3 5 1 3 3 1 2	1164	06240
舠 8 画	3 3 5 4 1 4 5 3	6705	08220
舍 8 画	3 4 1 1 2 2 5 1	1165	0820D
金 8 画	3 4 1 1 2 4 3 1	1166	091D1

汉字	笔顺	《字表》序号	UCS
剑 8画	3 4 1 1 5 4 2 2	3971	0523D
郐 8画	3 4 1 1 5 4 5 2	6706	090D0
刹 8画	3 4 1 2 3 4 2 2	1167	05239
郃 8画	3 4 1 2 5 1 5 2	6707	090C3
命 8画	3 4 1 2 5 1 5 2	1168	0547D
肴 8画	3 4 1 3 2 5 1 1	1169	080B4
郄 8画	3 4 1 3 5 4 5 2	3972	090C4

汉字	笔顺	《字表》序号	UCS
斧 8画	3 4 3 4 3 3 1 2	1170	065A7
怂 8画	3 4 3 4 4 5 4 4	3973	06002
爸 8画	3 4 3 4 5 2 1 5	1171	07238
采 8画	3 4 4 3 1 2 3 4	1172	091C7
籴 8画	3 4 4 3 1 2 3 4	3974	07C74
觅 8画	3 4 4 3 2 5 3 5	1173	089C5
受 8画	3 4 4 3 4 5 5 4	1174	053D7

汉字	笔顺	《字表》序号	UCS
乳 8画	3 4 4 3 5 2 1 5	1175	04E73
贪 8画	3 4 4 5 2 5 3 4	1176	08D2A
念 8画	3 4 4 5 4 5 4 4	1177	05FF5
贫 8画	3 4 5 3 2 5 3 4	1178	08D2B
攽 8画	3 4 5 3 3 1 3 4	6708	0653D
忿 8画	3 4 5 3 4 5 4 4	1179	05FFF
瓮 8画	3 4 5 4 1 5 5 4	3975	074EE

汉字	笔顺	《字表》序号	UCS
戗 8画	3 4 5 5 1 5 3 4	3976	06217
肼 8画	3 5 1 1 1 1 3 2	3977	080BC
肤 8画	3 5 1 1 1 1 3 4	1180	080A4
䏝 8画	3 5 1 1 1 1 5 4	3978	043DD
肺 8画	3 5 1 1 1 2 5 2	1181	080BA
肢 8画	3 5 1 1 1 2 5 4	1182	080A2
肽 8画	3 5 1 1 1 3 4 4	3979	080BD

汉字	笔顺	《字表》序号	UCS
肱 8画	3 5 1 1 1 3 5 4	3980	080B1
肫 8画	3 5 1 1 1 5 2 5	3981	080AB
肿 8画	3 5 1 1 2 5 1 2	1183	080BF
肭 8画	3 5 1 1 2 5 3 4	6709	080AD
胀 8画	3 5 1 1 3 1 5 4	1184	080C0
肸 8画	3 5 1 1 3 4 1 2	6710	080B8
朋 8画	3 5 1 1 3 5 1 1	1185	0670B
肷 8画	3 5 1 1 3 5 3 4	6711	080B7
股 8画	3 5 1 1 3 5 5 4	1186	080A1
肮 8画	3 5 1 1 4 1 3 5	1187	080AE
肪 8画	3 5 1 1 4 1 5 3	1188	080AA
肥 8画	3 5 1 1 5 2 1 5	1189	080A5
服 8画	3 5 1 1 5 2 5 4	1190	0670D
胁 8画	3 5 1 1 5 3 4 4	1191	080C1

汉字	笔顺	《字表》序号	UCS
周 8 画	3 5 1 2 1 2 5 1	1192	05468
剁 8 画	3 5 1 2 3 4 2 2	3982	05241
昏 8 画	3 5 1 5 2 5 1 1	1193	0660F
迩 8 画	3 5 2 3 4 4 5 4	3983	08FE9
郇 8 画	3 5 2 5 1 1 5 2	3984	090C7
鱼 8 画	3 5 2 5 1 2 1 1	1194	09C7C
兔 8 画	3 5 2 5 1 3 5 4	1195	05154

汉字	笔顺	《字表》序号	UCS
狉 8 画	3 5 3 1 3 2 4 1	6712	072C9
狙 8 画	3 5 3 2 5 1 1 1	3985	072D9
狎 8 画	3 5 3 2 5 1 1 2	3986	072CE
狐 8 画	3 5 3 3 3 5 4 4	1196	072D0
忽 8 画	3 5 3 3 4 5 4 4	1197	05FFD
狝 8 画	3 5 3 3 5 2 3 4	6713	072DD
狗 8 画	3 5 3 3 5 2 5 1	1198	072D7

汉字	笔顺	《字表》序号	UCS
狍 8画	3 5 3 3 5 5 1 5	3987	072CD
狞 8画	3 5 3 4 4 5 1 2	1199	072DE
狒 8画	3 5 3 5 1 5 3 2	3988	072D2
咎 8画	3 5 4 2 4 2 5 1	3989	0548E
备 8画	3 5 4 2 5 1 2 1	1200	05907
炙 8画	3 5 4 4 4 3 3 4	3990	07099
枭 8画	3 5 4 5 1 2 3 4	3991	067AD
饯 8画	3 5 5 1 1 5 3 4	3992	0996F
饰 8画	3 5 5 3 1 2 5 2	1201	09970
饱 8画	3 5 5 3 5 5 1 5	1202	09971
饲 8画	3 5 5 5 1 2 5 1	1203	09972
饳 8画	3 5 5 5 2 2 5 2	6714	09973
饴 8画	3 5 5 5 4 2 5 1	3993	09974
冽 8画	4 1 1 3 5 4 2 2	3994	051BD

汉字	笔顺	《字表》序号	UCS
变 8 画	4 1 2 2 3 4 5 4	1204	053D8
京 8 画	4 1 2 5 1 2 3 4	1205	04EAC
享 8 画	4 1 2 5 1 5 2 1	1206	04EAB
冼 8 画	4 1 3 1 2 1 3 5	3995	051BC
庞 8 画	4 1 3 1 3 5 3 4	1207	05E9E
店 8 画	4 1 3 2 1 2 5 1	1208	05E97
夜 8 画	4 1 3 2 3 5 4 4	1209	0591C
庙 8 画	4 1 3 2 5 1 2 1	1210	05E99
府 8 画	4 1 3 3 2 1 2 4	1211	05E9C
底 8 画	4 1 3 3 5 1 5 4	1212	05E95
庖 8 画	4 1 3 3 5 5 1 5	3996	05E96
疟 8 画	4 1 3 4 1 1 5 1	1213	0759F
疠 8 画	4 1 3 4 1 1 5 3	3997	075A0
疝 8 画	4 1 3 4 1 2 5 2	3998	0759D

汉字	笔顺	《字表》序号	UCS
疙 8画	4 1 3 4 1 3 1 5	1214	07599
疚 8画	4 1 3 4 1 3 5 4	1215	0759A
疡 8画	4 1 3 4 1 5 3 3	3999	075A1
剂 8画	4 1 3 4 3 2 2 2	1216	05242
卒 8画	4 1 3 4 3 4 1 2	1217	05352
郊 8画	4 1 3 4 3 4 5 2	1218	090CA
忞 8画	4 1 3 4 4 5 4 4	6715	05FDE

汉字	笔顺	《字表》序号	UCS
兖 8画	4 1 3 4 5 4 3 5	4000	05156
庚 8画	4 1 3 5 1 1 3 4	1219	05E9A
废 8画	4 1 3 5 3 5 4 4	1220	05E9F
净 8画	4 1 3 5 5 1 1 2	1221	051C0
妾 8画	4 1 4 3 1 5 3 1	4001	059BE
盲 8画	4 1 5 2 5 1 1 1	1222	076F2
放 8画	4 1 5 3 3 1 3 4	1223	0653E

汉字	笔顺	《字表》序号	UCS
刻 8 画	41533422	1224	0523B
於 8 画	41533444	6716	065BC
劾 8 画	41533453	4002	052BE
育 8 画	41542511	1225	080B2
氓 8 画	41551515	1226	06C13
闸 8 画	42525112	1227	095F8
闹 8 画	42541252	1228	095F9

汉字	笔顺	《字表》序号	UCS
郑 8 画	43113452	1229	090D1
券 8 画	43113453	1230	05238
卷 8 画	43113455	1231	05377
单 8 画	43251112	1232	05355
炜 8 画	43341152	4003	0709C
𬉼 8 画	43341345	4004	2C27C
炬 8 画	43341515	1233	070AC

汉字	笔顺	《字表》序号	UCS
炖 8 画	4 3 3 4 1 5 2 5	4005	07096
炒 8 画	4 3 3 4 2 3 4 3	1234	07092
炘 8 画	4 3 3 4 3 3 1 2	4006	07098
炌 8 画	4 3 3 4 3 4 3 2	6717	0708C
炝 8 画	4 3 3 4 3 4 5 5	4007	0709D
炊 8 画	4 3 3 4 3 5 3 4	1235	0708A
炆 8 画	4 3 3 4 4 1 3 4	6718	07086
炕 8 画	4 3 3 4 4 1 3 5	1236	07095
炎 8 画	4 3 3 4 4 3 3 4	1237	0708E
炉 8 画	4 3 3 4 4 5 1 3	1238	07089
炔 8 画	4 3 3 4 5 1 3 4	4008	07094
沫 8 画	4 4 1 1 1 2 3 4	1239	06CAB
浅 8 画	4 4 1 1 1 5 3 4	1240	06D45
法 8 画	4 4 1 1 2 1 5 4	1241	06CD5

汉字	笔顺	《字表》序号	UCS
泔 8 画	4 4 1 1 2 2 1 1	4009	06CD4
泄 8 画	4 4 1 1 2 2 1 5	1242	06CC4
沽 8 画	4 4 1 1 2 2 5 1	1243	06CBD
沭 8 画	4 4 1 1 2 3 4 4	4010	06CAD
河 8 画	4 4 1 1 2 5 1 2	1244	06CB3
泷 8 画	4 4 1 1 3 5 3 4	4011	06CF7
泙 8 画	4 4 1 1 4 3 1 2	6719	06CD9

汉字	笔顺	《字表》序号	UCS
沾 8 画	4 4 1 2 1 2 5 1	1245	06CBE
泸 8 画	4 4 1 2 1 5 1 3	4012	06CF8
泪 8 画	4 4 1 2 5 1 1 1	1246	06CEA
沮 8 画	4 4 1 2 5 1 1 1	1247	06CAE
沺 8 画	4 4 1 2 5 1 2 1	6720	06CBA
油 8 画	4 4 1 2 5 1 2 1	1248	06CB9
泱 8 画	4 4 1 2 5 1 3 4	4013	06CF1

汉字	笔顺	《字表》序号	UCS
洞 8 画	4 4 1 2 5 2 5 1	6721	06CC2
泅 8 画	4 4 1 2 5 3 4 1	4014	06CC5
泗 8 画	4 4 1 2 5 3 5 1	4015	06CD7
泊 8 画	4 4 1 3 2 5 1 1	1249	06CCA
泠 8 画	4 4 1 3 4 4 5 4	4016	06CE0
泜 8 画	4 4 1 3 5 1 5 4	6722	06CDC
泺 8 画	4 4 1 3 5 2 3 4	4017	06CFA
沿 8 画	4 4 1 3 5 2 5 1	1250	06CBF
洵 8 画	4 4 1 3 5 2 5 1	6723	06CC3
泖 8 画	4 4 1 3 5 3 5 2	4018	06CD6
泡 8 画	4 4 1 3 5 5 1 5	1251	06CE1
注 8 画	4 4 1 4 1 1 2 1	1252	06CE8
泣 8 画	4 4 1 4 1 4 3 1	1253	06CE3
泫 8 画	4 4 1 4 1 5 5 4	4019	06CEB

汉字	笔顺	《字表》序号	UCS
泮 8画	4 4 1 4 3 1 1 2	4020	06CEE
泞 8画	4 4 1 4 4 5 1 2	1254	06CDE
沱 8画	4 4 1 4 4 5 3 5	4021	06CB1
泻 8画	4 4 1 4 5 1 5 1	1255	06CFB
泌 8画	4 4 1 4 5 4 3 4	1256	06CCC
泳 8画	4 4 1 4 5 5 3 4	1257	06CF3
泥 8画	4 4 1 5 1 3 3 5	1258	06CE5
泯 8画	4 4 1 5 1 5 1 5	4022	06CEF
沸 8画	4 4 1 5 1 5 3 2	1259	06CB8
泓 8画	4 4 1 5 1 5 5 4	4023	06CD3
沼 8画	4 4 1 5 3 2 5 1	1260	06CBC
泇 8画	4 4 1 5 3 2 5 1	6724	06CC7
波 8画	4 4 1 5 3 2 5 4	1261	06CE2
泼 8画	4 4 1 5 3 5 4 4	1262	06CFC

汉字	笔顺	《字表》序号	UCS
泽 8画	4 4 1 5 4 1 1 2	1263	06CFD
泾 8画	4 4 1 5 4 1 2 1	4024	06CFE
治 8画	4 4 1 5 4 2 5 1	1264	06CBB
怔 8画	4 4 2 1 2 1 2 1	1265	06014
怯 8画	4 4 2 1 2 1 5 4	1266	0602F
怙 8画	4 4 2 1 2 2 5 1	4025	06019
怵 8画	4 4 2 1 2 3 4 4	4026	06035
怖 8画	4 4 2 1 3 2 5 2	1267	06016
怦 8画	4 4 2 1 4 3 1 2	4027	06026
怛 8画	4 4 2 2 5 1 1 1	4028	0601B
怏 8画	4 4 2 2 5 1 3 4	4029	0600F
性 8画	4 4 2 3 1 1 2 1	1268	06027
怍 8画	4 4 2 3 1 2 1 1	4030	0600D
怕 8画	4 4 2 3 2 5 1 1	1269	06015

汉字	笔顺	《字表》序号	UCS
怜 8画	4 4 2 3 4 4 5 4	1270	0601C
㤘 8画	4 4 2 3 5 5 1 1	4031	03918
怩 8画	4 4 2 5 1 3 3 5	4032	06029
怫 8画	4 4 2 5 1 5 3 2	4033	0602B
怊 8画	4 4 2 5 3 2 5 1	6725	0600A
怿 8画	4 4 2 5 4 1 1 2	4034	0603F
怪 8画	4 4 2 5 4 1 2 1	1271	0602A
怡 8画	4 4 2 5 4 2 5 1	1272	06021
峃 8画	4 4 3 4 5 2 5 2	6726	05CC3
学 8画	4 4 3 4 5 5 2 1	1273	05B66
宝 8画	4 4 5 1 1 2 1 4	1274	05B9D
宗 8画	4 4 5 1 1 2 3 4	1275	05B97
定 8画	4 4 5 1 2 1 3 4	1276	05B9A
宕 8画	4 4 5 1 3 2 5 1	4035	05B95

汉字	笔顺	《字表》序号	UCS
宠 8画	4 4 5 1 3 5 3 4	1277	05BA0
宜 8画	4 4 5 2 5 1 1 1	1278	05B9C
审 8画	4 4 5 2 5 1 1 2	1279	05BA1
宙 8画	4 4 5 2 5 1 2 1	1280	05B99
官 8画	4 4 5 2 5 1 5 1	1281	05B98
空 8画	4 4 5 3 4 1 2 1	1282	07A7A
帘 8画	4 4 5 3 4 2 5 2	1283	05E18
穸 8画	4 4 5 3 4 3 5 4	6727	07A78
穹 8画	4 4 5 3 4 5 1 5	4036	07A79
宛 8画	4 4 5 3 5 4 5 5	1284	05B9B
实 8画	4 4 5 4 4 1 3 4	1285	05B9E
宓 8画	4 4 5 4 5 4 3 4	4037	05B93
诓 8画	4 5 1 1 1 2 1 5	4038	08BD3
诔 8画	4 5 1 1 1 2 3 4	4039	08BD4

汉字	笔顺	《字表》序号	UCS
试 8画	4 5 1 1 2 1 5 4	1286	08BD5
郎 8画	4 5 1 1 5 4 5 2	1287	090CE
诖 8画	4 5 1 2 1 1 2 1	4040	08BD6
诗 8画	4 5 1 2 1 1 2 4	1288	08BD7
诘 8画	4 5 1 2 1 2 5 1	4041	08BD8
戾 8画	4 5 1 3 1 3 4 4	4042	0623E
肩 8画	4 5 1 3 2 5 1 1	1289	080A9
房 8画	4 5 1 3 4 1 5 3	1290	0623F
诙 8画	4 5 1 3 4 3 3 4	4043	08BD9
戽 8画	4 5 1 3 4 4 1 2	4044	0623D
诚 8画	4 5 1 3 5 5 3 4	1291	08BDA
郓 8画	4 5 1 5 2 1 5 2	4045	090D3
衬 8画	4 5 2 3 4 1 2 4	1292	0886C
衫 8画	4 5 2 3 4 3 3 3	1293	0886B

GF 0023—2020　　　　8 画（丶）

汉字	笔顺	《字表》序号	UCS
衩 8 画	4 5 2 3 4 5 4 4	4046	08869
袄 8 画	4 5 2 4 1 1 3 4	4047	07946
祎 8 画	4 5 2 4 1 1 5 2	4048	0794E
祉 8 画	4 5 2 4 2 1 2 1	4049	07949
视 8 画	4 5 2 4 2 5 3 5	1294	089C6
祈 8 画	4 5 2 4 3 3 1 2	1295	07948
祇 8 画	4 5 2 4 3 5 1 5	4050	07947
祋 8 画	4 5 2 4 3 5 5 4	6728	0794B
祊 8 画	4 5 2 4 4 1 5 3	6729	0794A
𫍣 8 画	4 5 2 5 1 2 5 1	6730	2B363
诛 8 画	4 5 3 1 1 2 3 4	4051	08BDB
诜 8 画	4 5 3 1 2 1 3 5	4052	08BDC
话 8 画	4 5 3 1 2 2 5 1	1296	08BDD
诞 8 画	4 5 3 2 1 5 5 4	1297	08BDE

汉字	笔顺	《字表》序号	UCS
诟 8画	4 5 3 3 1 2 5 1 诟	4053	08BDF
诠 8画	4 5 3 4 1 1 2 1 诠	4054	08BE0
诡 8画	4 5 3 5 1 3 5 5 诡	1298	08BE1
询 8画	4 5 3 5 2 5 1 1 询	1299	08BE2
诣 8画	4 5 3 5 2 5 1 1 诣	4055	08BE3
诤 8画	4 5 3 5 5 1 1 2 诤	4056	08BE4
该 8画	4 5 4 1 5 3 3 4 该	1300	08BE5
详 8画	4 5 4 3 1 1 1 2 详	1301	08BE6
诧 8画	4 5 4 4 5 3 1 5 诧	4057	08BE7
诨 8画	4 5 4 5 1 5 1 2 诨	4058	08BE8
𬣳 8画	4 5 5 1 1 5 3 4 𬣳	6731	2C8F3
诩 8画	4 5 5 4 1 5 4 1 诩	4059	08BE9
建 8画	5 1 1 1 1 2 5 4 建	1302	05EFA
𬩽 8画	5 1 1 1 2 4 5 2 𬩽	6732	2CA7D

汉字	笔顺	《字表》序号	UCS
肃 8画	5 1 1 2 3 2 3 4	1303	08083
录 8画	5 1 1 2 4 1 3 4	1304	05F55
隶 8画	5 1 1 2 4 1 3 4	1305	096B6
帚 8画	5 1 1 4 5 2 5 2	1306	05E1A
屉 8画	5 1 3 1 2 2 1 5	1307	05C49
居 8画	5 1 3 1 2 2 5 1	1308	05C45
届 8画	5 1 3 2 5 1 2 1	1309	05C4A
刷 8画	5 1 3 2 5 2 2 2	1310	05237
鸤 8画	5 1 3 3 5 4 5 1	6733	09E24
屈 8画	5 1 3 5 2 2 5 2	1311	05C48
弧 8画	5 1 5 3 3 5 4 4	1312	05F27
弥 8画	5 1 5 3 5 2 3 4	1313	05F25
弦 8画	5 1 5 4 1 5 5 4	1314	05F26
弢 8画	5 1 5 5 2 2 5 4	6734	05F22

汉字	笔顺	《字表》序号	UCS
弨 8画	5 1 5 5 3 2 5 1	6735	05F28
承 8画	5 2 1 1 1 5 3 4	1315	0627F
孟 8画	5 2 1 2 5 2 2 1	1316	05B5F
陋 8画	5 2 1 2 5 3 4 5	1317	0964B
戕 8画	5 2 1 3 1 5 3 4	4060	06215
陌 8画	5 2 1 3 2 5 1 1	1318	0964C
陑 8画	5 2 1 3 2 5 2 2	6736	09651
孤 8画	5 2 1 3 3 5 4 4	1319	05B64
孢 8画	5 2 1 3 5 5 1 5	4061	05B62
陕 8画	5 2 1 4 3 1 3 4	1320	09655
亟 8画	5 2 2 5 1 5 4 1	4062	04E9F
𬮿 8画	5 2 2 5 2 5 1 5	6737	2CBBF
陎 8画	5 2 3 1 1 2 3 4	6738	0964E
降 8画	5 2 3 5 4 1 5 2	1321	0964D

汉字	笔顺	《字表》序号	UCS
𬯀 8 画	5 2 4 1 3 4 3 2	6739	2CBC0
函 8 画	5 2 4 1 3 4 5 2	1322	051FD
陔 8 画	5 2 4 1 5 3 3 4	4063	09654
限 8 画	5 2 5 1 1 5 3 4	1323	09650
卺 8 画	5 2 5 3 4 1 5 5	6740	0537A
乸 8 画	5 2 5 5 5 4 1 4	6741	04E78
妹 8 画	5 3 1 1 1 2 3 4	1324	059B9
姑 8 画	5 3 1 1 2 2 5 1	1325	059D1
妭 8 画	5 3 1 1 3 5 4 4	6742	059AD
妲 8 画	5 3 1 2 5 1 1 1	4064	059B2
姐 8 画	5 3 1 2 5 1 1 1	1326	059D0
妯 8 画	5 3 1 2 5 1 2 1	4065	059AF
姓 8 画	5 3 1 3 1 1 2 1	1327	059D3
妗 8 画	5 3 1 3 4 4 5 4	6743	059C8

汉字	笔顺	《字表》序号	UCS
姗 8 画	5 3 1 3 5 3 5 1	4066	059D7
妮 8 画	5 3 1 5 1 3 3 5	1328	059AE
𫰛 8 画	5 3 1 5 4 1 2 1	6744	2BC1B
始 8 画	5 3 1 5 4 2 5 1	1329	059CB
帑 8 画	5 3 1 5 4 2 5 2	4067	05E11
弩 8 画	5 3 1 5 4 5 1 5	4068	05F29
孥 8 画	5 3 1 5 4 5 2 1	4069	05B65
驽 8 画	5 3 1 5 4 5 5 1	4070	09A7D
姆 8 画	5 3 1 5 5 4 1 4	1330	059C6
虱 8 画	5 3 2 5 1 2 1 4	4071	08671
迢 8 画	5 3 2 5 1 4 5 4	1331	08FE2
迦 8 画	5 3 2 5 1 4 5 4	4072	08FE6
驾 8 画	5 3 2 5 1 5 5 1	1332	09A7E
迳 8 画	5 4 1 2 1 4 5 4	6745	08FF3

汉字	笔顺	《字表》序号	UCS
叁 8画	5 4 1 3 4 1 1 1	1333	053C1
参 8画	5 4 1 3 4 3 3 3	1334	053C2
迨 8画	5 4 2 5 1 4 5 4	4073	08FE8
艰 8画	5 4 5 1 1 5 3 4	1335	08270
叕 8画	5 4 5 4 5 4 5 4	6746	053D5
线 8画	5 5 1 1 1 5 3 4	1336	07EBF
绀 8画	5 5 1 1 2 2 1 1	4074	07EC0
绁 8画	5 5 1 1 2 2 1 5	4075	07EC1
𬳵 8画	5 5 1 1 3 2 4 1	6747	2CCF5
绂 8画	5 5 1 1 3 5 4 4	4076	07EC2
练 8画	5 5 1 1 5 5 3 4	1337	07EC3
驵 8画	5 5 1 2 5 1 1 1	6748	09A75
组 8画	5 5 1 2 5 1 1 1	1338	07EC4
绅 8画	5 5 1 2 5 1 1 2	1339	07EC5

汉字	笔顺	《字表》序号	UCS
细 8 画	5 5 1 2 5 1 2 1	1340	07EC6
驶 8 画	5 5 1 2 5 1 3 4	1341	09A76
织 8 画	5 5 1 2 5 1 3 4	1342	07EC7
𬳶 8 画	5 5 1 2 5 2 5 1	6749	2CCF6
䌹 8 画	5 5 1 2 5 2 5 1	6750	04339
驷 8 画	5 5 1 2 5 3 5 1	4077	09A77
驸 8 画	5 5 1 3 2 1 2 4	4078	09A78
驹 8 画	5 5 1 3 5 2 5 1	1343	09A79
终 8 画	5 5 1 3 5 4 4 4	1344	07EC8
驺 8 画	5 5 1 3 5 5 1 1	6751	09A7A
绉 8 画	5 5 1 3 5 5 1 1	4079	07EC9
驻 8 画	5 5 1 4 1 1 2 1	1345	09A7B
𫠊 8 画	5 5 1 4 1 5 5 4	6752	2B80A
绊 8 画	5 5 1 4 3 1 1 2	1346	07ECA

汉字	笔顺	《字表》序号	UCS
驼 8画	5 5 1 4 4 5 3 5	1347	09A7C
绋 8画	5 5 1 5 1 5 3 2	6753	07ECB
绌 8画	5 5 1 5 2 2 5 2	4080	07ECC
绍 8画	5 5 1 5 3 2 5 1	1348	07ECD
驿 8画	5 5 1 5 4 1 1 2	4081	09A7F
绎 8画	5 5 1 5 4 1 1 2	1349	07ECE
经 8画	5 5 1 5 4 1 2 1	1350	07ECF

汉字	笔顺	《字表》序号	UCS
骀 8画	5 5 1 5 4 2 5 1	4082	09A80
绐 8画	5 5 1 5 4 2 5 1	6754	07ED0
贯 8画	5 5 2 1 2 5 3 4	1351	08D2F
甾 8画	5 5 5 2 5 1 2 1	4083	0753E
砉 9画	1 1 1 2 1 3 2 5 1	6755	07809
耔 9画	1 1 1 2 3 4 5 2 1	6756	08014
契 9画	1 1 1 2 5 3 1 3 4	1352	05951

汉字	笔顺	《字表》序号	UCS
贰 9 画	1 1 1 2 5 3 4 5 4	1353	08D30
㛃 9 画	1 1 1 2 5 3 5 3 1	6757	036C3
奏 9 画	1 1 1 3 4 1 1 3 4	1354	0594F
春 9 画	1 1 1 3 4 2 5 1 1	1355	06625
帮 9 画	1 1 1 3 5 2 2 5 2	1356	05E2E
珏 9 画	1 1 2 1 1 1 2 1 4	4084	073CF
珐 9 画	1 1 2 1 1 2 1 5 4	4085	073D0
珂 9 画	1 1 2 1 1 2 5 1 2	4086	073C2
珑 9 画	1 1 2 1 1 3 5 3 4	4087	073D1
玶 9 画	1 1 2 1 1 4 3 1 2	6758	073B6
玷 9 画	1 1 2 1 2 1 2 5 1	1357	073B7
珇 9 画	1 1 2 1 2 5 1 1 1	6759	073C7
珅 9 画	1 1 2 1 2 5 1 1 2	6760	073C5
玳 9 画	1 1 2 1 3 2 1 5 4	4088	073B3

汉字	笔顺	《字表》序号	UCS
珀 9 画	1 1 2 1 3 2 5 1 1	4089	073C0
顸 9 画	1 1 2 1 3 2 5 3 4	4090	09878
珍 9 画	1 1 2 1 3 4 3 3 3	1358	073CD
玲 9 画	1 1 2 1 3 4 4 5 4	1359	073B2
𬍛 9 画	1 1 2 1 3 5 2 3 4	6761	2C35B
珊 9 画	1 1 2 1 3 5 3 5 1	1360	073CA
珋 9 画	1 1 2 1 3 5 3 5 2	6762	073CB
玹 9 画	1 1 2 1 4 1 5 5 4	6763	073B9
珌 9 画	1 1 2 1 4 5 4 3 4	6764	073CC
珉 9 画	1 1 2 1 5 1 5 1 5	4091	073C9
玿 9 画	1 1 2 1 5 3 2 5 1	6765	073BF
珈 9 画	1 1 2 1 5 3 2 5 1	4092	073C8
玻 9 画	1 1 2 1 5 3 2 5 4	1361	073BB
毒 9 画	1 1 2 1 5 5 4 1 4	1362	06BD2

汉字	笔顺	《字表》序号	UCS
型 9 画	1 1 3 2 2 2 1 2 1	1363	0578B
韨 9 画	1 1 5 2 1 3 5 4 4	6766	097E8
拭 9 画	1 2 1 1 1 2 1 5 4	1364	062ED
垚 9 画	1 2 1 1 2 1 1 2 1	6767	0579A
挂 9 画	1 2 1 1 2 1 1 2 1	1365	06302
封 9 画	1 2 1 1 2 1 1 2 4	1366	05C01
持 9 画	1 2 1 1 2 1 1 2 4	1367	06301
拮 9 画	1 2 1 1 2 1 2 5 1	4093	062EE
拷 9 画	1 2 1 1 2 1 3 1 5	1368	062F7
拱 9 画	1 2 1 1 2 2 1 3 4	1369	062F1
垭 9 画	1 2 1 1 2 2 4 3 1	4094	057AD
挝 9 画	1 2 1 1 2 4 4 5 4	4095	0631D
垣 9 画	1 2 1 1 2 5 1 1 1	4096	057A3
项 9 画	1 2 1 1 3 2 5 3 4	1370	09879

汉字	笔顺	《字表》序号	UCS
垮 9 画	1 2 1 1 3 4 1 1 5	1371	057AE
挎 9 画	1 2 1 1 3 4 1 1 5	1372	0630E
垯 9 画	1 2 1 1 3 4 4 5 4	6768	057AF
挞 9 画	1 2 1 1 3 4 4 5 4	4097	0631E
城 9 画	1 2 1 1 3 5 5 3 4	1373	057CE
挟 9 画	1 2 1 1 4 3 1 3 4	1374	0631F
挠 9 画	1 2 1 1 5 3 1 3 5	1375	06320
垤 9 画	1 2 1 1 5 4 1 2 1	4098	057A4
政 9 画	1 2 1 2 1 3 1 3 4	1376	0653F
赴 9 画	1 2 1 2 1 3 4 2 4	1377	08D74
赵 9 画	1 2 1 2 1 3 4 3 4	1378	08D75
赳 9 画	1 2 1 2 1 3 4 5 2	4099	08D73
赍 9 画	1 2 1 2 2 2 5 3 4	4100	08D32
垙 9 画	1 2 1 2 4 3 1 3 5	6769	05799

汉字	笔顺	《字表》序号	UCS
垱 9 画	1 2 1 2 4 3 5 1 1	4101	057B1
挡 9 画	1 2 1 2 4 3 5 1 1	1379	06321
拽 9 画	1 2 1 2 5 1 1 5 3	1380	062FD
垌 9 画	1 2 1 2 5 1 2 5 1	4102	0578C
哉 9 画	1 2 1 2 5 1 5 3 4	1381	054C9
垲 9 画	1 2 1 2 5 2 5 1 5	6770	057B2
挺 9 画	1 2 1 3 1 2 1 5 4	1382	0633A
括 9 画	1 2 1 3 1 2 2 5 1	1383	062EC
埏 9 画	1 2 1 3 2 1 5 5 4	6771	057CF
郝 9 画	1 2 1 3 2 3 4 5 2	4103	090DD
垍 9 画	1 2 1 3 2 5 1 1 1	6772	0578D
垧 9 画	1 2 1 3 2 5 2 5 1	4104	057A7
垢 9 画	1 2 1 3 3 1 2 5 1	1384	057A2
耇 9 画	1 2 1 3 3 5 2 5 1	6773	08007

汉字	笔顺	《字表》序号	UCS
拴 9画	1 2 1 3 4 1 1 2 1	1385	062F4
拾 9画	1 2 1 3 4 1 2 5 1	1386	062FE
挑 9画	1 2 1 3 4 1 5 3 4	1387	06311
垛 9画	1 2 1 3 5 1 2 3 4	1388	0579B
指 9画	1 2 1 3 5 2 5 1 1	1389	06307
垫 9画	1 2 1 3 5 4 1 2 1	1390	057AB
鿍 9画	1 2 1 3 5 4 1 5 2	6774	09FCD
垎 9画	1 2 1 3 5 4 2 5 1	6775	0578E
挣 9画	1 2 1 3 5 5 1 1 2	1391	06323
挤 9画	1 2 1 4 1 3 4 3 2	1392	06324
垴 9画	1 2 1 4 1 3 4 5 2	6776	057B4
垓 9画	1 2 1 4 1 5 3 3 4	4105	05793
垟 9画	1 2 1 4 3 1 1 1 2	6777	0579F
拼 9画	1 2 1 4 3 1 1 3 2	1393	062FC

汉字	笔顺	《字表》序号	UCS
垞 9 画	1 2 1 4 4 5 3 1 5	6778	0579E
挓 9 画	1 2 1 4 4 5 3 1 5	6779	06313
挖 9 画	1 2 1 4 4 5 3 4 5	1394	06316
垵 9 画	1 2 1 4 4 5 5 3 1	6780	057B5
按 9 画	1 2 1 4 4 5 5 3 1	1395	06309
挥 9 画	1 2 1 4 5 1 5 1 2	1396	06325
垏 9 画	1 2 1 5 1 1 1 1 2	6781	0578F

汉字	笔顺	《字表》序号	UCS
挦 9 画	1 2 1 5 1 1 1 2 4	4106	06326
挪 9 画	1 2 1 5 1 1 3 5 2	1397	0632A
垠 9 画	1 2 1 5 1 1 5 3 4	4107	057A0
拯 9 画	1 2 1 5 2 5 3 4 1	1398	062EF
拶 9 画	1 2 1 5 5 5 3 5 4	6782	062F6
某 9 画	1 2 2 1 1 1 2 3 4	1399	067D0
甚 9 画	1 2 2 1 1 1 3 4 5	1400	0751A

汉字	笔顺	《字表》序号	UCS
荆 9 画	1 2 2 1 1 3 2 2 2	1401	08346
荖 9 画	1 2 2 1 2 1 3 3 5	6783	08356
茸 9 画	1 2 2 1 2 2 1 1 1	1402	08338
荁 9 画	1 2 2 1 2 5 1 1 1	6784	08341
革 9 画	1 2 2 1 2 5 1 1 2	1403	09769
茜 9 画	1 2 2 1 2 5 3 5 1	4108	0831C
茬 9 画	1 2 2 1 3 2 1 2 1	1404	0832C
荐 9 画	1 2 2 1 3 2 5 2 1	1405	08350
荙 9 画	1 2 2 1 3 4 4 5 4	6785	08359
巷 9 画	1 2 2 1 3 4 5 1 5	1406	05DF7
荚 9 画	1 2 2 1 4 3 1 3 4	4109	0835A
荑 9 画	1 2 2 1 5 1 5 3 4	4110	08351
贯 9 画	1 2 2 1 5 2 5 3 4	4111	08D33
荛 9 画	1 2 2 1 5 3 1 3 5	6786	0835B

汉字	笔顺	《字表》序号	UCS
芘 9 画	1 2 2 1 5 3 5 1 2	4112	0835C
茈 9 画	1 2 2 2 1 2 1 3 5	6787	08308
带 9 画	1 2 2 2 4 5 2 5 2	1407	05E26
草 9 画	1 2 2 2 5 1 1 1 2	1408	08349
茧 9 画	1 2 2 2 5 1 2 1 4	1409	08327
莒 9 画	1 2 2 2 5 1 2 5 1	4113	08392
茼 9 画	1 2 2 2 5 1 2 5 1	4114	0833C
茵 9 画	1 2 2 2 5 1 3 4 1	1410	08335
茴 9 画	1 2 2 2 5 2 5 1 1	4115	08334
茱 9 画	1 2 2 3 1 1 2 3 4	4116	08331
莛 9 画	1 2 2 3 1 2 1 5 4	4117	0839B
荞 9 画	1 2 2 3 1 3 4 3 2	4118	0835E
茯 9 画	1 2 2 3 2 1 3 4 4	4119	0832F
荏 9 画	1 2 2 3 2 2 5 1 2	6788	0833D

汉字	笔顺	《字表》序号	UCS
茌 9 画	1 2 2 3 2 3 1 2 1	4120	0834F
荇 9 画	1 2 2 3 3 2 1 1 2	4121	08347
荃 9 画	1 2 2 3 4 1 1 2 1	4122	08343
荟 9 画	1 2 2 3 4 1 1 5 4	4123	0835F
茶 9 画	1 2 2 3 4 1 2 3 4	1411	08336
荀 9 画	1 2 2 3 5 2 5 1 1	4124	08340
茗 9 画	1 2 2 3 5 4 2 5 1	4125	08317

汉字	笔顺	《字表》序号	UCS
荠 9 画	1 2 2 4 1 3 4 3 2	4126	08360
茭 9 画	1 2 2 4 1 3 4 3 4	4127	0832D
茨 9 画	1 2 2 4 1 3 5 3 4	4128	08328
荒 9 画	1 2 2 4 1 5 3 2 5	1412	08352
荄 9 画	1 2 2 4 1 5 3 3 4	6789	08344
茺 9 画	1 2 2 4 1 5 4 3 5	6790	0833A
𬜬 9 画	1 2 2 4 2 5 2 5 1	6791	2C72C

汉字	笔顺	《字表》序号	UCS
垩 9画	1 2 2 4 3 1 1 2 1	4129	057A9
荓 9画	1 2 2 4 3 1 1 3 2	6792	08353
茳 9画	1 2 2 4 4 1 1 2 1	6793	08333
茫 9画	1 2 2 4 4 1 4 1 5	1413	0832B
荡 9画	1 2 2 4 4 1 5 3 3	1414	08361
荣 9画	1 2 2 4 5 1 2 3 4	1415	08363
荤 9画	1 2 2 4 5 1 5 1 2	1416	08364
荥 9画	1 2 2 4 5 2 5 3 4	4130	08365
荦 9画	1 2 2 4 5 3 1 1 2	4131	08366
荧 9画	1 2 2 4 5 4 3 3 4	1417	08367
荨 9画	1 2 2 5 1 1 1 2 4	4132	08368
𦰡 9画	1 2 2 5 1 1 3 5 2	6794	26C21
茛 9画	1 2 2 5 1 1 5 3 4	6795	0831B
故 9画	1 2 2 5 1 3 1 3 4	1418	06545

汉字	笔顺	《字表》序号	UCS
荩 9画	1 2 2 5 1 3 4 4 4	4133	08369
胡 9画	1 2 2 5 1 3 5 1 1	1419	080E1
剋 9画	1 2 2 5 1 3 5 2 2	4134	0524B
荪 9画	1 2 2 5 2 1 2 3 4	4135	0836A
荫 9画	1 2 2 5 2 3 5 1 1	1420	0836B
茹 9画	1 2 2 5 3 1 2 5 1	4136	08339
荔 9画	1 2 2 5 3 5 3 5 3	1421	08354
南 9画	1 2 2 5 4 3 1 1 2	1422	05357
荬 9画	1 2 2 5 4 4 1 3 4	4137	0836C
荭 9画	1 2 2 5 5 1 1 2 1	6796	0836D
荮 9画	1 2 2 5 5 1 1 2 4	4138	0836E
药 9画	1 2 2 5 5 1 3 5 4	1423	0836F
标 9画	1 2 3 4 1 1 2 3 4	1424	06807
柰 9画	1 2 3 4 1 1 2 3 4	4139	067F0

汉字	笔顺	《字表》序号	UCS
栈 9画	1 2 3 4 1 1 5 3 4	1425	06808
㭕 9画	1 2 3 4 1 2 1 5 4	6797	03B55
柑 9画	1 2 3 4 1 2 2 1 1	1426	067D1
枯 9画	1 2 3 4 1 2 2 5 1	1427	067AF
栉 9画	1 2 3 4 1 2 2 5 2	4140	06809
柯 9画	1 2 3 4 1 2 5 1 2	4141	067EF
柄 9画	1 2 3 4 1 2 5 3 4	1428	067C4
柘 9画	1 2 3 4 1 3 2 5 1	4142	067D8
栊 9画	1 2 3 4 1 3 5 3 4	4143	0680A
柩 9画	1 2 3 4 1 3 5 4 5	4144	067E9
枰 9画	1 2 3 4 1 4 3 1 2	4145	067B0
栋 9画	1 2 3 4 1 5 2 3 4	1429	0680B
栌 9画	1 2 3 4 2 1 5 1 3	4146	0680C
相 9画	1 2 3 4 2 5 1 1 1	1430	076F8

汉字	笔顺	《字表》序号	UCS
查 9画	1234251 11	1431	067E5
柙 9画	1234251 12	4147	067D9
枵 9画	1234251 15	4148	067B5
柚 9画	1234251 21	4149	067DA
枳 9画	1234251 34	4150	067B3
柷 9画	1234251 35	6798	067F7
柞 9画	1234312 11	4151	067DE

汉字	笔顺	《字表》序号	UCS
柏 9画	1234325 11	1432	067CF
柝 9画	1234331 24	4152	067DD
栀 9画	1234331 55	4153	06800
柃 9画	1234344 54	6799	067C3
柢 9画	1234351 54	4154	067E2
栎 9画	1234352 34	4155	0680E
枸 9画	1234352 51	4156	067B8

汉字	笔顺	《字表》序号	UCS
栅 9 画	1 2 3 4 3 5 3 5 1	1433	06805
柳 9 画	1 2 3 4 3 5 3 5 2	1434	067F3
柊 9 画	1 2 3 4 3 5 4 4 4	6800	067CA
枹 9 画	1 2 3 4 3 5 5 1 5	6801	067B9
柱 9 画	1 2 3 4 4 1 1 2 1	1435	067F1
柿 9 画	1 2 3 4 4 1 2 5 2	1436	067FF
栏 9 画	1 2 3 4 4 3 1 1 1	1437	0680F
柈 9 画	1 2 3 4 4 3 1 1 2	4157	067C8
柠 9 画	1 2 3 4 4 4 5 1 2	1438	067E0
柁 9 画	1 2 3 4 4 4 5 3 5	4158	067C1
栐 9 画	1 2 3 4 4 5 5 3 4	6802	06810
柖 9 画	1 2 3 4 5 3 2 5 1	6803	067D6
枷 9 画	1 2 3 4 5 3 2 5 1	4159	067B7
柽 9 画	1 2 3 4 5 4 1 2 1	4160	067FD

汉字	笔顺	《字表》序号	UCS
树 9画	1 2 3 4 5 4 1 2 4	1439	06811
勃 9画	1 2 4 5 5 2 1 5 3	1440	052C3
剌 9画	1 2 5 1 2 3 4 2 2	4161	0524C
郚 9画	1 2 5 1 2 5 1 5 2	6804	090DA
剅 9画	1 2 5 1 4 3 1 2 2	6805	05245
要 9画	1 2 5 2 2 1 5 3 1	1441	08981
䴓 9画	1 2 5 2 3 5 4 5 1	6806	04D13
酊 9画	1 2 5 3 5 1 1 1 2	4162	0914A
迺 9画	1 2 5 3 5 1 4 5 4	6807	08FFA
郦 9画	1 2 5 4 2 5 4 5 2	4163	090E6
柬 9画	1 2 5 4 3 1 2 3 4	1442	067EC
咸 9画	1 3 1 2 5 1 5 3 4	1443	054B8
厖 9画	1 3 1 3 5 3 3 3 4	6808	05396
威 9画	1 3 1 5 3 1 5 3 4	1444	05A01

汉字	笔顺	《字表》序号	UCS
歪 9 画	1 3 2 4 1 2 1 2 1	1445	06B6A
甭 9 画	1 3 2 4 3 5 1 1 2	4164	0752D
研 9 画	1 3 2 5 1 1 1 3 2	1446	07814
砆 9 画	1 3 2 5 1 1 1 3 4	6809	07806
砖 9 画	1 3 2 5 1 1 1 5 4	1447	07816
厘 9 画	1 3 2 5 1 1 2 1 1	1448	05398
砗 9 画	1 3 2 5 1 1 5 1 2	4165	07817
厚 9 画	1 3 2 5 1 1 5 2 1	1449	0539A
砑 9 画	1 3 2 5 1 1 5 2 3	6810	07811
砘 9 画	1 3 2 5 1 1 5 2 5	4166	07818
砒 9 画	1 3 2 5 1 1 5 3 5	4167	07812
砌 9 画	1 3 2 5 1 1 5 5 3	1450	0780C
砂 9 画	1 3 2 5 1 2 3 4 3	1451	07802
泵 9 画	1 3 2 5 1 2 5 3 4	1452	06CF5

汉字	笔顺	《字表》序号	UCS
砚 9画	1 3 2 5 1 2 5 3 5	1453	0781A
斫 9画	1 3 2 5 1 3 3 1 2	4168	065AB
砭 9画	1 3 2 5 1 3 4 5 4	4169	0782D
砍 9画	1 3 2 5 1 3 5 3 4	1454	0780D
砜 9画	1 3 2 5 1 3 5 3 4	4170	0781C
砄 9画	1 3 2 5 1 5 1 3 4	6811	07804
面 9画	1 3 2 5 2 2 1 1 1	1455	09762

汉字	笔顺	《字表》序号	UCS
耐 9画	1 3 2 5 2 2 1 2 4	1456	08010
耏 9画	1 3 2 5 2 2 3 3 3	6812	0800F
耍 9画	1 3 2 5 2 2 5 3 1	1457	0800D
奎 9画	1 3 4 1 2 1 1 2 1	4171	0594E
耷 9画	1 3 4 1 2 2 1 1 1	4172	08037
奓 9画	1 3 4 3 5 4 3 5 4	6813	05953
牵 9画	1 3 4 4 5 3 1 1 2	1458	07275

汉字	笔顺	《字表》序号	UCS
鸥 9 画	1 3 4 5 3 5 4 5 1	1459	09E25
虺 9 画	1 3 5 2 5 1 2 1 4	4173	0867A
㶮 9 画	1 3 5 3 4 1 1 3 4	6814	04DAE
残 9 画	1 3 5 4 1 1 5 3 4	1460	06B8B
殂 9 画	1 3 5 4 2 5 1 1 1	4174	06B82
殃 9 画	1 3 5 4 2 5 1 3 4	1461	06B83
殇 9 画	1 3 5 4 3 1 5 3 3	4175	06B87

汉字	笔顺	《字表》序号	UCS
殄 9 画	1 3 5 4 3 4 3 3 3	4176	06B84
殆 9 画	1 3 5 4 5 4 2 5 1	4177	06B86
轱 9 画	1 5 2 1 1 2 2 5 1	4178	08F71
轲 9 画	1 5 2 1 1 2 5 1 2	4179	08F72
轳 9 画	1 5 2 1 2 1 5 1 3	4180	08F73
轴 9 画	1 5 2 1 2 5 1 2 1	1462	08F74
轵 9 画	1 5 2 1 2 5 1 3 4	6815	08F75

汉字	笔顺	《字表》序号	UCS
轶 9 画	1 5 2 1 3 1 1 3 4	4181	08F76
轷 9 画	1 5 2 1 3 4 3 1 2	6816	08F77
轸 9 画	1 5 2 1 3 4 3 3 3	4182	08F78
轹 9 画	1 5 2 1 3 5 2 3 4	6817	08F79
轺 9 画	1 5 2 1 5 3 2 5 1	6818	08F7A
轻 9 画	1 5 2 1 5 4 1 2 1	1463	08F7B
鸦 9 画	1 5 2 3 3 5 4 5 1	1464	09E26
虿 9 画	1 5 3 2 5 1 2 1 4	4183	0867F
皆 9 画	1 5 3 5 3 2 5 1 1	1465	07686
毖 9 画	1 5 3 5 4 5 4 3 4	4184	06BD6
韭 9 画	2 1 1 1 2 1 1 1 1	1466	097ED
背 9 画	2 1 1 3 5 2 5 1 1	1467	080CC
战 9 画	2 1 2 5 1 1 5 3 4	1468	06218
觇 9 画	2 1 2 5 1 2 5 3 5	4185	089C7

汉字	笔顺	《字表》序号	UCS
点 9画	2 1 2 5 1 4 4 4 4	1469	070B9
虐 9画	2 1 5 3 1 5 1 5 1	1470	08650
临 9画	2 2 3 1 4 2 5 2 1	1471	04E34
览 9画	2 2 3 1 4 2 5 3 5	1472	089C8
竖 9画	2 2 5 4 4 1 4 3 1	1473	07AD6
尜 9画	2 3 4 1 3 4 2 3 4	4186	05C1C
省 9画	2 3 4 3 2 5 1 1 1	1474	07701

汉字	笔顺	《字表》序号	UCS
削 9画	2 4 3 2 5 1 1 2 2	1475	0524A
尝 9画	2 4 3 4 5 1 1 5 4	1476	05C1D
哐 9画	2 5 1 1 1 1 2 1 5	4187	054D0
昧 9画	2 5 1 1 1 1 2 3 4	1477	06627
眄 9画	2 5 1 1 1 1 2 5 5	4188	07704
眍 9画	2 5 1 1 1 1 3 4 5	4189	0770D
𠳐 9画	2 5 1 1 1 1 3 5 2	4190	20CD0

汉字	笔顺	《字表》序号	UCS
盹 9 画	2 5 1 1 1 1 5 2 5	1478	076F9
是 9 画	2 5 1 1 1 2 1 3 4	1479	0662F
郢 9 画	2 5 1 1 1 2 1 5 2	4191	090E2
眇 9 画	2 5 1 1 1 2 3 4 3	4192	07707
昺 9 画	2 5 1 1 1 2 5 3 4	6819	0663A
𪾢 9 画	2 5 1 1 1 2 5 3 5	6820	2AFA2
眊 9 画	2 5 1 1 1 3 1 1 5	4193	0770A
盼 9 画	2 5 1 1 1 3 4 5 3	1480	076FC
眨 9 画	2 5 1 1 1 3 4 5 4	1481	07728
昽 9 画	2 5 1 1 1 3 5 3 4	6821	0663D
盷 9 画	2 5 1 1 1 3 5 4 1	6822	076F7
眈 9 画	2 5 1 1 1 4 5 3 5	4194	07708
哇 9 画	2 5 1 1 2 1 1 2 1	1482	054C7
咡 9 画	2 5 1 1 2 2 1 1 1	6823	054A1

汉字	笔顺	《字表》序号	UCS
哄 9 画	2 5 1 1 2 2 1 3 4	1483	054C4
哑 9 画	2 5 1 1 2 2 4 3 1	1484	054D1
显 9 画	2 5 1 1 2 2 4 3 1	1485	0663E
冒 9 画	2 5 1 1 2 5 1 1 1	1486	05192
哐 9 画	2 5 1 1 2 5 1 1 1	6824	054BA
映 9 画	2 5 1 1 2 5 1 3 4	1487	06620
禺 9 画	2 5 1 1 2 5 2 1 4	4195	079BA
哂 9 画	2 5 1 1 2 5 3 5 1	4196	054C2
星 9 画	2 5 1 1 3 1 1 2 1	1488	0661F
昳 9 画	2 5 1 1 3 1 1 3 4	6825	06633
昨 9 画	2 5 1 1 3 1 2 1 1	1489	06628
昣 9 画	2 5 1 1 3 4 3 3 3	6826	06623
咴 9 画	2 5 1 1 3 4 3 3 4	4197	054B4
哒 9 画	2 5 1 1 3 4 4 5 4	6827	054D2

汉字	笔顺	《字表》序号	UCS
昤 9 画	2 5 1 1 3 4 4 5 4	6828	06624
昫 9 画	2 5 1 1 3 5 2 5 1	6829	0662B
曷 9 画	2 5 1 1 3 5 3 4 5	4198	066F7
昴 9 画	2 5 1 1 3 5 3 5 2	4199	06634
咧 9 画	2 5 1 1 3 5 4 2 2	1490	054A7
昱 9 画	2 5 1 1 4 1 4 3 1	4200	06631
昡 9 画	2 5 1 1 4 1 5 5 4	6830	06621
昵 9 画	2 5 1 1 5 1 3 3 5	4201	06635
咦 9 画	2 5 1 1 5 1 5 3 4	4202	054A6
哓 9 画	2 5 1 1 5 3 1 3 5	4203	054D3
昭 9 画	2 5 1 1 5 3 2 5 1	1491	0662D
哔 9 画	2 5 1 1 5 3 5 1 2	4204	054D4
咥 9 画	2 5 1 1 5 4 1 2 1	6831	054A5
昪 9 画	2 5 1 1 5 4 1 3 2	6832	0662A

汉字	笔顺	《字表》序号	UCS
眣 9画	2 5 1 2 1 1 3 4 4	4205	0754E
畏 9画	2 5 1 2 1 1 5 3 4	1492	0754F
毗 9画	2 5 1 2 1 1 5 3 5	4206	06BD7
趴 9画	2 5 1 2 1 2 1 3 4	1493	08DB4
呲 9画	2 5 1 2 1 2 1 3 5	4207	05472
胃 9画	2 5 1 2 1 2 5 1 1	1494	080C3
胄 9画	2 5 1 2 1 2 5 1 1	4208	080C4
贵 9画	2 5 1 2 1 2 5 3 4	1495	08D35
畋 9画	2 5 1 2 1 3 1 3 4	4209	0754B
畈 9画	2 5 1 2 1 3 3 5 4	4210	07548
界 9画	2 5 1 2 1 3 4 3 2	1496	0754C
虷 9画	2 5 1 2 1 4 1 1 2	6833	08677
虹 9画	2 5 1 2 1 4 1 2 1	1497	08679
虾 9画	2 5 1 2 1 4 1 2 4	1498	0867E

汉字	笔顺	《字表》序号	UCS
虼 9 画	2 5 1 2 1 4 3 1 5	4211	0867C
虻 9 画	2 5 1 2 1 4 4 1 5	4212	0867B
蚁 9 画	2 5 1 2 1 4 4 3 4	1499	08681
虸 9 画	2 5 1 2 1 4 5 2 1	6834	08678
思 9 画	2 5 1 2 1 4 5 4 4	1500	0601D
蚂 9 画	2 5 1 2 1 4 5 5 1	1501	08682
盅 9 画	2 5 1 2 2 5 2 2 1	4213	076C5

汉字	笔顺	《字表》序号	UCS
咣 9 画	2 5 1 2 4 3 1 3 5	4214	054A3
虽 9 画	2 5 1 2 5 1 2 1 4	1502	0867D
品 9 画	2 5 1 2 5 1 2 5 1	1503	054C1
哃 9 画	2 5 1 2 5 1 2 5 1	6835	054C3
咽 9 画	2 5 1 2 5 1 3 4 1	1504	054BD
骂 9 画	2 5 1 2 5 1 5 5 1	1505	09A82
哕 9 画	2 5 1 2 5 2 3 5 4	4215	054D5

汉字	笔顺	《字表》序号	UCS
剐 9画	2 5 1 2 5 3 4 2 2	4216	05250
郧 9画	2 5 1 2 5 3 4 5 2	4217	090E7
勋 9画	2 5 1 2 5 3 4 5 3	1506	052CB
咻 9画	2 5 1 3 2 1 2 3 4	4218	054BB
哗 9画	2 5 1 3 2 3 5 1 2	1507	054D7
咱 9画	2 5 1 3 2 5 1 1 1	1508	054B1
囿 9画	2 5 1 3 2 5 1 1 1	4219	056FF

汉字	笔顺	《字表》序号	UCS
咿 9画	2 5 1 3 2 5 1 1 3	4220	054BF
响 9画	2 5 1 3 2 5 2 5 1	1509	054CD
哌 9画	2 5 1 3 3 3 5 3 4	4221	054CC
哙 9画	2 5 1 3 4 1 1 5 4	4222	054D9
哈 9画	2 5 1 3 4 1 2 5 1	1510	054C8
哚 9画	2 5 1 3 5 1 2 3 4	4223	054DA
咯 9画	2 5 1 3 5 4 2 5 1	4224	054AF

汉字	笔顺	《字表》序号	UCS
哆 9画	2 5 1 3 5 4 3 5 4	1511	054C6
咬 9画	2 5 1 4 1 3 4 3 4	1512	054AC
咳 9画	2 5 1 4 1 5 3 3 4	1513	054B3
咩 9画	2 5 1 4 3 1 1 1 2	4225	054A9
咪 9画	2 5 1 4 3 1 2 3 4	1514	054AA
咤 9画	2 5 1 4 4 5 3 1 5	4226	054A4
哝 9画	2 5 1 4 5 3 5 3 4	4227	054DD
哪 9画	2 5 1 5 1 1 3 5 2	1515	054EA
哏 9画	2 5 1 5 1 1 5 3 4	4228	054CF
哞 9画	2 5 1 5 4 3 1 1 2	4229	054DE
哟 9画	2 5 1 5 5 1 3 5 4	1516	054DF
峙 9画	2 5 2 1 2 1 1 2 4	4230	05CD9
峘 9画	2 5 2 1 2 5 1 1 1	6836	05CD8
耑 9画	2 5 2 1 3 2 5 2 2	6837	08011

汉字	笔顺	《字表》序号	UCS
炭 9 画	2 5 2 1 3 4 3 3 4	1517	070AD
峛 9 画	2 5 2 1 3 5 4 2 2	6838	05CDB
峡 9 画	2 5 2 1 4 3 1 3 4	1518	05CE1
峣 9 画	2 5 2 1 5 3 1 3 5	4231	05CE3
罘 9 画	2 5 2 2 1 1 3 2 4	4232	07F58
帧 9 画	2 5 2 2 1 2 5 3 4	4233	05E27
罚 9 画	2 5 2 2 1 4 5 2 2	1519	07F5A
𪨰 9 画	2 5 2 2 5 1 2 2 1	6839	2AA30
峒 9 画	2 5 2 2 5 1 2 5 1	4234	05CD2
峤 9 画	2 5 2 3 1 3 4 3 2	4235	05CE4
峗 9 画	2 5 2 3 5 1 3 5 5	6840	05CD7
峋 9 画	2 5 2 3 5 2 5 1 1	4236	05CCB
峥 9 画	2 5 2 3 5 5 1 1 2	4237	05CE5
峧 9 画	2 5 2 4 1 3 4 3 4	6841	05CE7

汉字	笔顺	《字表》序号	UCS
帲 9画	2 5 2 4 3 1 1 3 2	6842	05E21
贱 9画	2 5 3 4 1 1 5 3 4	1520	08D31
贴 9画	2 5 3 4 2 1 2 5 1	1521	08D34
贶 9画	2 5 3 4 2 5 1 3 5	4238	08D36
贻 9画	2 5 3 4 5 4 2 5 1	1522	08D3B
骨 9画	2 5 5 4 5 2 5 1 1	1523	09AA8
幽 9画	2 5 5 4 5 5 4 5 2	1524	05E7D
钘 9画	3 1 1 1 5 1 1 3 2	6843	09498
𫓧 9画	3 1 1 1 5 1 1 3 4	6844	2B4E7
钙 9画	3 1 1 1 5 1 2 1 5	1525	09499
钚 9画	3 1 1 1 5 1 3 2 4	4239	0949A
钛 9画	3 1 1 1 5 1 3 4 4	4240	0949B
钜 9画	3 1 1 1 5 1 5 1 5	6845	0949C
钝 9画	3 1 1 1 5 1 5 2 5	1526	0949D

汉字	笔顺	《字表》序号	UCS
钞 9 画	3 1 1 1 5 2 3 4 3	1527	0949E
钟 9 画	3 1 1 1 5 2 5 1 2	1528	0949F
钡 9 画	3 1 1 1 5 2 5 3 4	4241	094A1
钢 9 画	3 1 1 1 5 2 5 3 4	1529	094A2
钠 9 画	3 1 1 1 5 2 5 3 4	1530	094A0
𬬮 9 画	3 1 1 1 5 3 1 5 4	6846	2CB2E
𬬱 9 画	3 1 1 1 5 3 3 1 2	6847	2CB31

汉字	笔顺	《字表》序号	UCS
钣 9 画	3 1 1 1 5 3 3 5 4	4242	094A3
𬬭 9 画	3 1 1 1 5 3 4 3 5	6848	2CB2D
钤 9 画	3 1 1 1 5 3 4 4 5	4243	094A4
钥 9 画	3 1 1 1 5 3 5 1 1	1531	094A5
钦 9 画	3 1 1 1 5 3 5 3 4	1532	094A6
钧 9 画	3 1 1 1 5 3 5 4 1	1533	094A7
钨 9 画	3 1 1 1 5 3 5 5 1	4244	094A8

汉字	笔顺	《字表》序号	UCS
钩 9 画	3 1 1 1 5 3 5 5 4	1534	094A9
钪 9 画	3 1 1 1 5 4 1 3 5	6849	094AA
钫 9 画	3 1 1 1 5 4 1 5 3	4245	094AB
钬 9 画	3 1 1 1 5 4 3 3 4	6850	094AC
钭 9 画	3 1 1 1 5 4 4 1 2	6851	094AD
钮 9 画	3 1 1 1 5 5 2 1 1	1535	094AE
钯 9 画	3 1 1 1 5 5 2 1 5	4246	094AF

汉字	笔顺	《字表》序号	UCS
卸 9 画	3 1 1 2 1 2 1 5 2	1536	05378
缸 9 画	3 1 1 2 5 2 1 2 1	1537	07F38
拜 9 画	3 1 1 3 1 1 1 1 2	1538	062DC
看 9 画	3 1 1 3 2 5 1 1 1	1539	0770B
矩 9 画	3 1 1 3 4 1 5 1 5	1540	077E9
矧 9 画	3 1 1 3 4 5 1 5 2	6852	077E7
毡 9 画	3 1 1 5 2 1 2 5 1	1541	06BE1

9画（丿）　GF 0023—2020

汉字	笔顺	《字表》序号	UCS
氡 9画	3 1 1 5 3 5 4 4 4	4247	06C21
氟 9画	3 1 1 5 5 1 5 3 2	4248	06C1F
氢 9画	3 1 1 5 5 4 1 2 1	1542	06C22
牯 9画	3 1 2 1 1 2 2 5 1	4249	0726F
怎 9画	3 1 2 1 1 4 5 4 4	1543	0600E
郜 9画	3 1 2 1 2 5 1 5 2	4250	090DC
牲 9画	3 1 2 1 3 1 1 2 1	1544	07272
选 9画	3 1 2 1 3 5 4 5 4	1545	09009
适 9画	3 1 2 2 5 1 4 5 4	1546	09002
秬 9画	3 1 2 3 4 1 5 1 5	6853	079EC
秕 9画	3 1 2 3 4 1 5 3 5	4251	079D5
秒 9画	3 1 2 3 4 2 3 4 3	1547	079D2
香 9画	3 1 2 3 4 2 5 1 1	1548	09999
种 9画	3 1 2 3 4 2 5 1 2	1549	079CD

汉字	笔顺	《字表》序号	UCS
秭 9画	3 1 2 3 4 3 5 2 3	4252	079ED
秋 9画	3 1 2 3 4 4 3 3 4	1550	079CB
科 9画	3 1 2 3 4 4 4 1 2	1551	079D1
重 9画	3 1 2 5 1 1 2 1 1	1552	091CD
复 9画	3 1 2 5 1 1 3 5 4	1553	0590D
竿 9画	3 1 4 3 1 4 1 1 2	1554	07AFF
竽 9画	3 1 4 3 1 4 1 1 2	4253	07AFD
笈 9画	3 1 4 3 1 4 3 5 4	4254	07B08
笃 9画	3 1 4 3 1 4 5 5 1	4255	07B03
俦 9画	3 2 1 1 1 3 1 2 4	4256	04FE6
段 9画	3 2 1 1 1 3 5 5 4	1555	06BB5
俨 9画	3 2 1 2 2 4 3 1 3	4257	04FE8
俅 9画	3 2 1 2 4 1 3 4 4	4258	04FC5
便 9画	3 2 1 2 5 1 1 3 4	1556	04FBF

汉字	笔顺	《字表》序号	UCS
俩 9画	3 2 1 2 5 3 4 3 4	1557	04FE9
俪 9画	3 2 1 2 5 4 2 5 4	4259	04FEA
俫 9画	3 2 1 4 3 1 2 3 4	6854	04FEB
舁 9画	3 2 1 5 1 1 1 3 2	6855	08201
叟 9画	3 2 1 5 1 1 2 5 4	4260	053DF
垡 9画	3 2 1 5 3 4 1 2 1	4261	057A1
贷 9画	3 2 1 5 4 2 5 3 4	1558	08D37

汉字	笔顺	《字表》序号	UCS
牮 9画	3 2 1 5 4 3 1 1 2	4262	0726E
顺 9画	3 2 2 1 3 2 5 3 4	1559	0987A
修 9画	3 2 2 3 5 4 3 3 3	1560	04FEE
俏 9画	3 2 2 4 3 2 5 1 1	1561	04FCF
俣 9画	3 2 2 5 1 1 1 3 4	4263	04FE3
俚 9画	3 2 2 5 1 1 2 1 1	4264	04FDA
保 9画	3 2 2 5 1 1 2 3 4	1562	04FDD

汉字	笔顺	《字表》序号	UCS
俜 9 画	3 2 2 5 1 2 1 1 5	6856	04FDC
促 9 画	3 2 2 5 1 2 1 3 4	1563	04FC3
俄 9 画	3 2 3 1 2 1 5 3 4	1564	04FC4
俐 9 画	3 2 3 1 2 3 4 2 2	1565	04FD0
侮 9 画	3 2 3 1 5 5 4 1 4	1566	04FAE
俙 9 画	3 2 3 4 1 3 2 5 2	6857	04FD9
俭 9 画	3 2 3 4 1 4 4 3 1	1567	04FED
俗 9 画	3 2 3 4 3 4 2 5 1	1568	04FD7
俘 9 画	3 2 3 4 4 3 5 2 1	1569	04FD8
信 9 画	3 2 4 1 1 1 2 5 1	1570	04FE1
俍 9 画	3 2 4 5 1 1 5 3 4	6858	04FCD
皇 9 画	3 2 5 1 1 1 1 2 1	1571	07687
泉 9 画	3 2 5 1 1 2 5 3 4	1572	06CC9
皈 9 画	3 2 5 1 1 3 3 5 4	4265	07688

汉字	笔顺	《字表》序号	UCS
鬼 9画	3 2 5 1 1 3 5 5 4	1573	09B3C
侵 9画	3 2 5 1 1 4 5 5 4	1574	04FB5
禹 9画	3 2 5 1 2 5 2 1 4	1575	079B9
侯 9画	3 2 5 1 3 1 1 3 4	1576	04FAF
追 9画	3 2 5 1 5 1 4 5 4	1577	08FFD
俑 9画	3 2 5 4 2 5 1 1 2	4266	04FD1
俟 9画	3 2 5 4 3 1 1 3 4	4267	04FDF
俊 9画	3 2 5 4 3 4 3 5 4	1578	04FCA
盾 9画	3 3 1 2 2 5 1 1 1	1579	076FE
垕 9画	3 3 1 2 5 1 1 2 1	6859	05795
逅 9画	3 3 1 2 5 1 4 5 4	4268	09005
衎 9画	3 3 2 1 1 2 1 1 2	6860	0884E
待 9画	3 3 2 1 2 1 1 2 4	1580	05F85
徊 9画	3 3 2 2 5 2 5 1 1	1581	05F8A

汉字	笔顺	《字表》序号	UCS
徇 9画	3 3 2 3 5 2 5 1 1	4269	05F87
徉 9画	3 3 2 4 3 1 1 1 2	4270	05F89
衍 9画	3 3 2 4 4 1 1 1 2	1582	0884D
律 9画	3 3 2 5 1 1 1 1 2	1583	05F8B
很 9画	3 3 2 5 1 1 5 3 4	1584	05F88
须 9画	3 3 3 1 3 2 5 3 4	1585	0987B
舢 9画	3 3 5 4 1 4 2 5 2	4271	08222

汉字	笔顺	《字表》序号	UCS
舣 9画	3 3 5 4 1 4 4 3 4	6861	08223
叙 9画	3 4 1 1 2 3 4 5 4	1586	053D9
俞 9画	3 4 1 2 5 1 1 2 2	4272	04FDE
弇 9画	3 4 1 2 5 1 1 3 2	6862	05F07
郗 9画	3 4 1 3 2 5 2 5 2	4273	090D7
剑 9画	3 4 1 4 4 3 1 2 2	1587	05251
侴 9画	3 4 1 5 2 1 1 2 2	6863	04FB4

汉字	笔顺	《字表》序号	UCS
逃 9 画	3 4 1 5 3 4 4 5 4	1588	09003
俎 9 画	3 4 3 4 2 5 1 1 1	4274	04FCE
郤 9 画	3 4 3 4 2 5 1 5 2	4275	090E4
爰 9 画	3 4 4 3 1 1 3 5 4	4276	07230
郛 9 画	3 4 4 3 5 2 1 5 2	4277	090DB
食 9 画	3 4 4 5 1 1 5 3 4	1589	098DF
瓴 9 画	3 4 4 5 4 1 5 5 4	4278	074F4
盆 9 画	3 4 5 3 2 5 2 2 1	1590	076C6
鸧 9 画	3 4 5 5 3 5 4 5 1	6864	09E27
䏡 9 画	3 5 1 1 1 1 2 3 4	6865	043E1
胠 9 画	3 5 1 1 1 2 1 5 4	6866	080E0
𦙶 9 画	3 5 1 1 1 2 2 5 1	6867	26676
胚 9 画	3 5 1 1 1 3 2 4 1	1591	080DA
胧 9 画	3 5 1 1 1 3 5 3 4	1592	080E7

汉字	笔顺	《字表》序号	UCS
胈 9画	3 5 1 1 1 3 5 4 4	6868	080C8
胨 9画	3 5 1 1 1 5 2 3 4	4279	080E8
胩 9画	3 5 1 1 2 1 1 2 4	6869	080E9
胪 9画	3 5 1 1 2 1 5 1 3	4280	080EA
胆 9画	3 5 1 1 2 5 1 1 1	1593	080C6
胛 9画	3 5 1 1 2 5 1 1 2	4281	080DB
胂 9画	3 5 1 1 2 5 1 1 2	4282	080C2
胜 9画	3 5 1 1 3 1 1 2 1	1594	080DC
胙 9画	3 5 1 1 3 1 2 1 1	4283	080D9
胣 9画	3 5 1 1 3 1 5 2 5	6870	080E3
胍 9画	3 5 1 1 3 3 5 4 4	4284	080CD
胗 9画	3 5 1 1 3 4 3 3 3	4285	080D7
胝 9画	3 5 1 1 3 5 1 5 4	4286	080DD
朐 9画	3 5 1 1 3 5 2 5 1	4287	06710

汉字	笔顺	《字表》序号	UCS
胞 9 画	3 5 1 1 3 5 5 1 5	1595	080DE
胖 9 画	3 5 1 1 4 3 1 1 2	1596	080D6
脉 9 画	3 5 1 1 4 5 5 3 4	1597	08109
朏 9 画	3 5 1 1 5 2 2 5 2	6871	0670F
胫 9 画	3 5 1 1 5 4 1 2 1	4288	080EB
胎 9 画	3 5 1 1 5 4 2 5 1	1598	080CE
鸨 9 画	3 5 1 2 3 5 4 5 1	4289	09E28
匍 9 画	3 5 1 2 5 1 1 2 4	4290	0530D
勉 9 画	3 5 2 5 1 3 5 5 3	1599	052C9
狨 9 画	3 5 3 1 1 3 5 3 4	4291	072E8
狭 9 画	3 5 3 1 4 3 1 3 4	1600	072ED
狮 9 画	3 5 3 2 3 1 2 5 2	1601	072EE
独 9 画	3 5 3 2 5 1 2 1 4	1602	072EC
狯 9 画	3 5 3 3 4 1 1 5 4	4292	072EF

汉字	笔顺	《字表》序号	UCS
狰 9 画	3 5 3 3 5 5 1 1 2	1603	072F0
狡 9 画	3 5 3 4 1 3 4 3 4	1604	072E1
飐 9 画	3 5 3 4 2 1 2 5 1	6872	098D0
飑 9 画	3 5 3 4 3 5 5 1 5	4293	098D1
狩 9 画	3 5 3 4 4 5 1 2 4	4294	072E9
狱 9 画	3 5 3 4 5 1 3 4 4	1605	072F1
狠 9 画	3 5 3 5 1 1 5 3 4	1606	072E0

汉字	笔顺	《字表》序号	UCS
狲 9 画	3 5 3 5 2 1 2 3 4	4295	072F2
訇 9 画	3 5 4 1 1 1 2 5 1	4296	08A07
訄 9 画	3 5 4 1 1 1 2 5 1	6873	08A04
逄 9 画	3 5 4 1 5 2 4 5 4	4297	09004
昝 9 画	3 5 4 2 4 2 5 1 1	4298	0661D
贸 9 画	3 5 4 5 3 2 5 3 4	1607	08D38
怨 9 画	3 5 4 5 5 4 5 4 4	1608	06028

汉字	笔顺	《字表》序号	UCS
急 9 画	3 5 5 1 1 4 5 4 4	1609	06025
饵 9 画	3 5 5 1 2 2 1 1 1	1610	09975
饶 9 画	3 5 5 1 5 3 1 3 5	1611	09976
蚀 9 画	3 5 5 2 5 1 2 1 4	1612	08680
饷 9 画	3 5 5 3 2 5 2 5 1	4299	09977
饸 9 画	3 5 5 3 4 1 2 5 1	4300	09978
饹 9 画	3 5 5 3 5 4 2 5 1	4301	09979

汉字	笔顺	《字表》序号	UCS
饺 9 画	3 5 5 4 1 3 4 3 4	1613	0997A
饻 9 画	3 5 5 4 1 3 5 3 4	6874	0997B
胤 9 画	3 5 5 4 2 5 1 1 5	4302	080E4
饼 9 画	3 5 5 4 3 1 1 3 2	1614	0997C
峦 9 画	4 1 2 2 3 4 2 5 2	1615	05CE6
弯 9 画	4 1 2 2 3 4 5 1 5	1616	05F2F
孪 9 画	4 1 2 2 3 4 5 2 1	4303	05B6A

汉字	笔顺	《字表》序号	UCS
娈 9 画	4 1 2 2 3 4 5 3 1	4304	05A08
将 9 画	4 1 2 3 5 4 1 2 4	1617	05C06
奖 9 画	4 1 2 3 5 4 1 3 4	1618	05956
哀 9 画	4 1 2 5 1 3 5 3 4	1619	054C0
亭 9 画	4 1 2 5 1 4 5 1 2	1620	04EAD
亮 9 画	4 1 2 5 1 4 5 3 5	1621	04EAE
庤 9 画	4 1 3 1 2 1 1 2 4	6875	05EA4
度 9 画	4 1 3 1 2 2 1 5 4	1622	05EA6
弈 9 画	4 1 3 2 3 4 1 3 2	4305	05F08
奕 9 画	4 1 3 2 3 4 1 3 4	4306	05955
迹 9 画	4 1 3 2 3 4 4 5 4	1623	08FF9
庭 9 画	4 1 3 3 1 2 1 5 4	1624	05EAD
庥 9 画	4 1 3 3 2 1 2 3 4	4307	05EA5
疬 9 画	4 1 3 4 1 1 3 5 3	4308	075AC

汉字	笔顺	《字表》序号	UCS
疙 9画	4 1 3 4 1 1 3 5 4	4309	075A3
疥 9画	4 1 3 4 1 3 4 3 2	4310	075A5
疭 9画	4 1 3 4 1 3 4 3 4	4311	075AD
疮 9画	4 1 3 4 1 3 4 5 5	1625	075AE
疯 9画	4 1 3 4 1 3 5 3 4	1626	075AF
疫 9画	4 1 3 4 1 3 5 5 4	1627	075AB
疢 9画	4 1 3 4 1 4 3 3 4	6876	075A2
疤 9画	4 1 3 4 1 5 2 1 5	1628	075A4
庠 9画	4 1 3 4 3 1 1 1 2	4312	05EA0
咨 9画	4 1 3 5 3 4 2 5 1	1629	054A8
姿 9画	4 1 3 5 3 4 5 3 1	1630	059FF
亲 9画	4 1 4 3 1 1 2 3 4	1631	04EB2
竑 9画	4 1 4 3 1 1 3 5 4	4313	07AD1
音 9画	4 1 4 3 1 2 5 1 1	1632	097F3

汉字	笔顺	《字表》序号	UCS
彦 9 画	4 1 4 3 1 3 3 3 3	4314	05F66
飒 9 画	4 1 4 3 1 3 5 3 4	4315	098D2
帝 9 画	4 1 4 3 4 5 2 5 2	1633	05E1D
施 9 画	4 1 5 3 3 1 5 2 5	1634	065BD
闺 9 画	4 2 5 1 2 1 1 2 1	1635	095FA
闻 9 画	4 2 5 1 2 2 1 1 1	1636	095FB
闼 9 画	4 2 5 1 3 4 4 5 4	4316	095FC
闽 9 画	4 2 5 2 5 1 2 1 4	1637	095FD
闾 9 画	4 2 5 2 5 1 2 5 1	4317	095FE
闿 9 画	4 2 5 2 5 2 5 1 5	4318	095FF
阀 9 画	4 2 5 3 2 1 5 3 4	1638	09600
阁 9 画	4 2 5 3 5 4 2 5 1	1639	09601
阂 9 画	4 2 5 4 1 5 3 3 4	4319	09602
差 9 画	4 3 1 1 1 3 1 2 1	1640	05DEE

汉字	笔顺	《字表》序号	UCS
养 9画	4 3 1 1 1 3 4 3 2	1641	0517B
美 9画	4 3 1 1 2 1 1 3 4	1642	07F8E
羑 9画	4 3 1 1 2 1 3 5 4	4320	07F91
姜 9画	4 3 1 1 2 1 5 3 1	1643	059DC
迸 9画	4 3 1 1 3 2 4 5 4	4321	08FF8
叛 9画	4 3 1 1 3 3 3 5 4	1644	053DB
送 9画	4 3 1 1 3 4 4 5 4	1645	09001
类 9画	4 3 1 2 3 4 1 3 4	1646	07C7B
籼 9画	4 3 1 2 3 4 2 5 2	4322	07C7C
迷 9画	4 3 1 2 3 4 4 5 4	1647	08FF7
籽 9画	4 3 1 2 3 4 5 2 1	1648	07C7D
娄 9画	4 3 1 2 3 4 5 3 1	1649	05A04
前 9画	4 3 1 2 5 1 1 2 2	1650	0524D
酋 9画	4 3 1 2 5 3 5 1 1	4323	0914B

汉字	笔顺	《字表》序号	UCS
首 9 画	4 3 1 3 2 5 1 1 1	1651	09996
逆 9 画	4 3 1 5 2 3 4 5 4	1652	09006
兹 9 画	4 3 1 5 5 4 5 5 4	1653	05179
总 9 画	4 3 2 5 1 4 5 4 4	1654	0603B
炣 9 画	4 3 3 4 1 2 5 1 2	6877	070A3
炳 9 画	4 3 3 4 1 2 5 3 4	4324	070B3
炻 9 画	4 3 3 4 1 3 2 5 1	4325	070BB
炼 9 画	4 3 3 4 1 5 5 3 4	1655	070BC
炟 9 画	4 3 3 4 2 5 1 1 1	6878	0709F
炽 9 画	4 3 3 4 2 5 1 3 4	4326	070BD
炯 9 画	4 3 3 4 2 5 2 5 1	4327	070AF
炸 9 画	4 3 3 4 3 1 2 1 1	1656	070B8
烀 9 画	4 3 3 4 3 4 3 1 2	4328	070C0
㶲 9 画	4 3 3 4 3 5 1 1 2	6879	03DB2

汉字	笔顺	《字表》序号	UCS	汉字	笔顺	《字表》序号	UCS
烁 9画	丶丶ㅜ火火炉炉烁烁	1657	070C1	洭 9画	丶丶氵汇汇洭洭	6880	06D2D
炮 9画	丶丶ㅜ火火灼灼炮炮	1658	070AE	洼 9画	丶丶氵汜汁洼洼	1662	06D3C
炷 9画	丶丶ㅜ火火炉炷	4329	070B7	洁 9画	丶丶氵汁洁洁	1663	06D01
炫 9画	丶丶ㅜ火火炫炫	1659	070AB	浐 9画	丶丶氵氵氵浐浐	6881	06D18
烂 9画	丶丶ㅜ火火炉烂烂	1660	070C2	洱 9画	丶丶氵汀汀洱洱	4331	06D31
烃 9画	丶丶ㅜ火火炉炉烃烃	4330	070C3	洪 9画	丶丶氵汁洪洪	1664	06D2A
剃 9画	丶丶兰兰兰弟弟剃	1661	05243	洹 9画	丶丶氵汀汀洹洹	4332	06D39

汉字	笔顺	《字表》序号	UCS
涑 9画	4 4 1 1 2 5 2 3 4	6882	06D13
洒 9画	4 4 1 1 2 5 3 5 1	1665	06D12
洧 9画	4 4 1 1 3 2 5 1 1	4333	06D27
洿 9画	4 4 1 1 3 4 1 1 5	6883	06D3F
㳚 9画	4 4 1 1 3 4 5 3 4	6884	03CDA
洌 9画	4 4 1 1 3 5 4 2 2	4334	06D0C
浃 9画	4 4 1 1 4 3 1 3 4	4335	06D43
柒 9画	4 4 1 1 5 1 2 3 4	1666	067D2
浇 9画	4 4 1 1 5 3 1 3 5	1667	06D47
泚 9画	4 4 1 2 1 2 1 3 5	6885	06CDA
浈 9画	4 4 1 2 1 2 5 3 4	6886	06D48
浉 9画	4 4 1 2 3 1 2 5 2	6887	06D49
洸 9画	4 4 1 2 4 3 1 3 5	6888	06D38
浊 9画	4 4 1 2 5 1 2 1 4	1668	06D4A

汉字	笔顺	《字表》序号	UCS
洞 9 画	4 4 1 2 5 1 2 5 1	1669	06D1E
洇 9 画	4 4 1 2 5 1 3 4 1	4336	06D07
洄 9 画	4 4 1 2 5 2 5 1 1	4337	06D04
测 9 画	4 4 1 2 5 3 4 2 2	1670	06D4B
洙 9 画	4 4 1 3 1 1 2 3 4	4338	06D19
洗 9 画	4 4 1 3 1 2 1 3 5	1671	06D17
活 9 画	4 4 1 3 1 2 2 5 1	1672	06D3B
洑 9 画	4 4 1 3 2 1 3 4 4	6889	06D11
涎 9 画	4 4 1 3 2 1 5 5 4	4339	06D8E
洎 9 画	4 4 1 3 2 5 1 1 1	4340	06D0E
洢 9 画	4 4 1 3 2 5 1 1 3	6890	06D22
洫 9 画	4 4 1 3 2 5 2 2 1	4341	06D2B
派 9 画	4 4 1 3 3 3 5 3 4	1673	06D3E
浍 9 画	4 4 1 3 4 1 1 5 4	4342	06D4D

汉字	笔顺	《字表》序号	UCS
洽 9画	4 4 1 3 4 1 2 5 1	1674	06D3D
洮 9画	4 4 1 3 4 1 5 3 4	4343	06D2E
染 9画	4 4 1 3 5 1 2 3 4	1675	067D3
洈 9画	4 4 1 3 5 1 3 5 5	6891	06D08
洵 9画	4 4 1 3 5 2 5 1 1	4344	06D35
洚 9画	4 4 1 3 5 4 1 5 2	6892	06D1A
洺 9画	4 4 1 3 5 4 2 5 1	6893	06D3A
洛 9画	4 4 1 3 5 4 2 5 1	1676	06D1B
浏 9画	4 4 1 4 1 3 4 2 2	1677	06D4F
济 9画	4 4 1 4 1 3 4 3 2	1678	06D4E
洨 9画	4 4 1 4 1 3 4 3 4	6894	06D28
浐 9画	4 4 1 4 1 4 3 1 3	6895	06D50
㳘 9画	4 4 1 4 1 5 4 3 5	6896	03CD8
洋 9画	4 4 1 4 3 1 1 1 2	1679	06D0B

汉字	笔顺	《字表》序号	UCS
洴 9画	4 4 1 4 3 1 1 3 2	6897	06D34
洣 9画	4 4 1 4 3 1 2 3 4	6898	06D23
洲 9画	4 4 1 4 3 4 2 4 2	1680	06D32
浑 9画	4 4 1 4 5 1 5 1 2	1681	06D51
浒 9画	4 4 1 4 5 3 1 1 2	4345	06D52
浓 9画	4 4 1 4 5 3 5 3 4	1682	06D53
津 9画	4 4 1 5 1 1 1 1 2	1683	06D25

汉字	笔顺	《字表》序号	UCS
浔 9画	4 4 1 5 1 1 1 2 4	4346	06D54
浕 9画	4 4 1 5 1 3 4 4 4	4347	06D55
洳 9画	4 4 1 5 3 1 2 5 1	4348	06D33
恸 9画	4 4 2 1 1 5 4 5 3	4349	06078
恃 9画	4 4 2 1 2 1 1 2 4	1684	06043
恒 9画	4 4 2 1 2 5 1 1 1	1685	06052
恓 9画	4 4 2 1 2 5 3 5 1	4350	06053

汉字	笔顺	《字表》序号	UCS
恹 9 画	4 4 2 1 3 1 3 4 4	4351	06079
恢 9 画	4 4 2 1 3 4 3 3 4	1686	06062
恍 9 画	4 4 2 2 4 3 1 3 5	1687	0604D
恫 9 画	4 4 2 2 5 1 2 5 1	4352	0606B
恺 9 画	4 4 2 2 5 2 5 1 5	4353	0607A
恻 9 画	4 4 2 2 5 3 4 2 2	4354	0607B
恬 9 画	4 4 2 3 1 2 2 5 1	1688	0606C
恤 9 画	4 4 2 3 2 5 2 2 1	1689	06064
恰 9 画	4 4 2 3 4 1 2 5 1	1690	06070
恂 9 画	4 4 2 3 5 2 5 1 1	4355	06042
恪 9 画	4 4 2 3 5 4 2 5 1	4356	0606A
恔 9 画	4 4 2 4 1 3 4 3 4	6899	06054
恼 9 画	4 4 2 4 1 3 4 5 2	1691	0607C
恽 9 画	4 4 2 4 5 1 5 1 2	4357	0607D

汉字	笔顺	《字表》序号	UCS
恨 9 画	4 4 2 5 1 1 5 3 4	1692	06068
举 9 画	4 4 3 1 3 4 1 1 2	1693	04E3E
觉 9 画	4 4 3 4 5 2 5 3 5	1694	089C9
宣 9 画	4 4 5 1 2 5 1 1 1	1695	05BA3
宦 9 画	4 4 5 1 2 5 1 2 5	1696	05BA6
宥 9 画	4 4 5 1 3 2 5 1 1	4358	05BA5
宬 9 画	4 4 5 1 3 5 5 3 4	6900	05BAC
室 9 画	4 4 5 1 5 4 1 2 1	1697	05BA4
宫 9 画	4 4 5 2 5 1 2 5 1	1698	05BAB
宪 9 画	4 4 5 3 1 2 1 3 5	1699	05BAA
突 9 画	4 4 5 3 4 1 3 4 4	1700	07A81
穿 9 画	4 4 5 3 4 1 5 2 3	1701	07A7F
窀 9 画	4 4 5 3 4 1 5 2 5	6901	07A80
窃 9 画	4 4 5 3 4 1 5 5 3	1702	07A83

汉字	笔顺	《字表》序号	UCS
客 9 画	4 4 5 3 5 4 2 5 1	1703	05BA2
诫 9 画	4 5 1 1 3 2 5 3 4	1704	08BEB
冠 9 画	4 5 1 1 3 5 1 2 4	1705	051A0
诬 9 画	4 5 1 2 3 4 3 4 1	1706	08BEC
语 9 画	4 5 1 2 5 1 2 5 1	1707	08BED
扂 9 画	4 5 1 3 2 1 2 5 1	6902	06242
扁 9 画	4 5 1 3 2 5 1 2 2	1708	06241
扃 9 画	4 5 1 3 2 5 2 5 1	4359	06243
袆 9 画	4 5 2 3 4 1 1 5 2	6903	08886
衲 9 画	4 5 2 3 4 2 5 3 4	4360	08872
衽 9 画	4 5 2 3 4 3 1 2 1	4361	0887D
袄 9 画	4 5 2 3 4 3 1 3 4	1709	08884
衿 9 画	4 5 2 3 4 3 4 4 5	4362	0887F
袂 9 画	4 5 2 3 4 5 1 3 4	4363	08882

汉字	笔顺	《字表》序号	UCS
祛 9 画	4 5 2 4 1 2 1 5 4	4364	0795B
祜 9 画	4 5 2 4 1 2 2 5 1	4365	0795C
祏 9 画	4 5 2 4 1 3 2 5 1	6904	0794F
祐 9 画	4 5 2 4 1 3 2 5 1	6905	07950
祓 9 画	4 5 2 4 1 3 5 4 4	4366	07953
祖 9 画	4 5 2 4 2 5 1 1 1	1710	07956
神 9 画	4 5 2 4 2 5 1 1 2	1711	0795E

汉字	笔顺	《字表》序号	UCS
祝 9 画	4 5 2 4 2 5 1 3 5	1712	0795D
祚 9 画	4 5 2 4 3 1 2 1 1	4367	0795A
诮 9 画	4 5 2 4 3 2 5 1 1	4368	08BEE
祇 9 画	4 5 2 4 3 5 1 5 4	4369	07957
祢 9 画	4 5 2 4 3 5 2 3 4	4370	07962
祕 9 画	4 5 2 4 4 5 4 3 4	6906	07955
祠 9 画	4 5 2 4 5 1 2 5 1	1713	07960

汉字	笔顺	《字表》序号	UCS
误 9 画	4 5 2 5 1 1 1 3 4	1714	08BEF
诰 9 画	4 5 3 1 2 1 2 5 1	4371	08BF0
诱 9 画	4 5 3 1 2 3 4 5 3	1715	08BF1
诲 9 画	4 5 3 1 5 5 4 1 4	1716	08BF2
诳 9 画	4 5 3 5 3 1 1 2 1	4372	08BF3
鸩 9 画	4 5 3 5 3 5 4 5 1	4373	09E29
说 9 画	4 5 4 3 2 5 1 3 5	1717	08BF4
昶 9 画	4 5 5 3 4 2 5 1 1	4374	06636
诵 9 画	4 5 5 4 2 5 1 1 2	1718	08BF5
郡 9 画	5 1 1 3 2 5 1 5 2	4375	090E1
垦 9 画	5 1 1 5 3 4 1 2 1	1719	057A6
退 9 画	5 1 1 5 3 4 4 5 4	1720	09000
既 9 画	5 1 1 5 4 1 5 3 5	1721	065E2
叚 9 画	5 1 2 1 1 5 1 5 4	6907	053DA

汉字	笔顺	《字表》序号	UCS
屋 9 画	5 1 3 1 5 4 1 2 1	1722	05C4B
昼 9 画	5 1 3 4 2 5 1 1 1	1723	0663C
咫 9 画	5 1 3 4 2 5 1 3 4	4376	054AB
屏 9 画	5 1 3 4 3 1 1 3 2	1724	05C4F
屎 9 画	5 1 3 4 3 1 2 3 4	1725	05C4E
弭 9 画	5 1 5 1 2 2 1 1 1	4377	05F2D
费 9 画	5 1 5 3 2 2 5 3 4	1726	08D39

汉字	笔顺	《字表》序号	UCS
陡 9 画	5 2 1 2 1 2 1 3 4	1727	09661
逊 9 画	5 2 1 2 3 4 4 5 4	1728	0900A
牁 9 画	5 2 1 3 1 2 5 1 2	4378	07241
眉 9 画	5 2 1 3 2 5 1 1 1	1729	07709
胥 9 画	5 2 1 3 4 2 5 1 1	4379	080E5
孩 9 画	5 2 1 4 1 5 3 3 4	1730	05B69
陛 9 画	5 2 1 5 3 5 1 2 1	4380	0965B

汉字	笔顺	《字表》序号	UCS
陟 9 画	5 2 2 1 2 1 2 3 3	4381	0965F
陧 9 画	5 2 2 5 1 1 1 2 1	6908	09667
陨 9 画	5 2 2 5 1 2 5 3 4	1731	09668
陞 9 画	5 2 3 1 3 2 1 2 1	6909	0965E
除 9 画	5 2 3 4 1 1 2 3 4	1732	09664
险 9 画	5 2 3 4 1 4 4 3 1	1733	09669
院 9 画	5 2 4 4 5 1 1 3 5	1734	09662
娀 9 画	5 3 1 1 1 3 5 3 4	6910	05A00
娃 9 画	5 3 1 1 2 1 1 2 1	1735	05A03
姞 9 画	5 3 1 1 2 1 2 5 1	6911	059DE
姥 9 画	5 3 1 1 2 1 3 3 5	1736	059E5
娅 9 画	5 3 1 1 2 2 4 3 1	4382	05A05
姮 9 画	5 3 1 1 2 5 1 1 1	4383	059EE
姱 9 画	5 3 1 1 3 4 1 1 5	6912	059F1

汉字	笔顺	《字表》序号	UCS
姨 9 画	5 3 1 1 5 1 5 3 4	1737	059E8
娆 9 画	5 3 1 1 5 3 1 3 5	4384	05A06
姻 9 画	5 3 1 2 5 1 3 4 1	1738	059FB
姝 9 画	5 3 1 3 1 1 2 3 4	4385	059DD
娇 9 画	5 3 1 3 1 3 4 3 2	1739	05A07
姤 9 画	5 3 1 3 3 1 2 5 1	6913	059E4
姶 9 画	5 3 1 3 4 1 2 5 1	6914	059F6
姚 9 画	5 3 1 3 4 1 5 3 4	1740	059DA
姽 9 画	5 3 1 3 5 1 3 5 5	6915	059FD
姣 9 画	5 3 1 4 1 3 4 3 4	4386	059E3
姘 9 画	5 3 1 4 3 1 1 3 2	4387	059D8
姹 9 画	5 3 1 4 4 5 3 1 5	4388	059F9
娜 9 画	5 3 1 5 1 1 3 5 2	1741	05A1C
怒 9 画	5 3 1 5 4 4 5 4 4	1742	06012

汉字	笔顺	《字表》序号	UCS
架 9画	5 3 2 5 1 1 2 3 4	1743	067B6
贺 9画	5 3 2 5 1 2 5 3 4	1744	08D3A
盈 9画	5 3 5 4 2 5 2 2 1	1745	076C8
怼 9画	5 4 1 2 4 4 5 4 4	4389	0603C
羿 9画	5 4 1 5 4 1 1 3 2	4390	07FBF
枲 9画	5 4 2 5 1 1 2 3 4	6916	067B2
勇 9画	5 4 2 5 1 1 2 5 3	1746	052C7

汉字	笔顺	《字表》序号	UCS
炱 9画	5 4 2 5 1 4 3 3 4	4391	070B1
怠 9画	5 4 2 5 1 4 5 4 4	1747	06020
癸 9画	5 4 3 3 4 1 1 3 4	1748	07678
蚤 9画	5 4 4 2 5 1 2 1 4	1749	086A4
柔 9画	5 4 5 2 3 1 2 3 4	1750	067D4
矜 9画	5 4 5 2 3 3 4 4 5	4392	077DC
垒 9画	5 4 5 4 5 4 1 2 1	1751	05792

汉字	笔顺	《字表》序号	UCS
绑 9 画	5 5 1 1 1 1 3 5 2	1752	07ED1
绒 9 画	5 5 1 1 1 3 5 3 4	1753	07ED2
结 9 画	5 5 1 1 2 1 2 5 1	1754	07ED3
绔 9 画	5 5 1 1 3 4 1 1 5	4393	07ED4
骁 9 画	5 5 1 1 5 3 1 3 5	4394	09A81
绕 9 画	5 5 1 1 5 3 1 3 5	1755	07ED5
绖 9 画	5 5 1 1 5 4 1 2 1	6917	07ED6
骃 9 画	5 5 1 2 5 1 3 4 1	6918	09A83
𬘡 9 画	5 5 1 2 5 1 3 4 1	6919	2C621
𬳽 9 画	5 5 1 3 1 2 1 3 5	6920	2CCFD
𬘩 9 画	5 5 1 3 1 2 1 5 4	6921	2C629
骄 9 画	5 5 1 3 1 3 4 3 2	1756	09A84
𫄧 9 画	5 5 1 3 2 1 5 5 4	6922	2B127
骅 9 画	5 5 1 3 2 3 5 1 2	4395	09A85

汉字	笔顺	《字表》序号	UCS
绗 9 画	5 5 1 3 3 2 1 1 2	4396	07ED7
绘 9 画	5 5 1 3 4 1 1 5 4	1757	07ED8
给 9 画	5 5 1 3 4 1 2 5 1	1758	07ED9
绚 9 画	5 5 1 3 5 2 5 1 1	1759	07EDA
彖 9 画	5 5 1 3 5 3 3 3 4	6923	05F56
绛 9 画	5 5 1 3 5 4 1 5 2	4397	07EDB
骆 9 画	5 5 1 3 5 4 2 5 1	1760	09A86
络 9 画	5 5 1 3 5 4 2 5 1	1761	07EDC
绝 9 画	5 5 1 3 5 5 2 1 5	1762	07EDD
绞 9 画	5 5 1 4 1 3 4 3 4	1763	07EDE
骇 9 画	5 5 1 4 1 5 3 3 4	1764	09A87
统 9 画	5 5 1 4 1 5 4 3 5	1765	07EDF
骈 9 画	5 5 1 4 3 1 1 3 2	4398	09A88
骉 9 画	5 5 1 5 5 1 5 5 1	6924	09A89

汉字	笔顺	《字表》序号	UCS
耕 10 画	1 1 1 2 3 4 1 1 3 2	1766	08015
耘 10 画	1 1 1 2 3 4 1 1 5 4	1767	08018
耖 10 画	1 1 1 2 3 4 2 3 4 3	4399	08016
耗 10 画	1 1 1 2 3 4 3 1 1 5	1768	08017
耙 10 画	1 1 1 2 3 4 5 2 1 5	1769	08019
艳 10 画	1 1 1 2 3 5 5 2 1 5	1770	08273
挈 10 画	1 1 1 2 5 3 3 1 1 2	4400	06308

汉字	笔顺	《字表》序号	UCS
恝 10 画	1 1 1 2 5 3 4 5 4 4	6925	0605D
泰 10 画	1 1 1 3 4 2 4 1 3 4	1771	06CF0
秦 10 画	1 1 1 3 4 3 1 2 3 4	1772	079E6
珪 10 画	1 1 2 1 1 2 1 1 2 1	6926	073EA
珥 10 画	1 1 2 1 1 2 2 1 1 1	4401	073E5
珙 10 画	1 1 2 1 1 2 2 1 3 4	4402	073D9
珦 10 画	1 1 2 1 1 3 2 5 1 1	6927	073DB

汉字	笔顺	《字表》序号	UCS
顼 10 画	1 1 2 1 1 3 2 5 3 4	4403	0987C
珹 10 画	1 1 2 1 1 3 5 5 3 4	6928	073F9
琊 10 画	1 1 2 1 1 5 2 3 5 2	6929	0740A
玼 10 画	1 1 2 1 2 1 2 1 3 5	6930	073BC
珖 10 画	1 1 2 1 2 4 3 1 3 5	6931	073D6
珰 10 画	1 1 2 1 2 4 3 5 1 1	4404	073F0
勣 10 画	1 1 2 1 2 5 3 4 5 3	6932	2A7DD
珠 10 画	1 1 2 1 3 1 1 2 3 4	1773	073E0
珽 10 画	1 1 2 1 3 1 2 1 5 4	6933	073FD
珦 10 画	1 1 2 1 3 2 5 2 5 1	6934	073E6
珩 10 画	1 1 2 1 3 3 2 1 1 2	4405	073E9
珧 10 画	1 1 2 1 3 4 1 5 3 4	4406	073E7
珣 10 画	1 1 2 1 3 5 2 5 1 1	4407	073E3
珞 10 画	1 1 2 1 3 5 4 2 5 1	4408	073DE

汉字	笔顺	《字表》序号	UCS
琤 10 画	1 1 2 1 3 5 5 1 1 2	4409	07424
琉 10 画	1 1 2 1 4 1 5 4 3 5	6935	073EB
班 10 画	1 1 2 1 4 3 1 1 2 1	1774	073ED
珲 10 画	1 1 2 1 4 5 1 5 1 2	4410	073F2
珒 10 画	1 1 2 1 5 1 1 1 1 2	6936	073D2
𬍤 10 画	1 1 2 1 5 1 1 1 2 4	6937	2C364
珢 10 画	1 1 2 1 5 1 1 5 3 4	6938	073E2
敖 10 画	1 1 2 1 5 3 3 1 3 4	4411	06556
珕 10 画	1 1 2 1 5 3 5 3 5 3	6939	073D5
珝 10 画	1 1 2 1 5 4 1 5 4 1	6940	073DD
素 10 画	1 1 2 1 5 5 4 2 3 4	1775	07D20
匿 10 画	1 1 2 2 1 3 2 5 1 5	1776	0533F
蚕 10 画	1 1 3 4 2 5 1 2 1 4	1777	08695
顽 10 画	1 1 3 5 1 3 2 5 3 4	1778	0987D

汉字	笔顺	《字表》序号	UCS
盏 10 画	1 1 5 3 4 2 5 2 2 1	1779	076CF
匪 10 画	1 2 1 1 1 2 1 1 1 5	1780	0532A
恚 10 画	1 2 1 1 2 1 4 5 4 4	4412	0605A
𫭼 10 画	1 2 1 1 2 2 4 5 5 3	6941	2BB7C
捞 10 画	1 2 1 1 2 2 4 5 5 3	1781	0635E
栽 10 画	1 2 1 1 2 3 4 5 3 4	1782	0683D
埔 10 画	1 2 1 1 2 5 1 1 2 4	4413	057D4
捕 10 画	1 2 1 1 2 5 1 1 2 4	1783	06355
埂 10 画	1 2 1 1 2 5 1 1 3 4	1784	057C2
捂 10 画	1 2 1 1 2 5 1 2 5 1	1785	06342
振 10 画	1 2 1 1 3 1 1 5 3 4	1786	0632F
载 10 画	1 2 1 1 5 2 1 5 3 4	1787	08F7D
埗 10 画	1 2 1 2 1 2 1 2 3 3	6942	057D7
赶 10 画	1 2 1 2 1 3 4 1 1 2	1788	08D76

汉字	笔顺	《字表》序号	UCS
起 10 画	1 2 1 2 1 3 4 5 1 5	1789	08D77
盐 10 画	1 2 1 2 4 2 5 2 2 1	1790	076D0
捎 10 画	1 2 1 2 4 3 2 5 1 1	1791	0634E
垾 10 画	1 2 1 2 5 1 1 1 1 2	6943	057BE
捍 10 画	1 2 1 2 5 1 1 1 1 2	1792	0634D
埕 10 画	1 2 1 2 5 1 1 1 2 1	4414	057D5
捏 10 画	1 2 1 2 5 1 1 1 2 1	1793	0634F

汉字	笔顺	《字表》序号	UCS
埘 10 画	1 2 1 2 5 1 1 1 2 4	4415	057D8
埋 10 画	1 2 1 2 5 1 1 2 1 1	1794	057CB
捉 10 画	1 2 1 2 5 1 2 1 3 4	1795	06349
捆 10 画	1 2 1 2 5 1 2 3 4 1	1796	06346
捐 10 画	1 2 1 2 5 1 2 5 1 1	1797	06350
埙 10 画	1 2 1 2 5 1 2 5 3 4	4416	057D9
埚 10 画	1 2 1 2 5 1 2 5 3 4	4417	057DA

汉字	笔顺	《字表》序号	UCS
损 10画	1 2 1 2 5 1 2 5 3 4	1798	0635F
袁 10画	1 2 1 2 5 1 3 5 3 4	1799	08881
挹 10画	1 2 1 2 5 1 5 2 1 5	4418	06339
捌 10画	1 2 1 2 5 1 5 3 2 2	1800	0634C
都 10画	1 2 1 3 2 5 1 1 5 2	1801	090FD
哲 10画	1 2 1 3 3 1 2 2 5 1	1802	054F2
逝 10画	1 2 1 3 3 1 2 4 5 4	1803	0901D
耆 10画	1 2 1 3 3 5 2 5 1 1	4419	08006
耄 10画	1 2 1 3 3 5 3 1 1 5	4420	08004
捡 10画	1 2 1 3 4 1 4 4 3 1	1804	06361
挫 10画	1 2 1 3 4 3 4 1 2 1	1805	0632B
埒 10画	1 2 1 3 4 4 3 1 2 4	4421	057D2
捋 10画	1 2 1 3 4 4 3 1 2 4	4422	0634B
垺 10画	1 2 1 3 4 4 3 5 2 1	6944	057BA

10 画（一）

汉字	笔顺	《字表》序号	UCS	汉字	笔顺	《字表》序号	UCS
换 10画	一 扌 扌 扩 护 护 护 换 换	1806	06362	捣 10画	一 扌 扌 扩 护 护 捣 捣 捣	1811	06363
挽 10画	一 扌 扌 扩 护 护 护 挽 挽	1807	0633D	垮 10画	一 土 土 圹 圹 圹 垮 垮 垮	6946	057BF
埚 10画	一 土 土 圹 圹 圹 埚 埚 埚	6945	057C6	垸 10画	一 土 土 圹 圹 圹 垸 垸 垸	4424	057B8
贽 10画	一 扌 扌 执 执 执 贽 贽 贽	4423	08D3D	垠 10画	一 土 土 圹 圹 圹 垠 垠 垠	6947	057CC
挚 10画	一 扌 扌 执 执 执 挚 挚 挚	1808	0631A	壶 10画	一 士 壴 壴 壴 壴 壴 壶 壶	1812	058F6
热 10画	一 扌 扌 执 执 执 热 热 热	1809	070ED	捃 10画	一 扌 扌 扌 护 护 捃 捃 捃	4425	06343
恐 10画	一 丁 工 巩 巩 巩 恐 恐 恐	1810	06050	埇 10画	一 土 土 圹 圹 圹 埇 埇 埇	6948	057C7

183

汉字	笔顺	《字表》序号	UCS
捅 10 画	1 2 1 5 4 2 5 1 1 2	1813	06345
盇 10 画	1 2 1 5 4 2 5 2 2 1	4426	076CD
埃 10 画	1 2 1 5 4 3 1 1 3 4	1814	057C3
挨 10 画	1 2 1 5 4 3 1 1 3 4	1815	06328
耻 10 画	1 2 2 1 1 1 2 1 2 1	1816	0803B
耿 10 画	1 2 2 1 1 1 4 3 3 4	1817	0803F
耽 10 画	1 2 2 1 1 1 4 5 3 5	1818	0803D

汉字	笔顺	《字表》序号	UCS
聂 10 画	1 2 2 1 1 1 5 4 5 4	1819	08042
莰 10 画	1 2 2 1 2 1 3 5 3 4	6949	083B0
茝 10 画	1 2 2 1 2 2 5 1 2 5	6950	0831D
荸 10 画	1 2 2 1 2 4 5 5 2 1	4427	08378
莆 10 画	1 2 2 1 2 5 1 1 2 4	4428	08386
𬜯 10 画	1 2 2 1 2 5 3 4 3 4	6951	2C72F
鄀 10 画	1 2 2 1 3 2 5 1 5 2	6952	09100

汉字	笔顺	《字表》序号	UCS
恭 10 画	1 2 2 1 3 4 2 4 4 4	1820	0606D
莽 10 画	1 2 2 1 3 4 4 1 3 2	1821	083BD
莱 10 画	1 2 2 1 4 3 1 2 3 4	1822	083B1
莲 10 画	1 2 2 1 5 1 2 4 5 4	1823	083B2
莳 10 画	1 2 2 2 5 1 1 1 2 4	4429	083B3
莫 10 画	1 2 2 2 5 1 1 1 3 4	1824	083AB
莴 10 画	1 2 2 2 5 1 2 5 3 4	4430	083B4
莪 10 画	1 2 2 3 1 2 1 5 3 4	4431	083AA
莉 10 画	1 2 2 3 1 2 3 4 2 2	1825	08389
莠 10 画	1 2 2 3 1 2 3 4 5 3	4432	083A0
莓 10 画	1 2 2 3 1 5 5 4 1 4	4433	08393
荷 10 画	1 2 2 3 2 1 2 5 1 2	1826	08377
莜 10 画	1 2 2 3 2 2 3 1 3 4	4434	0839C
莅 10 画	1 2 2 3 2 4 1 4 3 1	4435	08385

汉字	笔顺	《字表》序号	UCS
茶 10画	1 2 2 3 4 1 1 2 3 4	4436	0837C
莶 10画	1 2 2 3 4 1 4 4 3 1	6953	083B6
莝 10画	1 2 2 3 4 3 4 1 2 1	6954	0839D
莩 10画	1 2 2 3 4 4 3 5 2 1	4437	083A9
荽 10画	1 2 2 3 4 4 3 5 3 1	4438	0837D
获 10画	1 2 2 3 5 3 1 3 4 4	1827	083B7
莸 10画	1 2 2 3 5 3 1 3 5 4	4439	083B8
荻 10画	1 2 2 3 5 3 4 3 3 4	4440	0837B
莘 10画	1 2 2 4 1 4 3 1 1 2	4441	08398
晋 10画	1 2 2 4 3 1 2 5 1 1	1828	0664B
恶 10画	1 2 2 4 3 1 4 5 4 4	1829	06076
莎 10画	1 2 2 4 4 1 2 3 4 3	4442	0838E
莞 10画	1 2 2 4 4 5 1 1 3 5	4443	0839E
䓖 10画	1 2 2 4 4 5 3 4 5 3	6955	044D6

汉字	笔顺	《字表》序号	UCS
莹 10 画	1 2 2 4 5 1 1 2 1 4	1830	083B9
莨 10 画	1 2 2 4 5 1 1 5 3 4	4444	083A8
莺 10 画	1 2 2 4 5 3 5 4 5 1	1831	083BA
真 10 画	1 2 2 5 1 1 1 1 3 4	1832	0771F
莙 10 画	1 2 2 5 1 1 3 2 5 1	6956	08399
鸪 10 画	1 2 2 5 1 3 5 4 5 1	4445	09E2A
莼 10 画	1 2 2 5 5 1 1 5 2 5	4446	083BC
框 10 画	1 2 3 4 1 1 1 2 1 5	1833	06846
梆 10 画	1 2 3 4 1 1 1 3 5 2	1834	06886
栻 10 画	1 2 3 4 1 1 2 1 5 4	6957	0683B
桂 10 画	1 2 3 4 1 2 1 1 2 1	1835	06842
桔 10 画	1 2 3 4 1 2 1 2 5 1	1836	06854
栲 10 画	1 2 3 4 1 2 1 3 1 5	4447	06832
栳 10 画	1 2 3 4 1 2 1 3 3 5	4448	06833

汉字	笔顺	《字表》序号	UCS
椏 10 画	1 2 3 4 1 2 2 4 3 1	6958	06860
郴 10 画	1 2 3 4 1 2 3 4 5 2	4449	090F4
桓 10 画	1 2 3 4 1 2 5 1 1 1	4450	06853
栖 10 画	1 2 3 4 1 2 5 3 5 1	1837	06816
𬂩 10 画	1 2 3 4 1 4 3 1 3 4	6959	2C0A9
桡 10 画	1 2 3 4 1 5 3 1 3 5	4451	06861
桎 10 画	1 2 3 4 1 5 4 1 2 1	4452	0684E
桢 10 画	1 2 3 4 2 1 2 5 3 4	4453	06862
桄 10 画	1 2 3 4 2 4 3 1 3 5	6960	06844
档 10 画	1 2 3 4 2 4 3 5 1 1	1838	06863
梠 10 画	1 2 3 4 2 5 1 2 5 1	6961	068A0
桐 10 画	1 2 3 4 2 5 1 2 5 1	1839	06850
桤 10 画	1 2 3 4 2 5 2 5 1 5	4454	06864
株 10 画	1 2 3 4 3 1 1 2 3 4	1840	0682A

汉字	笔顺	《字表》序号	UCS
梃 10 画	1 2 3 4 3 1 2 1 5 4	4455	06883
栝 10 画	1 2 3 4 3 1 2 2 5 1	4456	0681D
桥 10 画	1 2 3 4 3 1 3 4 3 2	1841	06865
栴 10 画	1 2 3 4 3 1 3 5 4 1	6962	06834
桕 10 画	1 2 3 4 3 2 1 5 1 1	4457	06855
梴 10 画	1 2 3 4 3 2 1 5 5 4	6963	068B4
桦 10 画	1 2 3 4 3 2 3 5 1 2	1842	06866
桁 10 画	1 2 3 4 3 3 2 1 1 2	4458	06841
栓 10 画	1 2 3 4 3 4 1 1 2 1	1843	06813
桧 10 画	1 2 3 4 3 4 1 1 5 4	4459	06867
桃 10 画	1 2 3 4 3 4 1 5 3 4	1844	06843
桅 10 画	1 2 3 4 3 5 1 3 5 5	4460	06845
栒 10 画	1 2 3 4 3 5 2 5 1 1	6964	06812
格 10 画	1 2 3 4 3 5 4 2 5 1	1845	0683C

汉字	笔顺	《字表》序号	UCS
桩 10 画	1 2 3 4 4 1 3 1 2 1	1846	06869
校 10 画	1 2 3 4 4 1 3 4 3 4	1847	06821
核 10 画	1 2 3 4 4 1 5 3 3 4	1848	06838
样 10 画	1 2 3 4 4 3 1 1 1 2	1849	06837
栟 10 画	1 2 3 4 4 3 1 1 3 2	4461	0681F
桉 10 画	1 2 3 4 4 4 5 5 3 1	4462	06849
根 10 画	1 2 3 4 5 1 1 5 3 4	1850	06839
栩 10 画	1 2 3 4 5 4 1 5 4 1	4463	06829
逑 10 画	1 2 4 1 3 4 4 4 5 4	4464	09011
索 10 画	1 2 4 5 5 5 4 2 3 4	1851	07D22
逋 10 画	1 2 5 1 1 2 4 4 5 4	4465	0900B
彧 10 画	1 2 5 1 1 5 3 3 3 4	4466	05F67
哥 10 画	1 2 5 1 2 1 2 5 1 2	1852	054E5
速 10 画	1 2 5 1 2 3 4 4 5 4	1853	0901F

汉字	笔顺	《字表》序号	UCS
鬲 10 画	1 2 5 1 2 5 4 3 1 2	4467	09B32
豇 10 画	1 2 5 1 4 3 1 1 2 1	4468	08C47
逗 10 画	1 2 5 1 4 3 1 4 5 4	1854	09017
栗 10 画	1 2 5 2 2 1 1 2 3 4	1855	06817
贾 10 画	1 2 5 2 2 1 2 5 3 4	1856	08D3E
酐 10 画	1 2 5 3 5 1 1 1 1 2	4469	09150
酎 10 画	1 2 5 3 5 1 1 1 2 4	6965	0914E

汉字	笔顺	《字表》序号	UCS
酌 10 画	1 2 5 3 5 1 1 3 5 4	1857	0914C
配 10 画	1 2 5 3 5 1 1 5 1 5	1858	0914D
酏 10 画	1 2 5 3 5 1 1 5 2 5	6966	0914F
𫠆 10 画	1 2 5 4 1 3 2 5 3 4	6967	2B806
逦 10 画	1 2 5 4 2 5 4 4 5 4	4470	09026
翅 10 画	1 2 5 4 5 4 1 5 4 1	1859	07FC5
辱 10 画	1 3 1 1 5 3 4 1 2 4	1860	08FB1

汉字	笔顺	《字表》序号	UCS
唇 10 画	1 3 1 1 5 3 4 2 5 1	1861	05507
厝 10 画	1 3 1 2 2 1 2 5 1 1	4471	0539D
孬 10 画	1 3 2 4 5 3 1 5 2 1	4472	05B6C
夏 10 画	1 3 2 5 1 1 1 3 5 4	1862	0590F
砝 10 画	1 3 2 5 1 1 2 1 5 4	4473	0781D
破 10 画	1 3 2 5 1 1 2 2 3 4	4474	07839
砵 10 画	1 3 2 5 1 1 2 3 4 1	6968	07835
砸 10 画	1 3 2 5 1 1 2 5 2 5	1863	07838
砺 10 画	1 3 2 5 1 1 3 1 5 3	4475	0783A
砰 10 画	1 3 2 5 1 1 4 3 1 2	1864	07830
砧 10 画	1 3 2 5 1 2 1 2 5 1	4476	07827
砠 10 画	1 3 2 5 1 2 5 1 1 1	6969	07820
砷 10 画	1 3 2 5 1 2 5 1 1 2	4477	07837
砟 10 画	1 3 2 5 1 3 1 2 1 1	4478	0781F

汉字	笔顺	《字表》序号	UCS
砼 10 画	1 3 2 5 1 3 4 1 2 1	4479	0783C
砥 10 画	1 3 2 5 1 3 5 1 5 4	4480	07825
砾 10 画	1 3 2 5 1 3 5 2 3 4	1865	0783E
砫 10 画	1 3 2 5 1 4 1 1 2 1	6970	0782B
砬 10 画	1 3 2 5 1 4 1 4 3 1	6971	0782C
砣 10 画	1 3 2 5 1 4 4 5 3 5	4481	07823
础 10 画	1 3 2 5 1 5 2 2 5 2	1866	07840
破 10 画	1 3 2 5 1 5 3 2 5 4	1867	07834
硁 10 画	1 3 2 5 1 5 4 1 2 1	6972	07841
恧 10 画	1 3 2 5 2 2 4 5 4 4	6973	06067
原 10 画	1 3 3 2 5 1 1 2 3 4	1868	0539F
套 10 画	1 3 4 1 2 1 1 1 5 4	1869	05957
剞 10 画	1 3 4 1 2 5 1 2 2 2	4482	0525E
逐 10 画	1 3 5 3 3 3 4 4 5 4	1870	09010

汉字	笔顺	《字表》序号	UCS
砻 10 画	1 3 5 3 4 1 3 2 5 1	4483	0783B
烈 10 画	1 3 5 4 2 2 4 4 4 4	1871	070C8
殊 10 画	1 3 5 4 3 1 1 2 3 4	1872	06B8A
殉 10 画	1 3 5 4 3 5 2 5 1 1	1873	06B89
翃 10 画	1 3 5 4 5 4 1 5 4 1	6974	07FC3
顾 10 画	1 3 5 5 1 3 2 5 3 4	1874	0987E
郪 10 画	1 5 1 1 2 5 3 1 5 2	6975	090EA

汉字	笔顺	《字表》序号	UCS
轼 10 画	1 5 2 1 1 1 2 1 5 4	4484	08F7C
轾 10 画	1 5 2 1 1 5 4 1 2 1	4485	08F7E
𨐈 10 画	1 5 2 1 2 4 3 1 3 5	6976	28408
轿 10 画	1 5 2 1 3 1 3 4 3 2	1875	08F7F
辀 10 画	1 5 2 1 3 3 5 4 1 4	6977	08F80
辁 10 画	1 5 2 1 3 4 1 1 2 1	6978	08F81
辂 10 画	1 5 2 1 3 5 4 2 5 1	4486	08F82

汉字	笔顺	《字表》序号	UCS
较 10 画	1 5 2 1 4 1 3 4 3 4	1876	08F83
𬌗 10 画	1 5 2 3 3 4 1 2 5 1	6979	2C317
鸫 10 画	1 5 2 3 4 3 5 4 5 1	4487	09E2B
顿 10 画	1 5 2 5 1 3 2 5 3 4	1877	0987F
趸 10 画	1 5 3 2 5 1 2 1 3 4	4488	08DB8
毙 10 画	1 5 3 5 1 3 5 4 3 5	1878	06BD9
致 10 画	1 5 4 1 2 1 3 1 3 4	1879	081F4

汉字	笔顺	《字表》序号	UCS
剕 10 画	2 1 1 1 2 1 1 1 2 2	6980	05255
龇 10 画	2 1 2 1 3 4 5 2 3 5	4489	09F80
柴 10 画	2 1 2 1 3 5 1 2 3 4	1880	067F4
赀 10 画	2 1 2 1 3 5 2 5 3 4	6981	08D40
桌 10 画	2 1 2 5 1 1 1 2 3 4	1881	0684C
鸬 10 画	2 1 5 1 3 3 5 4 5 1	4490	09E2C
虔 10 画	2 1 5 3 1 5 4 1 3 4	4491	08654

汉字	笔顺	《字表》序号	UCS
虑 10 画	2 1 5 3 1 5 4 5 4 4	1882	08651
监 10 画	2 2 3 1 4 2 5 2 2 1	1883	076D1
紧 10 画	2 2 5 4 5 5 4 2 3 4	1884	07D27
逍 10 画	2 4 3 2 5 1 1 4 5 4	4492	0900D
党 10 画	2 4 3 4 5 2 5 1 3 5	1885	0515A
眬 10 画	2 5 1 1 1 1 3 5 3 4	4493	0772C
哢 10 画	2 5 1 1 1 2 1 1 3 2	6982	054E2
唛 10 画	2 5 1 1 1 2 1 3 5 4	4494	0551B
逞 10 画	2 5 1 1 1 2 1 4 5 4	1886	0901E
晅 10 画	2 5 1 1 1 2 5 1 1 1	6983	06645
晒 10 画	2 5 1 1 1 2 5 3 5 1	1887	06652
晟 10 画	2 5 1 1 1 3 5 5 3 4	4495	0665F
眩 10 画	2 5 1 1 1 4 1 5 5 4	4496	07729
眠 10 画	2 5 1 1 1 5 1 5 1 5	1888	07720

汉字	笔顺	《字表》序号	UCS
晓 10 画	2 5 1 1 1 5 3 1 3 5	1889	06653
晊 10 画	2 5 1 1 1 5 4 1 2 1	6984	0664A
眙 10 画	2 5 1 1 1 5 4 2 5 1	4497	07719
唝 10 画	2 5 1 1 2 1 2 5 3 4	6985	0551D
哧 10 画	2 5 1 1 2 1 3 2 3 4	4498	054E7
哳 10 画	2 5 1 1 2 1 3 3 1 2	6986	054F3
哮 10 画	2 5 1 1 2 1 3 5 2 1	1890	054EE

汉字	笔顺	《字表》序号	UCS
唠 10 画	2 5 1 1 2 2 4 5 5 3	1891	05520
鸭 10 画	2 5 1 1 2 3 5 4 5 1	1892	09E2D
晃 10 画	2 5 1 1 2 4 3 1 3 5	1893	06643
哱 10 画	2 5 1 1 2 4 5 5 2 1	6987	054F1
冔 10 画	2 5 1 1 2 5 1 1 1 2	6988	05194
哺 10 画	2 5 1 1 2 5 1 1 2 4	1894	054FA
哽 10 画	2 5 1 1 2 5 1 1 3 4	4499	054FD

汉字	笔顺	《字表》序号	UCS
唔 10 画	2 5 1 1 2 5 1 2 5 1	4500	05514
晔 10 画	2 5 1 1 3 2 3 5 1 2	6989	06654
晌 10 画	2 5 1 1 3 2 5 2 5 1	1895	0664C
晃 10 画	2 5 1 1 3 4 1 5 3 4	4501	06641
剔 10 画	2 5 1 1 3 5 3 3 2 2	1896	05254
晐 10 画	2 5 1 1 4 1 5 3 3 4	6990	06650
晏 10 画	2 5 1 1 4 4 5 5 3 1	4502	0664F
晖 10 画	2 5 1 1 4 5 1 5 1 2	6991	06656
晕 10 画	2 5 1 1 4 5 1 5 1 2	1897	06655
鸮 10 画	2 5 1 1 5 3 5 4 5 1	4503	09E2E
趵 10 画	2 5 1 2 1 2 1 3 5 4	4504	08DB5
趿 10 画	2 5 1 2 1 2 1 3 5 4	4505	08DBF
畖 10 画	2 5 1 2 1 3 3 5 4 4	6992	07556
畛 10 画	2 5 1 2 1 3 4 3 3 3	4506	0755B

汉字	笔顺	《字表》序号	UCS
蚌 10画	2 5 1 2 1 4 1 1 1 2	1898	0868C
蚨 10画	2 5 1 2 1 4 1 1 3 4	4507	086A8
蚜 10画	2 5 1 2 1 4 1 5 2 3	4508	0869C
蚍 10画	2 5 1 2 1 4 1 5 3 5	4509	0868D
蚋 10画	2 5 1 2 1 4 2 5 3 4	4510	0868B
蚬 10画	2 5 1 2 1 4 2 5 3 5	4511	086AC
畔 10画	2 5 1 2 1 4 3 1 1 2	1899	07554
蚝 10画	2 5 1 2 1 4 3 1 1 5	4512	0869D
蚧 10画	2 5 1 2 1 4 3 4 3 2	4513	086A7
蚣 10画	2 5 1 2 1 4 3 4 5 4	1900	086A3
蚊 10画	2 5 1 2 1 4 4 1 3 4	1901	0868A
蚄 10画	2 5 1 2 1 4 4 1 5 3	6993	08684
蚪 10画	2 5 1 2 1 4 4 4 1 2	1902	086AA
蚓 10画	2 5 1 2 1 4 5 1 5 2	1903	08693

汉字	笔顺	《字表》序号	UCS
蚆 10 画	2 5 1 2 1 4 5 2 1 5	6994	08686
哨 10 画	2 5 1 2 4 3 2 5 1 1	1904	054E8
唢 10 画	2 5 1 2 4 3 2 5 3 4	4514	05522
哩 10 画	2 5 1 2 5 1 1 2 1 1	1905	054E9
圃 10 画	2 5 1 2 5 1 1 2 4 1	1906	05703
哭 10 画	2 5 1 2 5 1 1 3 4 4	1907	054ED
𫑡 10 画	2 5 1 2 5 1 1 5 5 2	6995	2B461

汉字	笔顺	《字表》序号	UCS
圄 10 画	2 5 1 2 5 1 2 5 1 1	4515	05704
哦 10 画	2 5 1 3 1 2 1 5 3 4	1908	054E6
唣 10 画	2 5 1 3 2 5 1 1 1 5	4516	05523
唏 10 画	2 5 1 3 4 1 3 2 5 2	4517	0550F
恩 10 画	2 5 1 3 4 1 4 5 4 4	1909	06069
盎 10 画	2 5 1 3 4 2 5 2 2 1	4518	076CE
唑 10 画	2 5 1 3 4 3 4 1 2 1	4519	05511

汉字	笔顺	《字表》序号	UCS
鸯 10 画	2 5 1 3 4 3 5 4 5 1	1910	09E2F
唤 10 画	2 5 1 3 5 2 5 1 3 4	1911	05524
喧 10 画	2 5 1 4 1 1 1 2 5 1	1912	05501
哼 10 画	2 5 1 4 1 2 5 1 5 2	1913	054FC
唧 10 画	2 5 1 5 1 1 5 4 5 2	1914	05527
啊 10 画	2 5 1 5 2 1 2 5 1 2	1915	0554A
唉 10 画	2 5 1 5 4 3 1 1 3 4	1916	05509
唆 10 画	2 5 1 5 4 3 4 3 5 4	1917	05506
帱 10 画	2 5 2 1 1 1 3 1 2 4	6996	05E31
崁 10 画	2 5 2 1 2 1 3 5 3 4	6997	05D01
崂 10 画	2 5 2 1 2 2 4 5 5 3	4520	05D02
峿 10 画	2 5 2 1 2 5 1 2 5 1	6998	05CFF
𪨶 10 画	2 5 2 1 3 4 1 5 1 2	6999	2AA36
崃 10 画	2 5 2 1 4 3 1 2 3 4	4521	05D03

汉字	笔顺	《字表》序号	UCS
罡 10画	2 5 2 2 1 1 2 1 2 1	4522	07F61
罢 10画	2 5 2 2 1 1 2 1 5 4	1918	07F62
罟 10画	2 5 2 2 1 1 2 2 5 1	4523	07F5F
峭 10画	2 5 2 2 4 3 2 5 1 1	1919	05CED
峨 10画	2 5 2 3 1 2 1 5 3 4	1920	05CE8
崄 10画	2 5 2 3 4 1 4 4 3 1	7000	05D04
峪 10画	2 5 2 3 4 3 4 2 5 1	4524	05CEA
峰 10画	2 5 2 3 5 4 1 1 1 2	1921	05CF0
帨 10画	2 5 2 4 3 2 5 1 3 5	7001	05E28
崀 10画	2 5 2 4 5 1 1 5 3 4	7002	05D00
圆 10画	2 5 2 5 1 2 5 3 4 1	1922	05706
觊 10画	2 5 2 5 1 5 2 5 3 5	4525	089CA
峻 10画	2 5 2 5 4 3 4 3 5 4	1923	05CFB
贼 10画	2 5 3 4 1 1 3 5 3 4	1924	08D3C

汉字	笔顺	《字表》序号	UCS
贿 10 画	2 5 3 4 1 3 2 5 1 1	1925	08D3F
赂 10 画	2 5 3 4 3 5 4 2 5 1	1926	08D42
赃 10 画	2 5 3 4 4 1 3 1 2 1	1927	08D43
赅 10 画	2 5 3 4 4 1 5 3 3 4	4526	08D45
赆 10 画	2 5 3 4 5 1 3 4 4 4	7003	08D46
钰 10 画	3 1 1 1 5 1 1 2 1 4	4527	094B0
钱 10 画	3 1 1 1 5 1 1 5 3 4	1928	094B1
钲 10 画	3 1 1 1 5 1 2 1 2 1	4528	094B2
钳 10 画	3 1 1 1 5 1 2 2 1 1	1929	094B3
钴 10 画	3 1 1 1 5 1 2 2 5 1	4529	094B4
钵 10 画	3 1 1 1 5 1 2 3 4 1	4530	094B5
𬬸 10 画	3 1 1 1 5 1 2 3 4 4	7004	2CB38
钷 10 画	3 1 1 1 5 1 2 5 1 5	7005	094B7
钹 10 画	3 1 1 1 5 1 3 5 4 4	4531	094B9

汉字	笔顺	《字表》序号	UCS
钺 10 画	3 1 1 1 5 1 5 5 3 4	4532	094BA
钻 10 画	3 1 1 1 5 2 1 2 5 1	1930	094BB
𬬻 10 画	3 1 1 1 5 2 1 5 1 3	7006	2CB3B
钽 10 画	3 1 1 1 5 2 5 1 1 1	4533	094BD
钼 10 画	3 1 1 1 5 2 5 1 1 1	4534	094BC
钾 10 画	3 1 1 1 5 2 5 1 1 2	1931	094BE
𬬹 10 画	3 1 1 1 5 2 5 1 1 2	7007	2CB39
钿 10 画	3 1 1 1 5 2 5 1 2 1	4535	094BF
铀 10 画	3 1 1 1 5 2 5 1 2 1	4536	094C0
铁 10 画	3 1 1 1 5 3 1 1 3 4	1932	094C1
铂 10 画	3 1 1 1 5 3 2 5 1 1	4537	094C2
铃 10 画	3 1 1 1 5 3 4 4 5 4	1933	094C3
铄 10 画	3 1 1 1 5 3 5 2 3 4	4538	094C4
铅 10 画	3 1 1 1 5 3 5 2 5 1	1934	094C5

汉字	笔顺	《字表》序号	UCS
铏 10 画	3 1 1 1 5 3 5 3 5 2	4539	094C6
铈 10 画	3 1 1 1 5 4 1 2 5 2	4540	094C8
铉 10 画	3 1 1 1 5 4 1 5 5 4	4541	094C9
铊 10 画	3 1 1 1 5 4 4 5 3 5	4542	094CA
铋 10 画	3 1 1 1 5 4 5 4 3 4	4543	094CB
铌 10 画	3 1 1 1 5 5 1 3 3 5	4544	094CC
铞 10 画	3 1 1 1 5 5 3 2 5 1	7008	2CB3F
铍 10 画	3 1 1 1 5 5 3 2 5 4	4545	094CD
䥽 10 画	3 1 1 1 5 5 3 5 4 4	4546	0497D
铎 10 画	3 1 1 1 5 5 4 1 1 2	4547	094CE
𬭁 10 画	3 1 1 1 5 5 5 4 1 4	7009	2CB41
眚 10 画	3 1 1 2 1 2 5 1 1 1	7010	0771A
甡 10 画	3 1 1 2 1 3 1 1 2 1	7011	07521
缺 10 画	3 1 1 2 5 2 5 1 3 4	1935	07F3A

汉字	笔顺	《字表》序号	UCS
氩 10 画	3 1 1 5 1 2 2 4 3 1	4548	06C29
氤 10 画	3 1 1 5 2 5 1 3 4 1	4549	06C24
氦 10 画	3 1 1 5 4 1 5 3 3 4	4550	06C26
氧 10 画	3 1 1 5 4 3 1 1 1 2	1936	06C27
氨 10 画	3 1 1 5 4 4 5 5 3 1	1937	06C28
毪 10 画	3 1 1 5 5 4 3 1 1 2	4551	06BEA
特 10 画	3 1 2 1 1 2 1 1 2 4	1938	07279

汉字	笔顺	《字表》序号	UCS
牺 10 画	3 1 2 1 1 2 5 3 5 1	1939	0727A
造 10 画	3 1 2 1 2 5 1 4 5 4	1940	09020
乘 10 画	3 1 2 2 1 1 3 5 3 4	1941	04E58
敌 10 画	3 1 2 2 5 1 3 1 3 4	1942	0654C
舐 10 画	3 1 2 2 5 1 3 5 1 5	4552	08210
秣 10 画	3 1 2 3 4 1 1 2 3 4	4553	079E3
秫 10 画	3 1 2 3 4 1 2 3 4 4	4554	079EB

汉字	笔顺	《字表》序号	UCS
秤 10画	3 1 2 3 4 1 4 3 1 2	1943	079E4
租 10画	3 1 2 3 4 2 5 1 1 1	1944	079DF
积 10画	3 1 2 3 4 2 5 1 3 4	1945	079EF
秧 10画	3 1 2 3 4 2 5 1 3 4	1946	079E7
盉 10画	3 1 2 3 4 2 5 2 2 1	4555	076C9
秩 10画	3 1 2 3 4 3 1 1 3 4	1947	079E9
称 10画	3 1 2 3 4 3 5 2 3 4	1948	079F0
秘 10画	3 1 2 3 4 4 5 4 3 4	1949	079D8
透 10画	3 1 2 3 4 5 3 4 5 4	1950	0900F
笄 10画	3 1 4 3 1 4 1 1 3 2	4556	07B04
笕 10画	3 1 4 3 1 4 2 5 3 5	4557	07B15
笔 10画	3 1 4 3 1 4 3 1 1 5	1951	07B14
笑 10画	3 1 4 3 1 4 3 1 3 4	1952	07B11
笊 10画	3 1 4 3 1 4 3 3 2 4	4558	07B0A

汉字	笔顺	《字表》序号	UCS
笫 10画	3 1 4 3 1 4 3 5 2 3	7012	07B2B
笏 10画	3 1 4 3 1 4 3 5 3 3	4559	07B0F
笋 10画	3 1 4 3 1 4 5 1 1 3	1953	07B0B
笆 10画	3 1 4 3 1 4 5 2 1 5	4560	07B06
俸 10画	3 2 1 1 1 3 4 1 1 2	4561	04FF8
倩 10画	3 2 1 1 2 1 2 5 1 1	4562	05029
债 10画	3 2 1 1 2 1 2 5 3 4	1954	0503A
俵 10画	3 2 1 1 2 1 3 5 3 4	4563	04FF5
倻 10画	3 2 1 2 2 1 1 1 5 2	7013	0503B
借 10画	3 2 1 2 2 1 2 5 1 1	1955	0501F
偌 10画	3 2 1 2 2 1 3 2 5 1	4564	0504C
值 10画	3 2 1 2 2 5 1 1 1 1	1956	0503C
倴 10画	3 2 1 3 4 1 2 1 3 2	7014	05034
倚 10画	3 2 1 3 4 1 2 5 1 2	1957	0501A

汉字	笔顺	《字表》序号	UCS
俺 10 画	3 2 1 3 4 2 5 1 1 5	1958	04FFA
倾 10 画	3 2 1 5 1 3 2 5 3 4	1959	0503E
倒 10 画	3 2 1 5 4 1 2 1 2 2	1960	05012
俳 10 画	3 2 2 1 1 1 2 1 1 1	4565	04FF3
俶 10 画	3 2 2 1 1 2 3 4 5 4	4566	04FF6
倬 10 画	3 2 2 1 2 5 1 1 1 2	4567	0502C
倏 10 画	3 2 2 3 5 4 1 3 4 4	4568	0500F

汉字	笔顺	《字表》序号	UCS
脩 10 画	3 2 2 3 5 4 2 5 1 1	7015	08129
俏 10 画	3 2 2 4 3 2 5 2 5 1	1961	05018
俱 10 画	3 2 2 5 1 1 1 1 3 4	1962	04FF1
倮 10 画	3 2 2 5 1 1 1 2 3 4	7016	0502E
倡 10 画	3 2 2 5 1 1 2 5 1 1	1963	05021
候 10 画	3 2 2 5 1 3 1 1 3 4	1964	05019
倕 10 画	3 2 3 1 2 1 2 2 1 1	7017	05015

汉字	笔顺	《字表》序号	UCS
赁 10 画	3 2 3 1 2 1 2 5 3 4	1965	08D41
恁 10 画	3 2 3 1 2 1 4 5 4 4	4569	06041
倭 10 画	3 2 3 1 2 3 4 5 3 1	4570	0502D
倪 10 画	3 2 3 2 1 5 1 1 3 5	4571	0502A
俾 10 画	3 2 3 2 5 1 1 3 1 2	4572	04FFE
倜 10 画	3 2 3 5 1 2 1 2 5 1	4573	0501C
隼 10 画	3 2 4 1 1 1 2 1 1 2	4574	096BC
隽 10 画	3 2 4 1 1 1 2 1 5 3	4575	096BD
倞 10 画	3 2 4 1 2 5 1 2 3 4	7018	0501E
俯 10 画	3 2 4 1 3 3 2 1 2 4	1966	04FEF
倍 10 画	3 2 4 1 4 3 1 2 5 1	1967	0500D
倦 10 画	3 2 4 3 1 1 3 4 5 5	1968	05026
𫢸 10 画	3 2 4 3 2 5 1 1 1 2	7019	2B8B8
倓 10 画	3 2 4 3 3 4 4 3 3 4	7020	05013

10画（丿）　GF 0023—2020

汉字	笔顺	《字表》序号	UCS
倧 10画	3 2 4 4 5 1 1 2 3 4	7021	05027
倌 10画	3 2 4 4 5 2 5 1 5 1	4576	0500C
倥 10画	3 2 4 4 5 3 4 1 2 1	4577	05025
臬 10画	3 2 5 1 1 1 1 2 3 4	4578	081EC
健 10画	3 2 5 1 1 1 1 2 5 4	1969	05065
臭 10画	3 2 5 1 1 1 1 3 4 4	1970	081ED
射 10画	3 2 5 1 1 1 3 1 2 4	1971	05C04
皋 10画	3 2 5 1 1 1 3 4 1 2	4579	0768B
躬 10画	3 2 5 1 1 1 3 5 1 5	1972	08EAC
息 10画	3 2 5 1 1 1 4 5 4 4	1973	0606F
郫 10画	3 2 5 1 1 3 1 2 5 2	4580	090EB
倨 10画	3 2 5 1 3 1 2 2 5 1	4581	05028
倔 10画	3 2 5 1 3 5 2 2 5 2	1974	05014
衃 10画	3 2 5 2 2 1 1 3 2 4	7022	08843

汉字	笔顺	《字表》序号	UCS
衄 10 画	3 2 5 2 2 1 5 2 1 1	4582	08844
颀 10 画	3 3 1 2 1 3 2 5 3 4	4583	09880
徒 10 画	3 3 2 1 2 1 2 1 3 4	1975	05F92
徕 10 画	3 3 2 1 4 3 1 2 3 4	4584	05F95
虒 10 画	3 3 2 1 5 3 1 5 3 5	7023	08652
徐 10 画	3 3 2 3 4 1 1 2 3 4	1976	05F90
殷 10 画	3 3 5 1 1 5 3 5 5 4	1977	06BB7
舭 10 画	3 3 5 4 1 4 1 5 3 5	7024	0822D
舯 10 画	3 3 5 4 1 4 2 5 1 2	7025	0822F
舰 10 画	3 3 5 4 1 4 2 5 3 5	1978	08230
舱 10 画	3 3 5 4 1 4 3 4 5 5	1979	08231
般 10 画	3 3 5 4 1 4 3 5 5 4	1980	0822C
航 10 画	3 3 5 4 1 4 4 1 3 5	1981	0822A
舫 10 画	3 3 5 4 1 4 4 1 5 3	4585	0822B

汉字	笔顺	《字表》序号	UCS
舥 10 画	3 3 5 4 1 4 5 2 1 5	7026	08225
瓞 10 画	3 3 5 4 4 3 1 1 3 4	7027	074DE
途 10 画	3 4 1 1 2 3 4 4 5 4	1982	09014
拿 10 画	3 4 1 2 5 1 3 1 1 2	1983	062FF
釜 10 画	3 4 3 4 1 1 2 4 3 1	4586	091DC
耸 10 画	3 4 3 4 1 2 2 1 1 1	1984	08038
爹 10 画	3 4 3 4 3 5 4 3 5 4	1985	07239
舀 10 画	3 4 4 3 3 2 1 5 1 1	1986	08200
爱 10 画	3 4 4 3 4 5 1 3 5 4	1987	07231
豺 10 画	3 4 4 3 5 3 3 1 2 3	1988	08C7A
豹 10 画	3 4 4 3 5 3 3 3 5 4	1989	08C79
奚 10 画	3 4 4 3 5 5 4 1 3 4	4587	0595A
鬯 10 画	3 4 4 4 4 4 5 2 3 5	7028	09B2F
衾 10 画	3 4 4 5 4 1 3 5 3 4	4588	0887E

汉字	笔顺	《字表》序号	UCS
鸲 10 画	3 4 4 5 4 3 5 4 5 1	7029	09E30
颁 10 画	3 4 5 3 1 3 2 5 3 4	1990	09881
颂 10 画	3 4 5 4 1 3 2 5 3 4	1991	09882
翁 10 画	3 4 5 4 5 4 1 5 4 1	1992	07FC1
胯 10 画	3 5 1 1 1 3 4 1 1 5	4589	080EF
胰 10 画	3 5 1 1 1 5 1 5 3 4	1993	080F0
胱 10 画	3 5 1 1 2 4 3 1 3 5	4590	080F1
胴 10 画	3 5 1 1 2 5 1 2 5 1	4591	080F4
胭 10 画	3 5 1 1 2 5 1 3 4 1	4592	080ED
脍 10 画	3 5 1 1 3 4 1 1 5 4	4593	0810D
脎 10 画	3 5 1 1 3 4 1 2 3 4	7030	0810E
朓 10 画	3 5 1 1 3 4 1 5 3 4	7031	06713
脆 10 画	3 5 1 1 3 5 1 3 5 5	1994	08106
脂 10 画	3 5 1 1 3 5 2 5 1 1	1995	08102

汉字	笔顺	《字表》序号	UCS
胸 10 画	3 5 1 1 3 5 3 4 5 2	1996	080F8
胳 10 画	3 5 1 1 3 5 4 2 5 1	1997	080F3
脏 10 画	3 5 1 1 4 1 3 1 2 1	1998	0810F
脐 10 画	3 5 1 1 4 1 3 4 3 2	1999	08110
胶 10 画	3 5 1 1 4 1 3 4 3 4	2000	080F6
脑 10 画	3 5 1 1 4 1 3 4 5 2	2001	08111
胲 10 画	3 5 1 1 4 1 5 3 3 4	7032	080F2

汉字	笔顺	《字表》序号	UCS
胼 10 画	3 5 1 1 4 3 1 1 3 2	4594	080FC
朕 10 画	3 5 1 1 4 3 1 1 3 4	4595	06715
脒 10 画	3 5 1 1 4 3 1 2 3 4	4596	08112
胺 10 画	3 5 1 1 4 4 5 5 3 1	4597	080FA
脓 10 画	3 5 1 1 4 5 3 5 3 4	2002	08113
鸱 10 画	3 5 1 5 4 3 5 4 5 1	4598	09E31
虒 10 画	3 5 2 1 5 3 1 5 3 5	7033	08653

汉字	笔顺	《字表》序号	UCS
玺 10 画	3 5 2 3 4 1 1 2 1 4	4599	073BA
鱽 10 画	3 5 2 5 1 2 1 1 5 3	7034	09C7D
鸲 10 画	3 5 2 5 1 3 5 4 5 1	4600	09E32
逛 10 画	3 5 3 1 1 2 1 4 5 4	2003	0901B
狴 10 画	3 5 3 1 5 3 5 1 2 1	7035	072F4
狸 10 画	3 5 3 2 5 1 1 2 1 1	2004	072F8
狷 10 画	3 5 3 2 5 1 2 5 1 1	4601	072F7
猁 10 画	3 5 3 3 1 2 3 4 2 2	4602	07301
狳 10 画	3 5 3 3 4 1 1 2 3 4	4603	072F3
猃 10 画	3 5 3 3 4 1 4 4 3 1	4604	07303
狺 10 画	3 5 3 4 1 1 1 2 5 1	4605	072FA
逖 10 画	3 5 3 4 3 3 4 4 5 4	4606	09016
狼 10 画	3 5 3 4 5 1 1 5 3 4	2005	072FC
卿 10 画	3 5 3 5 1 1 5 4 5 2	2006	0537F

汉字	笔顺	《字表》序号	UCS
峱 10画	3 5 3 5 2 1 1 2 5 2	7036	05CF1
狻 10画	3 5 3 5 4 3 4 3 5 4	7037	072FB
逢 10画	3 5 4 1 1 1 2 4 5 4	2007	09022
桀 10画	3 5 4 1 5 2 1 2 3 4	4607	06840
鸵 10画	3 5 4 5 1 4 4 5 3 5	2008	09E35
留 10画	3 5 4 5 3 2 5 1 2 1	2009	07559
袅 10画	3 5 4 5 4 1 3 5 3 4	4608	08885
眢 10画	3 5 4 5 5 2 5 1 1 1	7038	07722
鸳 10画	3 5 4 5 5 3 5 4 5 1	2010	09E33
皱 10画	3 5 5 1 1 5 3 2 5 4	2011	076B1
饽 10画	3 5 5 1 2 4 5 5 2 1	4609	0997D
𫗧 10画	3 5 5 1 2 5 1 2 3 4	7039	2B5E7
饿 10画	3 5 5 3 1 2 1 5 3 4	2012	0997F
馁 10画	3 5 5 3 4 4 3 5 3 1	2013	09981

汉字	笔顺	《字表》序号	UCS
凌 10 画	4 1 1 2 1 3 4 3 5 4	2014	051CC
淞 10 画	4 1 1 2 3 4 3 4 5 4	4610	051C7
凄 10 画	4 1 1 5 1 1 2 5 3 1	2015	051C4
栾 10 画	4 1 2 2 3 4 1 2 3 4	4611	0683E
挛 10 画	4 1 2 2 3 4 3 1 1 2	4612	0631B
恋 10 画	4 1 2 2 3 4 4 5 4 4	2016	0604B
桨 10 画	4 1 2 3 5 4 1 2 3 4	2017	06868
浆 10 画	4 1 2 3 5 4 2 5 3 4	2018	06D46
衰 10 画	4 1 2 5 1 1 3 5 3 4	2019	08870
勍 10 画	4 1 2 5 1 2 3 4 5 3	7040	052CD
衷 10 画	4 1 2 5 1 2 3 5 3 4	2020	08877
高 10 画	4 1 2 5 1 2 5 2 5 1	2021	09AD8
亳 10 画	4 1 2 5 1 4 5 3 1 5	4613	04EB3
郭 10 画	4 1 2 5 1 5 2 1 5 2	2022	090ED

汉字	笔顺	《字表》序号	UCS
席 10 画	4 1 3 1 2 2 1 2 5 2	2023	05E2D
准 10 画	4 1 3 2 4 1 1 1 2 1	2024	051C6
座 10 画	4 1 3 3 4 3 4 1 2 1	2025	05EA7
症 10 画	4 1 3 4 1 1 2 1 2 1	2026	075C7
疳 10 画	4 1 3 4 1 1 2 2 1 1	4614	075B3
疴 10 画	4 1 3 4 1 1 2 5 1 2	4615	075B4
病 10 画	4 1 3 4 1 1 2 5 3 4	2027	075C5
疸 10 画	4 1 3 4 1 2 5 1 1 1	4616	075B8
疽 10 画	4 1 3 4 1 2 5 1 1 1	4617	075BD
疾 10 画	4 1 3 4 1 3 1 1 3 4	2028	075BE
痄 10 画	4 1 3 4 1 3 1 2 1 1	7041	075C4
斋 10 画	4 1 3 4 1 3 2 5 2 2	2029	0658B
疹 10 画	4 1 3 4 1 3 4 3 3 3	2030	075B9
痈 10 画	4 1 3 4 1 3 5 1 1 2	4618	075C8

汉字	笔顺	《字表》序号	UCS
疼 10 画	4 1 3 4 1 3 5 4 4 4	2031	075BC
疱 10 画	4 1 3 4 1 3 5 5 1 5	4619	075B1
疰 10 画	4 1 3 4 1 4 1 1 2 1	7042	075B0
痃 10 画	4 1 3 4 1 4 1 5 5 4	7043	075C3
痂 10 画	4 1 3 4 1 5 3 2 5 1	4620	075C2
疲 10 画	4 1 3 4 1 5 3 2 5 4	2032	075B2
痉 10 画	4 1 3 4 1 5 4 1 2 1	4621	075C9
脊 10 画	4 1 3 4 3 4 2 5 1 1	2033	0810A
效 10 画	4 1 3 4 3 4 3 1 3 4	2034	06548
离 10 画	4 1 3 4 5 2 2 5 5 4	2035	079BB
衮 10 画	4 1 3 4 5 4 3 5 3 4	4622	0886E
紊 10 画	4 1 3 4 5 5 4 2 3 4	2036	07D0A
唐 10 画	4 1 3 5 1 1 2 2 5 1	2037	05510
凋 10 画	4 1 3 5 1 2 1 2 5 1	4623	051CB

汉字	笔顺	《字表》序号	UCS
顽 10 画	4 1 3 5 1 3 2 5 3 4	4624	09883
瓷 10 画	4 1 3 5 3 4 1 5 5 4	2038	074F7
资 10 画	4 1 3 5 3 4 2 5 3 4	2039	08D44
恣 10 画	4 1 3 5 3 4 4 5 4 4	4625	06063
凉 10 画	4 1 4 1 2 5 1 2 3 4	2040	051C9
站 10 画	4 1 4 3 1 2 1 2 5 1	2041	07AD9
剖 10 画	4 1 4 3 1 2 5 1 2 2	2042	05256
竞 10 画	4 1 4 3 1 2 5 1 3 5	2043	07ADE
部 10 画	4 1 4 3 1 2 5 1 5 2	2044	090E8
竘 10 画	4 1 4 3 1 3 5 2 5 1	7044	07AD8
旁 10 画	4 1 4 3 4 5 4 1 5 3	2045	065C1
旆 10 画	4 1 5 3 3 1 1 2 5 2	4626	065C6
旄 10 画	4 1 5 3 3 1 3 1 1 5	4627	065C4
旅 10 画	4 1 5 3 3 1 3 5 3 4	2046	065C5

汉字	笔顺	《字表》序号	UCS
旃 10画	4 1 5 3 3 1 3 5 4 1	4628	065C3
畜 10画	4 1 5 5 4 2 5 1 2 1	2047	0755C
阃 10画	4 2 5 2 5 1 2 3 4 1	4629	09603
阄 10画	4 2 5 3 5 2 5 1 1 5	4630	09604
訚 10画	4 2 5 4 1 1 1 2 5 1	4631	08A1A
阅 10画	4 2 5 4 3 2 5 1 3 5	2048	09605
阆 10画	4 2 5 4 5 1 1 5 3 4	4632	09606

汉字	笔顺	《字表》序号	UCS
羖 10画	4 3 1 1 1 3 3 5 5 4	7045	07F96
羞 10画	4 3 1 1 1 3 5 2 1 1	2049	07F9E
羓 10画	4 3 1 1 1 3 5 2 1 5	7046	07F93
羔 10画	4 3 1 1 2 1 4 4 4 4	2050	07F94
恙 10画	4 3 1 1 2 1 4 5 4 4	4633	06059
瓶 10画	4 3 1 1 3 2 1 5 5 4	2051	074F6
桊 10画	4 3 1 1 3 4 1 2 3 4	7047	0684A

汉字	笔顺	《字表》序号	UCS
拳 10 画	4 3 1 1 3 4 3 1 1 2	2052	062F3
敉 10 画	4 3 1 2 3 4 3 1 3 4	7048	06549
粉 10 画	4 3 1 2 3 4 3 4 5 3	2053	07C89
料 10 画	4 3 1 2 3 4 4 4 1 2	2054	06599
粑 10 画	4 3 1 2 3 4 5 2 1 5	4634	07C91
益 10 画	4 3 1 3 4 2 5 2 2 1	2055	076CA
兼 10 画	4 3 1 5 1 1 2 2 3 4	2056	0517C
朔 10 画	4 3 1 5 2 3 3 5 1 1	4635	06714
郸 10 画	4 3 2 5 1 1 1 2 5 2	4636	090F8
烤 10 画	4 3 3 4 1 2 1 3 1 5	2057	070E4
烘 10 画	4 3 3 4 1 2 2 1 3 4	2058	070D8
烜 10 画	4 3 3 4 1 2 5 1 1 1	4637	070DC
焆 10 画	4 3 3 4 1 3 2 5 1 1	7049	070E0
烦 10 画	4 3 3 4 1 3 2 5 3 4	2059	070E6

汉字	笔顺	《字表》序号	UCS
烧 10 画	4 3 3 4 1 5 3 1 3 5	2060	070E7
烛 10 画	4 3 3 4 2 5 1 2 1 4	2061	070DB
烔 10 画	4 3 3 4 2 5 1 2 5 1	7050	070D4
烟 10 画	4 3 3 4 2 5 1 3 4 1	2062	070DF
烶 10 画	4 3 3 4 3 1 2 1 5 4	7051	070F6
烻 10 画	4 3 3 4 3 2 1 5 5 4	7052	070FB
烨 10 画	4 3 3 4 3 2 3 5 1 2	4638	070E8
烩 10 画	4 3 3 4 3 4 1 1 5 4	4639	070E9
烙 10 画	4 3 3 4 3 5 4 2 5 1	2063	070D9
烊 10 画	4 3 3 4 4 3 1 1 1 2	4640	070CA
剡 10 画	4 3 3 4 4 3 3 4 2 2	4641	05261
郯 10 画	4 3 3 4 4 3 3 4 5 2	4642	090EF
𬊈 10 画	4 3 3 4 5 1 1 1 2 4	7053	2C288
烬 10 画	4 3 3 4 5 1 3 4 4 4	4643	070EC

汉字	笔顺	《字表》序号	UCS
递 10 画	4 3 5 1 5 2 3 4 5 4	2064	09012
涛 10 画	4 4 1 1 1 1 3 1 2 4	2065	06D9B
浙 10 画	4 4 1 1 2 1 3 3 1 2	2066	06D59
涍 10 画	4 4 1 1 2 1 3 5 2 1	7054	06D8D
涝 10 画	4 4 1 1 2 2 4 5 5 3	2067	06D9D
浡 10 画	4 4 1 1 2 4 5 5 2 1	7055	06D61
浦 10 画	4 4 1 1 2 5 1 1 2 4	2068	06D66

汉字	笔顺	《字表》序号	UCS
浭 10 画	4 4 1 1 2 5 1 1 3 4	7056	06D6D
涑 10 画	4 4 1 1 2 5 1 2 3 4	4644	06D91
浯 10 画	4 4 1 1 2 5 1 2 5 1	4645	06D6F
酒 10 画	4 4 1 1 2 5 3 5 1 1	2069	09152
涞 10 画	4 4 1 1 4 3 1 2 3 4	4646	06D9E
涟 10 画	4 4 1 1 5 1 2 4 5 4	4647	06D9F
涉 10 画	4 4 1 2 1 2 1 2 3 3	2070	06D89

汉字	笔顺	《字表》序号	UCS
娑 10画	4 4 1 2 3 4 3 5 3 1	4648	05A11
消 10画	4 4 1 2 4 3 2 5 1 1	2071	06D88
涅 10画	4 4 1 2 5 1 1 1 2 1	4649	06D85
浬 10画	4 4 1 2 5 1 1 2 1 1	7057	06D6C
涠 10画	4 4 1 2 5 1 1 5 2 1	4650	06DA0
涄 10画	4 4 1 2 5 1 2 1 1 5	7058	06D84
浞 10画	4 4 1 2 5 1 2 1 3 4	4651	06D5E
涓 10画	4 4 1 2 5 1 2 5 1 1	4652	06D93
涢 10画	4 4 1 2 5 1 2 5 3 4	7059	06DA2
涡 10画	4 4 1 2 5 1 2 5 3 4	2072	06DA1
浥 10画	4 4 1 2 5 1 5 2 1 5	4653	06D65
涔 10画	4 4 1 2 5 2 3 4 4 5	4654	06D94
浩 10画	4 4 1 3 1 2 1 2 5 1	2073	06D69
涐 10画	4 4 1 3 1 2 1 5 3 4	7060	06D90

汉字	笔顺	《字表》序号	UCS
浰 10 画	4 4 1 3 1 2 3 4 2 2	7061	06D70
海 10 画	4 4 1 3 1 5 5 4 1 4	2074	06D77
浜 10 画	4 4 1 3 2 1 2 1 3 4	4655	06D5C
浟 10 画	4 4 1 3 2 2 3 1 3 4	7062	06D5F
涂 10 画	4 4 1 3 4 1 1 2 3 4	2075	06D82
浠 10 画	4 4 1 3 4 1 3 2 5 2	4656	06D60
浴 10 画	4 4 1 3 4 3 4 2 5 1	2076	06D74
浮 10 画	4 4 1 3 4 4 3 5 2 1	2077	06D6E
浛 10 画	4 4 1 3 4 4 5 2 5 1	7063	06D5B
涣 10 画	4 4 1 3 5 2 5 1 3 4	2078	06DA3
浼 10 画	4 4 1 3 5 2 5 1 3 5	7064	06D7C
浲 10 画	4 4 1 3 5 4 1 1 1 2	7065	06D72
涤 10 画	4 4 1 3 5 4 1 2 3 4	2079	06DA4
流 10 画	4 4 1 4 1 5 4 3 2 5	2080	06D41

汉字	笔顺	《字表》序号	UCS
润 10画	4 4 1 4 2 5 1 1 2 1	2081	06DA6
涧 10画	4 4 1 4 2 5 2 5 1 1	2082	06DA7
涕 10画	4 4 1 4 3 5 1 5 2 3	2083	06D95
浣 10画	4 4 1 4 4 5 1 1 3 5	4657	06D63
浪 10画	4 4 1 4 5 1 1 5 3 4	2084	06D6A
浸 10画	4 4 1 5 1 1 4 5 5 4	2085	06D78
涨 10画	4 4 1 5 1 5 3 1 5 4	2086	06DA8
烫 10画	4 4 1 5 3 3 4 3 3 4	2087	070EB
涩 10画	4 4 1 5 3 4 2 1 2 1	2088	06DA9
涌 10画	4 4 1 5 4 2 5 1 1 2	2089	06D8C
涘 10画	4 4 1 5 4 3 1 1 3 4	7066	06D98
浚 10画	4 4 1 5 4 3 4 3 5 4	4658	06D5A
悈 10画	4 4 2 1 1 3 2 5 3 4	7067	06088
悖 10画	4 4 2 1 2 4 5 5 2 1	2090	06096

汉字	笔顺	《字表》序号	UCS
悚 10 画	4 4 2 1 2 5 1 2 3 4	4659	0609A
悟 10 画	4 4 2 1 2 5 1 2 5 1	2091	0609F
悭 10 画	4 4 2 2 2 5 4 1 2 1	4660	060AD
悄 10 画	4 4 2 2 4 3 2 5 1 1	2092	06084
悍 10 画	4 4 2 2 5 1 1 1 1 2	2093	0608D
悝 10 画	4 4 2 2 5 1 1 2 1 1	4661	0609D
悃 10 画	4 4 2 2 5 1 2 3 4 1	7068	06083

汉字	笔顺	《字表》序号	UCS
悒 10 画	4 4 2 2 5 1 5 2 1 5	4662	06092
悔 10 画	4 4 2 3 1 5 5 4 1 4	2094	06094
悯 10 画	4 4 2 4 2 5 4 1 3 4	2095	060AF
悦 10 画	4 4 2 4 3 2 5 1 3 5	2096	060A6
悌 10 画	4 4 2 4 3 5 1 5 2 3	4663	0608C
悢 10 画	4 4 2 4 5 1 1 5 3 4	7069	060A2
悛 10 画	4 4 2 5 4 3 4 3 5 4	4664	0609B

汉字	笔顺	《字表》序号	UCS
𬒈 10画	4 4 3 4 5 1 3 2 5 1	7070	2C488
害 10画	4 4 5 1 1 1 2 2 5 1	2097	05BB3
宽 10画	4 4 5 1 2 2 2 5 3 5	2098	05BBD
宧 10画	4 4 5 1 2 2 5 1 2 5	7071	05BA7
宸 10画	4 4 5 1 3 1 1 5 3 4	4665	05BB8
家 10画	4 4 5 1 3 5 3 3 3 4	2099	05BB6
宵 10画	4 4 5 2 4 3 2 5 1 1	2100	05BB5
宴 10画	4 4 5 2 5 1 1 5 3 1	2101	05BB4
宾 10画	4 4 5 3 2 1 2 1 3 4	2102	05BBE
窍 10画	4 4 5 3 4 1 2 1 1 5	2103	07A8D
窅 10画	4 4 5 3 4 2 5 1 1 1	7072	07A85
窄 10画	4 4 5 3 4 3 1 2 1 1	2104	07A84
窊 10画	4 4 5 3 4 3 3 5 4 4	7073	07A8A
容 10画	4 4 5 3 4 3 4 2 5 1	2105	05BB9

汉字	笔顺	《字表》序号	UCS
窎 10 画	4 4 5 3 4 3 5 4 5 1	7074	07A8E
窈 10 画	4 4 5 3 4 5 5 4 5 3	4666	07A88
剜 10 画	4 4 5 3 5 4 5 5 2 2	4667	0525C
宰 10 画	4 4 5 4 1 4 3 1 1 2	2106	05BB0
案 10 画	4 4 5 5 3 1 1 2 3 4	2107	06848
请 10 画	4 5 1 1 2 1 2 5 1 1	2108	08BF7
朗 10 画	4 5 1 1 5 4 3 5 1 1	2109	06717
诸 10 画	4 5 1 2 1 3 2 5 1 1	2110	08BF8
诹 10 画	4 5 1 2 2 1 1 1 5 4	4668	08BF9
诺 10 画	4 5 1 2 2 1 3 2 5 1	2111	08BFA
读 10 画	4 5 1 2 5 4 4 1 3 4	2112	08BFB
扅 10 画	4 5 1 3 3 5 4 3 5 4	7075	06245
扆 10 画	4 5 1 3 4 1 3 5 3 4	7076	06246
冢 10 画	4 5 1 3 5 3 3 4 3 4	4669	051A2

汉字	笔顺	《字表》序号	UCS
诼 10画	4 5 1 3 5 3 3 4 3 4	4670	08BFC
扇 10画	4 5 1 3 5 4 1 5 4 1	2113	06247
诽 10画	4 5 2 1 1 1 2 1 1 1	2114	08BFD
袜 10画	4 5 2 3 4 1 1 2 3 4	2115	0889C
袪 10画	4 5 2 3 4 1 2 1 5 4	7077	088AA
袒 10画	4 5 2 3 4 2 5 1 1 1	4671	08892
袖 10画	4 5 2 3 4 2 5 1 2 1	2116	08896
袗 10画	4 5 2 3 4 3 4 3 3 3	7078	08897
袍 10画	4 5 2 3 4 3 5 5 1 5	2117	0888D
袢 10画	4 5 2 3 4 4 3 1 1 2	4672	088A2
被 10画	4 5 2 3 4 5 3 2 5 4	2118	088AB
袯 10画	4 5 2 3 4 5 3 5 4 4	7079	088AF
祯 10画	4 5 2 4 2 1 2 5 3 4	4673	0796F
祧 10画	4 5 2 4 3 4 1 5 3 4	7080	07967

汉字	笔顺	《字表》序号	UCS
祥 10 画	4 5 2 4 4 3 1 1 1 2	2119	07965
课 10 画	4 5 2 5 1 1 1 2 3 4	2120	08BFE
冥 10 画	4 5 2 5 1 1 4 1 3 4	2121	051A5
诱 10 画	4 5 3 1 2 3 4 5 3 1	4674	08BFF
谀 10 画	4 5 3 2 1 5 1 1 3 4	4675	08C00
隺 10 画	4 5 3 2 4 1 1 1 2 1	7081	096BA
谁 10 画	4 5 3 2 4 1 1 1 2 1	2122	08C01
谂 10 画	4 5 3 4 4 5 4 5 4 4	4676	08C02
调 10 画	4 5 3 5 1 2 1 2 5 1	2123	08C03
冤 10 画	4 5 3 5 2 5 1 3 5 4	2124	051A4
谄 10 画	4 5 3 5 3 2 1 5 1 1	4677	08C04
谅 10 画	4 5 4 1 2 5 1 2 3 4	2125	08C05
谆 10 画	4 5 4 1 2 5 1 5 2 1	2126	08C06
谇 10 画	4 5 4 1 3 4 3 4 1 2	4678	08C07

汉字	笔顺	《字表》序号	UCS
谈 10 画	4 5 4 3 3 4 4 3 3 4	2127	08C08
谊 10 画	4 5 4 4 5 2 5 1 1 1	2128	08C0A
剥 10 画	5 1 1 2 4 1 3 4 2 2	2129	05265
恳 10 画	5 1 1 5 3 4 4 5 4 4	2130	06073
堲 10 画	5 1 1 5 4 5 2 1 2 1	7082	05832
展 10 画	5 1 3 1 2 2 1 5 3 4	2131	05C55
剧 10 画	5 1 3 1 2 2 5 1 2 2	2132	05267
屑 10 画	5 1 3 2 4 3 2 5 1 1	2133	05C51
屐 10 画	5 1 3 3 3 2 1 2 5 4	4679	05C50
屙 10 画	5 1 3 5 2 1 2 5 1 2	4680	05C59
弱 10 画	5 1 5 4 1 5 1 5 4 1	2134	05F31
陵 10 画	5 2 1 2 1 3 4 3 5 4	2135	09675
陬 10 画	5 2 1 2 2 1 1 1 5 4	4681	0966C
勐 10 画	5 2 1 2 5 2 2 1 5 3	4682	052D0

汉字	笔顺	《字表》序号	UCS
奘 10 画	5 2 1 3 1 2 1 1 3 4	4683	05958
疍 10 画	5 2 1 3 4 2 5 1 1 1	7083	0758D
牂 10 画	5 2 1 3 4 3 1 1 1 2	4684	07242
蚩 10 画	5 2 2 1 2 5 1 2 1 4	4685	086A9
祟 10 画	5 2 2 5 2 1 1 2 3 4	2136	0795F
陲 10 画	5 2 3 1 2 1 2 2 1 1	4686	09672
𨺙 10 画	5 2 3 2 1 5 1 1 3 5	7084	28E99
陴 10 画	5 2 3 2 5 1 1 3 1 2	7085	09674
陶 10 画	5 2 3 5 3 1 1 2 5 2	2137	09676
陷 10 画	5 2 3 5 3 2 1 5 1 1	2138	09677
陪 10 画	5 2 4 1 4 3 1 2 5 1	2139	0966A
烝 10 画	5 2 5 3 4 1 4 4 4 4	7086	070DD
姬 10 画	5 3 1 1 2 2 5 1 2 5	4687	059EC
娠 10 画	5 3 1 1 3 1 1 5 3 4	4688	05A20

汉字	笔顺	《字表》序号	UCS
娱 10 画	5 3 1 2 5 1 1 1 3 4	2140	05A31
娌 10 画	5 3 1 2 5 1 1 2 1 1	4689	05A0C
娉 10 画	5 3 1 2 5 1 2 1 1 5	4690	05A09
娟 10 画	5 3 1 2 5 1 2 5 1 1	2141	05A1F
娲 10 画	5 3 1 2 5 1 2 5 3 4	4691	05A32
恕 10 画	5 3 1 2 5 1 4 5 4 4	2142	06055
娥 10 画	5 3 1 3 1 2 1 5 3 4	2143	05A25
娩 10 画	5 3 1 3 5 2 5 1 3 5	4692	05A29
娴 10 画	5 3 1 4 2 5 1 2 3 4	4693	05A34
娣 10 画	5 3 1 4 3 5 1 5 2 3	4694	05A23
娘 10 画	5 3 1 4 5 1 1 5 3 4	2144	05A18
娓 10 画	5 3 1 5 1 3 3 1 1 5	4695	05A13
婀 10 画	5 3 1 5 2 1 2 5 1 2	4696	05A40
砮 10 画	5 3 1 5 4 1 3 2 5 1	7087	0782E

汉字	笔顺	《字表》序号	UCS
㛚 10 画	5 3 1 5 4 2 5 1 1 2	7088	036DA
哿 10 画	5 3 2 5 1 1 2 5 1 2	7089	054FF
畚 10 画	5 4 1 3 4 2 5 1 2 1	4697	0755A
翀 10 画	5 4 1 5 4 1 2 5 1 2	7090	07FC0
翂 10 画	5 4 1 5 4 1 3 4 5 3	7091	07FC2
通 10 画	5 4 2 5 1 1 2 4 5 4	2145	0901A
能 10 画	5 4 2 5 1 1 3 5 3 5	2146	080FD
难 10 画	5 4 3 2 4 1 1 1 2 1	2147	096BE
逡 10 画	5 4 3 4 3 5 4 4 5 4	4698	09021
预 10 画	5 4 5 2 1 3 2 5 3 4	2148	09884
桑 10 画	5 4 5 4 5 4 1 2 3 4	2149	06851
剟 10 画	5 4 5 4 5 4 5 4 2 2	7092	0525F
绠 10 画	5 5 1 1 2 5 1 1 3 4	4699	07EE0
骊 10 画	5 5 1 1 2 5 4 2 5 4	4700	09A8A

汉字	笔顺	《字表》序号	UCS
绡 10 画	5 5 1 2 4 3 2 5 1 1	4701	07EE1
骋 10 画	5 5 1 2 5 1 2 1 1 5	4702	09A8B
绢 10 画	5 5 1 2 5 1 2 5 1 1	2150	07EE2
绣 10 画	5 5 1 3 1 2 3 4 5 3	2151	07EE3
𬳿 10 画	5 5 1 3 4 1 1 2 3 4	7093	2CCFF
𫄨 10 画	5 5 1 3 4 1 3 2 5 2	7094	2B128
验 10 画	5 5 1 3 4 1 4 4 3 1	2152	09A8C
绤 10 画	5 5 1 3 4 3 4 2 5 1	7095	07EE4
绥 10 画	5 5 1 3 4 4 3 5 3 1	4703	07EE5
绦 10 画	5 5 1 3 5 4 1 2 3 4	4704	07EE6
骍 10 画	5 5 1 4 1 4 3 1 1 2	7096	09A8D
继 10 画	5 5 1 4 3 1 2 3 4 5	2153	07EE7
绨 10 画	5 5 1 4 3 5 1 5 2 3	4705	07EE8
𬘫 10 画	5 5 1 4 4 5 1 1 3 5	7097	2C62B

汉字	笔顺	《字表》序号	UCS
骎 10画	5 5 1 5 1 1 4 5 5 4	4706	09A8E
骏 10画	5 5 1 5 4 3 4 3 5 4	2154	09A8F
邕 10画	5 5 5 2 5 1 5 2 1 5	4707	09095
鸶 10画	5 5 5 5 1 3 5 4 5 1	4708	09E36
彗 11画	1 1 1 2 1 1 1 2 5 1 1	4709	05F57
耜 11画	1 1 1 2 3 4 2 5 1 5 1	4710	0801C
䂮 11画	1 1 1 2 5 3 1 3 2 5 1	7098	040AE
舂 11画	1 1 1 3 1 2 4 4 4 4 4	4711	07118
春 11画	1 1 1 3 4 3 2 1 5 1 1	4712	08202
琎 11画	1 1 2 1 1 1 3 2 4 5 4	7099	0740E
球 11画	1 1 2 1 1 2 4 1 3 4 4	2155	07403
珸 11画	1 1 2 1 1 2 5 1 2 5 1	7100	073F8
琏 11画	1 1 2 1 1 5 1 2 4 5 4	4713	0740F
琐 11画	1 1 2 1 2 4 3 2 5 3 4	2156	07410

汉字	笔顺	《字表》序号	UCS
珵 11 画	1 1 2 1 2 5 1 1 1 2 1	7101	073F5
理 11 画	1 1 2 1 2 5 1 1 2 1 1	2157	07406
琄 11 画	1 1 2 1 2 5 1 2 5 1 1	7102	07404
琇 11 画	1 1 2 1 3 1 2 3 4 5 3	4714	07407
琈 11 画	1 1 2 1 3 4 4 3 5 2 1	7103	07408
琀 11 画	1 1 2 1 3 4 4 5 2 5 1	7104	07400
麸 11 画	1 1 2 1 3 5 4 1 1 3 4	4715	09EB8
琉 11 画	1 1 2 1 4 1 5 4 3 2 5	2158	07409
琅 11 画	1 1 2 1 4 5 1 1 5 3 4	2159	07405
珺 11 画	1 1 2 1 5 1 1 3 2 5 1	7105	073FA
捧 11 画	1 2 1 1 1 1 3 4 1 1 2	2160	06367
掭 11 画	1 2 1 1 1 3 4 2 4 4 4	7106	063AD
堵 11 画	1 2 1 1 2 1 3 2 5 1 1	2161	05835
埁 11 画	1 2 1 1 2 1 3 4 3 5 4	7107	0580E

汉字	笔顺	《字表》序号	UCS
揶 11 画	1 2 1 1 2 2 1 1 1 5 2	4716	063F6
措 11 画	1 2 1 1 2 2 1 2 5 1 1	2162	063AA
描 11 画	1 2 1 1 2 2 2 5 1 2 1	2163	063CF
埴 11 画	1 2 1 1 2 2 5 1 1 1 1	4717	057F4
域 11 画	1 2 1 1 2 5 1 1 5 3 4	2164	057DF
堐 11 画	1 2 1 1 3 1 2 1 1 2 1	7108	05810
捺 11 画	1 2 1 1 3 4 1 1 2 3 4	2165	0637A

汉字	笔顺	《字表》序号	UCS
埼 11 画	1 2 1 1 3 4 1 2 5 1 2	7109	057FC
掎 11 画	1 2 1 1 3 4 1 2 5 1 2	7110	0638E
埯 11 画	1 2 1 1 3 4 2 5 1 1 5	4718	057EF
掩 11 画	1 2 1 1 3 4 2 5 1 1 5	2166	063A9
捷 11 画	1 2 1 1 5 1 1 2 1 3 4	2167	06377
捯 11 画	1 2 1 1 5 4 1 2 1 2 2	4719	0636F
排 11 画	1 2 1 2 1 1 1 2 1 1 1	2168	06392

汉字	笔顺	《字表》序号	UCS
焉 11 画	1 2 1 2 1 1 5 4 4 4 4	2169	07109
掉 11 画	1 2 1 2 1 2 5 1 1 1 2	2170	06389
掳 11 画	1 2 1 2 1 5 3 1 5 5 3	4720	063B3
埫 11 画	1 2 1 2 4 3 2 5 2 5 1	7111	057EB
掴 11 画	1 2 1 2 5 1 1 2 1 4 1	4721	063B4
埸 11 画	1 2 1 2 5 1 1 3 5 3 3	4722	057F8
堌 11 画	1 2 1 2 5 1 2 2 5 1 1	7112	0580C
埵 11 画	1 2 1 3 1 2 1 2 2 1 1	4723	057F5
捶 11 画	1 2 1 3 1 2 1 2 2 1 1	2171	06376
赦 11 画	1 2 1 3 2 3 4 3 1 3 4	2172	08D66
赧 11 画	1 2 1 3 2 3 4 5 2 5 4	4724	08D67
堆 11 画	1 2 1 3 2 4 1 1 1 2 1	2173	05806
推 11 画	1 2 1 3 2 4 1 1 1 2 1	2174	063A8
埤 11 画	1 2 1 3 2 5 1 1 3 1 2	4725	057E4

汉字	笔顺	《字表》序号	UCS
捭 11画	1 2 1 3 2 5 1 1 3 1 2	4726	0636D
埠 11画	1 2 1 3 2 5 1 5 1 1 2	2175	057E0
晢 11画	1 2 1 3 3 1 2 2 5 1 1	7113	06662
掀 11画	1 2 1 3 3 1 2 3 5 3 4	2176	06380
逵 11画	1 2 1 3 4 1 2 1 4 5 4	4727	09035
授 11画	1 2 1 3 4 4 3 4 5 5 4	2177	06388
埝 11画	1 2 1 3 4 4 5 4 5 4 4	4728	057DD
捻 11画	1 2 1 3 4 4 5 4 5 4 4	2178	0637B
堋 11画	1 2 1 3 5 1 1 3 5 1 1	4729	0580B
教 11画	1 2 1 3 5 2 1 3 1 3 4	2179	06559
堍 11画	1 2 1 3 5 2 5 1 3 5 4	4730	0580D
掏 11画	1 2 1 3 5 3 1 1 2 5 2	2180	0638F
掐 11画	1 2 1 3 5 3 2 1 5 1 1	2181	06390
掬 11画	1 2 1 3 5 4 3 1 2 3 4	4731	063AC

11 画（一）

汉字	笔顺	《字表》序号	UCS	汉字	笔顺	《字表》序号	UCS
鸷 11画	一十才执执执执鸷鸷鸷鸷	4732	09E37	接 11画	一十扌扩扩扩护按接接	2185	063A5
掠 11画	一十扌扩扩扩护护掠掠	2182	063A0	埫 11画	一十土圫圫圫圫埫埫埫	4736	05809
掂 11画	一十扌扩扩扩护护掂掂	2183	06382	掷 11画	一十扌扩扩扌拼拼掷掷	2186	063B7
掖 11画	一十扌扩扩扩扩掖掖掖	4733	06396	埻 11画	一十土圫圫圫埻埻埻埻	7114	2BB83
捽 11画	一十扌扩扩扩扩捽捽捽	4734	0637D	掸 11画	一十扌扩扩扩扩掸掸掸	4737	063B8
培 11画	一十土圫圫圫圫培培培	2184	057F9	掞 11画	一十扌扩扌扌扌掞掞掞	7115	0639E
掊 11画	一十扌扩扩扩护护掊掊	4735	0638A	控 11画	一十土圫圫圫圫控控控	7116	057EA

244

汉字	笔顺	《字表》序号	UCS
控 11 画	1 2 1 4 4 5 3 4 1 2 1	2187	063A7
壶 11 画	1 2 1 4 5 1 2 2 4 3 1	7117	058F8
捩 11 画	1 2 1 4 5 1 3 1 3 4 4	4738	06369
掮 11 画	1 2 1 4 5 1 3 2 5 1 1	4739	063AE
探 11 画	1 2 1 4 5 3 4 1 2 3 4	2188	063A2
悫 11 画	1 2 1 4 5 3 5 4 5 4 4	4740	060AB
埭 11 画	1 2 1 5 1 1 2 4 1 3 4	4741	057ED

汉字	笔顺	《字表》序号	UCS
埽 11 画	1 2 1 5 1 1 4 5 2 5 2	4742	057FD
据 11 画	1 2 1 5 1 3 1 2 2 5 1	2189	0636E
掘 11 画	1 2 1 5 1 3 5 2 2 5 2	2190	06398
掺 11 画	1 2 1 5 4 1 3 4 3 3 3	2191	063BA
㙍 11 画	1 2 1 5 4 5 4 5 4 5 4	7118	0364D
掇 11 画	1 2 1 5 4 5 4 5 4 5 4	4743	06387
掼 11 画	1 2 1 5 5 2 1 2 5 3 4	4744	063BC

汉字	笔顺	《字表》序号	UCS
职 11 画	1 2 2 1 1 1 2 5 1 3 4	2192	0804C
聃 11 画	1 2 2 1 1 1 2 5 2 1 1	4745	08043
基 11 画	1 2 2 1 1 1 3 4 1 2 1	2193	057FA
聆 11 画	1 2 2 1 1 1 3 4 4 5 4	2194	08046
勘 11 画	1 2 2 1 1 1 3 4 5 5 3	2195	052D8
聊 11 画	1 2 2 1 1 1 3 5 3 5 2	2196	0804A
聍 11 画	1 2 2 1 1 1 4 4 5 1 2	7119	0804D
娶 11 画	1 2 2 1 1 1 5 4 5 3 1	2197	05A36
菁 11 画	1 2 2 1 1 2 1 2 5 1 1	4746	083C1
菝 11 画	1 2 2 1 2 1 1 3 5 4 4	7120	083DD
著 11 画	1 2 2 1 2 1 3 2 5 1 1	2198	08457
菱 11 画	1 2 2 1 2 1 3 4 3 5 4	2199	083F1
萚 11 画	1 2 2 1 2 1 5 4 1 1 2	7121	0841A
萁 11 画	1 2 2 1 2 2 1 1 1 3 4	4747	08401

11 画（一）

汉字	笔顺	《字表》序号	UCS	汉字	笔顺	《字表》序号	UCS
菥 11画	一 十 艹 艹 艹 艹 艹 荞 荞 荞 菥	7122	083E5	荶 11画	一 十 艹 艹 艹 艻 荞 荞 荞 荶	7124	044EB
菘 11画	一 十 艹 艹 艹 艹 艹 荞 菘 菘 菘	4748	083D8	萋 11画	一 十 艹 艹 艹 艹 艹 萋 萋 萋 萋	4751	0840B
菫 11画	一 十 艹 艹 艹 荁 菫 菫 菫 菫 菫	4749	05807	勘 11画	一 十 艹 艹 艹 艹 艹 勘 勘 勘 勘	7125	052DA
勒 11画	一 十 艹 艹 艹 艹 艹 荁 荁 勒 勒	2200	052D2	菲 11画	一 十 艹 艹 艹 荓 荓 菲 菲 菲 菲	2202	083F2
黄 11画	一 十 艹 艹 艹 艹 艹 苗 苗 黄 黄	2201	09EC4	菽 11画	一 十 艹 艹 艹 艹 艹 荍 荍 菽 菽	4752	083FD
莉 11画	一 十 艹 艹 艹 艹 艹 莉 莉 莉 莉	7123	083BF	萆 11画	一 十 艹 艹 艹 艹 艹 萆 萆 萆 萆	7126	044EC
萘 11画	一 十 艹 艹 艹 艹 艹 萘 萘 萘 萘	4750	08418	菖 11画	一 十 艹 艹 艹 艹 艹 菖 菖 菖 菖	4753	083D6

汉字	笔顺	《字表》序号	UCS
萌 11画	1 2 2 2 5 1 1 3 5 1 1	2203	0840C
萜 11画	1 2 2 2 5 2 2 1 2 5 1	4754	0841C
萝 11画	1 2 2 2 5 2 2 1 3 5 4	2204	0841D
菌 11画	1 2 2 2 5 3 1 2 3 4 1	2205	083CC
萎 11画	1 2 2 3 1 2 3 4 5 3 1	2206	0840E
萸 11画	1 2 2 3 2 1 5 1 1 3 4	4755	08438
萑 11画	1 2 2 3 2 4 1 1 1 2 1	4756	08411
萆 11画	1 2 2 3 2 5 1 1 3 1 2	7127	08406
菂 11画	1 2 2 3 2 5 1 1 3 5 4	7128	083C2
菜 11画	1 2 2 3 4 4 3 1 2 3 4	2207	083DC
菍 11画	1 2 2 3 4 4 5 4 5 4 4	7129	083CD
棻 11画	1 2 2 3 4 5 3 1 2 3 4	4757	068FB
菔 11画	1 2 2 3 5 1 1 5 2 5 4	4758	083D4
菟 11画	1 2 2 3 5 2 5 1 3 5 4	4759	083DF

汉字	笔顺	《字表》序号	UCS
萄 11画	1 2 2 3 5 3 1 / 1 2 5 2	2208	08404
萏 11画	1 2 2 3 5 3 2 / 1 5 1 1	4760	0840F
菊 11画	1 2 2 3 5 4 3 / 1 2 3 4	2209	083CA
萃 11画	1 2 2 4 1 3 4 / 3 4 1 2	4761	08403
菩 11画	1 2 2 4 1 4 3 / 1 2 5 1	2210	083E9
菼 11画	1 2 2 4 3 3 4 / 4 3 3 4	7130	083FC
菏 11画	1 2 2 4 4 1 1 / 2 5 1 2	4762	083CF

汉字	笔顺	《字表》序号	UCS
萍 11画	1 2 2 4 4 1 1 / 4 3 1 2	2211	0840D
菹 11画	1 2 2 4 4 1 2 / 5 1 1 1	4763	083F9
菠 11画	1 2 2 4 4 1 5 / 3 2 5 4	2212	083E0
萣 11画	1 2 2 4 4 5 1 / 2 1 3 4	7131	08423
菪 11画	1 2 2 4 4 5 1 / 3 2 5 1	4764	083EA
菅 11画	1 2 2 4 4 5 2 / 5 1 5 1	4765	083C5
菀 11画	1 2 2 4 4 5 3 / 5 4 5 5	4766	083C0

汉字	笔顺	《字表》序号	UCS
萤 11画	1 2 2 4 5 2 5 1 2 1 4	2213	08424
营 11画	1 2 2 4 5 2 5 1 2 5 1	2214	08425
䓨 11画	1 2 2 4 5 3 1 1 2 5 2	7132	044E8
萦 11画	1 2 2 4 5 5 5 4 2 3 4	4767	08426
乾 11画	1 2 2 5 1 1 1 2 3 1 5	2215	04E7E
萧 11画	1 2 2 5 1 1 2 3 2 3 4	2216	08427
菉 11画	1 2 2 5 1 1 2 4 1 3 4	7133	083C9
䓛 11画	1 2 2 5 1 3 5 2 2 5 2	7134	044DB
菰 11画	1 2 2 5 2 1 3 3 5 4 4	4768	083F0
菡 11画	1 2 2 5 2 4 1 3 4 5 2	4769	083E1
萨 11画	1 2 2 5 2 4 1 4 3 1 3	2217	08428
菇 11画	1 2 2 5 3 1 1 2 2 5 1	2218	083C7
梼 11画	1 2 3 4 1 1 1 3 1 2 4	7135	068BC
械 11画	1 2 3 4 1 1 3 2 5 3 4	2219	068B0

汉字	笔顺	《字表》序号	UCS
梽 11 画	1 2 3 4 1 2 1 4 5 4 4	7136	068BD
彬 11 画	1 2 3 4 1 2 3 4 3 3 3	2220	05F6C
梦 11 画	1 2 3 4 1 2 3 4 3 5 4	2221	068A6
梵 11 画	1 2 3 4 1 2 3 4 3 5 4	4770	068B5
婪 11 画	1 2 3 4 1 2 3 4 5 3 1	2222	05A6A
桲 11 画	1 2 3 4 1 2 4 5 5 2 1	7137	06872
梗 11 画	1 2 3 4 1 2 5 1 1 3 4	2223	06897
梧 11 画	1 2 3 4 1 2 5 1 2 5 1	2224	068A7
梾 11 画	1 2 3 4 1 4 3 1 2 3 4	7138	068BE
梿 11 画	1 2 3 4 1 5 1 2 4 5 4	4771	068BF
梢 11 画	1 2 3 4 2 4 3 2 5 1 1	2225	068A2
桯 11 画	1 2 3 4 2 5 1 1 1 2 1	7139	0686F
梣 11 画	1 2 3 4 2 5 2 3 4 4 5	7140	068A3
梏 11 画	1 2 3 4 3 1 2 1 2 5 1	4772	0688F

汉字	笔顺	《字表》序号	UCS
梅 11 画	1 2 3 4 3 1 5 5 4 1 4	2226	06885
梌 11 画	1 2 3 4 3 4 1 1 2 3 4	7141	0688C
觋 11 画	1 2 3 4 3 4 1 2 5 3 5	4773	089CB
检 11 画	1 2 3 4 3 4 1 4 4 3 1	2227	068C0
桴 11 画	1 2 3 4 3 4 4 3 5 2 1	4774	06874
桷 11 画	1 2 3 4 3 5 3 5 1 1 2	4775	06877
梓 11 画	1 2 3 4 4 1 4 3 1 1 2	4776	06893
梳 11 画	1 2 3 4 4 1 5 4 3 2 5	2228	068B3
棁 11 画	1 2 3 4 4 3 2 5 1 3 5	4777	068C1
梯 11 画	1 2 3 4 4 3 5 1 5 2 3	2229	068AF
桫 11 画	1 2 3 4 4 4 1 2 3 4 3	4778	0686B
桹 11 画	1 2 3 4 4 5 1 1 5 3 4	7142	06879
梫 11 画	1 2 3 4 5 1 1 4 3 3 4	4779	068C2
桶 11 画	1 2 3 4 5 4 2 5 1 1 2	2230	06876

汉字	笔顺	《字表》序号	UCS
梭 11 画	1 2 3 4 5 4 3 4 3 5 4	2231	068AD
救 11 画	1 2 4 1 3 4 4 3 1 3 4	2232	06551
啬 11 画	1 2 4 3 1 2 5 2 5 1 1	4780	0556C
郾 11 画	1 2 5 1 1 5 3 1 5 5 2	4781	090FE
匮 11 画	1 2 5 1 2 1 2 5 3 4 5	4782	0532E
曹 11 画	1 2 5 1 2 2 1 2 5 1 1	2233	066F9
敕 11 画	1 2 5 1 2 3 4 3 1 3 4	4783	06555

汉字	笔顺	《字表》序号	UCS
副 11 画	1 2 5 1 2 5 1 2 1 2 2	2234	0526F
敔 11 画	1 2 5 1 2 5 1 3 1 3 4	7143	06554
豉 11 画	1 2 5 1 4 3 1 1 2 5 4	4784	08C49
票 11 画	1 2 5 2 2 1 1 1 2 3 4	2235	07968
鄄 11 画	1 2 5 2 2 1 1 2 1 5 2	4785	09104
酝 11 画	1 2 5 3 5 1 1 1 1 5 4	2236	0915D
酞 11 画	1 2 5 3 5 1 1 1 3 4 4	4786	0915E

汉字	笔顺	《字表》序号	UCS
酗 11 画	1 2 5 3 5 1 1 3 4 5 2	2237	09157
酚 11 画	1 2 5 3 5 1 1 3 4 5 3	4787	0915A
厢 11 画	1 3 1 2 3 4 2 5 1 1 1	2238	053A2
厣 11 画	1 3 1 3 4 4 2 5 1 1 2	7144	053A3
戚 11 画	1 3 2 1 1 2 3 4 5 3 4	2239	0621A
戛 11 画	1 3 2 5 1 1 1 1 5 3 4	4788	0621B
硎 11 画	1 3 2 5 1 1 1 3 2 2 2	4789	0784E
硅 11 画	1 3 2 5 1 1 2 1 1 2 1	2240	07845
硔 11 画	1 3 2 5 1 1 2 2 1 3 4	7145	07854
硭 11 画	1 3 2 5 1 1 2 2 4 1 5	4790	0786D
硒 11 画	1 3 2 5 1 1 2 5 3 5 1	4791	07852
硕 11 画	1 3 2 5 1 1 3 2 5 3 4	2241	07855
鿎 11 画	1 3 2 5 1 1 3 4 4 5 4	7146	09FCE
硖 11 画	1 3 2 5 1 1 4 3 1 3 4	4792	07856

汉字	笔顺	《字表》序号	UCS
硗 11 画	1 3 2 5 1 1 5 3 1 3 5	4793	07857
硐 11 画	1 3 2 5 1 2 5 1 2 5 1	4794	07850
硙 11 画	1 3 2 5 1 2 5 2 5 1 5	7147	07859
硚 11 画	1 3 2 5 1 3 1 3 4 3 2	7148	0785A
硇 11 画	1 3 2 5 1 3 2 5 3 4 1	4795	07847
硊 11 画	1 3 2 5 1 3 5 1 3 5 5	7149	0784A
硌 11 画	1 3 2 5 1 3 5 4 2 5 1	4796	0784C
硍 11 画	1 3 2 5 1 5 1 1 5 3 4	7150	0784D
勔 11 画	1 3 2 5 2 2 1 1 1 5 3	7151	052D4
鸸 11 画	1 3 2 5 2 2 3 5 4 5 1	4797	09E38
瓠 11 画	1 3 4 1 1 5 3 3 5 4 4	4798	074E0
匏 11 画	1 3 4 1 1 5 3 5 5 1 5	4799	0530F
奢 11 画	1 3 4 1 2 1 3 2 5 1 1	2242	05962
盔 11 画	1 3 4 3 3 4 2 5 2 2 1	2243	076D4

汉字	笔顺	《字表》序号	UCS
爽 11 画	1 3 4 3 4 3 4 3 4 3 4	2244	0723D
厩 11 画	1 3 5 1 1 5 4 1 5 3 5	4800	053A9
聋 11 画	1 3 5 3 4 1 2 2 1 1 1	2245	0804B
龚 11 画	1 3 5 3 4 1 2 2 1 3 4	4801	09F9A
袭 11 画	1 3 5 3 4 4 1 3 5 3 4	2246	088AD
䴕 11 画	1 3 5 4 2 2 3 5 4 5 1	7152	04D15
殒 11 画	1 3 5 4 2 5 1 2 5 3 4	4802	06B92
殓 11 画	1 3 5 4 3 4 1 4 4 3 1	4803	06B93
殍 11 画	1 3 5 4 3 4 4 3 5 2 1	4804	06B8D
盛 11 画	1 3 5 5 3 4 2 5 2 2 1	2247	076DB
赉 11 画	1 4 3 1 2 3 4 2 5 3 4	4805	08D49
匾 11 画	1 4 5 1 3 2 5 1 2 2 5	2248	0533E
雩 11 画	1 4 5 2 4 4 4 4 1 1 5	4806	096E9
雪 11 画	1 4 5 2 4 4 4 4 5 1 1	2249	096EA

汉字	笔顺	《字表》序号	UCS
辄 11 画	1 5 2 1 1 2 2 1 1 1 5	4807	08F84
辅 11 画	1 5 2 1 1 2 5 1 1 2 4	2250	08F85
辆 11 画	1 5 2 1 1 2 5 3 4 3 4	2251	08F86
堑 11 画	1 5 2 1 3 3 1 2 1 2 1	4808	05811
龇 11 画	2 1 2 1 3 4 5 2 3 1 5	7153	09F81
逴 11 画	2 1 2 5 1 1 1 2 4 5 4	7154	09034
颅 11 画	2 1 5 1 3 1 3 2 5 3 4	2252	09885
虚 11 画	2 1 5 3 1 5 2 2 4 3 1	2253	0865A
彪 11 画	2 1 5 3 1 5 3 5 3 3 3	2254	05F6A
雀 11 画	2 3 4 3 2 4 1 1 1 2 1	2255	096C0
堂 11 画	2 4 3 4 5 2 5 1 1 2 1	2256	05802
常 11 画	2 4 3 4 5 2 5 1 2 5 2	2257	05E38
眶 11 画	2 5 1 1 1 1 1 1 2 1 5	2258	07736
眭 11 画	2 5 1 1 1 1 2 1 1 2 1	4809	0772D

汉字	笔顺	《字表》序号	UCS
唪 11画	2 5 1 1 1 1 3 4 1 1 2	7155	0552A
眦 11画	2 5 1 1 1 2 1 2 1 3 5	4810	07726
啧 11画	2 5 1 1 1 2 1 2 5 3 4	4811	05567
匙 11画	2 5 1 1 1 2 1 3 4 3 5	2259	05319
晡 11画	2 5 1 1 1 2 5 1 1 2 4	4812	06661
晤 11画	2 5 1 1 1 2 5 1 2 5 1	4813	06664
晨 11画	2 5 1 1 1 3 1 1 5 3 4	2260	06668
眺 11画	2 5 1 1 1 3 4 1 5 3 4	4814	0773A
眵 11画	2 5 1 1 1 3 5 4 3 5 4	4815	07735
睁 11画	2 5 1 1 1 3 5 5 1 1 2	2261	07741
眯 11画	2 5 1 1 1 4 3 1 2 3 4	2262	0772F
眼 11画	2 5 1 1 1 5 1 1 5 3 4	2263	0773C
眸 11画	2 5 1 1 1 5 4 3 1 1 2	4816	07738
悬 11画	2 5 1 1 1 5 4 4 5 4 4	2264	060AC

汉字	笔顺	《字表》序号	UCS
野 11画	2 5 1 1 2 1 1 5 4 5 2	2265	091CE
圊 11画	2 5 1 1 2 1 2 5 1 1 1	4817	0570A
啫 11画	2 5 1 1 2 1 3 2 5 1 1	7156	0556B
啪 11画	2 5 1 1 2 1 3 2 5 1 1	2266	0556A
啦 11画	2 5 1 1 2 1 4 1 4 3 1	2267	05566
喏 11画	2 5 1 1 2 2 1 3 2 5 1	4818	0558F
喵 11画	2 5 1 1 2 2 2 5 1 2 1	4819	055B5
啉 11画	2 5 1 1 2 3 4 1 2 3 4	4820	05549
勖 11画	2 5 1 1 2 5 1 1 1 5 3	4821	052D6
曼 11画	2 5 1 1 2 5 2 2 1 5 4	2268	066FC
翈 11画	2 5 1 1 2 5 4 1 5 4 1	7157	07FC8
晦 11画	2 5 1 1 3 1 5 5 4 1 4	2269	06666
晞 11画	2 5 1 1 3 4 1 3 2 5 2	4822	0665E
唵 11画	2 5 1 1 3 4 2 5 1 1 5	4823	05535

汉字	笔顺	《字表》序号	UCS
晗 11画	2 5 1 1 3 4 4 5 2 5 1	4824	06657
冕 11画	2 5 1 1 3 5 2 5 1 3 5	4825	05195
晚 11画	2 5 1 1 3 5 2 5 1 3 5	2270	0665A
啄 11画	2 5 1 1 3 5 3 3 4 3 4	2271	05544
㫰 11画	2 5 1 1 4 5 1 1 5 3 4	7158	03AF0
啭 11画	2 5 1 1 5 2 1 1 1 5 4	4826	0556D
晙 11画	2 5 1 1 5 4 3 4 3 5 4	7159	06659
啡 11画	2 5 1 2 1 1 1 2 1 1 1	2272	05561
畦 11画	2 5 1 2 1 1 2 1 1 2 1	4827	07566
畤 11画	2 5 1 2 1 1 2 1 1 2 4	7160	07564
𬱖 11画	2 5 1 2 1 1 3 2 5 3 4	7161	2CC56
趼 11画	2 5 1 2 1 2 1 1 1 3 2	7162	08DBC
趺 11画	2 5 1 2 1 2 1 1 1 3 4	4828	08DBA
跂 11画	2 5 1 2 1 2 1 1 2 5 4	7163	08DC2

汉字	笔顺	《字表》序号	UCS
距 11 画	2 5 1 2 1 2 1 1 5 1 5	2273	08DDD
趾 11 画	2 5 1 2 1 2 1 2 1 2 1	2274	08DBE
啃 11 画	2 5 1 2 1 2 1 2 5 1 1	2275	05543
跃 11 画	2 5 1 2 1 2 1 3 1 3 4	2276	08DC3
啮 11 画	2 5 1 2 1 2 1 3 4 5 2	4829	0556E
跄 11 画	2 5 1 2 1 2 1 3 4 5 5	4830	08DC4
略 11 画	2 5 1 2 1 3 5 4 2 5 1	2277	07565

汉字	笔顺	《字表》序号	UCS
蚶 11 画	2 5 1 2 1 4 1 2 2 1 1	4831	086B6
蛄 11 画	2 5 1 2 1 4 1 2 2 5 1	4832	086C4
蛃 11 画	2 5 1 2 1 4 1 2 5 3 4	7164	086C3
蛎 11 画	2 5 1 2 1 4 1 3 1 5 3	4833	086CE
蚲 11 画	2 5 1 2 1 4 1 4 3 1 2	7165	086B2
𬟽 11 画	2 5 1 2 1 4 1 5 2 3 4	7166	2C7FD
蛆 11 画	2 5 1 2 1 4 2 5 1 1 1	4834	086C6

汉字	笔顺	《字表》序号	UCS
蛐 11画	2 5 1 2 1 4 2 5 1 2 1	4835	086B0
蚺 11画	2 5 1 2 1 4 2 5 2 1 1	7167	086BA
蛊 11画	2 5 1 2 1 4 2 5 2 2 1	4836	086CA
圉 11画	2 5 1 2 1 4 3 1 1 2 1	4837	05709
蚱 11画	2 5 1 2 1 4 3 1 2 1 1	4838	086B1
蚯 11画	2 5 1 2 1 4 3 2 1 2 1	2278	086AF
蛉 11画	2 5 1 2 1 4 3 4 4 5 4	4839	086C9
蛀 11画	2 5 1 2 1 4 4 1 1 2 1	2279	086C0
蛇 11画	2 5 1 2 1 4 4 4 5 3 5	2280	086C7
蛏 11画	2 5 1 2 1 4 5 4 1 2 1	4840	086CF
蚴 11画	2 5 1 2 1 4 5 5 4 5 3	4841	086B4
唬 11画	2 5 1 2 1 5 3 1 5 3 5	2281	0552C
累 11画	2 5 1 2 1 5 5 4 2 3 4	2282	07D2F
鄂 11画	2 5 1 2 5 1 1 1 5 5 2	2283	09102

汉字	笔顺	《字表》序号	UCS
唱 11 画	2 5 1 2 5 1 1 2 5 1 1	2284	05531
患 11 画	2 5 1 2 5 1 2 4 5 4 4	2285	060A3
啰 11 画	2 5 1 2 5 2 2 1 3 5 4	2286	05570
唾 11 画	2 5 1 3 1 2 1 2 2 1 1	2287	0553E
唯 11 画	2 5 1 3 2 4 1 1 1 2 1	2288	0552F
啤 11 画	2 5 1 3 2 5 1 1 3 1 2	2289	05564
啥 11 画	2 5 1 3 4 1 1 2 2 5 1	2290	05565

汉字	笔顺	《字表》序号	UCS
啁 11 画	2 5 1 3 5 1 2 1 2 5 1	4842	05541
啕 11 画	2 5 1 3 5 3 1 1 2 5 2	4843	05555
唿 11 画	2 5 1 3 5 3 3 4 5 4 4	4844	0553F
啐 11 画	2 5 1 4 1 3 4 3 4 1 2	4845	05550
唼 11 画	2 5 1 4 1 4 3 1 5 3 1	4846	0553C
唷 11 画	2 5 1 4 1 5 4 2 5 1 1	4847	05537
啴 11 画	2 5 1 4 3 2 5 1 1 1 2	7168	05574

汉字	笔顺	《字表》序号	UCS
啖 11 画	2 5 1 4 3 3 4 4 3 3 4	4848	05556
啵 11 画	2 5 1 4 4 1 5 3 2 5 4	4849	05575
啶 11 画	2 5 1 4 4 5 1 2 1 3 4	4850	05576
唧 11 画	2 5 1 4 5 1 1 5 4 5 2	4851	05577
唳 11 画	2 5 1 4 5 1 3 1 3 4 4	4852	05533
啸 11 画	2 5 1 5 1 1 2 3 2 3 4	2291	05578
唰 11 画	2 5 1 5 1 3 2 5 2 2 2	4853	05530
啜 11 画	2 5 1 5 4 5 4 5 4 5 4	4854	0555C
帻 11 画	2 5 2 1 1 2 1 2 5 3 4	4855	05E3B
䎃 11 画	2 5 2 1 1 5 4 1 5 4 1	7169	04383
崚 11 画	2 5 2 1 2 1 3 4 3 5 4	4856	05D1A
崧 11 画	2 5 2 1 2 3 4 3 4 5 4	7170	05D27
崖 11 画	2 5 2 1 3 1 2 1 1 2 1	2292	05D16
崎 11 画	2 5 2 1 3 4 1 2 5 1 2	2293	05D0E

汉字	笔顺	《字表》序号	UCS
崦 11 画	2 5 2 1 3 4 2 5 1 1 5	4857	05D26
崭 11 画	2 5 2 1 5 2 1 3 3 1 2	2294	05D2D
逻 11 画	2 5 2 2 1 3 5 4 4 5 4	2295	0903B
帼 11 画	2 5 2 2 5 1 1 2 1 4 1	4858	05E3C
崮 11 画	2 5 2 2 5 1 2 2 5 1 1	4859	05D2E
崔 11 画	2 5 2 3 2 4 1 1 1 2 1	2296	05D14
帷 11 画	2 5 2 3 2 4 1 1 1 2 1	2297	05E37
崟 11 画	2 5 2 3 4 1 1 2 4 3 1	7171	05D1F
崤 11 画	2 5 2 3 4 1 3 2 5 1 1	4860	05D24
崩 11 画	2 5 2 3 5 1 1 3 5 1 1	2298	05D29
崞 11 画	2 5 2 4 1 2 5 1 5 2 1	7172	05D1E
崒 11 画	2 5 2 4 1 3 4 3 4 1 2	7173	05D12
崇 11 画	2 5 2 4 4 5 1 1 2 3 4	2299	05D07
崆 11 画	2 5 2 4 4 5 3 4 1 2 1	4861	05D06

汉字	笔顺	《字表》序号	UCS
崌 11画	2 5 2 5 1 3 1 2 2 5 1	7174	05D0C
崛 11画	2 5 2 5 1 3 5 2 2 5 2	2300	05D1B
崡 11画	2 5 2 5 2 4 1 3 4 5 2	7175	05D21
赇 11画	2 5 3 4 1 2 4 1 3 4 4	4862	08D47
赈 11画	2 5 3 4 1 3 1 1 5 3 4	4863	08D48
婴 11画	2 5 3 4 2 5 3 4 5 3 1	2301	05A74
赊 11画	2 5 3 4 3 4 1 1 2 3 4	4864	08D4A
圈 11画	2 5 4 3 1 1 3 4 5 5 1	2302	05708
铏 11画	3 1 1 1 5 1 1 3 2 2 2	7176	094CF
𫓯 11画	3 1 1 1 5 1 2 1 1 2 1	7177	2B4EF
铸 11画	3 1 1 1 5 1 2 1 3 1 5	2303	094D0
铑 11画	3 1 1 1 5 1 2 1 3 3 5	4865	094D1
铒 11画	3 1 1 1 5 1 2 2 1 1 1	4866	094D2
𫟹 11画	3 1 1 1 5 1 2 2 1 3 4	7178	2B7F9

汉字	笔顺	《字表》序号	UCS
铕 11 画	3 1 1 1 5 1 3 2 5 1 1	7179	094D5
𫟼 11 画	3 1 1 1 5 1 3 4 4 5 4	7180	2B7FC
铖 11 画	3 1 1 1 5 1 3 5 5 3 4	7181	094D6
铗 11 画	3 1 1 1 5 1 4 3 1 3 4	4867	094D7
铘 11 画	3 1 1 1 5 1 5 2 3 5 2	7182	094D8
铙 11 画	3 1 1 1 5 1 5 3 1 3 5	4868	094D9
铚 11 画	3 1 1 1 5 1 5 4 1 2 1	7183	094DA
铛 11 画	3 1 1 1 5 2 4 3 5 1 1	2304	094DB
铝 11 画	3 1 1 1 5 2 5 1 2 5 1	2305	094DD
铜 11 画	3 1 1 1 5 2 5 1 2 5 1	2306	094DC
铞 11 画	3 1 1 1 5 2 5 1 2 5 2	7184	094DE
铟 11 画	3 1 1 1 5 2 5 1 3 4 1	4869	094DF
铠 11 画	3 1 1 1 5 2 5 2 5 1 5	4870	094E0
铡 11 画	3 1 1 1 5 2 5 3 4 2 2	4871	094E1

汉字	笔顺	《字表》序号	UCS
铢 11 画	3 1 1 1 5 3 1 1 2 3 4	4872	094E2
铣 11 画	3 1 1 1 5 3 1 2 1 3 5	4873	094E3
铥 11 画	3 1 1 1 5 3 1 2 1 5 4	7185	094E5
铤 11 画	3 1 1 1 5 3 1 2 1 5 4	4874	094E4
铧 11 画	3 1 1 1 5 3 2 3 5 1 2	4875	094E7
铨 11 画	3 1 1 1 5 3 4 1 1 2 1	4876	094E8
铩 11 画	3 1 1 1 5 3 4 1 2 3 4	4877	094E9
铪 11 画	3 1 1 1 5 3 4 1 2 5 1	4878	094EA
铫 11 画	3 1 1 1 5 3 4 1 5 3 4	4879	094EB
铭 11 画	3 1 1 1 5 3 5 4 2 5 1	2307	094ED
铬 11 画	3 1 1 1 5 3 5 4 2 5 1	4880	094EC
铮 11 画	3 1 1 1 5 3 5 5 1 1 2	4881	094EE
铯 11 画	3 1 1 1 5 3 5 5 2 1 5	4882	094EF
铰 11 画	3 1 1 1 5 4 1 3 4 3 4	4883	094F0

汉字	笔顺	《字表》序号	UCS
铱 11 画	3 1 1 1 5 4 1 3 5 3 4	4884	094F1
铲 11 画	3 1 1 1 5 4 1 4 3 1 3	2308	094F2
铳 11 画	3 1 1 1 5 4 1 5 4 3 5	4885	094F3
铴 11 画	3 1 1 1 5 4 4 1 5 3 3	7186	094F4
铵 11 画	3 1 1 1 5 4 4 5 5 3 1	4886	094F5
银 11 画	3 1 1 1 5 5 1 1 5 3 4	2309	094F6
铷 11 画	3 1 1 1 5 5 3 1 2 5 1	4887	094F7
矫 11 画	3 1 1 3 4 3 1 3 4 3 2	2310	077EB
氪 11 画	3 1 1 5 1 2 2 5 1 3 5	4888	06C2A
牾 11 画	3 1 2 1 1 2 5 1 2 5 1	4889	0727E
牻 11 画	3 1 2 1 1 3 5 3 3 3 4	7187	0727B
牿 11 画	3 1 2 1 3 1 2 1 2 5 1	7188	0727F
甜 11 画	3 1 2 2 5 1 1 2 2 1 1	2311	0751C
鸹 11 画	3 1 2 2 5 1 3 5 4 5 1	4890	09E39

汉字	笔顺	《字表》序号	UCS
秸 11 画	3 1 2 3 4 1 2 1 2 5 1	2312	079F8
梨 11 画	3 1 2 3 4 2 2 1 2 3 4	2313	068A8
犁 11 画	3 1 2 3 4 2 2 3 1 1 2	2314	07281
稆 11 画	3 1 2 3 4 2 5 1 2 5 1	7189	07A06
秽 11 画	3 1 2 3 4 2 5 2 3 5 4	2315	079FD
移 11 画	3 1 2 3 4 3 5 4 3 5 4	2316	079FB
秾 11 画	3 1 2 3 4 4 5 3 5 3 4	4891	079FE

汉字	笔顺	《字表》序号	UCS
逶 11 画	3 1 2 3 4 5 3 1 4 5 4	4892	09036
笺 11 画	3 1 4 3 1 4 1 1 5 3 4	4893	07B3A
筇 11 画	3 1 4 3 1 4 1 2 1 5 2	4894	07B47
笨 11 画	3 1 4 3 1 4 1 2 3 4 1	2317	07B28
筦 11 画	3 1 4 3 1 4 1 2 5 1 5	4895	07B38
笼 11 画	3 1 4 3 1 4 1 3 5 3 4	2318	07B3C
笪 11 画	3 1 4 3 1 4 2 5 1 1 1	4896	07B2A

汉字	笔顺	《字表》序号	UCS
笛 11 画	3 1 4 3 1 4 2 5 1 2 1	2319	07B1B
笙 11 画	3 1 4 3 1 4 3 1 1 2 1	2320	07B19
笮 11 画	3 1 4 3 1 4 3 1 2 1 1	4897	07B2E
符 11 画	3 1 4 3 1 4 3 2 1 2 4	2321	07B26
笱 11 画	3 1 4 3 1 4 3 5 2 5 1	7190	07B31
笠 11 画	3 1 4 3 1 4 4 1 4 3 1	4898	07B20
笥 11 画	3 1 4 3 1 4 5 1 2 5 1	4899	07B25
第 11 画	3 1 4 3 1 4 5 1 5 2 3	2322	07B2C
笯 11 画	3 1 4 3 1 4 5 3 1 5 4	7191	07B2F
笤 11 画	3 1 4 3 1 4 5 3 2 5 1	4900	07B24
笳 11 画	3 1 4 3 1 4 5 3 2 5 1	4901	07B33
笾 11 画	3 1 4 3 1 4 5 3 4 5 4	4902	07B3E
笞 11 画	3 1 4 3 1 4 5 4 2 5 1	4903	07B1E
敏 11 画	3 1 5 5 4 1 4 3 1 3 4	2323	0654F

汉字	笔顺	《字表》序号	UCS
偰 11 画	3 2 1 1 1 2 5 3 1 3 4	7192	05070
偾 11 画	3 2 1 2 1 2 2 2 5 3 4	4904	0507E
偡 11 画	3 2 1 2 2 1 1 1 3 4 5	7193	05061
做 11 画	3 2 1 2 2 5 1 3 1 3 4	2324	0505A
鸺 11 画	3 2 1 2 3 4 3 5 4 5 1	7194	09E3A
偃 11 画	3 2 1 2 5 1 1 5 3 1 5	4905	05043
偭 11 画	3 2 1 3 2 5 2 2 1 1 1	7195	0506D
偕 11 画	3 2 1 5 3 5 3 2 5 1 1	4906	05055
袋 11 画	3 2 1 5 4 4 1 3 5 3 4	2325	0888B
悠 11 画	3 2 2 3 1 3 4 4 5 4 4	2326	060A0
偿 11 画	3 2 2 4 3 4 5 1 1 5 4	2327	0507F
偶 11 画	3 2 2 5 1 1 2 5 2 1 4	2328	05076
偈 11 画	3 2 2 5 1 1 3 5 3 4 5	4907	05048
偎 11 画	3 2 2 5 1 2 1 1 5 3 4	2329	0504E

11画（丿）

汉字	笔顺	《字表》序号	UCS	汉字	笔顺	《字表》序号	UCS
偲 11画	ノ 亻 亻 伊 俾 偲 偲 偲 偲 偲	7196	05072	停 11画	ノ 亻 亻 亠 广 宁 宁 宁 停 停 停	2333	0505C
傀 11画	ノ 亻 亻 亻 伯 伯 伯 傀 傀 傀	4908	05080	偻 11画	ノ 亻 亻 亻 伴 伴 伴 伴 偻 偻 偻	4910	0507B
偷 11画	ノ 亻 亻 亻 伶 伶 伶 偷 偷 偷 偷	2330	05077	偏 11画	ノ 亻 亻 亻 广 疒 疒 偏 偏 偏 偏	2334	0504F
俪 11画	ノ 亻 亻 亻 伊 佴 佴 俪 俪 俪 俪	7197	05041	躯 11画	ノ 亻 亻 亻 身 身 身 身 躯 躯 躯	2335	08EAF
您 11画	ノ 亻 亻 亻 伶 你 你 您 您 您	2331	060A8	皑 11画	ノ 亻 亻 亻 白 白 皑 皑 皑 皑	7198	03FE0
偬 11画	ノ 亻 亻 亻 伶 伶 偬 偬 偬 偬 偬	4909	0506C	皑 11画	ノ 亻 亻 亻 白 白 白 皑 皑 皑 皑	4911	07691
售 11画	ノ 亻 亻 亻 伫 伫 隹 隹 售 售 售	2332	0552E	兜 11画	ノ 亻 亻 亻 白 白 兜 兜 兜 兜	2336	0515C

273

汉字	笔顺	《字表》序号	UCS
皎 11 画	3 2 5 1 1 4 1 3 4 3 4	4912	0768E
假 11 画	3 2 5 1 2 1 1 5 1 5 4	2337	05047
鄅 11 画	3 2 5 1 2 5 2 1 4 5 2	7199	09105
偓 11 画	3 2 5 1 3 1 5 4 1 2 1	7200	05053
衅 11 画	3 2 5 2 2 1 4 3 1 1 2	2338	08845
鸻 11 画	3 3 2 1 1 2 3 5 4 5 1	4913	09E3B
徛 11 画	3 3 2 1 3 4 1 2 5 1 2	7201	05F9B
徘 11 画	3 3 2 2 1 1 1 2 1 1 1	2339	05F98
徙 11 画	3 3 2 2 1 2 1 2 1 3 4	2340	05F99
徜 11 画	3 3 2 2 4 3 2 5 2 5 1	4914	05F9C
得 11 画	3 3 2 2 5 1 1 1 1 2 4	2341	05F97
衔 11 画	3 3 2 3 1 1 1 5 1 1 2	2342	08854
衒 11 画	3 3 2 4 1 5 5 4 1 1 2	7202	08852
舸 11 画	3 3 5 4 1 4 1 2 5 1 2	4915	08238

汉字	笔顺	《字表》序号	UCS
舻 11 画	3 3 5 4 1 4 2 1 5 1 3	4916	0823B
舳 11 画	3 3 5 4 1 4 2 5 1 2 1	7203	08233
盘 11 画	3 3 5 4 1 4 2 5 2 2 1	2343	076D8
舴 11 画	3 3 5 4 1 4 3 1 2 1 1	4917	08234
舶 11 画	3 3 5 4 1 4 3 2 5 1 1	2344	08236
舲 11 画	3 3 5 4 1 4 3 4 4 5 4	7204	08232
船 11 画	3 3 5 4 1 4 3 5 2 5 1	2345	08239
鸼 11 画	3 3 5 4 1 4 3 5 4 5 1	7205	09E3C
舷 11 画	3 3 5 4 1 4 4 1 5 5 4	4918	08237
舵 11 画	3 3 5 4 1 4 4 4 5 3 5	2346	08235
斜 11 画	3 4 1 1 2 3 4 4 4 1 2	2347	0659C
悆 11 画	3 4 1 1 2 3 4 4 5 4 4	7206	06086
鄃 11 画	3 4 1 2 5 1 1 2 2 5 2	7207	09103
龛 11 画	3 4 1 2 5 1 1 3 5 3 4	4919	09F9B

汉字	笔顺	《字表》序号	UCS
盒 11 画	3 4 1 2 5 1 2 5 2 2 1	2348	076D2
鸽 11 画	3 4 1 2 5 1 3 5 4 5 1	2349	09E3D
瓻 11 画	3 4 1 3 2 5 2 1 5 5 4	7208	074FB
敛 11 画	3 4 1 4 4 3 1 3 1 3 4	2350	0655B
悉 11 画	3 4 3 1 2 3 4 4 5 4 4	2351	06089
欲 11 画	3 4 3 4 2 5 1 3 5 3 4	2352	06B32
彩 11 画	3 4 4 3 1 2 3 4 3 3 3	2353	05F69
䝙 11 画	3 4 4 3 5 3 3 1 3 4 5	7209	04759
领 11 画	3 4 4 5 4 1 3 2 5 3 4	2354	09886
翎 11 画	3 4 4 5 4 5 4 1 5 4 1	4920	07FCE
脚 11 画	3 5 1 1 1 2 1 5 4 5 2	2355	0811A
脖 11 画	3 5 1 1 1 2 4 5 5 2 1	2356	08116
脯 11 画	3 5 1 1 1 2 5 1 1 2 4	2357	0812F
豚 11 画	3 5 1 1 1 3 5 3 3 3 4	2358	08C5A

汉字	笔顺	《字表》序号	UCS
脶 11 画	3 5 1 1 2 5 1 2 5 3 4	7210	08136
脸 11 画	3 5 1 1 3 4 1 4 4 3 1	2359	08138
脞 11 画	3 5 1 1 3 4 3 4 1 2 1	7211	0811E
脟 11 画	3 5 1 1 3 4 4 3 1 2 4	7212	0811F
脬 11 画	3 5 1 1 3 4 4 3 5 2 1	4921	0812C
脱 11 画	3 5 1 1 4 3 2 5 1 3 5	2360	08131
䏲 11 画	3 5 1 1 4 3 5 1 5 2 3	7213	043F2
脘 11 画	3 5 1 1 4 4 5 1 1 3 5	4922	08118
脲 11 画	3 5 1 1 5 1 3 2 5 3 4	4923	08132
匐 11 画	3 5 1 2 5 1 2 5 1 2 1	4924	05310
鲃 11 画	3 5 2 5 1 2 1 1 5 1 5	7214	09C7E
象 11 画	3 5 2 5 1 3 5 3 3 3 4	2361	08C61
够 11 画	3 5 2 5 1 3 5 4 3 5 4	2362	0591F
逸 11 画	3 5 2 5 1 3 5 4 4 5 4	2363	09038

汉字	笔顺	《字表》序号	UCS
猜 11画	3 5 3 1 1 2 1 2 5 1 1	2364	0731C
猪 11画	3 5 3 1 2 1 3 2 5 1 1	2365	0732A
猎 11画	3 5 3 1 2 2 1 2 5 1 1	2366	0730E
猫 11画	3 5 3 1 2 2 2 5 1 2 1	2367	0732B
猗 11画	3 5 3 1 3 4 1 2 5 1 2	4925	07317
猇 11画	3 5 3 2 1 5 3 1 5 3 5	7215	07307
凰 11画	3 5 3 2 5 1 1 1 1 2 1	2368	051F0
猖 11画	3 5 3 2 5 1 1 2 5 1 1	2369	07316
猡 11画	3 5 3 2 5 2 2 1 3 5 4	4926	07321
猊 11画	3 5 3 3 2 1 5 1 1 3 5	7216	0730A
猞 11画	3 5 3 3 4 1 1 2 2 5 1	4927	0731E
猄 11画	3 5 3 4 1 2 5 1 2 3 4	7217	07304
猝 11画	3 5 3 4 1 3 4 3 4 1 2	4928	0731D
斛 11画	3 5 3 5 1 1 2 4 4 1 2	4929	0659B

汉字	笔顺	《字表》序号	UCS
觖 11画	3 5 3 5 1 1 2 5 1 3 4	7218	089D6
猕 11画	3 5 3 5 1 5 3 5 2 3 4	4930	07315
猛 11画	3 5 3 5 2 1 2 5 2 2 1	2370	0731B
馗 11画	3 5 4 3 1 3 2 5 1 1 1	4931	09997
祭 11画	3 5 4 4 5 4 1 1 2 3 4	2371	0796D
馃 11画	3 5 5 2 5 1 1 1 2 3 4	4932	09983
馄 11画	3 5 5 2 5 1 1 1 5 3 5	4933	09984

汉字	笔顺	《字表》序号	UCS
馅 11画	3 5 5 3 5 3 2 1 5 1 1	2372	09985
馆 11画	3 5 5 4 4 5 2 5 1 5 1	2373	09986
凑 11画	4 1 1 1 1 3 4 1 1 3 4	2374	051D1
减 11画	4 1 1 3 1 2 5 1 5 3 4	2375	051CF
鸾 11画	4 1 2 2 3 4 3 5 4 5 1	4934	09E3E
𠅤 11画	4 1 2 5 1 2 1 4 5 4 4	7219	20164
毫 11画	4 1 2 5 1 4 5 3 1 1 5	2376	06BEB

汉字	笔顺	《字表》序号	UCS
孰 11 画	4 1 2 5 1 5 2 1 3 5 4	4935	05B70
烹 11 画	4 1 2 5 1 5 2 4 4 4 4	2377	070F9
庱 11 画	4 1 3 1 2 1 3 4 3 5 4	7220	05EB1
庶 11 画	4 1 3 1 2 2 1 4 4 4 4	2378	05EB6
庹 11 画	4 1 3 1 2 2 1 5 1 3 4	4936	05EB9
麻 11 画	4 1 3 1 2 3 4 1 2 3 4	2379	09EBB
庵 11 画	4 1 3 1 3 4 2 5 1 1 5	2380	05EB5

汉字	笔顺	《字表》序号	UCS
庼 11 画	4 1 3 1 5 1 3 2 5 3 4	7221	05EBC
庾 11 画	4 1 3 3 2 1 5 1 1 3 4	4937	05EBE
庳 11 画	4 1 3 3 2 5 1 1 3 1 2	7222	05EB3
痔 11 画	4 1 3 4 1 1 2 1 1 2 4	4938	075D4
痍 11 画	4 1 3 4 1 1 5 1 5 3 4	4939	075CD
痓 11 画	4 1 3 4 1 1 5 4 1 2 1	7223	075D3
疵 11 画	4 1 3 4 1 2 1 2 1 3 5	4940	075B5

汉字	笔顺	《字表》序号	UCS
痤 11 画	4 1 3 4 1 3 4 1 1 2 1	2381	075CA
痒 11 画	4 1 3 4 1 4 3 1 1 1 2	2382	075D2
痕 11 画	4 1 3 4 1 5 1 1 5 3 4	2383	075D5
䴔 11 画	4 1 3 4 3 4 3 5 4 5 1	7224	04D14
廊 11 画	4 1 3 4 5 1 1 5 4 5 2	2384	05ECA
康 11 画	4 1 3 5 1 1 2 4 1 3 4	2385	05EB7
庸 11 画	4 1 3 5 1 1 2 5 1 1 2	2386	05EB8
鹿 11 画	4 1 3 5 2 2 1 1 5 3 5	2387	09E7F
盗 11 画	4 1 3 5 3 4 2 5 2 2 1	2388	076D7
章 11 画	4 1 4 3 1 2 5 1 1 1 2	2389	07AE0
竟 11 画	4 1 4 3 1 2 5 1 1 3 5	2390	07ADF
竫 11 画	4 1 4 3 1 3 5 5 1 1 2	7225	07AEB
翊 11 画	4 1 4 3 1 5 4 1 5 4 1	4941	07FCA
商 11 画	4 1 4 3 2 5 3 4 2 5 1	2391	05546

汉字	笔顺	《字表》序号	UCS
旌 11 画	4 1 5 3 3 1 3 1 1 2 1	4942	065CC
族 11 画	4 1 5 3 3 1 3 1 1 3 4	2392	065CF
旎 11 画	4 1 5 3 3 1 5 1 3 3 5	4943	065CE
旋 11 画	4 1 5 3 3 1 5 2 1 3 4	2393	065CB
堃 11 画	4 1 5 3 4 1 5 3 1 2 1	7226	05803
望 11 画	4 1 5 3 5 1 1 1 1 2 1	2394	0671B
袤 11 画	4 1 5 4 5 2 3 3 5 3 4	4944	088A4

汉字	笔顺	《字表》序号	UCS
率 11 画	4 1 5 5 4 4 1 3 4 1 2	2395	07387
阇 11 画	4 2 5 1 2 1 3 2 5 1 1	4945	09607
阈 11 画	4 2 5 1 2 5 1 1 5 3 4	4946	09608
阉 11 画	4 2 5 1 3 4 2 5 1 1 5	4947	09609
阊 11 画	4 2 5 2 5 1 1 2 5 1 1	4948	0960A
阋 11 画	4 2 5 3 2 1 5 1 1 3 5	4949	0960B
阌 11 画	4 2 5 3 4 4 3 4 5 5 4	7227	0960C

汉字	笔顺	《字表》序号	UCS
阁 11 画	4 2 5 3 5 1 5 2 5 1 1	4950	0960D
阂 11 画	4 2 5 3 5 3 2 1 5 1 1	2396	0960E
阏 11 画	4 2 5 4 1 5 3 3 4 4 4	4951	0960F
阐 11 画	4 2 5 4 3 2 5 1 1 1 2	2397	09610
着 11 画	4 3 1 1 1 3 2 5 1 1 1	2398	07740
羚 11 画	4 3 1 1 1 3 3 4 4 5 4	2399	07F9A
羝 11 画	4 3 1 1 1 3 3 5 1 5 4	7228	07F9D
羟 11 画	4 3 1 1 1 3 5 4 1 2 1	4952	07F9F
盖 11 画	4 3 1 1 2 1 2 5 2 2 1	2400	076D6
羕 11 画	4 3 1 1 2 1 4 5 5 3 4	7229	07F95
眷 11 画	4 3 1 1 3 4 2 5 1 1 1	2401	07737
粝 11 画	4 3 1 2 3 4 1 3 1 5 3	4953	07C9D
粘 11 画	4 3 1 2 3 4 2 1 2 5 1	2402	07C98
粗 11 画	4 3 1 2 3 4 2 5 1 1 1	2403	07C97

汉字	笔顺	《字表》序号	UCS
粕 11画	4 3 1 2 3 4 3 2 5 1 1	4954	07C95
粒 11画	4 3 1 2 3 4 4 1 4 3 1	2404	07C92
断 11画	4 3 1 2 3 4 5 3 3 1 2	2405	065AD
剪 11画	4 3 1 2 5 1 1 2 2 5 3	2406	0526A
兽 11画	4 3 2 5 1 2 1 1 2 5 1	2407	0517D
敝 11画	4 3 2 5 2 3 4 3 1 3 4	4955	0655D
焐 11画	4 3 3 4 1 2 5 1 2 5 1	4956	07110
焊 11画	4 3 3 4 2 5 1 1 1 1 2	2408	0710A
焆 11画	4 3 3 4 2 5 1 2 5 1 1	7230	07106
烯 11画	4 3 3 4 3 4 1 3 2 5 2	4957	070EF
焓 11画	4 3 3 4 3 4 4 5 2 5 1	4958	07113
焕 11画	4 3 3 4 3 5 2 5 1 3 4	2409	07115
烽 11画	4 3 3 4 3 5 4 1 1 1 2	4959	070FD
焖 11画	4 3 3 4 4 2 5 4 5 4 4	4960	07116

汉字	笔顺	《字表》序号	UCS
烧 11画	4 3 3 4 4 4 5 1 1 3 5	4961	070F7
烺 11画	4 3 3 4 4 5 1 1 5 3 4	7231	070FA
焗 11画	4 3 3 4 5 1 3 5 2 5 1	4962	07117
焌 11画	4 3 3 4 5 4 3 4 3 5 4	7232	0710C
清 11画	4 4 1 1 1 2 1 2 5 1 1	2410	06E05
渍 11画	4 4 1 1 1 2 1 2 5 3 4	4963	06E0D
添 11画	4 4 1 1 1 3 4 2 4 4 4	2411	06DFB
渚 11画	4 4 1 1 2 1 3 2 5 1 1	4964	06E1A
鸿 11画	4 4 1 1 2 1 3 5 4 5 1	2412	09E3F
淇 11画	4 4 1 1 2 2 1 1 1 3 4	4965	06DC7
淋 11画	4 4 1 1 2 3 4 1 2 3 4	2413	06DCB
淅 11画	4 4 1 1 2 3 4 3 3 1 2	4966	06DC5
淞 11画	4 4 1 1 2 3 4 3 4 5 4	4967	06DDE
渎 11画	4 4 1 1 2 5 4 4 1 3 4	4968	06E0E

汉字	笔顺	《字表》序号	UCS
涯 11画	4 4 1 1 3 1 2 1 1 2 1	2414	06DAF
淹 11画	4 4 1 1 3 4 2 5 1 1 5	2415	06DF9
涿 11画	4 4 1 1 3 5 3 3 4 3 4	4969	06DBF
渠 11画	4 4 1 1 5 1 5 1 2 3 4	2416	06E20
渐 11画	4 4 1 1 5 2 1 3 3 1 2	2417	06E10
淑 11画	4 4 1 2 1 1 2 3 4 5 4	2418	06DD1
淖 11画	4 4 1 2 1 2 5 1 1 1 2	4970	06DD6
挲 11画	4 4 1 2 3 4 3 3 1 1 2	4971	06332
淌 11画	4 4 1 2 4 3 2 5 2 5 1	2419	06DCC
淏 11画	4 4 1 2 5 1 1 1 1 3 4	7233	06DCF
混 11画	4 4 1 2 5 1 1 1 5 3 5	2420	06DF7
𬇹 11画	4 4 1 2 5 1 1 2 1 4 1	7234	2C1F9
淠 11画	4 4 1 2 5 1 2 1 1 3 2	4972	06DE0
淟 11画	4 4 1 2 5 1 2 2 1 3 4	7235	06DDF

汉字	笔顺	《字表》序号	UCS
涸 11 画	4 4 1 2 5 1 2 2 5 1 1	4973	06DB8
渑 11 画	4 4 1 2 5 1 2 5 1 1 5	4974	06E11
淮 11 画	4 4 1 3 2 4 1 1 1 2 1	2421	06DEE
淦 11 画	4 4 1 3 4 1 1 2 4 3 1	4975	06DE6
淆 11 画	4 4 1 3 4 1 3 2 5 1 1	2422	06DC6
渊 11 画	4 4 1 3 4 3 1 2 3 4 2	2423	06E0A
淫 11 画	4 4 1 3 4 4 3 3 1 2 1	2424	06DEB
淜 11 画	4 4 1 3 5 1 1 3 5 1 1	7236	06DDC
淝 11 画	4 4 1 3 5 1 1 5 2 1 5	4976	06DDD
渔 11 画	4 4 1 3 5 2 5 1 2 1 1	2425	06E14
淘 11 画	4 4 1 3 5 3 1 1 2 5 2	2426	06DD8
淴 11 画	4 4 1 3 5 3 3 4 5 4 4	7237	06DF4
淳 11 画	4 4 1 4 1 2 5 1 5 2 1	2427	06DF3
液 11 画	4 4 1 4 1 3 2 3 5 4 4	2428	06DB2

汉字	笔顺	《字表》序号	UCS
淬 11 画	4 4 1 4 1 3 4 3 4 1 2	4977	06DEC
涪 11 画	4 4 1 4 1 4 3 1 2 5 1	4978	06DAA
淤 11 画	4 4 1 4 1 5 3 3 4 4 4	2429	06DE4
淯 11 画	4 4 1 4 1 5 4 2 5 1 1	7238	06DEF
湴 11 画	4 4 1 4 3 1 2 2 4 3 1	7239	06E74
淡 11 画	4 4 1 4 3 3 4 4 3 3 4	2430	06DE1
淙 11 画	4 4 1 4 4 5 1 1 2 3 4	4979	06DD9
淀 11 画	4 4 1 4 4 5 1 2 1 3 4	2431	06DC0
涫 11 画	4 4 1 4 4 5 2 5 1 5 1	4980	06DAB
涴 11 画	4 4 1 4 4 5 3 5 4 5 5	7240	06DB4
深 11 画	4 4 1 4 5 3 4 1 2 3 4	2432	06DF1
渌 11 画	4 4 1 5 1 1 2 4 1 3 4	4981	06E0C
涮 11 画	4 4 1 5 1 3 2 5 2 2 2	2433	06DAE
涵 11 画	4 4 1 5 2 4 1 3 4 5 2	2434	06DB5

汉字	笔顺	《字表》序号	UCS
婆 11画	4 4 1 5 3 2 5 4 5 3 1	2435	05A46
𬍡 11画	4 4 1 5 3 3 1 1 2 1 4	7241	2C361
梁 11画	4 4 1 5 3 4 4 1 2 3 4	2436	06881
渗 11画	4 4 1 5 4 1 3 4 3 3 3	2437	06E17
淄 11画	4 4 1 5 5 5 2 5 1 2 1	4982	06DC4
情 11画	4 4 2 1 1 2 1 2 5 1 1	2438	060C5
惬 11画	4 4 2 1 1 4 3 1 3 4 5	4983	060EC
㥄 11画	4 4 2 1 2 1 3 4 3 5 4	7242	03944
悻 11画	4 4 2 1 2 1 4 3 1 1 2	4984	060BB
惜 11画	4 4 2 1 2 2 1 2 5 1 1	2439	060DC
惭 11画	4 4 2 1 5 2 1 3 3 1 2	2440	060ED
悱 11画	4 4 2 2 1 1 1 2 1 1 1	4985	060B1
悼 11画	4 4 2 2 1 2 5 1 1 1 2	2441	060BC
惝 11画	4 4 2 2 4 3 2 5 2 5 1	4986	060DD

汉字	笔顺	《字表》序号	UCS
惧 11画	4 4 2 2 5 1 1 1 1 3 4	2442	060E7
惕 11画	4 4 2 2 5 1 1 3 5 3 3	2443	060D5
惘 11画	4 4 2 2 5 4 3 1 4 1 5	4987	060D8
悸 11画	4 4 2 3 1 2 3 4 5 2 1	4988	060B8
惟 11画	4 4 2 3 2 4 1 1 1 2 1	2444	060DF
惆 11画	4 4 2 3 5 1 2 1 2 5 1	4989	060C6
惛 11画	4 4 2 3 5 1 5 2 5 1 1	7243	060DB
惚 11画	4 4 2 3 5 3 3 4 5 4 4	4990	060DA
惊 11画	4 4 2 4 1 2 5 1 2 3 4	2445	060CA
惇 11画	4 4 2 4 1 2 5 1 5 2 1	4991	060C7
惦 11画	4 4 2 4 1 3 2 1 2 5 1	2446	060E6
悴 11画	4 4 2 4 1 3 4 3 4 1 2	2447	060B4
惮 11画	4 4 2 4 3 2 5 1 1 1 2	4992	060EE
惔 11画	4 4 2 4 3 3 4 4 3 3 4	7244	060D4

汉字	笔顺	《字表》序号	UCS
悰 11 画	4 4 2 4 4 5 1 1 2 3 4	7245	060B0
惋 11 画	4 4 2 4 4 5 3 5 4 5 5	2448	060CB
惨 11 画	4 4 2 5 4 1 3 4 3 3 3	2449	060E8
惙 11 画	4 4 2 5 4 5 4 5 4 5 4	7246	060D9
惯 11 画	4 4 2 5 5 2 1 2 5 3 4	2450	060EF
寇 11 画	4 4 5 1 1 3 5 2 1 5 4	2451	05BC7
寅 11 画	4 4 5 1 2 5 1 2 1 3 4	2452	05BC5
寄 11 画	4 4 5 1 3 4 1 2 5 1 2	2453	05BC4
寁 11 画	4 4 5 1 5 1 1 2 1 3 4	7247	05BC1
寂 11 画	4 4 5 2 1 1 2 3 4 5 4	2454	05BC2
逭 11 画	4 4 5 2 5 1 5 1 4 5 4	7248	0902D
宿 11 画	4 4 5 3 2 1 3 2 5 1 1	2455	05BBF
窑 11 画	4 4 5 3 4 1 5 4 1 2 1	2456	07A92
窒 11 画	4 4 5 3 4 3 1 1 2 5 2	2457	07A91

汉字	笔顺	《字表》序号	UCS
窕 11 画	4 4 5 3 4 3 4 1 5 3 4	4993	07A95
密 11 画	4 4 5 4 5 4 3 4 2 5 2	2458	05BC6
谋 11 画	4 5 1 2 2 1 1 1 2 3 4	2459	08C0B
谌 11 画	4 5 1 2 2 1 1 1 3 4 5	4994	08C0C
谍 11 画	4 5 1 2 2 1 5 1 2 3 4	2460	08C0D
谎 11 画	4 5 1 2 2 4 1 5 3 2 5	2461	08C0E
𬤇 11 画	4 5 1 2 5 2 2 1 1 2 1	7249	2C907
谏 11 画	4 5 1 2 5 4 3 1 2 3 4	4995	08C0F
𫍯 11 画	4 5 1 3 1 2 5 1 5 3 4	7250	2B36F
扈 11 画	4 5 1 3 2 5 1 5 2 1 5	4996	06248
皲 11 画	4 5 1 5 2 1 5 3 2 5 4	4997	076B2
谐 11 画	4 5 1 5 3 5 3 2 5 1 1	2462	08C10
谑 11 画	4 5 2 1 5 3 1 5 1 5 1	4998	08C11
裆 11 画	4 5 2 3 4 2 4 3 5 1 1	4999	088C6

汉字	笔顺	《字表》序号	UCS
袱 11画	4 5 2 3 4 3 2 1 3 4 4	2463	088B1
袷 11画	4 5 2 3 4 3 4 1 2 5 1	5000	088B7
袼 11画	4 5 2 3 4 3 5 4 2 5 1	7251	088BC
裈 11画	4 5 2 3 4 4 5 1 5 1 2	7252	088C8
裉 11画	4 5 2 3 4 5 1 1 5 3 4	5001	088C9
祷 11画	4 5 2 4 1 1 1 3 1 2 4	2464	07977
祸 11画	4 5 2 4 2 5 1 2 5 3 4	2465	07978
祲 11画	4 5 2 4 5 1 1 4 5 5 4	7253	07972
𬤊 11画	4 5 2 5 1 1 1 2 1 3 4	7254	2C90A
谒 11画	4 5 2 5 1 1 3 5 3 4 5	5002	08C12
谓 11画	4 5 2 5 1 2 1 2 5 1 1	2466	08C13
谔 11画	4 5 2 5 1 2 5 1 1 1 5	5003	08C14
𫍲 11画	4 5 3 2 1 5 1 1 2 5 4	7255	2B372
谕 11画	4 5 3 4 1 2 5 1 1 2 2	5004	08C15

汉字	笔顺	《字表》序号	UCS
谖 11 画	4 5 3 4 4 3 1 1 3 5 4	5005	08C16
谗 11 画	4 5 3 5 2 5 1 3 5 4 4	5006	08C17
谙 11 画	4 5 4 1 4 3 1 2 5 1 1	5007	08C19
谚 11 画	4 5 4 1 4 3 1 3 3 3 3	2467	08C1A
谛 11 画	4 5 4 1 4 3 4 5 2 5 2	5008	08C1B
谜 11 画	4 5 4 3 1 2 3 4 4 5 4	2468	08C1C
谝 11 画	4 5 4 5 1 3 2 5 1 2 2	5009	08C1D
谞 11 画	4 5 5 2 1 3 4 2 5 1 1	7256	08C1E
逯 11 画	5 1 1 2 4 1 3 4 4 5 4	5010	0902F
逮 11 画	5 1 1 2 4 1 3 4 4 5 4	2469	0902E
敢 11 画	5 1 2 2 1 1 1 3 1 3 4	2470	06562
尉 11 画	5 1 3 1 1 2 3 4 1 2 4	2471	05C09
屠 11 画	5 1 3 1 2 1 3 2 5 1 1	2472	05C60
艴 11 画	5 1 5 3 2 3 5 5 2 1 5	7257	08274

汉字	笔顺	《字表》序号	UCS
弸 11 画	5 1 5 3 5 1 1 3 5 1 1	7258	05F38
弶 11 画	5 1 5 4 1 2 5 1 2 3 4	7259	05F36
弹 11 画	5 1 5 4 3 2 5 1 1 1 2	2473	05F39
隋 11 画	5 2 1 3 1 2 1 2 5 1 1	2474	0968B
堕 11 画	5 2 1 3 2 5 1 1 1 2 1	2475	05815
郿 11 画	5 2 1 3 2 5 1 1 1 5 2	5011	090FF
随 11 画	5 2 1 3 2 5 1 1 4 5 4	2476	0968F
蛋 11 画	5 2 1 3 4 2 5 1 2 1 4	2477	086CB
隅 11 画	5 2 2 5 1 1 2 5 2 1 4	2478	09685
隈 11 画	5 2 2 5 1 2 1 1 5 3 4	5012	09688
𬯎 11 画	5 2 2 5 1 2 1 2 5 3 4	7260	2CBCE
粜 11 画	5 2 2 5 2 4 3 1 2 3 4	5013	07C9C
隍 11 画	5 2 3 2 5 1 1 1 1 2 1	5014	0968D
隗 11 画	5 2 3 2 5 1 1 3 5 5 4	5015	09697

汉字	笔顺	《字表》序号	UCS
隃 11 画	5 2 3 4 1 2 5 1 1 2 2	7261	09683
隆 11 画	5 2 3 5 4 1 3 1 1 2 1	2479	09686
隐 11 画	5 2 3 5 5 1 1 4 5 4 4	2480	09690
婧 11 画	5 3 1 1 1 2 1 2 5 1 1	5016	05A67
婊 11 画	5 3 1 1 1 2 1 3 5 3 4	5017	05A4A
婞 11 画	5 3 1 1 2 1 4 3 1 1 2	7262	05A5E
娵 11 画	5 3 1 1 2 2 1 1 1 5 4	7263	05A35
婼 11 画	5 3 1 1 2 2 1 3 2 5 1	7264	05A7C
媖 11 画	5 3 1 1 2 2 2 5 1 3 4	7265	05A96
婳 11 画	5 3 1 1 2 5 1 2 1 5 2	7266	05A73
婍 11 画	5 3 1 1 3 4 1 2 5 1 2	7267	05A4D
婕 11 画	5 3 1 1 5 1 1 2 1 3 4	5018	05A55
婌 11 画	5 3 1 2 1 1 2 3 4 5 4	7268	05A4C
婫 11 画	5 3 1 2 5 1 1 1 5 3 5	7269	05A6B

汉字	笔顺	《字表》序号	UCS
娼 11 画	5 3 1 2 5 1 1 2 5 1 1	5019	05A3C
婢 11 画	5 3 1 3 2 5 1 1 3 1 2	5020	05A62
婣 11 画	5 3 1 3 5 1 2 1 2 5 1	7270	05A64
婚 11 画	5 3 1 3 5 1 5 2 5 1 1	2481	05A5A
婘 11 画	5 3 1 4 3 1 1 3 4 5 5	7271	05A58
婵 11 画	5 3 1 4 3 2 5 1 1 1 2	5021	05A75
婶 11 画	5 3 1 4 4 5 2 5 1 1 2	2482	05A76

汉字	笔顺	《字表》序号	UCS
婠 11 画	5 3 1 4 4 5 2 5 1 5 1	7272	05A60
婉 11 画	5 3 1 4 4 5 3 5 4 5 5	2483	05A49
胬 11 画	5 3 1 5 4 2 5 3 4 3 4	5022	080EC
袈 11 画	5 3 2 5 1 4 1 3 5 3 4	5023	08888
颇 11 画	5 3 2 5 4 1 3 2 5 3 4	2484	09887
颈 11 画	5 4 1 2 1 1 3 2 5 3 4	2485	09888
翌 11 画	5 4 1 5 4 1 4 1 4 3 1	5024	07FCC

汉字	笔顺	《字表》序号	UCS
恿 11 画	5 4 2 5 1 1 2 4 5 4 4	5025	0607F
欸 11 画	5 4 3 1 1 3 4 3 5 3 4	5026	06B38
𬘬 11 画	5 5 1 1 1 2 1 2 5 1 1	7273	2C62C
绩 11 画	5 5 1 1 1 2 1 2 5 3 4	2486	07EE9
绪 11 画	5 5 1 1 2 1 3 2 5 1 1	2487	07EEA
绫 11 画	5 5 1 1 2 1 3 4 3 5 4	5027	07EEB
骐 11 画	5 5 1 1 2 2 1 1 1 3 4	5028	09A90

汉字	笔顺	《字表》序号	UCS
𬘭 11 画	5 5 1 1 2 3 4 1 2 3 4	7274	2C62D
续 11 画	5 5 1 1 2 5 4 4 1 3 4	2488	07EED
骑 11 画	5 5 1 1 3 4 1 2 5 1 2	2489	09A91
绮 11 画	5 5 1 1 3 4 1 2 5 1 2	5029	07EEE
𬳂 11 画	5 5 1 2 1 1 1 2 1 1 1	7275	2CD02
绯 11 画	5 5 1 2 1 1 1 2 1 1 1	5030	07EEF
绰 11 画	5 5 1 2 1 2 5 1 1 1 2	2490	07EF0

汉字	笔顺	《字表》序号	UCS
绡 11 画	5 5 1 2 4 3 2 5 2 5 1	5031	07EF1
骒 11 画	5 5 1 2 5 1 1 1 2 3 4	5032	09A92
绲 11 画	5 5 1 2 5 1 1 1 5 3 5	5033	07EF2
绳 11 画	5 5 1 2 5 1 2 5 1 1 5	2491	07EF3
骓 11 画	5 5 1 3 2 4 1 1 1 2 1	5034	09A93
维 11 画	5 5 1 3 2 4 1 1 1 2 1	2492	07EF4
绵 11 画	5 5 1 3 2 5 1 1 2 5 2	2493	07EF5
绥 11 画	5 5 1 3 4 4 3 4 5 5 4	5035	07EF6
绷 11 画	5 5 1 3 5 1 1 3 5 1 1	2494	07EF7
绸 11 画	5 5 1 3 5 1 2 1 2 5 1	2495	07EF8
𫘦 11 画	5 5 1 3 5 3 1 1 2 5 2	7276	2B626
绹 11 画	5 5 1 3 5 3 1 1 2 5 2	7277	07EF9
绺 11 画	5 5 1 3 5 4 2 4 2 5 1	5036	07EFA
𫟅 11 画	5 5 1 4 1 2 5 1 2 3 4	7278	2B7C5

汉字	笔顺	《字表》序号	UCS
缂 11 画	5 5 1 4 1 2 5 1 5 2 1	7279	2C62F
绻 11 画	5 5 1 4 3 1 1 3 4 5 5	5037	07EFB
综 11 画	5 5 1 4 4 5 1 1 2 3 4	2496	07EFC
绽 11 画	5 5 1 4 4 5 1 2 1 3 4	2497	07EFD
绾 11 画	5 5 1 4 4 5 2 5 1 5 1	5038	07EFE
骕 11 画	5 5 1 5 1 1 2 3 2 3 4	7280	09A95
𫘧 11 画	5 5 1 5 1 1 2 4 1 3 4	7281	2B627
绿 11 画	5 5 1 5 1 1 2 4 1 3 4	2498	07EFF
骖 11 画	5 5 1 5 4 1 3 4 3 3 3	5039	09A96
缀 11 画	5 5 1 5 4 5 4 5 4 5 4	2499	07F00
缁 11 画	5 5 1 5 5 5 2 5 1 2 1	5040	07F01
巢 11 画	5 5 5 2 5 1 1 1 2 3 4	2500	05DE2
耠 12 画	1 1 1 2 3 4 3 4 1 2 5 1	5041	08020
絜 12 画	1 1 1 2 5 3 5 5 4 2 3 4	7282	07D5C

汉字	笔顺	《字表》序号	UCS
琫 12 画	1 1 2 1 1 1 1 3 4 1 1 2	5042	0742B
琵 12 画	1 1 2 1 1 1 2 1 1 5 3 5	5043	07435
珷 12 画	1 1 2 1 1 1 2 1 2 1 5 4	7283	073F7
琴 12 画	1 1 2 1 1 1 2 1 3 4 4 5	2501	07434
琶 12 画	1 1 2 1 1 1 2 1 5 2 1 5	5044	07436
琪 12 画	1 1 2 1 1 2 2 1 1 1 3 4	5045	0742A
瑛 12 画	1 1 2 1 1 2 2 2 5 1 3 4	5046	0745B
琳 12 画	1 1 2 1 1 2 3 4 1 2 3 4	2502	07433
琦 12 画	1 1 2 1 1 3 4 1 2 5 1 2	5047	07426
琢 12 画	1 1 2 1 1 3 5 3 3 4 3 4	2503	07422
琲 12 画	1 1 2 1 2 1 1 1 2 1 1 1	7284	07432
琡 12 画	1 1 2 1 2 1 1 2 3 4 5 4	7285	07421
琥 12 画	1 1 2 1 2 1 5 3 1 5 3 5	5048	07425
琨 12 画	1 1 2 1 2 5 1 1 1 5 3 5	5049	07428

汉字	笔顺	《字表》序号	UCS
靓 12 画	1 1 2 1 2 5 1 1 2 5 3 5	5050	09753
琟 12 画	1 1 2 1 3 2 4 1 1 1 2 1	7286	0741F
琼 12 画	1 1 2 1 4 1 2 5 1 2 3 4	2504	0743C
斑 12 画	1 1 2 1 4 1 3 4 1 1 2 1	2505	06591
琰 12 画	1 1 2 1 4 3 3 4 4 3 3 4	5051	07430
琮 12 画	1 1 2 1 4 4 5 1 1 2 3 4	5052	0742E
琔 12 画	1 1 2 1 4 4 5 1 2 1 3 4	7287	07414
琯 12 画	1 1 2 1 4 4 5 2 5 1 5 1	5053	0742F
琬 12 画	1 1 2 1 4 4 5 3 5 4 5 5	5054	0742C
琛 12 画	1 1 2 1 4 5 3 4 1 2 3 4	5055	0741B
琭 12 画	1 1 2 1 5 1 1 2 4 1 3 4	7288	0742D
琚 12 画	1 1 2 1 5 1 3 1 2 2 5 1	5056	0741A
辇 12 画	1 1 3 4 1 1 3 4 5 1 1 2	5057	08F87
替 12 画	1 1 3 4 1 1 3 4 2 5 1 1	2506	066FF

汉字	笔顺	《字表》序号	UCS
鼋 12 画	1 1 3 5 2 5 1 2 5 1 1 5	5058	09F0B
揳 12 画	1 2 1 1 1 1 2 5 3 1 3 4	5059	063F3
揍 12 画	1 2 1 1 1 1 3 4 1 1 3 4	2507	063CD
堾 12 画	1 2 1 1 1 1 3 4 2 5 1 1	7289	0583E
款 12 画	1 2 1 1 1 2 3 4 3 5 3 4	2508	06B3E
堼 12 画	1 2 1 1 2 1 1 2 4 1 2 1	7290	0583C
堪 12 画	1 2 1 1 2 2 1 1 1 3 4 5	2509	0582A
揕 12 画	1 2 1 1 2 2 1 1 1 3 4 5	7291	063D5
堞 12 画	1 2 1 1 2 2 1 5 1 2 3 4	5060	0581E
搽 12 画	1 2 1 1 2 2 3 4 1 2 3 4	5061	0643D
塔 12 画	1 2 1 1 2 2 3 4 1 2 5 1	2510	05854
搭 12 画	1 2 1 1 2 2 3 4 1 2 5 1	2511	0642D
揸 12 画	1 2 1 1 2 3 4 2 5 1 1 1	5062	063F8
堰 12 画	1 2 1 1 2 5 1 1 5 3 1 5	2512	05830

汉字	笔顺	《字表》序号	UCS
揠 12 画	1 2 1 1 2 5 1 1 5 3 1 5	5063	063E0
堙 12 画	1 2 1 1 2 5 2 2 1 1 2 1	5064	05819
㙘 12 画	1 2 1 1 2 5 2 2 1 5 3 1	7292	03658
堧 12 画	1 2 1 1 3 2 5 2 2 1 3 4	7293	05827
揩 12 画	1 2 1 1 5 3 5 3 2 5 1 1	2513	063E9
越 12 画	1 2 1 2 1 3 4 1 5 5 3 4	2514	08D8A
趄 12 画	1 2 1 2 1 3 4 2 5 1 1 1	5065	08D84
趁 12 画	1 2 1 2 1 3 4 3 4 3 3 3	2515	08D81
趋 12 画	1 2 1 2 1 3 4 3 5 5 1 1	2516	08D8B
超 12 画	1 2 1 2 1 3 4 5 3 2 5 1	2517	08D85
揽 12 画	1 2 1 2 2 3 1 4 2 5 3 5	2518	063FD
堤 12 画	1 2 1 2 5 1 1 1 2 1 3 4	2519	05824
提 12 画	1 2 1 2 5 1 1 1 2 1 3 4	2520	063D0
喆 12 画	1 2 1 2 5 1 1 2 1 2 5 1	7294	05586

汉字	笔顺	《字表》序号	UCS
揖 12 画	1 2 1 2 5 1 1 2 2 1 1 1	5066	063D6
博 12 画	1 2 1 2 5 1 1 2 4 1 2 4	2521	0535A
颉 12 画	1 2 1 2 5 1 1 3 2 5 3 4	5067	09889
堨 12 画	1 2 1 2 5 1 1 3 5 3 4 5	7295	05828
揭 12 画	1 2 1 2 5 1 1 3 5 3 4 5	2522	063ED
喜 12 画	1 2 1 2 5 1 4 3 1 2 5 1	2523	0559C
彭 12 画	1 2 1 2 5 1 4 3 1 3 3 3	2524	05F6D
揣 12 画	1 2 1 2 5 2 1 3 2 5 2 2	2525	063E3
塄 12 画	1 2 1 2 5 2 2 1 4 1 5 3	5068	05844
揿 12 画	1 2 1 3 1 1 1 5 3 5 3 4	5069	063FF
插 12 画	1 2 1 3 1 2 3 2 1 5 1 1	2526	063D2
揪 12 画	1 2 1 3 1 2 3 4 4 3 3 4	2527	063EA
塅 12 画	1 2 1 3 2 1 1 1 3 5 5 4	7296	05845
搜 12 画	1 2 1 3 2 1 5 1 1 2 5 4	2528	0641C

汉字	笔顺	《字表》序号	UCS	汉字	笔顺	《字表》序号	UCS
煮 12画	一 十 土 耂 耂 者 者 者 者 煮 煮	2529	0716E	蛰 12画	一 十 扌 扌 执 执 执 热 垫 垫 蛰 蛰	5073	086F0
堠 12画	一 十 土 圹 圹 圹 圹 圹 堠 堠 堠 堠	7297	05820	蓺 12画	一 十 扌 扌 执 执 执 蓺 蓺 蓺 蓺 蓺	7298	07D77
耋 12画	一 十 土 耂 耂 耂 耋 耋 耋 耋 耋 耋	5070	0800B	塆 12画	一 十 土 圹 圹 圹 圹 圹 塆 塆 塆 塆	5074	05846
揄 12画	一 十 扌 扌 扌 扌 揄 揄 揄 揄 揄 揄	5071	063C4	裁 12画	一 十 土 士 圭 圭 圭 裁 裁 裁 裁 裁	2532	088C1
援 12画	一 十 扌 扌 扌 扌 扌 援 援 援 援 援	2530	063F4	搁 12画	一 十 扌 扌 扌 扌 扌 搁 搁 搁 搁 搁	2533	06401
换 12画	一 十 扌 扌 扌 扌 扌 换 换 换 换 换	2531	06400	搓 12画	一 十 扌 扌 扌 扌 扌 搓 搓 搓 搓 搓	2534	06413
蛩 12画	一 工 工 巩 巩 巩 巩 巩 蛩 蛩 蛩 蛩	5072	086E9	㩟 12画	一 十 土 圹 圹 圹 圹 圹 㩟 㩟 㩟 㩟	7299	2A8FB

12 画（一）

汉字	笔顺	《字表》序号	UCS	汉字	笔顺	《字表》序号	UCS
搂 12画	一 † 扌 扌 扩 扩 扩 抈 抈 搂 搂	2535	06402	搔 12画	一 † 扌 扌 扌 扌 扌 抔 挃 搔 搔	2539	06414
搅 12画	一 † 扌 扌 扌 扌 扌 扌 扌 挡 挡 搅	2536	06405	揉 12画	一 † 扌 扌 扌 扌 扌 挔 挔 挔 揉	2540	063C9
壹 12画	一 亠 士 吉 吉 吉 吉 壴 壴 壹 壹	2537	058F9	掾 12画	一 † 扌 扌 扌 扌 扌 扌 扌 掾 掾	5077	063BE
堋 12画	一 † 土 圹 圹 圹 圹 圹 堋 堋 堋	7300	2139A	蒺 12画	一 艹 艹 艹 艹 艹 艻 蒺 蒺 蒺 蒺	7301	0845C
握 12画	一 † 扌 扌 扌 扌 扌 扌 扌 挥 握 握	2538	063E1	聒 12画	一 丆 厂 丌 叮 耳 耳 耵 耵 聒 聒	5078	08052
摒 12画	一 † 扌 扌 扌 扌 扌 扌 扌 扌 摒 摒	5075	06452	斯 12画	一 十 廿 甘 甘 其 其 其 斯 斯 斯	2541	065AF
揆 12画	一 † 扌 扌 扌 扌 扌 扌 扌 扌 揆 揆	5076	063C6	期 12画	一 十 廿 甘 甘 其 其 其 期 期 期	2542	0671F

汉字	笔顺	《字表》序号	UCS
欺 12 画	1 2 2 1 1 1 3 4 3 5 3 4	2543	06B3A
惎 12 画	1 2 2 1 1 1 3 4 4 5 4 4	7302	060CE
联 12 画	1 2 2 1 1 1 4 3 1 1 3 4	2544	08054
葑 12 画	1 2 2 1 2 1 1 2 1 1 2 4	5079	08451
萁 12 画	1 2 2 1 2 2 1 1 1 3 4 5	5080	0845A
葫 12 画	1 2 2 1 2 2 5 1 3 5 1 1	2545	0846B
萳 12 画	1 2 2 1 2 2 5 4 3 1 1 2	7303	08433
萿 12 画	1 2 2 1 2 3 4 2 5 1 1 1	7304	08459
靬 12 画	1 2 2 1 2 5 1 1 2 1 1 2	7305	0976C
靰 12 画	1 2 2 1 2 5 1 1 2 1 3 5	5081	09770
靸 12 画	1 2 2 1 2 5 1 1 2 3 5 4	5082	09778
散 12 画	1 2 2 1 2 5 1 1 3 1 3 4	2546	06563
葴 12 画	1 2 2 1 3 1 2 5 1 5 3 4	7306	08474
葳 12 画	1 2 2 1 3 1 5 3 1 5 3 4	5083	08473

汉字	笔顺	《字表》序号	UCS
惹 12画	1 2 2 1 3 2 5 1 4 5 4 4	2547	060F9
葳 12画	1 2 2 1 3 2 5 3 4 5 3 4	7307	08487
葬 12画	1 2 2 1 3 5 4 3 5 1 3 2	2548	0846C
蒈 12画	1 2 2 1 5 3 5 3 2 5 1 1	7308	08488
鄚 12画	1 2 2 2 5 1 1 1 3 4 5 2	7309	0911A
募 12画	1 2 2 2 5 1 1 1 3 4 5 3	2549	052DF
葺 12画	1 2 2 2 5 1 1 2 2 1 1 1	5084	0847A
葛 12画	1 2 2 2 5 1 1 3 5 3 4 5	2550	0845B
蒉 12画	1 2 2 2 5 1 2 1 2 5 3 4	7310	08489
葸 12画	1 2 2 2 5 1 2 1 4 5 4 4	5085	08478
萼 12画	1 2 2 2 5 1 2 5 1 1 1 5	5086	0843C
蓇 12画	1 2 2 2 5 5 4 5 2 5 1 1	7311	084C7
萩 12画	1 2 2 3 1 2 3 4 4 3 3 4	7312	08429
董 12画	1 2 2 3 1 2 5 1 1 2 1 1	2551	08463

汉字	笔顺	《字表》序号	UCS
葆 12 画	1 2 2 3 2 2 5 1 1 2 3 4	5087	08446
蒐 12 画	1 2 2 3 2 5 1 1 3 5 5 4	7313	08490
葩 12 画	1 2 2 3 2 5 1 1 5 2 1 5	5088	08469
葰 12 画	1 2 2 3 2 5 4 3 4 3 5 4	7314	08470
葎 12 画	1 2 2 3 3 2 5 1 1 1 1 2	7315	0844E
葡 12 画	1 2 2 3 5 1 2 5 1 1 2 4	2552	08461
敬 12 画	1 2 2 3 5 2 5 1 3 1 3 4	2553	0656C
葱 12 画	1 2 2 3 5 3 3 4 4 5 4 4	2554	08471
蒋 12 画	1 2 2 4 1 2 3 5 4 1 2 4	2555	0848B
葶 12 画	1 2 2 4 1 2 5 1 4 5 1 2	5089	08476
蒂 12 画	1 2 2 4 1 4 3 4 5 2 5 2	2556	08482
蒌 12 画	1 2 2 4 3 1 2 3 4 5 3 1	5090	0848C
鄑 12 画	1 2 2 4 3 1 2 5 1 1 5 2	7316	09111
蒎 12 画	1 2 2 4 4 1 3 3 3 5 3 4	7317	0848E

汉字	笔顺	《字表》序号	UCS
落 12 画	1 2 2 4 4 1 3 5 4 2 5 1	2557	0843D
萱 12 画	1 2 2 4 4 5 1 2 5 1 1 1	5091	08431
葖 12 画	1 2 2 4 4 5 3 4 1 3 4 4	7318	08456
蔻 12 画	1 2 2 4 5 1 1 3 5 1 2 4	7319	08484
萹 12 画	1 2 2 4 5 1 3 2 5 1 2 2	7320	08439
韩 12 画	1 2 2 5 1 1 1 2 1 1 5 2	2558	097E9
戟 12 画	1 2 2 5 1 1 1 2 1 5 3 4	5092	0621F
朝 12 画	1 2 2 5 1 1 1 2 3 5 1 1	2559	0671D
葭 12 画	1 2 2 5 1 2 1 1 5 1 5 4	5093	0846D
辜 12 画	1 2 2 5 1 4 1 4 3 1 1 2	2560	08F9C
葵 12 画	1 2 2 5 4 3 3 4 1 1 3 4	2561	08475
棒 12 画	1 2 3 4 1 1 1 3 4 1 1 2	2562	068D2
楮 12 画	1 2 3 4 1 2 1 3 2 5 1 1	5094	0696E
棱 12 画	1 2 3 4 1 2 1 3 4 3 5 4	2563	068F1

汉字	笔顺	《字表》序号	UCS
棋 12 画	1 2 3 4 1 2 2 / 1 1 1 3 4	2564	068CB
椰 12 画	1 2 3 4 1 2 2 / 1 1 1 5 2	2565	06930
棤 12 画	1 2 3 4 1 2 2 / 1 2 5 1 1	7321	068E4
植 12 画	1 2 3 4 1 2 2 / 5 1 1 1 1	2566	0690D
森 12 画	1 2 3 4 1 2 3 / 4 1 2 3 4	2567	068EE
棽 12 画	1 2 3 4 1 2 3 / 4 3 4 4 5	7322	068FD
棼 12 画	1 2 3 4 1 2 3 / 4 3 4 5 3	5095	068FC

汉字	笔顺	《字表》序号	UCS
焚 12 画	1 2 3 4 1 2 3 / 4 4 3 3 4	2568	0711A
棫 12 画	1 2 3 4 1 2 5 / 1 1 5 3 4	7323	068EB
椟 12 画	1 2 3 4 1 2 5 / 4 4 1 3 4	5096	0691F
椅 12 画	1 2 3 4 1 3 4 / 1 2 5 1 2	2569	06905
椓 12 画	1 2 3 4 1 3 5 / 3 3 4 3 4	7324	06913
椒 12 画	1 2 3 4 2 1 1 / 2 3 4 5 4	2570	06912
棹 12 画	1 2 3 4 2 1 2 / 5 1 1 1 2	5097	068F9

12 画（一）

汉字	笔顺	《字表》序号	UCS	汉字	笔顺	《字表》序号	UCS
楳 12画		2571	068F5	榌 12画		7326	2C0CA
椇 12画		2572	068CD	鹀 12画		7327	09E40
椤 12画		5098	06924	赍 12画		5100	08D4D
棰 12画		5099	068F0	棚 12画		2575	068DA
椎 12画		2573	0690E	椆 12画		7328	06906
棉 12画		2574	068C9	椋 12画		5101	0690B
椑 12画		7325	06911	椁 12画		5102	06901

313

汉字	笔顺	《字表》序号	UCS
棓 12画	1 2 3 4 4 1 4 3 1 2 5 1	7329	068D3
棬 12画	1 2 3 4 4 3 1 1 3 4 5 5	7330	068EC
椪 12画	1 2 3 4 4 3 1 2 2 4 3 1	5103	0692A
棪 12画	1 2 3 4 4 3 3 4 4 3 3 4	7331	068EA
棕 12画	1 2 3 4 4 4 5 1 1 2 3 4	2576	068D5
棺 12画	1 2 3 4 4 4 5 2 5 1 5 1	2577	068FA
椀 12画	1 2 3 4 4 4 5 3 5 4 5 5	7332	06900
榔 12画	1 2 3 4 4 5 1 1 5 4 5 2	2578	06994
楗 12画	1 2 3 4 5 1 1 1 1 2 5 4	7333	06957
棣 12画	1 2 3 4 5 1 1 2 4 1 3 4	5104	068E3
椐 12画	1 2 3 4 5 1 3 1 2 2 5 1	5105	06910
椭 12画	1 2 3 4 5 2 1 3 2 5 1 1	2579	0692D
鹁 12画	1 2 4 5 5 2 1 3 5 4 5 1	5106	09E41
惠 12画	1 2 5 1 1 2 1 4 4 5 4 4	2580	060E0

12 画（一）

汉字	笔顺	《字表》序号	UCS	汉字	笔顺	《字表》序号	UCS
鹁 12画	一 厂 厂 厅 月 甫 甫 甫' 甫'' 甫''' 鹁' 鹁	7334	2CDD5	酣 12画	一 厂 丌 丙 丙 酉 酉 酉一 酣 酣 酣	2585	09163
甦 12画	一 厂 厂 厅 月 甫 更 更 更 甦 甦	7335	07526	酤 12画	一 厂 丌 丙 丙 酉 酉 酉一 酤 酤 酤	5108	09164
惑 12画	一 丁 丁 百 或 或 或 或 惑 惑 惑	2581	060D1	酢 12画	一 厂 丌 丙 丙 酉 酉 酉一 酢 酢 酢	5109	09162
逼 12画	一 厂 厂 戸 戸 戸 戸 冨 冨 冨 逼 逼	2582	0903C	酥 12画	一 厂 丌 丙 丙 酉 酉 酉一 酥 酥 酥	2586	09165
罩 12画	一 厂 丌 丙 丙 罒 罒 罩 罩 罩 罩 罩	5107	08983	酡 12画	一 厂 丌 丙 丙 酉 酉 酉一 酡 酡 酡	5110	09161
粟 12画	一 厂 丌 丙 丙 罒 粟 粟 粟 粟 粟	2583	07C9F	酸 12画	一 厂 丌 丙 丙 酉 酉 酉一 酸 酸 酸	7336	09166
棘 12画	一 厂 丌 市 束 束 束 束一 棘 棘 棘	2584	068D8	鹂 12画	一 厂 丌 丽 丽 丽 丽 丽' 丽'' 鹂' 鹂	5111	09E42

315

汉字	笔顺	《字表》序号	UCS
觌 12 画	1 2 5 4 4 1 3 4 2 5 3 5	7337	089CC
厨 12 画	1 3 1 2 5 1 4 3 1 1 2 4	2587	053A8
厦 12 画	1 3 1 3 2 5 1 1 1 3 5 4	2588	053A6
奡 12 画	1 3 2 5 1 1 1 1 3 4 3 2	7338	05961
皕 12 画	1 3 2 5 1 1 1 3 2 5 1 1	7339	07695
硬 12 画	1 3 2 5 1 1 2 5 1 1 3 4	2589	0786C
硝 12 画	1 3 2 5 1 2 4 3 2 5 1 1	2590	0785D
硪 12 画	1 3 2 5 1 3 1 2 1 5 3 4	7340	0786A
确 12 画	1 3 2 5 1 3 5 3 5 1 1 2	2591	0786E
硫 12 画	1 3 2 5 1 4 1 5 4 3 2 5	2592	0786B
雁 12 画	1 3 3 2 3 2 4 1 1 1 2 1	2593	096C1
欹 12 画	1 3 4 1 2 5 1 2 3 5 3 4	7341	06B39
厥 12 画	1 3 4 3 1 5 2 3 3 5 3 4	5112	053A5
詟 12 画	1 3 5 3 4 4 1 1 1 2 5 1	7342	08A5F

汉字	笔顺	《字表》序号	UCS
殖 12 画	1 3 5 4 1 2 2 5 1 1 1 1	2594	06B96
裂 12 画	1 3 5 4 2 2 4 1 3 5 3 4	2595	088C2
雄 12 画	1 3 5 4 3 2 4 1 1 1 2 1	2596	096C4
殚 12 画	1 3 5 4 4 3 2 5 1 1 1 2	5113	06B9A
殛 12 画	1 3 5 4 5 2 2 5 1 5 4 1	5114	06B9B
颊 12 画	1 4 3 1 3 4 1 3 2 5 3 4	2597	0988A
雳 12 画	1 4 5 2 4 4 4 4 1 3 5 3	2598	096F3
雯 12 画	1 4 5 2 4 4 4 4 4 1 3 4	5115	096EF
雱 12 画	1 4 5 2 4 4 4 4 4 1 5 3	5116	096F1
辊 12 画	1 5 2 1 2 5 1 1 1 5 3 5	5117	08F8A
辋 12 画	1 5 2 1 2 5 4 3 1 4 1 5	5118	08F8B
𫐐 12 画	1 5 2 1 3 2 1 5 1 1 3 5	7343	2B410
椠 12 画	1 5 2 1 3 3 1 2 1 2 3 4	5119	06920
暂 12 画	1 5 2 1 3 3 1 2 2 5 1 1	2599	06682

汉字	笔顺	《字表》序号	UCS
辌 12 画	1 5 2 1 4 1 2 5 1 2 3 4	7344	08F8C
辍 12 画	1 5 2 1 5 4 5 4 5 4 5 4	5120	08F8D
辎 12 画	1 5 2 1 5 5 5 2 5 1 2 1	5121	08F8E
雅 12 画	1 5 2 3 3 2 4 1 1 1 2 1	2600	096C5
翘 12 画	1 5 3 1 3 5 5 4 1 5 4 1	2601	07FD8
棐 12 画	2 1 1 1 2 1 1 1 1 2 3 4	7345	068D0
辈 12 画	2 1 1 1 2 1 1 1 1 5 1 2	2602	08F88
斐 12 画	2 1 1 1 2 1 1 1 4 1 3 4	5122	06590
悲 12 画	2 1 1 1 2 1 1 1 4 5 4 4	2603	060B2
龂 12 画	2 1 2 1 3 4 5 2 3 3 1 2	7346	09F82
𬹼 12 画	2 1 2 1 3 4 5 2 3 4 3 2	7347	2CE7C
紫 12 画	2 1 2 1 3 5 5 5 4 2 3 4	2604	07D2B
凿 12 画	2 2 4 3 1 4 3 1 1 2 5 2	2605	051FF
黹 12 画	2 2 4 3 1 4 3 2 5 2 3 4	7348	09EF9

汉字	笔顺	《字表》序号	UCS
辉 12 画	2 4 3 1 3 5 4 5 1 5 1 2	2606	08F89
敞 12 画	2 4 3 2 5 2 5 1 3 1 3 4	2607	0655E
棠 12 画	2 4 3 4 5 2 5 1 1 2 3 4	2608	068E0
牚 12 画	2 4 3 4 5 2 5 1 1 5 2 3	7349	0725A
赏 12 画	2 4 3 4 5 2 5 1 2 5 3 4	2609	08D4F
掌 12 画	2 4 3 4 5 2 5 1 3 1 1 2	2610	0638C
晴 12 画	2 5 1 1 1 1 2 1 2 5 1 1	2611	06674
睐 12 画	2 5 1 1 1 1 4 3 1 2 3 4	2612	07750
暑 12 画	2 5 1 1 1 2 1 3 2 5 1 1	2613	06691
最 12 画	2 5 1 1 1 2 2 1 1 1 5 4	2614	06700
晰 12 画	2 5 1 1 1 2 3 4 3 3 1 2	2615	06670
睄 12 画	2 5 1 1 1 2 4 3 2 5 1 1	5123	07744
量 12 画	2 5 1 1 1 2 5 1 1 2 1 1	2616	091CF
睎 12 画	2 5 1 1 1 3 4 1 3 2 5 2	7350	0774E

汉字	笔顺	《字表》序号	UCS
睑 12 画	2 5 1 1 1 3 4 1 4 4 3 1	5124	07751
睇 12 画	2 5 1 1 1 4 3 5 1 5 2 3	5125	07747
鼎 12 画	2 5 1 1 1 5 1 3 2 1 2 5	2617	09F0E
睃 12 画	2 5 1 1 1 5 4 3 4 3 5 4	5126	07743
喷 12 画	2 5 1 1 2 1 2 2 2 5 3 4	2618	055B7
晫 12 画	2 5 1 1 2 1 2 5 1 1 1 2	7351	0666B
戢 12 画	2 5 1 1 2 2 1 1 1 5 3 4	5127	06222
喋 12 画	2 5 1 1 2 2 1 5 1 2 3 4	5128	0558B
嗒 12 画	2 5 1 1 2 2 3 4 1 2 5 1	5129	055D2
喃 12 画	2 5 1 1 2 2 5 4 3 1 1 2	5130	05583
喳 12 画	2 5 1 1 2 3 4 2 5 1 1 1	2619	055B3
晶 12 画	2 5 1 1 2 5 1 1 2 5 1 1	2620	06676
晪 12 画	2 5 1 1 2 5 1 2 2 1 3 4	7352	0666A
喇 12 画	2 5 1 1 2 5 1 2 3 4 2 2	2621	05587

12 画（丨）

汉字	笔顺	《字表》序号	UCS
遇 12画	丨 𠃍 一 一 丨 ㇕ 一 2 5 1 1 2 5 2 禺 禺 禺 遇 遇 1 4 4 5 4	2622	09047
喊 12画	丨 𠃍 一 一 ㇀ 丿 一 2 5 1 1 3 1 2 咸 咸 喊 喊 喊 5 1 5 3 4	2623	0558A
喱 12画	丨 𠃍 一 一 丨 ㇕ 丨 2 5 1 1 3 2 5 叿 叿 叿 喱 喱 1 1 2 1 1	5131	055B1
喹 12画	丨 𠃍 一 一 丿 ㇀ 丨 2 5 1 1 3 4 1 哇 哇 哇 喹 喹 2 1 1 2 1	5132	055B9
遏 12画	丨 𠃍 一 一 丿 ㇕ ㇕ 2 5 1 1 3 5 3 易 曷 曷 遏 遏 4 5 4 5 4	2624	0904F
晷 12画	丨 𠃍 一 一 丿 ㇕ ㇀ 2 5 1 1 3 5 4 冒 冒 冒 晷 晷 2 4 2 5 1	5133	06677
晾 12画	丨 𠃍 一 一 ㇀ 一 丨 2 5 1 1 4 1 2 昈 晾 晾 晾 晾 5 1 2 3 4	2625	0667E
景 12画	丨 𠃍 一 一 ㇀ 一 丨 2 5 1 1 4 1 2 昙 景 景 景 景 5 1 2 3 4	2626	0666F
晱 12画	丨 𠃍 一 一 ㇀ 丿 丿 2 5 1 1 4 3 3 晱 晱 晱 晱 晱 4 4 3 3 4	7353	06671
喈 12画	丨 𠃍 一 一 ㇀ 丿 ㇀ 2 5 1 1 5 3 5 啫 啫 啫 喈 喈 3 2 5 1 1	5134	05588
畴 12画	丨 𠃍 一 一 丨 一 一 2 5 1 2 1 1 1 町 畦 畴 畴 畴 1 3 1 2 4	2627	07574
践 12画	丨 𠃍 一 丨 一 丨 一 2 5 1 2 1 2 1 䟨 䟨 践 践 践 1 1 5 3 4	2628	08DF5
跖 12画	丨 𠃍 一 丨 一 丨 一 2 5 1 2 1 2 1 䟨 䟨 跖 跖 跖 1 3 2 5 1	5135	08DD6
跋 12画	丨 𠃍 一 丨 一 丨 一 2 5 1 2 1 2 1 䟨 䟨 跋 跋 跋 1 3 5 4 4	2629	08DCB

321

汉字	笔顺	《字表》序号	UCS
跌 12 画	2 5 1 2 1 2 1 3 1 1 3 4	2630	08DCC
跗 12 画	2 5 1 2 1 2 1 3 2 1 2 4	5136	08DD7
跞 12 画	2 5 1 2 1 2 1 3 5 2 3 4	5137	08DDE
跚 12 画	2 5 1 2 1 2 1 3 5 3 5 1	5138	08DDA
跑 12 画	2 5 1 2 1 2 1 3 5 5 1 5	2631	08DD1
跎 12 画	2 5 1 2 1 2 1 4 4 5 3 5	5139	08DCE
跏 12 画	2 5 1 2 1 2 1 5 3 2 5 1	5140	08DCF
跛 12 画	2 5 1 2 1 2 1 5 3 2 5 4	2632	08DDB
跆 12 画	2 5 1 2 1 2 1 5 4 2 5 1	5141	08DC6
𧿹 12 画	2 5 1 2 1 2 1 5 5 4 1 4	7354	27FF9
遗 12 画	2 5 1 2 1 2 5 3 4 4 5 4	2633	09057
蛙 12 画	2 5 1 2 1 4 1 2 1 1 2 1	2634	086D9
蛱 12 画	2 5 1 2 1 4 1 4 3 1 3 4	5142	086F1
蛲 12 画	2 5 1 2 1 4 1 5 3 1 3 5	5143	086F2

汉字	笔顺	《字表》序号	UCS
蛭 12 画	2 5 1 2 1 4 1 5 4 1 2 1	5144	086ED
蛳 12 画	2 5 1 2 1 4 2 3 1 2 5 2	5145	086F3
蛐 12 画	2 5 1 2 1 4 2 5 1 2 2 1	5146	086D0
蛔 12 画	2 5 1 2 1 4 2 5 2 5 1 1	5147	086D4
蛛 12 画	2 5 1 2 1 4 3 1 1 2 3 4	2635	086DB
蜓 12 画	2 5 1 2 1 4 3 1 2 1 5 4	2636	08713
蛞 12 画	2 5 1 2 1 4 3 1 2 2 5 1	5148	086DE

汉字	笔顺	《字表》序号	UCS
蜒 12 画	2 5 1 2 1 4 3 2 1 5 5 4	2637	08712
蛤 12 画	2 5 1 2 1 4 3 4 1 2 5 1	2638	086E4
蛴 12 画	2 5 1 2 1 4 4 1 3 4 3 2	5149	086F4
蛟 12 画	2 5 1 2 1 4 4 1 3 4 3 4	5150	086DF
蛘 12 画	2 5 1 2 1 4 4 3 1 1 1 2	5151	086D8
蛑 12 画	2 5 1 2 1 4 5 4 3 1 1 2	7355	086D1
畯 12 画	2 5 1 2 1 5 4 3 4 3 5 4	7356	0756F

汉字	笔顺	《字表》序号	UCS
喁 12 画	2 5 1 2 5 1 1 2 5 2 1 4	5152	05581
喝 12 画	2 5 1 2 5 1 1 3 5 3 4 5	2639	0559D
鹃 12 画	2 5 1 2 5 1 1 3 5 4 5 1	2640	09E43
喂 12 画	2 5 1 2 5 1 2 1 1 5 3 4	2641	05582
喟 12 画	2 5 1 2 5 1 2 1 2 5 1 1	5153	0559F
斝 12 画	2 5 1 2 5 1 4 5 4 4 1 2	7357	0659D
喘 12 画	2 5 1 2 5 2 1 3 2 5 2 2	2642	05598

汉字	笔顺	《字表》序号	UCS
啾 12 画	2 5 1 3 1 2 3 4 4 3 3 4	5154	0557E
嗖 12 画	2 5 1 3 2 1 5 1 1 2 5 4	5155	055D6
喤 12 画	2 5 1 3 2 5 1 1 1 1 2 1	7358	055A4
喉 12 画	2 5 1 3 2 5 1 3 1 1 3 4	2643	05589
喻 12 画	2 5 1 3 4 1 2 5 1 1 2 2	2644	055BB
喑 12 画	2 5 1 4 1 4 3 1 2 5 1 1	5156	05591
啼 12 画	2 5 1 4 1 4 3 4 5 2 5 2	2645	0557C

汉字	笔顺	《字表》序号	UCS
嗟 12 画	2 5 1 4 3 1 1 1 3 1 2 1	5157	055DF
喽 12 画	2 5 1 4 3 1 2 3 4 5 3 1	5158	055BD
嗞 12 画	2 5 1 4 3 1 5 5 4 5 5 4	5159	055DE
喧 12 画	2 5 1 4 4 5 1 2 5 1 1 1	2646	055A7
喀 12 画	2 5 1 4 4 5 3 5 4 2 5 1	5160	05580
喔 12 画	2 5 1 5 1 3 1 5 4 1 2 1	5161	05594
喙 12 画	2 5 1 5 5 1 3 5 3 3 3 4	5162	05599

汉字	笔顺	《字表》序号	UCS
崶 12 画	2 5 2 1 2 1 1 2 1 1 2 4	7359	05D36
嵁 12 画	2 5 2 1 2 2 1 1 1 3 4 5	7360	05D41
嵌 12 画	2 5 2 1 2 2 1 1 3 5 3 4	2647	05D4C
𫶇 12 画	2 5 2 1 2 2 2 4 5 2 5 2	7361	2BD87
嵘 12 画	2 5 2 1 2 2 4 5 1 2 3 4	5163	05D58
嵖 12 画	2 5 2 1 2 3 4 2 5 1 1 1	5164	05D56
幅 12 画	2 5 2 1 2 5 1 2 5 1 2 1	2648	05E45

汉字	笔顺	《字表》序号	UCS
崾 12 画	2 5 2 1 2 5 2 2 1 5 3 1	7362	05D3E
嵅 12 画	2 5 2 1 3 1 2 5 1 5 3 4	7363	05D45
崴 12 画	2 5 2 1 3 1 5 3 1 5 3 4	5165	05D34
遄 12 画	2 5 2 1 3 2 5 2 2 4 5 4	5166	09044
詈 12 画	2 5 2 2 1 4 1 1 1 2 5 1	5167	08A48
帽 12 画	2 5 2 2 5 1 1 2 5 1 1 1	2649	05E3D
嵎 12 画	2 5 2 2 5 1 1 2 5 2 1 4	5168	05D4E
崽 12 画	2 5 2 2 5 1 2 1 4 5 4 4	5169	05D3D
崿 12 画	2 5 2 2 5 1 2 5 1 1 1 5	7364	05D3F
嵚 12 画	2 5 2 3 1 1 1 5 3 5 3 4	7365	05D5A
嵬 12 画	2 5 2 3 2 5 1 1 3 5 5 4	5170	05D6C
嵛 12 画	2 5 2 3 4 1 2 5 1 1 2 2	5171	05D5B
翙 12 画	2 5 2 3 5 4 5 4 1 5 4 1	7366	07FD9
嵯 12 画	2 5 2 4 3 1 1 1 3 1 2 1	5172	05D6F

汉字	笔顺	《字表》序号	UCS
嵝 12 画	2 5 2 4 3 1 2 3 4 5 3 1	5173	05D5D
嵫 12 画	2 5 2 4 3 1 5 5 4 5 5 4	5174	05D6B
幄 12 画	2 5 2 5 1 3 1 5 4 1 2 1	5175	05E44
𫖮 12 画	2 5 2 5 1 5 1 3 2 5 3 4	7367	2B5AE
嵋 12 画	2 5 2 5 2 1 3 2 5 1 1 1	5176	05D4B
圌 12 画	2 5 2 5 2 1 3 2 5 2 2 1	7368	0570C
圐 12 画	2 5 2 5 2 2 1 4 1 5 3 1	7369	05710

汉字	笔顺	《字表》序号	UCS
赋 12 画	2 5 3 4 1 1 2 1 2 1 5 4	2650	08D4B
赌 12 画	2 5 3 4 1 2 1 3 2 5 1 1	2651	08D4C
赎 12 画	2 5 3 4 1 2 5 4 4 1 3 4	2652	08D4E
赐 12 画	2 5 3 4 2 5 1 1 3 5 3 3	2653	08D50
赑 12 画	2 5 3 4 2 5 3 4 2 5 3 4	7370	08D51
淼 12 画	2 5 3 4 2 5 3 4 2 5 3 4	7371	06DFC
赒 12 画	2 5 3 4 3 5 1 2 1 2 5 1	7372	08D52

汉字	笔顺	《字表》序号	UCS
赔 12画	2 5 3 4 4 1 4 3 1 2 5 1	2654	08D54
赕 12画	2 5 3 4 4 3 3 4 4 3 3 4	5177	08D55
黑 12画	2 5 4 3 1 2 1 1 4 4 4 4	2655	09ED1
铸 12画	3 1 1 1 5 1 1 1 3 1 2 4	2656	094F8
鿏 12画	3 1 1 1 5 1 1 2 1 3 5 4	7373	09FCF
铹 12画	3 1 1 1 5 1 2 2 4 5 5 3	7374	094F9
𬭊 12画	3 1 1 1 5 1 2 3 4 1 2 1	7375	2CB4A

汉字	笔顺	《字表》序号	UCS
𨱇 12画	3 1 1 1 5 1 2 4 1 3 4 4	7377	28C47
铺 12画	3 1 1 1 5 1 2 5 1 1 2 4	2657	094FA
铻 12画	3 1 1 1 5 1 2 5 1 2 5 1	5178	094FB
铼 12画	3 1 1 1 5 1 4 3 1 2 3 4	5179	094FC
铽 12画	3 1 1 1 5 1 4 5 4 4 5 4	7376	094FD
链 12画	3 1 1 1 5 1 5 1 2 4 5 4	2658	094FE
铿 12画	3 1 1 1 5 2 2 5 4 1 2 1	5180	094FF

汉字	笔顺	《字表》序号	UCS
销 12 画	3 1 1 1 5 2 4 3 2 5 1 1	2659	09500
锁 12 画	3 1 1 1 5 2 4 3 2 5 3 4	2660	09501
锃 12 画	3 1 1 1 5 2 5 1 1 1 2 1	5181	09503
锄 12 画	3 1 1 1 5 2 5 1 1 1 5 3	2661	09504
锂 12 画	3 1 1 1 5 2 5 1 1 2 1 1	5182	09502
𫓶 12 画	3 1 1 1 5 2 5 1 2 5 1 1	7378	2B4F6
锅 12 画	3 1 1 1 5 2 5 1 2 5 3 4	2662	09505
锆 12 画	3 1 1 1 5 3 1 2 1 2 5 1	5183	09506
锇 12 画	3 1 1 1 5 3 1 2 1 5 3 4	5184	09507
锈 12 画	3 1 1 1 5 3 1 2 3 4 5 3	2663	09508
锉 12 画	3 1 1 1 5 3 4 3 4 1 2 1	5185	09509
锊 12 画	3 1 1 1 5 3 4 4 3 1 2 4	7379	0950A
锋 12 画	3 1 1 1 5 3 5 4 1 1 1 2	2664	0950B
锌 12 画	3 1 1 1 5 4 1 4 3 1 1 2	2665	0950C

汉字	笔顺	《字表》序号	UCS
锍 12 画	3 1 1 1 5 4 1 5 4 3 2 5	7380	0950D
锎 12 画	3 1 1 1 5 4 2 5 1 1 3 2	7381	0950E
锏 12 画	3 1 1 1 5 4 2 5 2 5 1 1	5186	0950F
锐 12 画	3 1 1 1 5 4 3 2 5 1 3 5	2666	09510
锑 12 画	3 1 1 1 5 4 3 5 1 5 2 3	5187	09511
𬭎 12 画	3 1 1 1 5 4 4 5 1 3 5 4	7382	2CB4E
锒 12 画	3 1 1 1 5 4 5 1 1 5 3 4	5188	09512
锓 12 画	3 1 1 1 5 5 1 1 4 5 5 4	7383	09513
锔 12 画	3 1 1 1 5 5 1 3 5 2 5 1	5189	09514
锕 12 画	3 1 1 1 5 5 2 1 2 5 1 2	5190	09515
甥 12 画	3 1 1 2 1 2 5 1 2 1 5 3	2667	07525
犇 12 画	3 1 1 2 3 1 2 1 3 1 1 2	7384	07287
掣 12 画	3 1 1 2 5 2 2 2 3 1 1 2	5191	063A3
掰 12 画	3 1 1 3 3 4 5 3 3 1 1 2	2668	063B0

汉字	笔顺	《字表》序号	UCS
短 12 画	3 1 1 3 4 1 2 5 1 4 3 1	2669	077ED
智 12 画	3 1 1 3 4 2 5 1 2 5 1 1	2670	0667A
矬 12 画	3 1 1 3 4 3 4 3 4 1 2 1	5192	077EC
氰 12 画	3 1 1 5 1 1 2 1 2 5 1 1	5193	06C30
毳 12 画	3 1 1 5 3 1 1 5 3 1 1 5	5194	06BF3
氮 12 画	3 1 1 5 4 3 3 4 4 3 3 4	2671	06C2E
毯 12 画	3 1 1 5 4 3 3 4 4 3 3 4	2672	06BEF
毽 12 画	3 1 1 5 5 1 1 1 1 2 5 4	5195	06BFD
氯 12 画	3 1 1 5 5 1 1 2 4 1 3 4	2673	06C2F
犊 12 画	3 1 2 1 1 2 5 4 4 1 3 4	5196	0728A
犄 12 画	3 1 2 1 1 3 4 1 2 5 1 2	5197	07284
犋 12 画	3 1 2 1 2 5 1 1 1 1 3 4	5198	0728B
鹄 12 画	3 1 2 1 2 5 1 3 5 4 5 1	5199	09E44
犍 12 画	3 1 2 1 5 1 1 1 1 2 5 4	5200	0728D

汉字	笔顺	《字表》序号	UCS
鹅 12 画	3 1 2 1 5 3 4 3 5 4 5 1	2674	09E45
颋 12 画	3 1 2 1 5 4 1 3 2 5 3 4	7385	0988B
剩 12 画	3 1 2 2 1 1 3 5 3 4 2 2	2675	05269
嵇 12 画	3 1 2 3 4 1 3 5 4 2 5 2	5201	05D47
稍 12 画	3 1 2 3 4 2 4 3 2 5 1 1	2676	07A0D
程 12 画	3 1 2 3 4 2 5 1 1 1 2 1	2677	07A0B
稌 12 画	3 1 2 3 4 3 4 1 1 2 3 4	7386	07A0C

汉字	笔顺	《字表》序号	UCS
稀 12 画	3 1 2 3 4 3 4 1 3 2 5 2	2678	07A00
黍 12 画	3 1 2 3 4 3 4 2 4 1 3 4	5202	09ECD
稃 12 画	3 1 2 3 4 3 4 4 3 5 2 1	5203	07A03
税 12 画	3 1 2 3 4 4 3 2 5 1 3 5	2679	07A0E
稂 12 画	3 1 2 3 4 4 5 1 1 5 3 4	5204	07A02
筐 12 画	3 1 4 3 1 4 1 1 1 2 1 5	2680	07B50
筀 12 画	3 1 4 3 1 4 1 2 1 1 2 1	7387	07B40

汉字	笔顺	《字表》序号	UCS
等 12 画	3 1 4 3 1 4 1 2 1 1 2 4	2681	07B49
筘 12 画	3 1 4 3 1 4 1 2 1 2 5 1	7388	07B58
筑 12 画	3 1 4 3 1 4 1 2 1 3 5 4	2682	07B51
策 12 画	3 1 4 3 1 4 1 2 5 2 3 4	2683	07B56
筚 12 画	3 1 4 3 1 4 1 5 3 5 1 2	5205	07B5A
筛 12 画	3 1 4 3 1 4 2 3 1 2 5 2	2684	07B5B
筜 12 画	3 1 4 3 1 4 2 4 3 5 1 1	7389	07B5C

汉字	笔顺	《字表》序号	UCS
筥 12 画	3 1 4 3 1 4 2 5 1 2 5 1	7390	07B65
筒 12 画	3 1 4 3 1 4 2 5 1 2 5 1	2685	07B52
筅 12 画	3 1 4 3 1 4 3 1 2 1 3 5	7391	07B45
筏 12 画	3 1 4 3 1 4 3 2 1 5 3 4	2686	07B4F
筵 12 画	3 1 4 3 1 4 3 2 1 5 5 4	5206	07B75
筌 12 画	3 1 4 3 1 4 3 4 1 1 2 1	5207	07B4C
答 12 画	3 1 4 3 1 4 3 4 1 2 5 1	2687	07B54

汉字	笔顺	《字表》序号	UCS
筋 12 画	3 1 4 3 1 4 3 / 5 1 1 5 3	2688	07B4B
筝 12 画	3 1 4 3 1 4 3 / 5 5 1 1 2	2689	07B5D
傣 12 画	3 2 1 1 1 3 4 / 2 4 1 3 4	5208	050A3
傲 12 画	3 2 1 1 2 1 5 / 3 3 1 3 4	2690	050B2
傃 12 画	3 2 1 1 2 1 5 / 5 4 2 3 4	7392	05083
傅 12 画	3 2 1 2 5 1 1 / 2 4 1 2 4	2691	05085
傈 12 画	3 2 1 2 5 2 2 / 1 1 2 3 4	5209	05088

汉字	笔顺	《字表》序号	UCS
傉 12 画	3 2 1 3 1 1 5 / 3 4 1 2 4	7393	05089
舄 12 画	3 2 1 5 1 1 3 / 5 4 4 4 4	5210	08204
牍 12 画	3 2 1 5 1 2 5 / 4 4 1 3 4	5211	0724D
牌 12 画	3 2 1 5 3 2 5 / 1 1 3 1 2	2692	0724C
翛 12 画	3 2 2 3 5 4 5 / 4 1 5 4 1	7394	07FDB
傥 12 画	3 2 2 4 3 4 5 / 2 5 1 3 5	5212	050A5
堡 12 画	3 2 2 5 1 1 2 / 3 4 1 2 1	2693	05821

汉字	笔顺	《字表》序号	UCS
傒 12 画	3 2 3 4 4 3 5 5 4 1 3 4	7395	05092
集 12 画	3 2 4 1 1 1 2 1 1 2 3 4	2694	096C6
焦 12 画	3 2 4 1 1 1 2 1 4 4 4 4	2695	07126
傍 12 画	3 2 4 1 4 3 4 5 4 1 5 3	2696	0508D
傧 12 画	3 2 4 4 5 3 2 1 2 1 3 4	5213	050A7
储 12 画	3 2 4 5 1 2 1 3 2 5 1 1	2697	050A8
傕 12 画	3 2 4 5 3 2 4 1 1 1 2 1	7396	05095

汉字	笔顺	《字表》序号	UCS
遑 12 画	3 2 5 1 1 1 1 2 1 4 5 4	5214	09051
皓 12 画	3 2 5 1 1 3 1 2 1 2 5 1	2698	07693
皖 12 画	3 2 5 1 1 4 4 5 1 1 3 5	2699	07696
粤 12 画	3 2 5 4 3 1 2 3 4 1 1 5	2700	07CA4
奥 12 画	3 2 5 4 3 1 2 3 4 1 3 4	2701	05965
傩 12 画	3 2 5 4 3 2 4 1 1 1 2 1	5215	050A9
遁 12 画	3 3 1 2 2 5 1 1 1 4 5 4	5216	09041

汉字	笔顺	《字表》序号	UCS
街 12 画	3 3 2 1 2 1 1 2 1 1 1 2	2702	08857
徰 12 画	3 3 2 1 2 1 2 1 4 5 4 4	2703	060E9
御 12 画	3 3 2 3 1 1 2 1 2 1 5 2	2704	05FA1
徨 12 画	3 3 2 3 2 5 1 1 1 1 2 1	5217	05FA8
循 12 画	3 3 2 3 3 1 2 2 5 1 1 1	2705	05FAA
媭 12 画	3 3 3 1 3 2 5 3 4 5 3 1	5218	05AAD
舾 12 画	3 3 5 4 1 4 1 2 5 3 5 1	7397	0823E
艇 12 画	3 3 5 4 1 4 3 1 2 1 5 4	2706	08247
舒 12 画	3 4 1 1 2 2 5 1 5 4 5 2	2707	08212
畲 12 画	3 4 1 1 2 3 4 2 5 1 2 1	5219	07572
畬 12 画	3 4 1 1 2 3 4 2 5 1 2 1	7398	0756C
弑 12 画	3 4 1 2 3 4 1 1 2 1 5 4	5220	05F11
逾 12 画	3 4 1 2 5 1 1 2 2 4 5 4	2708	0903E
颌 12 画	3 4 1 2 5 1 1 3 2 5 3 4	5221	0988C

汉字	笔顺	《字表》序号	UCS
翕 12 画	3 4 1 2 5 1 5 4 1 5 4 1	5222	07FD5
𫖯 12 画	3 4 1 5 3 4 1 3 2 5 3 4	7399	2B5AF
釉 12 画	3 4 3 1 2 3 4 2 5 1 2 1	5223	091C9
番 12 画	3 4 3 1 2 3 4 2 5 1 2 1	2709	0756A
释 12 画	3 4 3 1 2 3 4 5 4 1 1 2	2710	091CA
鹆 12 画	3 4 3 4 2 5 1 3 5 4 5 1	5224	09E46
禽 12 画	3 4 4 1 3 4 5 2 2 5 5 4	2711	079BD
舜 12 画	3 4 4 3 4 5 3 5 4 1 5 2	5225	0821C
貂 12 画	3 4 4 3 5 3 3 5 3 2 5 1	5226	08C82
腈 12 画	3 5 1 1 1 1 2 1 2 5 1 1	5227	08148
脿 12 画	3 5 1 1 1 1 2 1 3 5 3 4	7400	0813F
腊 12 画	3 5 1 1 1 2 2 1 2 5 1 1	2712	0814A
腌 12 画	3 5 1 1 1 3 4 2 5 1 1 5	5228	0814C
腓 12 画	3 5 1 1 2 1 1 1 2 1 1 1	5229	08153

汉字	笔顺	《字表》序号	UCS
胭 12 画	3 5 1 1 2 5 1 1 2 1 4 1	7401	08158
腆 12 画	3 5 1 1 2 5 1 2 2 1 3 4	5230	08146
䐃 12 画	3 5 1 1 2 5 3 1 2 3 4 1	7402	04403
腴 12 画	3 5 1 1 3 2 1 5 1 1 3 4	5231	08174
脾 12 画	3 5 1 1 3 2 5 1 1 3 1 2	2713	0813E
腋 12 画	3 5 1 1 4 1 3 2 3 5 4 4	2714	0814B
腑 12 画	3 5 1 1 4 1 3 3 2 1 2 4	5232	08151
腙 12 画	3 5 1 1 4 4 5 1 1 2 3 4	7403	08159
腚 12 画	3 5 1 1 4 4 5 1 2 1 3 4	5233	0815A
腔 12 画	3 5 1 1 4 4 5 3 4 1 2 1	2715	08154
腕 12 画	3 5 1 1 4 4 5 3 5 4 5 5	2716	08155
腱 12 画	3 5 1 1 5 1 1 1 1 2 5 4	5234	08171
腒 12 画	3 5 1 1 5 1 3 1 2 2 5 1	7404	08152
𬱟 12 画	3 5 1 3 5 5 1 3 2 5 3 4	7405	2CC5F

汉字	笔顺	《字表》序号	UCS
鱿 12画	3 5 2 5 1 2 1 1 1 3 5 4	5235	09C7F
鲀 12画	3 5 2 5 1 2 1 1 1 5 2 5	5236	09C80
鲁 12画	3 5 2 5 1 2 1 1 2 5 1 1	2717	09C81
鲂 12画	3 5 2 5 1 2 1 1 4 1 5 3	5237	09C82
鲃 12画	3 5 2 5 1 2 1 1 5 2 1 5	7406	09C83
颍 12画	3 5 2 5 3 4 1 3 2 5 3 4	5238	0988D
猰 12画	3 5 3 1 1 1 2 5 3 1 3 4	7407	07330

汉字	笔顺	《字表》序号	UCS
𫛭 12画	3 5 3 1 1 2 1 3 5 4 5 1	7408	2B6ED
猢 12画	3 5 3 1 2 2 5 1 3 5 1 1	5239	07322
猹 12画	3 5 3 1 2 3 4 2 5 1 1 1	5240	07339
猩 12画	3 5 3 2 5 1 1 3 1 1 2 1	2718	07329
猥 12画	3 5 3 2 5 1 2 1 1 5 3 4	5241	07325
猬 12画	3 5 3 2 5 1 2 1 2 5 1 1	2719	0732C
猯 12画	3 5 3 2 5 2 1 3 2 5 2 2	7409	0732F

汉字	笔顺	《字表》序号	UCS
猾 12 画	3 5 3 2 5 5 4 5 2 5 1 1	2720	0733E
猴 12 画	3 5 3 3 2 5 1 3 1 1 3 4	2721	07334
㺄 12 画	3 5 3 3 4 1 2 5 1 1 2 2	7410	03E84
飓 12 画	3 5 3 4 2 5 1 1 1 1 3 4	5242	098D3
觞 12 画	3 5 3 5 1 1 2 3 1 5 3 3	5243	089DE
觚 12 画	3 5 3 5 1 1 2 3 3 5 4 4	5244	089DA
猱 12 画	3 5 3 5 4 5 2 3 1 2 3 4	5245	07331
惫 12 画	3 5 4 2 5 1 2 1 4 5 4 4	2722	060EB
颎 12 画	3 5 4 3 3 4 1 3 2 5 3 4	5246	0988E
飧 12 画	3 5 4 3 4 4 5 1 1 5 3 4	5247	098E7
然 12 画	3 5 4 4 1 3 4 4 4 4 4	2723	07136
馇 12 画	3 5 5 1 2 3 4 2 5 1 1 1	5248	09987
馈 12 画	3 5 5 2 5 1 2 1 2 5 3 4	2724	09988
馉 12 画	3 5 5 2 5 5 4 5 2 5 1 1	7411	09989

汉字	笔顺	《字表》序号	UCS
馊 12画	3 5 5 3 2 1 5 1 1 2 5 4	5249	0998A
馋 12画	3 5 5 3 5 2 5 1 3 5 4 4	2725	0998B
亵 12画	4 1 1 2 1 3 5 4 3 5 3 4	5250	04EB5
凓 12画	4 1 1 2 5 2 2 1 1 2 3 4	7412	051D3
装 12画	4 1 2 1 2 1 4 1 3 5 3 4	2726	088C5
蛮 12画	4 1 2 2 3 4 2 5 1 2 1 4	2727	086EE
脔 12画	4 1 2 2 3 4 2 5 3 4 3 4	5251	08114

汉字	笔顺	《字表》序号	UCS
就 12画	4 1 2 5 1 2 3 4 1 3 5 4	2728	05C31
鄗 12画	4 1 2 5 1 2 5 2 5 1 5 2	7413	09117
敦 12画	4 1 2 5 1 5 2 1 3 1 3 4	2729	06566
裒 12画	4 1 3 2 1 5 1 1 3 5 3 4	5252	088D2
𫷷 12画	4 1 3 3 1 1 1 5 3 5 3 4	7414	2BDF7
庾 12画	4 1 3 3 2 1 5 1 1 2 5 4	7415	05ECB
廆 12画	4 1 3 3 2 5 1 1 3 5 5 4	7416	05EC6

汉字	笔顺	《字表》序号	UCS
斌 12 画	4 1 3 4 1 1 2 1 2 1 5 4	2730	0658C
痣 12 画	4 1 3 4 1 1 2 1 4 5 4 4	5253	075E3
痨 12 画	4 1 3 4 1 1 2 2 4 5 5 3	5254	075E8
痦 12 画	4 1 3 4 1 1 2 5 1 2 5 1	5255	075E6
痘 12 画	4 1 3 4 1 1 2 5 1 4 3 1	2731	075D8
痞 12 画	4 1 3 4 1 1 3 2 4 2 5 1	5256	075DE
痢 12 画	4 1 3 4 1 3 1 2 3 4 2 2	2732	075E2
痤 12 画	4 1 3 4 1 3 4 3 4 1 2 1	5257	075E4
痪 12 画	4 1 3 4 1 3 5 2 5 1 3 4	2733	075EA
痫 12 画	4 1 3 4 1 4 2 5 1 2 3 4	5258	075EB
痧 12 画	4 1 3 4 1 4 4 1 2 3 4 3	5259	075E7
痛 12 画	4 1 3 4 1 5 4 2 5 1 1 2	2734	075DB
鄌 12 画	4 1 3 5 1 1 2 2 5 1 5 2	7417	0910C
赓 12 画	4 1 3 5 1 1 3 4 2 5 3 4	5260	08D53

汉字	笔顺	《字表》序号	UCS
粢 12 画	4 1 3 5 3 4 4 3 1 2 3 4	7418	07CA2
竦 12 画	4 1 4 3 1 1 2 5 1 2 3 4	5261	07AE6
童 12 画	4 1 4 3 1 2 5 1 1 2 1 1	2735	07AE5
瓿 12 画	4 1 4 3 1 2 5 1 1 5 5 4	5262	074FF
竣 12 画	4 1 4 3 1 5 4 3 4 3 5 4	2736	07AE3
啻 12 画	4 1 4 3 4 5 2 5 2 2 5 1	5263	0557B
遆 12 画	4 1 4 3 4 5 2 5 2 4 5 4	7419	09046

汉字	笔顺	《字表》序号	UCS
旐 12 画	4 1 5 3 3 1 3 4 1 5 3 4	7420	065D0
颏 12 画	4 1 5 3 3 4 1 3 2 5 3 4	5264	0988F
鹇 12 画	4 2 5 1 2 3 4 3 5 4 5 1	5265	09E47
𬮱 12 画	4 2 5 1 2 5 2 2 1 1 2 1	7421	2CBB1
阑 12 画	4 2 5 1 2 5 4 3 1 2 3 4	5266	09611
阒 12 画	4 2 5 2 5 1 1 1 1 3 4 4	5267	09612
阔 12 画	4 2 5 4 4 1 3 1 2 2 5 1	2737	09614

汉字	笔顺	《字表》序号	UCS
阒 12 画	4 2 5 5 4 3 3 4 1 1 3 4	5268	09615
善 12 画	4 3 1 1 1 2 4 3 1 2 5 1	2738	05584
翔 12 画	4 3 1 1 1 3 5 4 1 5 4 1	2739	07FD4
羡 12 画	4 3 1 1 2 1 4 1 3 5 3 4	2740	07FA1
普 12 画	4 3 1 2 2 4 3 1 2 5 1 1	2741	0666E
粪 12 画	4 3 1 2 3 4 1 2 2 1 3 4	2742	07CAA
粞 12 画	4 3 1 2 3 4 1 2 5 3 5 1	5269	07C9E
尊 12 画	4 3 1 2 5 3 5 1 1 1 2 4	2743	05C0A
奠 12 画	4 3 1 2 5 3 5 1 1 1 3 4	2744	05960
遒 12 画	4 3 1 2 5 3 5 1 1 4 5 4	5270	09052
道 12 画	4 3 1 3 2 5 1 1 1 4 5 4	2745	09053
遂 12 画	4 3 1 3 5 3 3 3 4 4 5 4	2746	09042
孳 12 画	4 3 1 5 5 4 5 5 4 5 2 1	5271	05B73
曾 12 画	4 3 2 5 2 4 3 1 2 5 1 1	2747	066FE

汉字	笔顺	《字表》序号	UCS
焯 12 画	4 3 3 4 2 1 2 5 1 1 1 2	5272	0712F
焜 12 画	4 3 3 4 2 5 1 1 1 5 3 5	5273	0711C
焰 12 画	4 3 3 4 3 5 3 2 1 5 1 1	2748	07130
焞 12 画	4 3 3 4 4 1 2 5 1 5 2 1	7422	0711E
焙 12 画	4 3 3 4 4 1 4 3 1 2 5 1	5274	07119
𬊤 12 画	4 3 3 4 4 3 2 5 1 1 1 2	7423	2C2A4
欻 12 画	4 3 3 4 4 3 3 4 3 5 3 4	7424	06B3B
焱 12 画	4 3 3 4 4 3 3 4 4 3 3 4	5275	07131
鹈 12 画	4 3 5 1 5 2 3 3 5 4 5 1	5276	09E48
𣸣 12 画	4 4 1 1 2 1 2 2 2 5 3 4	7425	23E23
湛 12 画	4 4 1 1 2 2 1 1 1 3 4 5	5277	06E5B
港 12 画	4 4 1 1 2 2 1 3 4 5 1 5	2749	06E2F
渫 12 画	4 4 1 1 2 2 1 5 1 2 3 4	5278	06E2B
滞 12 画	4 4 1 1 2 2 2 4 5 2 5 2	2750	06EDE

汉字	笔顺	《字表》序号	UCS
溚 12 画	4 4 1 1 2 2 3 4 1 2 5 1	7426	06E9A
溁 12 画	4 4 1 1 2 2 4 5 1 2 3 4	7427	06E81
湖 12 画	4 4 1 1 2 2 5 1 3 5 1 1	2751	06E56
湘 12 画	4 4 1 1 2 3 4 2 5 1 1 1	2752	06E58
渣 12 画	4 4 1 1 2 3 4 2 5 1 1 1	2753	06E23
渤 12 画	4 4 1 1 2 4 5 5 2 1 5 3	2754	06E24
湮 12 画	4 4 1 1 2 5 2 2 1 1 2 1	5279	06E6E
湎 12 画	4 4 1 1 3 2 5 2 2 1 1 1	5280	06E4E
湝 12 画	4 4 1 1 5 3 5 3 2 5 1 1	7428	06E5D
湜 12 画	4 4 1 2 5 1 1 1 2 1 3 4	5281	06E5C
渺 12 画	4 4 1 2 5 1 1 1 2 3 4 3	2755	06E3A
湿 12 画	4 4 1 2 5 1 1 2 2 4 3 1	2756	06E7F
温 12 画	4 4 1 2 5 1 1 2 5 2 2 1	2757	06E29
渴 12 画	4 4 1 2 5 1 1 3 5 3 4 5	2758	06E34

汉字	笔顺	《字表》序号	UCS
渭 12 画	4 4 1 2 5 1 2 1 2 5 1 1	5282	06E2D
溃 12 画	4 4 1 2 5 1 2 1 2 5 3 4	2759	06E83
湍 12 画	4 4 1 2 5 2 1 3 2 5 2 2	5283	06E4D
溅 12 画	4 4 1 2 5 3 4 1 1 5 3 4	2760	06E85
滑 12 画	4 4 1 2 5 5 4 5 2 5 1 1	2761	06ED1
湃 12 画	4 4 1 3 1 1 3 1 1 1 1 2	2762	06E43
湫 12 画	4 4 1 3 1 2 3 4 4 3 3 4	5284	06E6B
溲 12 画	4 4 1 3 2 1 5 1 1 2 5 4	5285	06EB2
湟 12 画	4 4 1 3 2 5 1 1 1 1 2 1	5286	06E5F
溆 12 画	4 4 1 3 4 1 1 2 3 4 5 4	5287	06E86
渝 12 画	4 4 1 3 4 1 2 5 1 1 2 2	2763	06E1D
渰 12 画	4 4 1 3 4 1 2 5 1 1 3 2	7429	06E30
湲 12 画	4 4 1 3 4 4 3 1 1 3 5 4	5288	06E72
湓 12 画	4 4 1 3 4 5 3 2 5 2 2 1	7430	06E53

汉字	笔顺	《字表》序号	UCS
㴔 12 画	4 4 1 3 5 5 1 1 4 5 4 4	7431	03D14
湾 12 画	4 4 1 4 1 2 2 3 4 5 1 5	2764	06E7E
渟 12 画	4 4 1 4 1 2 5 1 4 5 1 2	7432	06E1F
渡 12 画	4 4 1 4 1 3 1 2 2 1 5 4	2765	06E21
游 12 画	4 4 1 4 1 5 3 3 1 5 2 1	2766	06E38
溠 12 画	4 4 1 4 3 1 1 1 3 1 2 1	7433	06EA0
渼 12 画	4 4 1 4 3 1 1 2 1 1 3 4	7434	06E3C
溇 12 画	4 4 1 4 3 1 2 3 4 5 3 1	7435	06E87
湔 12 画	4 4 1 4 3 1 2 5 1 1 2 2	5289	06E54
滋 12 画	4 4 1 4 3 1 5 5 4 5 5 4	2767	06ECB
湉 12 画	4 4 1 4 4 2 3 1 2 2 5 1	5290	06E49
渲 12 画	4 4 1 4 4 5 1 2 5 1 1 1	2768	06E32
溉 12 画	4 4 1 5 1 1 5 4 1 5 3 5	2769	06E89
渥 12 画	4 4 1 5 1 3 1 5 4 1 2 1	5291	06E25

汉字	笔顺	《字表》序号	UCS
湣 12 画	4 4 1 5 1 5 1 5 2 5 1 1	7436	06E63
湄 12 画	4 4 1 5 2 1 3 2 5 1 1 1	5292	06E44
湑 12 画	4 4 1 5 2 1 3 4 2 5 1 1	7437	06E51
滁 12 画	4 4 1 5 2 3 4 1 1 2 3 4	5293	06EC1
溞 12 画	4 4 1 5 4 4 2 5 1 2 1 4	7438	06E9E
愤 12 画	4 4 2 1 2 1 2 2 2 5 3 4	2770	06124
慌 12 画	4 4 2 1 2 2 4 1 5 3 2 5	2771	0614C

汉字	笔顺	《字表》序号	UCS
惰 12 画	4 4 2 1 3 1 2 1 2 5 1 1	2772	060F0
愐 12 画	4 4 2 1 3 2 5 2 2 1 1 1	7439	06110
愠 12 画	4 4 2 2 5 1 1 2 5 2 2 1	5294	06120
惺 12 画	4 4 2 2 5 1 1 3 1 1 2 1	5295	060FA
愦 12 画	4 4 2 2 5 1 2 1 2 5 3 4	5296	06126
愕 12 画	4 4 2 2 5 1 2 5 1 1 1 5	2773	06115
惴 12 画	4 4 2 2 5 2 1 3 2 5 2 2	5297	060F4

汉字	笔顺	《字表》序号	UCS
愣 12 画	4 4 2 2 5 2 2 1 4 1 5 3	2774	06123
愀 12 画	4 4 2 3 1 2 3 4 4 3 3 4	5298	06100
愎 12 画	4 4 2 3 1 2 5 1 1 3 5 4	5299	0610E
惶 12 画	4 4 2 3 2 5 1 1 1 1 2 1	2775	060F6
愧 12 画	4 4 2 3 2 5 1 1 3 5 5 4	2776	06127
愉 12 画	4 4 2 3 4 1 2 5 1 1 2 2	2777	06109
愔 12 画	4 4 2 4 1 4 3 1 2 5 1 1	5300	06114
愃 12 画	4 4 2 4 4 5 1 2 5 1 1 1	7440	06103
慨 12 画	4 4 2 5 1 1 5 4 1 5 3 5	2778	06168
喾 12 画	4 4 3 4 5 3 1 2 1 2 5 1	5301	055BE
敩 12 画	4 4 3 4 5 5 2 1 3 1 3 4	7441	06569
割 12 画	4 4 5 1 1 1 2 2 5 1 2 2	2779	05272
寒 12 画	4 4 5 1 1 2 2 1 3 4 4 4	2780	05BD2
富 12 画	4 4 5 1 2 5 1 2 5 1 2 1	2781	05BCC

汉字	笔顺	《字表》序号	UCS
寓 12 画	4 4 5 2 5 1 1 2 5 2 1 4	2782	05BD3
窜 12 画	4 4 5 3 4 2 5 1 2 5 1 2	2783	07A9C
窝 12 画	4 4 5 3 4 2 5 1 2 5 3 4	2784	07A9D
窖 12 画	4 4 5 3 4 3 1 2 1 2 5 1	2785	07A96
窗 12 画	4 4 5 3 4 3 2 5 3 5 4 1	2786	07A97
窘 12 画	4 4 5 3 4 5 1 1 3 2 5 1	2787	07A98
甯 12 画	4 4 5 4 5 4 4 2 5 1 1 2	7442	0752F
寐 12 画	4 4 5 5 2 1 3 1 1 2 3 4	5302	05BD0
谟 12 画	4 5 1 2 2 2 5 1 1 1 3 4	5303	08C1F
扉 12 画	4 5 1 3 2 1 1 1 2 1 1 1	5304	06249
遍 12 画	4 5 1 3 2 5 1 2 2 4 5 4	2788	0904D
棨 12 画	4 5 1 3 3 1 3 4 1 2 3 4	7443	068E8
雇 12 画	4 5 1 3 3 2 4 1 1 1 2 1	2789	096C7
扊 12 画	4 5 1 3 4 3 3 4 4 3 3 4	7444	0624A

汉字	笔顺	《字表》序号	UCS
裢 12画	4 5 2 3 4 1 5 1 2 4 5 4	5305	088E2
裎 12画	4 5 2 3 4 2 5 1 1 1 2 1	5306	088CE
裣 12画	4 5 2 3 4 3 4 1 4 4 3 1	7445	088E3
裕 12画	4 5 2 3 4 3 4 3 4 2 5 1	2790	088D5
裤 12画	4 5 2 3 4 4 1 3 1 5 1 2	2791	088E4
裥 12画	4 5 2 3 4 4 2 5 2 5 1 1	5307	088E5
裙 12画	4 5 2 3 4 5 1 1 3 2 5 1	2792	088D9

汉字	笔顺	《字表》序号	UCS
祾 12画	4 5 2 4 1 2 1 3 4 3 5 4	5308	0797E
祺 12画	4 5 2 4 1 2 2 1 1 1 3 4	5309	0797A
祼 12画	4 5 2 4 2 5 1 1 1 2 3 4	7446	0797C
谠 12画	4 5 2 4 3 4 5 2 5 1 3 5	5310	08C20
禅 12画	4 5 2 4 4 3 2 5 1 1 1 2	2793	07985
禄 12画	4 5 2 4 5 1 1 2 4 1 3 4	2794	07984
幂 12画	4 5 2 5 1 1 1 3 4 2 5 2	5311	05E42

汉字	笔顺	《字表》序号	UCS
谡 12 画	4 5 2 5 1 2 1 / 3 4 3 5 4	5312	08C21
谢 12 画	4 5 3 2 5 1 1 / 1 3 1 2 4	2795	08C22
谣 12 画	4 5 3 4 4 3 3 / 1 1 2 5 2	2796	08C23
谤 12 画	4 5 4 1 4 3 4 / 5 4 1 5 3	2797	08C24
谥 12 画	4 5 4 3 1 3 4 / 2 5 2 2 1	5313	08C25
谦 12 画	4 5 4 3 1 5 1 / 1 2 2 3 4	2798	08C26
谧 12 画	4 5 4 5 4 3 4 / 2 5 2 2 1	5314	08C27
遐 12 画	5 1 2 1 1 5 1 / 5 4 4 5 4	5315	09050
犀 12 画	5 1 3 2 4 1 3 / 4 3 1 1 2	2799	07280
属 12 画	5 1 3 3 2 5 1 / 2 5 2 1 4	2800	05C5E
屡 12 画	5 1 3 4 3 1 2 / 3 4 5 3 1	2801	05C61
孱 12 画	5 1 3 5 2 1 5 / 2 1 5 2 1	5316	05B71
弼 12 画	5 1 5 1 3 2 5 / 1 1 5 1 5	5317	05F3C
强 12 画	5 1 5 2 5 1 2 / 5 1 2 1 4	2802	05F3A

汉字	笔顺	《字表》序号	UCS
粥 12 画	5 1 5 4 3 1 2 3 4 5 1 5	2803	07CA5
巽 12 画	5 1 5 5 1 5 1 2 2 1 3 4	5318	05DFD
疏 12 画	5 2 1 2 1 4 1 5 4 3 2 5	2804	0758F
隔 12 画	5 2 1 2 5 1 2 5 4 3 1 2	2805	09694
骘 12 画	5 2 2 1 2 1 2 3 3 5 5 1	5319	09A98
隙 12 画	5 2 2 3 4 2 5 1 1 2 3 4	2806	09699
隘 12 画	5 2 4 3 1 3 4 2 5 2 2 1	2807	09698
媒 12 画	5 3 1 1 2 2 1 1 1 2 3 4	2808	05A92
婻 12 画	5 3 1 1 2 2 5 4 3 1 1 2	7447	05A7B
媆 12 画	5 3 1 1 3 2 5 2 2 1 3 4	7448	05A86
媞 12 画	5 3 1 2 5 1 1 1 2 1 3 4	7449	05A9E
媪 12 画	5 3 1 2 5 1 1 2 5 2 2 1	5320	05AAA
絮 12 画	5 3 1 2 5 1 5 5 4 2 3 4	2809	07D6E
㛹 12 画	5 3 1 3 2 1 2 5 1 1 3 4	7450	036F9

汉字	笔顺	《字表》序号	UCS
嫂 12 画	5 3 1 3 2 1 5 1 1 2 5 4	2810	05AC2
媓 12 画	5 3 1 3 2 5 1 1 1 1 2 1	7451	05A93
媛 12 画	5 3 1 3 4 4 3 1 1 3 5 4	5321	05A9B
婷 12 画	5 3 1 4 1 2 5 1 4 5 1 2	5322	05A77
媂 12 画	5 3 1 4 1 4 3 4 5 2 5 2	7452	05A82
媄 12 画	5 3 1 4 3 1 1 2 1 1 3 4	7453	05A84
媚 12 画	5 3 1 5 2 1 3 2 5 1 1 1	2811	05A9A

汉字	笔顺	《字表》序号	UCS
婿 12 画	5 3 1 5 2 1 3 4 2 5 1 1	2812	05A7F
巯 12 画	5 4 1 2 1 4 1 5 4 3 2 5	5323	05DEF
毵 12 画	5 4 1 3 4 3 3 3 3 1 1 5	7454	06BF5
翚 12 画	5 4 1 5 4 1 4 5 1 5 1 2	5324	07FDA
登 12 画	5 4 3 3 4 1 2 5 1 4 3 1	2813	0767B
皴 12 画	5 4 3 4 3 5 4 5 3 2 5 4	5325	076B4
矞 12 画	5 4 5 2 3 2 5 3 4 2 5 1	7455	077DE

汉字	笔顺	《字表》序号	UCS
婺 12 画	5 4 5 2 3 3 1 / 3 4 5 3 1	5326	05A7A
骛 12 画	5 4 5 2 3 3 1 / 3 4 5 5 1	5327	09A9B
𬴃 12 画	5 5 1 1 1 1 2 / 1 3 2 5 1	7456	2CD03
缂 12 画	5 5 1 1 2 2 1 / 2 5 1 1 2	5328	07F02
缃 12 画	5 5 1 1 2 3 4 / 2 5 1 1 1	5329	07F03
缄 12 画	5 5 1 1 3 1 2 / 5 1 5 3 4	5330	07F04
缅 12 画	5 5 1 1 3 2 5 / 2 2 1 1 1	2814	07F05

汉字	笔顺	《字表》序号	UCS
彘 12 画	5 5 1 1 5 3 1 / 1 3 4 3 5	5331	05F58
缆 12 画	5 5 1 2 2 3 1 / 4 2 5 3 5	2815	07F06
𫘨 12 画	5 5 1 2 5 1 1 / 1 2 1 3 4	7457	2B628
缇 12 画	5 5 1 2 5 1 1 / 1 2 1 3 4	5332	07F07
缈 12 画	5 5 1 2 5 1 1 / 1 2 3 4 3	5333	07F08
缉 12 画	5 5 1 2 5 1 1 / 2 2 1 1 1	2816	07F09
缊 12 画	5 5 1 2 5 1 1 / 2 5 2 2 1	7458	07F0A

汉字	笔顺	《字表》序号	UCS
缌 12 画	5 5 1 2 5 1 2 1 4 5 4 4	5334	07F0C
缎 12 画	5 5 1 3 2 1 1 1 3 5 5 4	2817	07F0E
缐 12 画	5 5 1 3 2 5 1 1 2 5 3 4	7459	07F10
缑 12 画	5 5 1 3 2 5 1 3 1 1 3 4	5335	07F11
缒 12 画	5 5 1 3 2 5 1 5 1 4 5 4	5336	07F12
缓 12 画	5 5 1 3 4 4 3 1 1 3 5 4	2818	07F13
缔 12 画	5 5 1 4 1 4 3 4 5 2 5 2	2819	07F14
缕 12 画	5 5 1 4 3 1 2 3 4 5 3 1	2820	07F15
骗 12 画	5 5 1 4 5 1 3 2 5 1 2 2	2821	09A97
编 12 画	5 5 1 4 5 1 3 2 5 1 2 2	2822	07F16
缗 12 画	5 5 1 5 1 5 1 5 2 5 1 1	5337	07F17
骙 12 画	5 5 1 5 4 3 3 4 1 1 3 4	7460	09A99
骚 12 画	5 5 1 5 4 4 2 5 1 2 1 4	2823	09A9A
缘 12 画	5 5 1 5 5 1 3 5 3 3 3 4	2824	07F18

汉字	笔顺	《字表》序号	UCS
飨 12画	5 5 3 3 4 4 5 1 1 5 3 4	5338	098E8
耢 13画	1 1 1 2 3 4 1 2 2 4 5 5 3	5339	08022
瑃 13画	1 1 2 1 1 1 1 3 4 2 5 1 1	7461	07443
瑟 13画	1 1 2 1 1 1 2 1 4 5 4 3 4	2825	0745F
瑚 13画	1 1 2 1 1 2 2 5 1 3 5 1 1	5340	0745A
瑓 13画	1 1 2 1 1 2 5 4 3 1 2 3 4	7462	07453
鹉 13画	1 1 2 1 2 1 5 4 3 5 4 5 1	2826	09E49
瑅 13画	1 1 2 1 2 5 1 1 1 2 1 3 4	7463	07445
瑁 13画	1 1 2 1 2 5 1 1 2 5 1 1 1	5341	07441
瑆 13画	1 1 2 1 2 5 1 1 3 1 1 2 1	7464	07446
䴖 13画	1 1 2 1 2 5 1 1 3 5 4 5 1	7465	04D16
瑞 13画	1 1 2 1 2 5 2 1 3 2 5 2 2	2827	0745E
瑖 13画	1 1 2 1 3 2 1 1 1 3 5 5 4	7466	07456
瑝 13画	1 1 2 1 3 2 5 1 1 1 1 2 1	7467	0745D

13 画（一）

汉字	笔顺	《字表》序号	UCS	汉字	笔顺	《字表》序号	UCS
瑔 13画	一 二 千 王 丆 环 珫 珫 珫 珫 瑔 瑔	7468	07454	瑄 13画	一 二 千 王 丆 环 珫 珫 珫 瑄 瑄 瑄	5344	07444
瑰 13画	一 二 千 王 丆 环 珫 珫 珫 瑰 瑰 瑰	2828	07470	瑕 13画	一 二 千 王 丆 环 珫 珫 珫 瑕 瑕 瑕	5345	07455
瑀 13画	一 二 千 王 丆 环 珫 珫 珫 瑀 瑀 瑀	7469	07440	瑁 13画	一 二 千 王 丆 环 珫 珫 珫 瑁 瑁 瑁	7472	07442
瑜 13画	一 二 千 王 丆 环 珫 珫 珫 瑜 瑜 瑜	5342	0745C	熬 13画	一 二 卡 丰 青 青 青 青 熬 熬 熬 熬	7473	05D85
瑗 13画	一 二 千 王 丆 环 珫 珫 珫 瑗 瑗 瑗	5343	07457	遨 13画	一 二 卡 丰 青 青 青 青 遨 遨 遨 遨	5346	09068
琦 13画	一 二 千 王 丆 环 珫 珫 珫 琦 琦 琦	7470	249DB	骜 13画	一 二 卡 丰 青 青 青 青 骜 骜 骜 骜	5347	09A9C
瑳 13画	一 二 千 王 丆 环 珫 珫 珫 瑳 瑳 瑳	7471	07473	璩 13画	一 二 千 王 丆 环 珫 珫 珫 璩 璩 璩	7474	07451

汉字	笔顺	《字表》序号	UCS
瑙 13 画	1 1 2 1 5 5 5 3 2 5 3 4 1	2829	07459
遘 13 画	1 1 2 2 1 2 5 2 1 1 4 5 4	7475	09058
韫 13 画	1 1 5 2 2 5 1 1 2 5 2 2 1	5348	097EB
魂 13 画	1 1 5 4 3 2 5 1 1 3 5 5 4	2830	09B42
髡 13 画	1 2 1 1 1 5 4 3 3 3 1 3 5	5349	09AE1
髢 13 画	1 2 1 1 1 5 4 3 3 3 5 2 5	7476	09AE2
肆 13 画	1 2 1 1 1 5 4 5 1 1 1 1 2	2831	08086
摄 13 画	1 2 1 1 2 2 1 1 1 5 4 5 4	2832	06444
摸 13 画	1 2 1 1 2 2 2 5 1 1 1 3 4	2833	06478
填 13 画	1 2 1 1 2 2 5 1 1 1 1 3 4	2834	0586B
搏 13 画	1 2 1 1 2 5 1 1 2 4 1 2 4	2835	0640F
塥 13 画	1 2 1 1 2 5 1 2 5 4 3 1 2	7477	05865
塬 13 画	1 2 1 1 3 3 2 5 1 1 2 3 4	5350	0586C
鄢 13 画	1 2 1 2 1 1 5 4 4 4 4 5 2	5351	09122

汉字	笔顺	《字表》序号	UCS
趔 13 画	1 2 1 2 1 3 4 1 3 5 4 2 2	5352	08D94
趑 13 画	1 2 1 2 1 3 4 4 1 3 5 3 4	5353	08D91
摅 13 画	1 2 1 2 1 5 3 1 5 4 5 4 4	5354	06445
塌 13 画	1 2 1 2 5 1 1 5 4 1 5 4 1	2836	0584C
摁 13 画	1 2 1 2 5 1 3 4 1 4 5 4 4	5355	06441
鼓 13 画	1 2 1 2 5 1 4 3 1 1 2 5 4	2837	09F13
堽 13 画	1 2 1 2 5 2 2 1 1 2 1 2 1	7478	0583D

汉字	笔顺	《字表》序号	UCS
摆 13 画	1 2 1 2 5 2 2 1 1 2 1 5 4	2838	06446
赪 13 画	1 2 1 3 2 3 4 2 1 2 5 3 4	7479	08D6A
携 13 画	1 2 1 3 2 4 1 1 1 2 1 5 3	2839	0643A
蜇 13 画	1 2 1 3 3 1 2 2 5 1 2 1 4	5356	08707
搋 13 画	1 2 1 3 3 2 1 5 3 1 5 3 5	5357	0640B
搬 13 画	1 2 1 3 3 5 4 1 4 3 5 5 4	2840	0642C
摇 13 画	1 2 1 3 4 4 3 3 1 1 2 5 2	2841	06447

汉字	笔顺	《字表》序号	UCS
搞 13 画	1 2 1 4 1 2 5 1 2 5 2 5 1	2842	0641E
摛 13 画	1 2 1 4 1 3 4 5 2 2 5 5 4	7480	0645B
塘 13 画	1 2 1 4 1 3 5 1 1 2 2 5 1	2843	05858
搪 13 画	1 2 1 4 1 3 5 1 1 2 2 5 1	5358	0642A
塝 13 画	1 2 1 4 1 4 3 4 5 4 1 5 3	7481	0585D
搒 13 画	1 2 1 4 1 4 3 4 5 4 1 5 3	7482	06412
搐 13 画	1 2 1 4 1 5 5 4 2 5 1 2 1	5359	06410
搛 13 画	1 2 1 4 3 1 5 1 1 2 2 3 4	5360	0641B
搠 13 画	1 2 1 4 3 1 5 2 3 3 5 1 1	5361	06420
摈 13 画	1 2 1 4 4 5 3 2 1 2 1 3 4	5362	06448
彀 13 画	1 2 1 4 5 1 5 1 5 3 5 5 4	5363	05F40
毂 13 画	1 2 1 4 5 1 5 2 1 3 5 5 4	5364	06BC2
搌 13 画	1 2 1 5 1 3 1 2 2 1 5 3 4	7483	0640C
搦 13 画	1 2 1 5 1 5 4 1 5 1 5 4 1	5365	06426

汉字	笔顺	《字表》序号	UCS
摊 13 画	1 2 1 5 4 3 2 4 1 1 1 2 1	2844	0644A
搡 13 画	1 2 1 5 4 5 4 5 4 1 2 3 4	5366	06421
聘 13 画	1 2 2 1 1 1 2 5 1 2 1 1 5	2845	08058
蓁 13 画	1 2 2 1 1 1 3 4 3 1 2 3 4	5367	084C1
戡 13 画	1 2 2 1 1 1 3 4 5 1 5 3 4	5368	06221
斟 13 画	1 2 2 1 1 1 3 4 5 4 4 1 2	2846	0659F
蒜 13 画	1 2 2 1 1 2 3 4 1 1 2 3 4	2847	0849C
蒱 13 画	1 2 2 1 2 1 1 2 5 1 1 2 4	7484	084B1
蓍 13 画	1 2 2 1 2 1 3 3 5 2 5 1 1	5369	084CD
鄞 13 画	1 2 2 1 2 5 1 1 1 2 1 5 2	5370	0911E
勤 13 画	1 2 2 1 2 5 1 1 1 2 1 5 3	2848	052E4
靴 13 画	1 2 2 1 2 5 1 1 2 3 2 3 5	2849	09774
靳 13 画	1 2 2 1 2 5 1 1 2 3 3 1 2	5371	09773
靶 13 画	1 2 2 1 2 5 1 1 2 5 2 1 5	2850	09776

汉字	笔顺	《字表》序号	UCS
鹊 13 画	1 2 2 1 2 5 1 1 3 5 4 5 1	2851	09E4A
蓐 13 画	1 2 2 1 3 1 1 5 3 4 1 2 4	5372	084D0
蓝 13 画	1 2 2 2 2 3 1 4 2 5 2 2 1	2852	084DD
墓 13 画	1 2 2 2 5 1 1 1 3 4 1 2 1	2853	05893
幕 13 画	1 2 2 2 5 1 1 1 3 4 2 5 2	2854	05E55
蓦 13 画	1 2 2 2 5 1 1 1 3 4 5 5 1	5373	084E6
鹋 13 画	1 2 2 2 5 1 2 1 3 5 4 5 1	5374	09E4B
蒽 13 画	1 2 2 2 5 1 3 4 1 4 5 4 4	5375	084BD
蒨 13 画	1 2 2 3 2 1 1 2 1 2 5 1 1	7485	084A8
蓓 13 画	1 2 2 3 2 4 1 4 3 1 2 5 1	5376	084D3
蓖 13 画	1 2 2 3 2 5 3 4 1 1 5 3 5	5377	084D6
蓏 13 画	1 2 2 3 3 5 4 4 3 3 5 4 4	7486	084CF
蓊 13 画	1 2 2 3 4 5 4 5 4 1 5 4 1	5378	084CA
蒯 13 画	1 2 2 3 5 1 1 3 5 1 1 2 2	5379	084AF

汉字	笔顺	《字表》序号	UCS
蒯 13 画	1 2 2 3 5 2 5 1 2 1 1 2 2	5380	084DF
蓬 13 画	1 2 2 3 5 4 1 1 1 2 4 5 4	2855	084EC
蓑 13 画	1 2 2 4 1 2 5 1 1 3 5 3 4	5381	084D1
蒿 13 画	1 2 2 4 1 2 5 1 2 5 2 5 1	5382	084BF
蒺 13 画	1 2 2 4 1 3 4 1 3 1 1 3 4	5383	084BA
蓠 13 画	1 2 2 4 1 3 4 5 2 2 5 5 4	5384	084E0
蔀 13 画	1 2 2 4 1 4 3 1 2 5 1 5 2	7487	08500
蒟 13 画	1 2 2 4 1 4 3 1 3 5 2 5 1	5385	0849F
蒡 13 画	1 2 2 4 1 4 3 4 5 4 1 5 3	5386	084A1
蓄 13 画	1 2 2 4 1 5 5 4 2 5 1 2 1	2856	084C4
蒹 13 画	1 2 2 4 3 1 5 1 1 2 2 3 4	5387	084B9
蒴 13 画	1 2 2 4 3 1 5 2 3 3 5 1 1	5388	084B4
蒲 13 画	1 2 2 4 4 1 1 2 5 1 1 2 4	2857	084B2
蒗 13 画	1 2 2 4 4 1 4 5 1 1 5 3 4	5389	08497

汉字	笔顺	《字表》序号	UCS
蓉 13 画	1 2 2 4 4 5 3 4 3 4 2 5 1	2858	084C9
蒙 13 画	1 2 2 4 5 1 1 3 5 3 3 3 4	2859	08499
蓢 13 画	1 2 2 4 5 1 1 5 4 3 5 1 1	7488	084E2
蓂 13 画	1 2 2 4 5 2 5 1 1 4 1 3 4	7489	084C2
蓥 13 画	1 2 2 4 5 3 4 1 1 2 4 3 1	5390	084E5
颐 13 画	1 2 2 5 1 2 5 1 3 2 5 3 4	5391	09890
蒻 13 画	1 2 2 5 1 5 4 1 5 1 5 4 1	7490	084BB
蒸 13 画	1 2 2 5 2 5 3 4 1 4 4 4 4	2860	084B8
献 13 画	1 2 2 5 4 3 1 1 2 1 3 4 4	2861	0732E
蓣 13 画	1 2 2 5 4 5 2 1 3 2 5 3 4	7491	084E3
楔 13 画	1 2 3 4 1 1 1 2 5 3 1 3 4	5392	06954
椿 13 画	1 2 3 4 1 1 1 3 4 2 5 1 1	2862	0693F
椹 13 画	1 2 3 4 1 2 2 1 1 1 3 4 5	7492	06939
楪 13 画	1 2 3 4 1 2 2 1 5 1 2 3 4	7493	0696A

汉字	笔顺	《字表》序号	UCS
楠 13 画	1 2 3 4 1 2 2 5 4 3 1 1 2	5393	06960
禁 13 画	1 2 3 4 1 2 3 4 1 1 2 3 4	2863	07981
楂 13 画	1 2 3 4 1 2 3 4 2 5 1 1 1	5394	06942
榃 13 画	1 2 3 4 1 2 3 4 2 5 1 2 1	7494	06983
楚 13 画	1 2 3 4 1 2 3 4 5 2 1 3 4	2864	0695A
楝 13 画	1 2 3 4 1 2 5 4 3 1 2 3 4	5395	0695D
楷 13 画	1 2 3 4 1 5 3 5 3 2 5 1 1	2865	06977
榄 13 画	1 2 3 4 2 2 3 1 4 2 5 3 5	2866	06984
想 13 画	1 2 3 4 2 5 1 1 1 4 5 4 4	2867	060F3
楫 13 画	1 2 3 4 2 5 1 1 2 2 1 1 1	5396	0696B
榅 13 画	1 2 3 4 2 5 1 1 2 5 2 2 1	7495	06985
楒 13 画	1 2 3 4 2 5 1 2 1 4 5 4 4	7496	06952
楞 13 画	1 2 3 4 2 5 2 2 1 4 1 5 3	7497	0695E
楸 13 画	1 2 3 4 3 1 2 3 4 4 3 3 4	5397	06978

汉字	笔顺	《字表》序号	UCS
椴 13画	1 2 3 4 3 2 1 1 1 3 5 5 4	5398	06934
楩 13画	1 2 3 4 3 2 1 2 5 1 1 3 4	7498	06969
槐 13画	1 2 3 4 3 2 5 1 1 3 5 5 4	2868	069D0
槌 13画	1 2 3 4 3 2 5 1 5 1 4 5 4	5399	069CC
楯 13画	1 2 3 4 3 3 1 2 2 5 1 1 1	5400	0696F
皙 13画	1 2 3 4 3 3 1 2 3 2 5 1 1	5401	07699
榆 13画	1 2 3 4 3 4 1 2 5 1 1 2 2	2869	06986

汉字	笔顺	《字表》序号	UCS
榇 13画	1 2 3 4 4 1 4 3 1 1 2 3 4	7499	06987
椸 13画	1 2 3 4 4 1 5 3 3 1 5 2 5	7500	06938
榈 13画	1 2 3 4 4 2 5 2 5 1 2 5 1	5402	06988
槎 13画	1 2 3 4 4 3 1 1 1 3 1 2 1	5403	069CE
楼 13画	1 2 3 4 4 3 1 2 3 4 5 3 1	2870	0697C
榉 13画	1 2 3 4 4 4 3 1 3 4 1 1 2	5404	06989
楦 13画	1 2 3 4 4 4 5 1 2 5 1 1 1	5405	06966

汉字	笔顺	《字表》序号	UCS
概 13 画	1 2 3 4 5 1 1 5 4 1 5 3 5	2871	06982
楣 13 画	1 2 3 4 5 2 1 3 2 5 1 1 1	5406	06963
楹 13 画	1 2 3 4 5 3 5 4 2 5 2 2 1	5407	06979
楙 13 画	1 2 3 4 5 4 5 2 3 1 2 3 4	7501	06959
椽 13 画	1 2 3 4 5 5 1 3 5 3 3 3 4	5408	0693D
裘 13 画	1 2 4 1 3 4 4 4 1 3 5 3 4	5409	088D8
赖 13 画	1 2 5 1 2 3 4 3 5 2 5 3 4	2872	08D56
剽 13 画	1 2 5 2 2 1 1 1 2 3 4 2 2	5410	0527D
甄 13 画	1 2 5 2 2 1 1 2 1 1 5 5 4	5411	07504
歅 13 画	1 2 5 2 2 1 1 2 1 3 5 3 4	7502	06B45
酮 13 画	1 2 5 3 5 1 1 2 5 1 2 5 1	5412	0916E
酰 13 画	1 2 5 3 5 1 1 3 1 2 1 3 5	5413	09170
酯 13 画	1 2 5 3 5 1 1 3 5 2 5 1 1	5414	0916F
酪 13 画	1 2 5 3 5 1 1 3 5 4 2 5 1	5415	09169

汉字	笔顺	《字表》序号	UCS
酪 13 画	1 2 5 3 5 1 1 3 5 4 2 5 1	2873	0916A
酬 13 画	1 2 5 3 5 1 1 4 3 4 2 4 2	2874	0916C
𬪩 13 画	1 2 5 3 5 1 1 4 5 3 5 3 4	7503	2CAA9
蜃 13 画	1 3 1 1 5 3 4 2 5 1 2 1 4	5416	08703
感 13 画	1 3 1 2 5 1 5 3 4 4 5 4 4	2875	0611F
碃 13 画	1 3 2 5 1 1 1 2 1 2 5 1 1	7504	07883
碛 13 画	1 3 2 5 1 1 1 2 1 2 5 3 4	5417	0789B

汉字	笔顺	《字表》序号	UCS
碏 13 画	1 3 2 5 1 1 2 2 1 2 5 1 1	7505	0788F
𬒔 13 画	1 3 2 5 1 2 1 2 1 2 5 1 1	7506	2C494
碍 13 画	1 3 2 5 1 2 5 1 1 1 1 2 4	2876	0788D
碘 13 画	1 3 2 5 1 2 5 1 2 2 1 3 4	2877	07898
碓 13 画	1 3 2 5 1 3 2 4 1 1 1 2 1	5418	07893
碑 13 画	1 3 2 5 1 3 2 5 1 1 3 1 2	2878	07891
硼 13 画	1 3 2 5 1 3 5 1 1 3 5 1 1	5419	0787C

13 画（一）

汉字	笔顺	《字表》序号	UCS	汉字	笔顺	《字表》序号	UCS
碉 13画	一ノナ石石矽矽矽碉碉碉碉	5420	07889	碎 13画	一ノナ石石矽矽矽矽碎碎碎	7509	0787F
碏 13画	一ノナ石石矽矽矽碏碏碏	7507	07888	碗 13画	一ノナ石石矽矽矽碗碗碗	2881	07897
碎 13画	一ノナ石石矽矽碎碎碎	2879	0788E	碌 13画	一ノナ石石矽矽碌碌碌	2882	0788C
碚 13画	一ノナ石石矽矽碚碚碚	5421	0789A	碜 13画	一ノナ石石矽矽碜碜碜	5423	0789C
碰 13画	一ノナ石石矽矽碰碰碰	2880	078B0	鹐 13画	一ナ大犬夺夺夺鹐鹐鹐	5424	09E4C
碑 13画	一ノナ石石矽矽碑碑碑	7508	040C5	尴 13画	一ナ九尢尢尢尴尴尴尴尴尴	2883	05C34
碇 13画	一ノナ石石矽矽碇碇碇	5422	07887	鄂 13画	一匚匚罒罒罒鄂鄂	7510	09120

371

汉字	笔顺	《字表》序号	UCS
雷 13画	1 4 5 2 4 4 4 4 2 5 1 2 1	2884	096F7
零 13画	1 4 5 2 4 4 4 4 3 4 4 5 4	2885	096F6
雾 13画	1 4 5 2 4 4 4 4 3 5 4 5 3	2886	096FE
雹 13画	1 4 5 2 4 4 4 4 3 5 5 1 5	2887	096F9
辏 13画	1 5 2 1 1 1 1 3 4 1 1 3 4	5425	08F8F
辐 13画	1 5 2 1 1 2 5 1 2 5 1 2 1	2888	08F90
辑 13画	1 5 2 1 2 5 1 1 2 2 1 1 1	2889	08F91
辒 13画	1 5 2 1 2 5 1 1 2 5 2 2 1	7511	08F92
输 13画	1 5 2 1 3 4 1 2 5 1 1 2 2	2890	08F93
𬨎 13画	1 5 2 1 4 3 1 2 5 3 5 1 1	7512	2CA0E
𫐓 13画	1 5 2 1 5 4 5 2 3 1 2 3 4	7513	2B413
督 13画	2 1 1 2 3 4 5 4 2 5 1 1 1	2891	07763
频 13画	2 1 2 1 2 3 3 1 3 2 5 3 4	2892	09891
龃 13画	2 1 2 1 3 4 5 2 2 5 1 1 1	5426	09F83

汉字	笔顺	《字表》序号	UCS
龄 13 画	2 1 2 1 3 4 5 2 3 4 4 5 4	2893	09F84
龅 13 画	2 1 2 1 3 4 5 2 3 5 5 1 5	5427	09F85
龆 13 画	2 1 2 1 3 4 5 2 5 3 2 5 1	7514	09F86
觜 13 画	2 1 2 1 3 5 3 5 3 5 1 1 2	7515	089DC
訾 13 画	2 1 2 1 3 5 4 1 1 1 2 5 1	5428	08A3E
粲 13 画	2 1 3 5 4 5 4 4 3 1 2 3 4	5429	07CB2
虞 13 画	2 1 5 3 1 5 2 5 1 1 1 3 4	5430	0865E

汉字	笔顺	《字表》序号	UCS
鉴 13 画	2 2 3 1 4 3 4 1 1 2 4 3 1	2894	09274
䣘 13 画	2 4 3 4 5 2 5 1 1 2 1 5 2	7516	048D8
睛 13 画	2 5 1 1 1 1 1 2 1 2 5 1 1	2895	0775B
睹 13 画	2 5 1 1 1 1 2 1 3 2 5 1 1	2896	07779
睦 13 画	2 5 1 1 1 1 2 1 3 4 1 2 1	2897	07766
瞄 13 画	2 5 1 1 1 1 2 2 2 5 1 2 1	2898	07784
睚 13 画	2 5 1 1 1 1 3 1 2 1 1 2 1	5431	0775A

汉字	笔顺	《字表》序号	UCS
嗪 13画	2 5 1 1 1 1 3 4 3 1 2 3 4	5432	055EA
睫 13画	2 5 1 1 1 1 5 1 1 2 1 3 4	2899	0776B
韪 13画	2 5 1 1 1 2 1 3 4 1 1 5 2	5433	097EA
嗷 13画	2 5 1 1 1 2 1 5 3 3 1 3 4	5434	055F7
嗦 13画	2 5 1 1 1 2 1 5 5 4 2 3 4	5435	055C9
暕 13画	2 5 1 1 1 2 5 4 3 1 2 3 4	7517	06695
睡 13画	2 5 1 1 1 3 1 2 1 2 2 1 1	2900	07761
睨 13画	2 5 1 1 1 3 2 1 5 1 1 3 5	5436	07768
睢 13画	2 5 1 1 1 3 2 4 1 1 1 2 1	5437	07762
雎 13画	2 5 1 1 1 3 2 4 1 1 1 2 1	5438	096CE
睥 13画	2 5 1 1 1 3 2 5 1 1 3 1 2	5439	07765
睬 13画	2 5 1 1 1 3 4 4 3 1 2 3 4	2901	0776C
鹍 13画	2 5 1 1 1 5 1 5 3 5 4 5 1	7518	09E4D
嘟 13画	2 5 1 1 2 1 3 2 5 1 1 5 2	5440	0561F

汉字	笔顺	《字表》序号	UCS
嗜 13 画	2 5 1 1 2 1 3 3 5 2 5 1 1	2902	055DC
嗑 13 画	2 5 1 1 2 1 5 4 2 5 2 2 1	5441	055D1
嗫 13 画	2 5 1 1 2 2 1 1 1 5 4 5 4	5442	055EB
嗬 13 画	2 5 1 1 2 2 3 2 1 2 5 1 2	5443	055EC
嗯 13 画	2 5 1 1 2 2 4 3 1 4 5 4 4	7519	2BAC7
嗔 13 画	2 5 1 1 2 2 5 1 1 1 1 3 4	5444	055D4
鄙 13 画	2 5 1 1 2 2 5 2 5 1 1 5 2	2903	09119

汉字	笔顺	《字表》序号	UCS
嗦 13 画	2 5 1 1 2 4 5 5 5 4 2 3 4	2904	055E6
嗝 13 画	2 5 1 1 2 5 1 2 5 4 3 1 2	5445	055DD
愚 13 画	2 5 1 1 2 5 2 1 4 4 5 4 4	2905	0611A
戥 13 画	2 5 1 1 3 1 1 2 1 1 5 3 4	5446	06225
嗄 13 画	2 5 1 1 3 2 5 1 1 1 3 5 4	5447	055C4
暖 13 画	2 5 1 1 3 4 4 3 1 1 3 5 4	2906	06696
㬊 13 画	2 5 1 1 3 4 4 3 1 1 3 5 4	7520	03B0A

汉字	笔顺	《字表》序号	UCS
盟 13 画	2 5 1 1 3 5 1 1 2 5 2 2 1	2907	076DF
煦 13 画	2 5 1 1 3 5 2 5 1 4 4 4 4	5448	07166
歇 13 画	2 5 1 1 3 5 3 4 5 3 5 3 4	2908	06B47
暗 13 画	2 5 1 1 4 1 4 3 1 2 5 1 1	2909	06697
暅 13 画	2 5 1 1 4 4 2 1 2 5 1 1 1	7521	06685
暄 13 画	2 5 1 1 4 4 5 1 2 5 1 1 1	5449	06684
暇 13 画	2 5 1 1 5 1 2 1 1 5 1 5 4	2910	06687
照 13 画	2 5 1 1 5 3 2 5 1 4 4 4 4	2911	07167
遏 13 画	2 5 1 1 5 4 1 5 4 1 4 5 4	5450	09062
暌 13 画	2 5 1 1 5 4 3 3 4 1 1 3 4	5451	0668C
畸 13 画	2 5 1 2 1 1 3 4 1 2 5 1 2	2912	07578
跬 13 画	2 5 1 2 1 2 1 1 2 1 1 2 1	5452	08DEC
跱 13 画	2 5 1 2 1 2 1 1 2 1 1 2 4	7522	08DF1
跨 13 画	2 5 1 2 1 2 1 1 3 4 1 1 5	2913	08DE8

汉字	笔顺	《字表》序号	UCS
跶 13 画	2 5 1 2 1 2 1 1 3 4 4 5 4	5453	08DF6
跷 13 画	2 5 1 2 1 2 1 1 5 3 1 3 5	2914	08DF7
跸 13 画	2 5 1 2 1 2 1 1 5 3 5 1 2	5454	08DF8
跐 13 画	2 5 1 2 1 2 1 2 1 2 1 3 5	5455	08DD0
跣 13 画	2 5 1 2 1 2 1 3 1 2 1 3 5	5456	08DE3
跹 13 画	2 5 1 2 1 2 1 3 1 2 4 5 4	5457	08DF9
跳 13 画	2 5 1 2 1 2 1 3 4 1 5 3 4	2915	08DF3
跺 13 画	2 5 1 2 1 2 1 3 5 1 2 3 4	2916	08DFA
跪 13 画	2 5 1 2 1 2 1 3 5 1 3 5 5	2917	08DEA
路 13 画	2 5 1 2 1 2 1 3 5 4 2 5 1	2918	08DEF
跻 13 画	2 5 1 2 1 2 1 4 1 3 4 3 2	5458	08DFB
跤 13 画	2 5 1 2 1 2 1 4 1 3 4 3 4	2919	08DE4
跟 13 画	2 5 1 2 1 2 1 5 1 1 5 3 4	2920	08DDF
遣 13 画	2 5 1 2 1 2 5 1 5 1 4 5 4	2921	09063

汉字	笔顺	《字表》序号	UCS
蜐 13 画	2 5 1 2 1 4 1 2 1 5 4 5 3	7523	08710
蛸 13 画	2 5 1 2 1 4 2 4 3 2 5 1 1	5459	086F8
蜈 13 画	2 5 1 2 1 4 2 5 1 1 1 3 4	2922	08708
蜎 13 画	2 5 1 2 1 4 2 5 1 2 5 1 1	7524	0870E
蜗 13 画	2 5 1 2 1 4 2 5 1 2 5 3 4	2923	08717
蛾 13 画	2 5 1 2 1 4 3 1 2 1 5 3 4	2924	086FE
蜊 13 画	2 5 1 2 1 4 3 1 2 3 4 2 2	5460	0870A
蜍 13 画	2 5 1 2 1 4 3 4 1 1 2 3 4	5461	0870D
蜉 13 画	2 5 1 2 1 4 3 4 4 3 5 2 1	5462	08709
蜂 13 画	2 5 1 2 1 4 3 5 4 1 1 1 2	2925	08702
蜣 13 画	2 5 1 2 1 4 4 3 1 1 1 3 5	5463	08723
蜕 13 画	2 5 1 2 1 4 4 3 2 5 1 3 5	2926	08715
畹 13 画	2 5 1 2 1 4 4 5 3 5 4 5 5	5464	07579
蛹 13 画	2 5 1 2 1 4 5 4 2 5 1 1 2	5465	086F9

汉字	笔顺	《字表》序号	UCS
嗣 13 画	2 5 1 2 5 1 2 2 5 1 2 5 1	5466	055E3
嗯 13 画	2 5 1 2 5 1 3 4 1 4 5 4 4	5467	055EF
嗅 13 画	2 5 1 3 2 5 1 1 1 1 3 4 4	2927	055C5
嗥 13 画	2 5 1 3 2 5 1 1 1 3 4 1 2	5468	055E5
嗲 13 画	2 5 1 3 4 3 4 3 5 4 3 5 4	5469	055F2
嗳 13 画	2 5 1 3 4 4 3 4 5 1 3 5 4	5470	055F3
嗡 13 画	2 5 1 3 4 5 4 5 4 1 5 4 1	2928	055E1
嗌 13 画	2 5 1 4 3 1 3 4 2 5 2 2 1	5471	055CC
嗍 13 画	2 5 1 4 3 1 5 2 3 3 5 1 1	5472	055CD
嗨 13 画	2 5 1 4 4 1 3 1 5 5 4 1 4	5473	055E8
嗐 13 画	2 5 1 4 4 5 1 1 1 2 2 5 1	5474	055D0
嗤 13 画	2 5 1 5 2 2 1 2 5 1 2 1 4	5475	055E4
嗵 13 画	2 5 1 5 4 2 5 1 1 2 4 5 4	5476	055F5
嗓 13 画	2 5 1 5 4 5 4 5 4 1 2 3 4	2929	055D3

汉字	笔顺	《字表》序号	UCS
署 13 画	2 5 2 2 1 1 2 1 3 2 5 1 1	2930	07F72
置 13 画	2 5 2 2 1 1 2 2 5 1 1 1 1	2931	07F6E
罨 13 画	2 5 2 2 1 1 3 4 2 5 1 1 5	5477	07F68
罪 13 画	2 5 2 2 1 2 1 1 1 2 1 1 1	2932	07F6A
罩 13 画	2 5 2 2 1 2 1 2 5 1 1 1 2	2933	07F69
蜀 13 画	2 5 2 2 1 3 5 2 5 1 2 1 4	2934	08700
幌 13 画	2 5 2 2 5 1 1 2 4 3 1 3 5	2935	05E4C
嵊 13 画	2 5 2 3 1 2 2 1 1 3 5 3 4	5478	05D4A
嵲 13 画	2 5 2 3 2 5 1 1 1 1 2 3 4	7525	05D72
嵩 13 画	2 5 2 4 1 2 5 1 2 5 2 5 1	5479	05D69
嵴 13 画	2 5 2 4 1 3 4 3 4 2 5 1 1	5480	05D74
赗 13 画	2 5 3 4 2 5 1 1 2 5 1 1 1	7526	08D57
骱 13 画	2 5 5 4 5 2 5 1 1 3 4 3 2	7527	09AB1
骰 13 画	2 5 5 4 5 2 5 1 1 3 5 5 4	5481	09AB0

汉字	笔顺	《字表》序号	UCS
镨 13 画	3 1 1 1 5 1 1 2 1 2 5 1 1	7528	09516
锗 13 画	3 1 1 1 5 1 2 1 3 2 5 1 1	5482	09517
𫓹 13 画	3 1 1 1 5 1 2 2 1 1 1 3 4	7529	2B4F9
错 13 画	3 1 1 1 5 1 2 2 1 2 5 1 1	2936	09519
锘 13 画	3 1 1 1 5 1 2 2 1 3 2 5 1	7530	09518
锚 13 画	3 1 1 1 5 1 2 2 2 5 1 2 1	2937	0951A
锳 13 画	3 1 1 1 5 1 2 2 2 5 1 3 4	7531	09533
锛 13 画	3 1 1 1 5 1 3 4 1 2 1 3 2	5483	0951B
锜 13 画	3 1 1 1 5 1 3 4 1 2 5 1 2	5484	0951C
锝 13 画	3 1 1 1 5 2 5 1 1 1 1 2 4	5485	0951D
锞 13 画	3 1 1 1 5 2 5 1 1 1 2 3 4	5486	0951E
锟 13 画	3 1 1 1 5 2 5 1 1 1 5 3 5	5487	0951F
锡 13 画	3 1 1 1 5 2 5 1 1 3 5 3 3	2938	09521
锢 13 画	3 1 1 1 5 2 5 1 2 2 5 1 1	5488	09522

汉字	笔顺	《字表》序号	UCS
锣 13 画	3 1 1 1 5 2 5 2 2 1 3 5 4	2939	09523
锤 13 画	3 1 1 1 5 3 1 2 1 2 2 1 1	2940	09524
锥 13 画	3 1 1 1 5 3 2 4 1 1 1 2 1	2941	09525
锦 13 画	3 1 1 1 5 3 2 5 1 1 2 5 2	2942	09526
锧 13 画	3 1 1 1 5 3 3 1 2 2 5 3 4	7532	09527
锨 13 画	3 1 1 1 5 3 3 1 2 3 5 3 4	5489	09528
锪 13 画	3 1 1 1 5 3 5 3 3 4 5 4 4	7533	0952A
𬭚 13 画	3 1 1 1 5 4 1 2 5 1 5 2 1	7534	2CB5A
锫 13 画	3 1 1 1 5 4 1 4 3 1 2 5 1	7535	0952B
锩 13 画	3 1 1 1 5 4 3 1 1 3 4 5 5	5490	09529
锬 13 画	3 1 1 1 5 4 3 3 4 4 3 3 4	7536	0952C
𬭛 13 画	3 1 1 1 5 4 4 1 5 3 2 5 4	7537	2CB5B
锭 13 画	3 1 1 1 5 4 4 5 1 2 1 3 4	5491	0952D
键 13 画	3 1 1 1 5 5 1 1 1 1 2 5 4	2943	0952E

汉字	笔顺	《字表》序号	UCS
锯 13 画	3 1 1 1 5 5 1 3 1 2 2 5 1	2944	0952F
锰 13 画	3 1 1 1 5 5 2 1 2 5 2 2 1	2945	09530
锱 13 画	3 1 1 1 5 5 5 5 2 5 1 2 1	5492	09531
矮 13 画	3 1 1 3 4 3 1 2 3 4 5 3 1	2946	077EE
雉 13 画	3 1 1 3 4 3 2 4 1 1 1 2 1	5493	096C9
氲 13 画	3 1 1 5 2 5 1 1 2 5 2 2 1	5494	06C32
犏 13 画	3 1 2 1 4 5 1 3 2 5 1 2 2	5495	0728F
辞 13 画	3 1 2 2 5 1 4 1 4 3 1 1 2	2947	08F9E
歃 13 画	3 1 2 3 2 1 5 1 1 3 5 3 4	5496	06B43
稑 13 画	3 1 2 3 4 1 2 1 3 4 1 2 1	7538	07A11
稙 13 画	3 1 2 3 4 1 2 2 5 1 1 1 1	7539	07A19
稞 13 画	3 1 2 3 4 2 5 1 1 1 2 3 4	5497	07A1E
稚 13 画	3 1 2 3 4 3 2 4 1 1 1 2 1	2948	07A1A
稗 13 画	3 1 2 3 4 3 2 5 1 1 3 1 2	5498	07A17

汉字	笔顺	《字表》序号	UCS
稔 13 画	3 1 2 3 4 3 4 4 5 4 5 4 4	5499	07A14
稠 13 画	3 1 2 3 4 3 5 1 2 1 2 5 1	2949	07A20
颓 13 画	3 1 2 3 4 3 5 1 3 2 5 3 4	2950	09893
愁 13 画	3 1 2 3 4 4 3 3 4 4 5 4 4	2951	06101
䅟 13 画	3 1 2 3 4 5 4 1 3 4 3 3 3	7540	0415F
筹 13 画	3 1 4 3 1 4 1 1 1 3 1 2 4	2952	07B79
𬕂 13 画	3 1 4 3 1 4 1 2 1 2 5 3 4	7541	2C542

汉字	笔顺	《字表》序号	UCS
筠 13 画	3 1 4 3 1 4 1 2 1 3 5 4 1	5500	07B60
筢 13 画	3 1 4 3 1 4 1 2 1 5 2 1 5	5501	07B62
筮 13 画	3 1 4 3 1 4 1 2 3 4 3 4 1	5502	07B6E
筻 13 画	3 1 4 3 1 4 1 2 5 1 1 3 4	7542	07B7B
筲 13 画	3 1 4 3 1 4 2 4 3 2 5 1 1	5503	07B72
筼 13 画	3 1 4 3 1 4 2 5 1 2 5 3 4	7543	07B7C
筶 13 画	3 1 4 3 1 4 3 1 2 1 2 5 1	7544	07B76

汉字	笔顺	《字表》序号	UCS
筱 13 画	3 1 4 3 1 4 3 2 2 3 1 3 4	5504	07B71
签 13 画	3 1 4 3 1 4 3 4 1 4 4 3 1	2953	07B7E
简 13 画	3 1 4 3 1 4 4 2 5 2 5 1 1	2954	07B80
筷 13 画	3 1 4 3 1 4 4 4 2 5 1 3 4	2955	07B77
筦 13 画	3 1 4 3 1 4 4 4 5 1 1 3 5	7545	07B66
筤 13 画	3 1 4 3 1 4 4 5 1 1 5 3 4	7546	07B64
毁 13 画	3 2 1 5 1 1 1 2 1 3 5 5 4	2956	06BC1
舅 13 画	3 2 1 5 1 1 2 5 1 2 1 5 3	2957	08205
鼠 13 画	3 2 1 5 1 1 5 4 4 5 4 4 5	2958	09F20
牒 13 画	3 2 1 5 1 2 2 1 5 1 2 3 4	5505	07252
煲 13 画	3 2 2 5 1 1 2 3 4 4 3 3 4	5506	07172
催 13 画	3 2 2 5 2 3 2 4 1 1 1 2 1	2959	050AC
傻 13 画	3 2 3 2 5 3 4 1 3 4 3 5 4	2960	050BB
像 13 画	3 2 3 5 2 5 1 3 5 3 3 3 4	2961	050CF

汉字	笔顺	《字表》序号	UCS
傺 13 画	3 2 3 5 4 4 5 4 1 1 2 3 4	7547	050BA
躲 13 画	3 2 5 1 1 1 3 3 5 1 2 3 4	2962	08EB2
鹎 13 画	3 2 5 1 1 3 1 2 3 5 4 5 1	7548	09E4E
魁 13 画	3 2 5 1 1 3 5 5 4 4 4 1 2	2963	09B41
敫 13 画	3 2 5 1 1 4 1 5 3 3 1 3 4	5507	0656B
僇 13 画	3 2 5 4 1 5 4 1 3 4 3 3 3	7549	050C7
衙 13 画	3 3 2 1 2 5 1 2 5 1 1 1 2	2964	08859
微 13 画	3 3 2 2 5 2 1 3 5 3 1 3 4	2965	05FAE
徭 13 画	3 3 2 3 4 4 3 3 1 1 2 5 2	5508	05FAD
愆 13 画	3 3 2 4 4 1 1 1 2 4 5 4 4	5509	06106
艄 13 画	3 3 5 4 1 4 2 4 3 2 5 1 1	5510	08244
艅 13 画	3 3 5 4 1 4 3 4 1 1 2 3 4	7550	08245
艉 13 画	3 3 5 4 1 4 5 1 3 3 1 1 5	7551	08249
觎 13 画	3 4 1 2 5 1 1 2 2 2 5 3 5	5511	089CE

汉字	笔顺	《字表》序号	UCS
毹 13 画	3 4 1 2 5 1 1 2 2 3 1 1 5	5512	06BF9
愈 13 画	3 4 1 2 5 1 1 2 2 4 5 4 4	2966	06108
谼 13 画	3 4 3 4 2 5 1 1 2 2 1 3 4	7552	08C3C
遥 13 画	3 4 4 3 3 1 1 2 5 2 4 5 4	2967	09065
貆 13 画	3 4 4 3 5 3 3 1 2 5 1 1 1	7553	08C86
貊 13 画	3 4 4 3 5 3 3 1 3 2 5 1 1	5513	08C8A
貅 13 画	3 4 4 3 5 3 3 3 2 1 2 3 4	5514	08C85
貉 13 画	3 4 4 3 5 3 3 3 5 4 2 5 1	5515	08C89
颔 13 画	3 4 4 5 2 5 1 1 3 2 5 3 4	5516	09894
腻 13 画	3 5 1 1 1 1 1 2 5 3 4 5 4	2968	0817B
腠 13 画	3 5 1 1 1 1 1 3 4 1 1 3 4	5517	08160
腩 13 画	3 5 1 1 1 2 2 5 4 3 1 1 2	5518	08169
腰 13 画	3 5 1 1 1 2 5 2 2 1 5 3 1	2969	08170
腼 13 画	3 5 1 1 1 3 2 5 2 2 1 1 1	5519	0817C

汉字	笔顺	《字表》序号	UCS	汉字	笔顺	《字表》序号	UCS
腽 13画	ノ 丿 月 月 刖 旭 腭 腭 腭 腽 腽 腽	7554	0817D	腯 13画	ノ 丿 月 月 肝 肝 脐 脐 脐 腯 腯	7556	0816F
腥 13画	ノ 丿 月 月 月 䏍 䏍 䏍 䏍 腥 腥	2970	08165	腧 13画	ノ 丿 月 月 肝 肝 肮 肮 胎 腧 腧	5521	08167
腮 13画	ノ 丿 月 月 肌 肌 肥 肥 腮 腮 腮	2971	0816E	鹏 13画	ノ 丿 月 月 刖 刖 朋 朋 鹏 鹏 鹏	2974	09E4F
腭 13画	ノ 丿 月 月 月 肝 䏍 䏍 䏍 腭 腭	5520	0816D	䲣 13画	ノ 丿 月 月 肝 肝 䏍 胖 䏍 䲣 䲣	5522	0584D
腨 13画	ノ 丿 月 月 月 肌 肝 肝 胼 胼 腨 腨	7555	08168	嵝 13画	ノ 丿 月 月 肝 肝 胖 胖 䏍 嵝 嵝	5523	05AB5
腹 13画	ノ 丿 月 月 肝 肝 肝 䏍 䏍 腹 腹	2972	08179	腾 13画	ノ 丿 月 月 肝 肝 胖 胖 腾 腾 腾	2975	0817E
腺 13画	ノ 丿 月 月 肝 肝 肝 肝 肝 腺 腺	2973	0817A	䐣 13画	ノ 丿 月 月 肝 肝 胖 胖 䐣 䐣 䐣	7568	2677C

13 画（丿）

汉字	笔顺	《字表》序号	UCS	汉字	笔顺	《字表》序号	UCS
腿 13画	丿𠃌丨一丨一一丨一丨𠃌一一一丿𠃌㇏ 3 5 1 1 5 1 1 5 3 4 4 5 4	2976	0817F	鲊 13画	丿𠂉𠂉𠂊㇇𠂉 3 5 2 5 1 2 1 1 3 1 2 1 1	7558	09C8A
詹 13画	丿𠂉𠂉广广产产产詹詹詹詹 3 5 1 3 3 4 1 1 1 2 5 1	5524	08A79	稣 13画	丿𠂉𠂉𠂊㇇𠂉 3 5 2 5 1 2 1 1 3 1 2 3 4	5529	07A23
鲅 13画	丿𠂉𠂉𠂊㇇𠂉 3 5 2 5 1 2 1 1 1 3 5 4 4	5525	09C85	鲋 13画	丿𠂉𠂉𠂊㇇𠂉 3 5 2 5 1 2 1 1 3 2 1 2 4	5530	09C8B
鲆 13画	丿𠂉𠂉𠂊㇇𠂉 3 5 2 5 1 2 1 1 1 4 3 1 2	5526	09C86	鲌 13画	丿𠂉𠂉𠂊㇇𠂉 3 5 2 5 1 2 1 1 3 2 5 1	7559	09C8C
鲇 13画	丿𠂉𠂉𠂊㇇𠂉 3 5 2 5 1 2 1 1 2 1 2 5 1	5527	09C87	鲫 13画	丿𠂉𠂉𠂊㇇𠂉 3 5 2 5 1 2 1 1 3 5 1 5 2	7560	04C9F
鲈 13画	丿𠂉𠂉𠂊㇇𠂉 3 5 2 5 1 2 1 1 2 1 5 1 3	5528	09C88	鲍 13画	丿𠂉𠂉𠂊㇇𠂉 3 5 2 5 1 2 1 1 3 5 2 5 1	7561	2CD8B
鲉 13画	丿𠂉𠂉𠂊㇇𠂉 3 5 2 5 1 2 1 1 2 5 1 2 1	7557	09C89	鲍 13画	丿𠂉𠂉𠂊㇇𠂉 3 5 2 5 1 2 1 1 3 5 5 1 5	2977	09C8D

汉字	笔顺	《字表》序号	UCS	汉字	笔顺	《字表》序号	UCS
𬶍 13画	3 5 2 5 1 2 1 1 4 4 5 3 5	7562	2CD8D	鹐 13画	3 5 3 2 1 5 1 1 3 5 4 5 1	5533	09E50
鲏 13画	3 5 2 5 1 2 1 1 5 3 2 5 4	7563	09C8F	猺 13画	3 5 3 3 4 4 3 3 1 1 2 5 2	7565	0733A
鲐 13画	3 5 2 5 1 2 1 1 5 4 2 5 1	5531	09C90	飔 13画	3 5 3 4 2 5 1 2 1 4 5 4 4	7566	098D4
雊 13画	3 5 2 5 1 3 2 4 1 1 1 2 1	7564	096CA	飕 13画	3 5 3 4 3 2 1 5 1 1 2 5 4	5534	098D5
肄 13画	3 5 3 1 1 3 4 5 1 1 1 1 2	5532	08084	觟 13画	3 5 3 5 1 1 2 1 2 1 1 2 1	7567	089DF
猿 13画	3 5 3 1 2 1 2 5 1 3 5 3 4	2978	0733F	觥 13画	3 5 3 5 1 1 2 2 4 3 1 3 5	5535	089E5
颖 13画	3 5 3 1 2 3 4 1 3 2 5 3 4	2979	09896	触 13画	3 5 3 5 1 1 2 2 5 1 2 1 4	2980	089E6

汉字	笔顺	《字表》序号	UCS
解 13 画	3 5 3 5 1 1 2 5 3 3 1 1 2	2981	089E3
遛 13 画	3 5 4 5 3 2 5 1 2 1 4 5 4	5536	0905B
煞 13 画	3 5 5 1 1 3 1 3 4 4 4 4 4	2982	0715E
雏 13 画	3 5 5 1 1 3 2 4 1 1 1 2 1	2983	096CF
馌 13 画	3 5 5 1 2 1 5 4 2 5 2 2 1	7569	0998C
馍 13 画	3 5 5 1 2 2 2 5 1 1 1 3 4	2984	0998D
馏 13 画	3 5 5 3 5 4 5 3 2 5 1 2 1	2985	0998F
馐 13 画	3 5 5 4 3 1 1 1 3 5 2 1 1	5537	09990
酱 13 画	4 1 2 3 5 4 1 2 5 3 5 1 1	2986	09171
鹑 13 画	4 1 2 5 1 5 2 1 3 5 4 5 1	5538	09E51
裛 13 画	4 1 2 5 1 5 2 1 5 3 5 3 4	7570	088DB
禀 13 画	4 1 2 5 2 5 1 1 1 1 2 3 4	2987	07980
亶 13 画	4 1 2 5 2 5 1 1 2 5 1 1 1	5539	04EB6
廒 13 画	4 1 3 1 1 2 1 5 3 3 1 3 4	7571	05ED2

汉字	笔顺	《字表》序号	UCS
瘃 13 画	4 1 3 4 1 1 3 5 3 4 4 3 4	5540	07603
痱 13 画	4 1 3 4 1 2 1 1 1 2 1 1 1	5541	075F1
痹 13 画	4 1 3 4 1 2 5 1 2 1 1 3 2	2988	075F9
痼 13 画	4 1 3 4 1 2 5 1 2 2 5 1 1	5542	075FC
廓 13 画	4 1 3 4 1 2 5 1 5 2 1 5 2	2989	05ED3
痴 13 画	4 1 3 4 1 3 1 1 3 4 2 5 1	2990	075F4
痿 13 画	4 1 3 4 1 3 1 2 3 4 5 3 1	5543	075FF
瘐 13 画	4 1 3 4 1 3 2 1 5 1 1 3 4	5544	07610
瘁 13 画	4 1 3 4 1 4 1 3 4 3 4 1 2	5545	07601
瘀 13 画	4 1 3 4 1 4 1 5 3 3 4 4 4	7572	07600
瘅 13 画	4 1 3 4 1 4 3 2 5 1 1 1 2	7573	07605
痰 13 画	4 1 3 4 1 4 3 3 4 4 3 3 4	2991	075F0
瘆 13 画	4 1 3 4 1 5 4 1 3 4 3 3 3	5546	07606
廉 13 画	4 1 3 4 3 1 5 1 1 2 2 3 4	2992	05EC9

汉字	笔顺	《字表》序号	UCS
鄘 13 画	4 1 3 5 1 1 2 5 1 1 2 5 2	7574	09118
鹒 13 画	4 1 3 5 1 1 3 4 3 5 4 5 1	7575	09E52
鄜 13 画	4 1 3 5 2 2 1 1 5 1 5 5 2	7576	0911C
麀 13 画	4 1 3 5 2 2 1 1 5 3 5 3 5	7577	09E80
麂 13 画	4 1 3 5 2 2 1 1 5 3 5 3 5	5547	09E82
裔 13 画	4 1 3 5 3 4 2 5 3 4 2 5 1	5548	088D4
靖 13 画	4 1 4 3 1 1 1 2 1 2 5 1 1	2993	09756
新 13 画	4 1 4 3 1 1 2 3 4 3 3 1 2	2994	065B0
鄣 13 画	4 1 4 3 1 2 5 1 1 1 2 5 2	7578	09123
歆 13 画	4 1 4 3 1 2 5 1 1 3 5 3 4	5549	06B46
韵 13 画	4 1 4 3 1 2 5 1 1 3 5 4 1	2995	097F5
意 13 画	4 1 4 3 1 2 5 1 1 4 5 4 4	2996	0610F
旒 13 画	4 1 5 3 3 1 4 1 5 4 3 2 5	5550	065D2
雍 13 画	4 1 5 5 3 3 2 4 1 1 1 2 1	5551	096CD

汉字	笔顺	《字表》序号	UCS
阖 13画	4 2 5 1 2 1 5 4 2 5 2 2 1	5552	09616
阗 13画	4 2 5 1 2 2 5 1 1 1 1 3 4	5553	09617
阘 13画	4 2 5 2 5 1 1 5 4 1 5 4 1	7579	09618
𫔶 13画	4 2 5 3 2 5 1 1 1 1 2 3 4	7580	2B536
阙 13画	4 2 5 4 3 1 5 2 3 3 5 3 4	5554	09619
羧 13画	4 3 1 1 1 3 5 4 3 4 3 5 4	5555	07FA7
豢 13画	4 3 1 1 3 4 1 3 5 3 3 3 4	5556	08C62
誊 13画	4 3 1 1 3 4 4 1 1 1 2 5 1	2997	08A8A
粳 13画	4 3 1 2 3 4 1 2 5 1 1 3 4	5557	07CB3
粮 13画	4 3 1 2 3 4 4 5 1 1 5 3 4	2998	07CAE
数 13画	4 3 1 2 3 4 5 3 1 3 1 3 4	2999	06570
煎 13画	4 3 1 2 5 1 1 2 2 4 4 4 4	3000	0714E
猷 13画	4 3 1 2 5 3 5 1 1 1 3 4 4	5558	07337
塑 13画	4 3 1 5 2 3 3 5 1 1 1 2 1	3001	05851

汉字	笔顺	《字表》序号	UCS
慈 13 画	4 3 1 5 5 4 5 5 4 4 5 4 4	3002	06148
煤 13 画	4 3 3 4 1 2 2 1 1 1 2 3 4	3003	07164
煁 13 画	4 3 3 4 1 2 2 1 1 1 3 4 5	7581	07141
煳 13 画	4 3 3 4 1 2 2 5 1 3 5 1 1	5559	07173
煃 13 画	4 3 3 4 1 3 4 1 2 1 1 2 1	7582	07143
煴 13 画	4 3 3 4 2 5 1 1 2 5 2 2 1	7583	07174
煋 13 画	4 3 3 4 2 5 1 1 3 1 1 2 1	7584	0714B
煜 13 画	4 3 3 4 2 5 1 1 4 1 4 3 1	5560	0715C
煨 13 画	4 3 3 4 2 5 1 2 1 1 5 3 4	5561	07168
煟 13 画	4 3 3 4 2 5 1 2 1 2 5 1 1	7585	0715F
煓 13 画	4 3 3 4 2 5 2 1 3 2 5 2 2	7586	07153
煅 13 画	4 3 3 4 3 2 1 1 1 3 5 5 4	5562	07145
煌 13 画	4 3 3 4 3 2 5 1 1 1 1 2 1	3004	0714C
煊 13 画	4 3 3 4 4 4 5 1 2 5 1 1 1	5563	0714A

汉字	笔顺	《字表》序号	UCS	汉字	笔顺	《字表》序号	UCS
煸 13画	丶ノ丶火火炉炉炉煸煸煸煸煸	5564	07178	漭 13画	丶丶氵氵汁汁荓荓漭漭漭漭漭	5569	06F2D
煺 13画	丶ノ丶火火炉炉炉煺煺煺煺煺	5565	0717A	漠 13画	丶丶氵氵汁汁汁渖渖渖漠漠	3006	06F20
滟 13画	丶丶氵氵汁汁汁汁汁滟滟	5566	06EDF	漕 13画	丶丶氵氵汁汁汁潜潜潜漕漕	7588	06E8D
溱 13画	丶丶氵氵汁汁汁溱溱溱溱溱	5567	06EB1	滢 13画	丶丶氵氵汁汁汁汁滢滢滢滢	5570	06EE2
溢 13画	丶丶氵氵汁汁汁溢溢溢溢溢	5568	06E98	滇 13画	丶丶氵氵汁汁汁渲渲渲滇滇	3007	06EC7
漶 13画	丶丶氵氵汁汁汁渲渲渲漶漶	7587	06EE0	漆 13画	丶丶氵氵汁汁汁漆漆漆漆漆	7589	06EB9
满 13画	丶丶氵氵汁汁汁满满满满满	3005	06EE1	溥 13画	丶丶氵氵汁汁汁溥溥溥溥溥	5571	06EA5

汉字	笔顺	《字表》序号	UCS
滆 13 画	4 4 1 1 2 5 1 2 5 4 3 1 2	7590	06EC6
溧 13 画	4 4 1 1 2 5 2 2 1 1 2 3 4	5572	06EA7
溽 13 画	4 4 1 1 3 1 1 5 3 4 1 2 4	5573	06EBD
源 13 画	4 4 1 1 3 3 2 5 1 1 2 3 4	3008	06E90
滤 13 画	4 4 1 2 1 5 3 1 5 4 5 4 4	3009	06EE4
滥 13 画	4 4 1 2 2 3 1 4 2 5 2 2 1	3010	06EE5
裟 13 画	4 4 1 2 3 4 3 4 1 3 5 3 4	5574	088DF
滉 13 画	4 4 1 2 5 1 1 2 4 3 1 3 5	7591	06EC9
溻 13 画	4 4 1 2 5 1 1 5 4 1 5 4 1	5575	06EBB
溷 13 画	4 4 1 2 5 1 3 5 3 3 3 4 1	5576	06EB7
溦 13 画	4 4 1 2 5 2 1 3 5 3 1 3 4	7592	06EA6
滗 13 画	4 4 1 3 1 4 3 1 4 3 1 1 5	5577	06ED7
滫 13 画	4 4 1 3 2 2 3 5 4 2 5 1 1	5578	06EEB
溴 13 画	4 4 1 3 2 5 1 1 1 1 3 4 4	5579	06EB4

汉字	笔顺	《字表》序号	UCS
溵 13 画	4 4 1 3 3 5 1 1 5 3 5 5 4	7593	06EB5
滏 13 画	4 4 1 3 4 3 4 1 1 2 4 3 1	5580	06ECF
滔 13 画	4 4 1 3 4 4 3 3 2 1 5 1 1	3011	06ED4
溪 13 画	4 4 1 3 4 4 3 5 5 4 1 3 4	3012	06EAA
滃 13 画	4 4 1 3 4 5 4 5 4 1 5 4 1	5581	06EC3
溜 13 画	4 4 1 3 5 4 5 3 2 5 1 2 1	3013	06E9C
滦 13 画	4 4 1 4 1 2 2 3 4 1 2 3 4	5582	06EE6
漷 13 画	4 4 1 4 1 2 5 1 5 2 1 5 2	7594	06F37
滧 13 画	4 4 1 4 1 3 4 3 4 3 1 3 4	7595	06EE7
漓 13 画	4 4 1 4 1 3 4 5 2 2 5 5 4	3014	06F13
滚 13 画	4 4 1 4 1 3 4 5 4 3 5 3 4	3015	06EDA
溏 13 画	4 4 1 4 1 3 5 1 1 2 2 5 1	5583	06E8F
滂 13 画	4 4 1 4 1 4 3 4 5 4 1 5 3	5584	06EC2
溢 13 画	4 4 1 4 3 1 3 4 2 5 2 2 1	3016	06EA2

汉字	笔顺	《字表》序号	UCS
溯 13 画	4 4 1 4 3 1 5 2 3 3 5 1 1	3017	06EAF
滨 13 画	4 4 1 4 4 5 3 2 1 2 1 3 4	3018	06EE8
溶 13 画	4 4 1 4 4 5 3 4 3 4 2 5 1	3019	06EB6
滓 13 画	4 4 1 4 4 5 4 1 4 3 1 1 2	5585	06ED3
溟 13 画	4 4 1 4 5 2 5 1 1 4 1 3 4	5586	06E9F
滘 13 画	4 4 1 4 5 3 4 1 2 1 2 5 1	7596	06ED8
溺 13 画	4 4 1 5 1 5 4 1 5 1 5 4 1	3020	06EBA
滍 13 画	4 4 1 5 2 2 1 2 5 1 2 1 4	7597	06ECD
粱 13 画	4 4 1 5 3 4 4 4 3 1 2 3 4	3021	07CB1
滩 13 画	4 4 1 5 4 3 2 4 1 1 1 2 1	3022	06EE9
滪 13 画	4 4 1 5 4 5 2 1 3 2 5 3 4	5587	06EEA
愫 13 画	4 4 2 1 1 2 1 5 5 4 2 3 4	5588	0612B
愭 13 画	4 4 2 1 2 1 3 3 5 2 5 1 1	7598	0612D
慑 13 画	4 4 2 1 2 2 1 1 1 5 4 5 4	5589	06151

汉字	笔顺	《字表》序号	UCS
慎 13 画	4 4 2 1 2 2 5 1 1 1 1 3 4	3023	0614E
慥 13 画	4 4 2 3 1 2 1 2 5 1 4 5 4	7599	06165
慆 13 画	4 4 2 3 4 4 3 3 2 1 5 1 1	7600	06146
慊 13 画	4 4 2 4 3 1 5 1 1 2 2 3 4	5590	0614A
誉 13 画	4 4 3 1 3 4 4 1 1 1 2 5 1	3024	08A89
鲎 13 画	4 4 3 4 5 3 5 2 5 1 2 1 1	5591	09C8E
塞 13 画	4 4 5 1 1 2 2 1 3 4 1 2 1	3025	0585E

汉字	笔顺	《字表》序号	UCS
骞 13 画	4 4 5 1 1 2 2 1 3 4 5 5 1	5592	09A9E
寞 13 画	4 4 5 1 2 2 2 5 1 1 1 3 4	3026	05BDE
窥 13 画	4 4 5 3 4 1 1 3 4 2 5 3 5	3027	07AA5
窦 13 画	4 4 5 3 4 1 2 5 4 4 1 3 4	5593	07AA6
窠 13 画	4 4 5 3 4 2 5 1 1 1 2 3 4	5594	07AA0
窣 13 画	4 4 5 3 4 4 1 3 4 3 4 1 2	5595	07AA3
窟 13 画	4 4 5 3 4 5 1 3 5 2 2 5 2	3028	07A9F

汉字	笔顺	《字表》序号	UCS
寝 13 画	4 4 5 4 1 2 5 1 1 4 5 5 4	3029	05BDD
塱 13 画	4 5 1 1 5 4 3 5 1 1 1 2 1	7601	05871
谨 13 画	4 5 1 2 2 1 2 5 1 1 1 2 1	3030	08C28
𫌀 13 画	4 5 2 3 4 1 1 2 1 2 5 3 4	7602	2B300
裱 13 画	4 5 2 3 4 1 1 2 1 3 5 3 4	5596	088F1
褂 13 画	4 5 2 3 4 1 2 1 1 2 1 2 4	3031	08902
褚 13 画	4 5 2 3 4 1 2 1 3 2 5 1 1	5597	0891A
裸 13 画	4 5 2 3 4 2 5 1 1 1 2 3 4	3032	088F8
裼 13 画	4 5 2 3 4 2 5 1 1 3 5 3 3	7603	088FC
裨 13 画	4 5 2 3 4 3 2 5 1 1 3 1 2	5598	088E8
裾 13 画	4 5 2 3 4 5 1 3 1 2 2 5 1	5599	088FE
裰 13 画	4 5 2 3 4 5 4 5 4 5 4 5 4	5600	088F0
禊 13 画	4 5 2 4 1 1 1 2 5 3 1 3 4	5601	0798A
福 13 画	4 5 2 4 1 2 5 1 2 5 1 2 1	3033	0798F

汉字	笔顺	《字表》序号	UCS	汉字	笔顺	《字表》序号	UCS
禋 13画		7604	0798B	谬 13画		3034	08C2C
褆 13画		7605	07994	鹋 13画		7609	09E54
禘 13画		7606	07998	頵 13画		7610	2B5B3
禒 13画		7607	07992	群 13画		3035	07FA4
谩 13画		5602	08C29	殿 13画		3036	06BBF
谪 13画		5603	08C2A	辟 13画		3037	08F9F
谫 13画		7608	08C2B	愍 13画		7611	0610D

汉字	笔顺	《字表》序号	UCS
障 13 画	5 2 4 1 4 3 1 2 5 1 1 1 2	3038	0969C
媾 13 画	5 3 1 1 1 2 2 1 2 5 2 1 1	5604	05ABE
嫫 13 画	5 3 1 1 2 2 2 5 1 1 1 3 4	5605	05AEB
嫄 13 画	5 3 1 1 3 3 2 5 1 1 2 3 4	7612	05AC4
媳 13 画	5 3 1 3 2 5 1 1 1 4 5 4 4	3039	05AB3
媲 13 画	5 3 1 3 2 5 3 4 1 1 5 3 5	5606	05AB2
媱 13 画	5 3 1 3 4 4 3 3 1 1 2 5 2	7613	05AB1
媛 13 画	5 3 1 3 4 4 3 4 5 1 3 5 4	5607	05AD2
嫉 13 画	5 3 1 4 1 3 4 1 3 1 1 3 4	3040	05AC9
嫌 13 画	5 3 1 4 3 1 5 1 1 2 2 3 4	3041	05ACC
嫁 13 画	5 3 1 4 4 5 1 3 5 3 3 3 4	3042	05AC1
嫔 13 画	5 3 1 4 4 5 3 2 1 2 1 3 4	5608	05AD4
媸 13 画	5 3 1 5 2 2 1 2 5 1 2 1 4	5609	05AB8
戣 13 画	5 3 5 4 2 5 2 2 1 1 5 3 4	7614	06224

汉字	笔顺	《字表》序号	UCS
勠 13 画	5 4 1 5 4 1 3 4 3 3 3 5 3	7615	052E0
戣 13 画	5 4 3 3 4 1 1 3 4 1 5 3 4	7616	06223
叠 13 画	5 4 5 4 5 4 4 5 2 5 1 1 1	3043	053E0
缙 13 画	5 5 1 1 2 2 4 3 1 2 5 1 1	5610	07F19
缜 13 画	5 5 1 1 2 2 5 1 1 1 1 3 4	5611	07F1C
缚 13 画	5 5 1 1 2 5 1 1 2 4 1 2 4	3044	07F1A
缛 13 画	5 5 1 1 3 1 1 5 3 4 1 2 4	5612	07F1B
𫘪 13 画	5 5 1 1 3 3 2 5 1 1 2 3 4	7617	2B62A
辔 13 画	5 5 1 1 5 1 2 5 5 1 2 5 1	5613	08F94
𫘬 13 画	5 5 1 3 4 4 3 5 5 4 1 3 4	7618	2B62C
缝 13 画	5 5 1 3 5 4 1 1 1 2 4 5 4	3045	07F1D
骝 13 画	5 5 1 3 5 4 5 3 2 5 1 2 1	5614	09A9D
缞 13 画	5 5 1 4 1 2 5 1 1 3 5 3 4	7619	07F1E
缟 13 画	5 5 1 4 1 2 5 1 2 5 2 5 1	5615	07F1F

汉字	笔顺	《字表》序号	UCS
缠 13 画	5 5 1 4 1 3 2 5 1 1 2 1 1	3046	07F20
缡 13 画	5 5 1 4 1 3 4 5 2 2 5 5 4	5616	07F21
缢 13 画	5 5 1 4 3 1 3 4 2 5 2 2 1	5617	07F22
缣 13 画	5 5 1 4 3 1 5 1 1 2 2 3 4	5618	07F23
缤 13 画	5 5 1 4 4 5 3 2 1 2 1 3 4	3047	07F24
骟 13 画	5 5 1 4 5 1 3 5 4 1 5 4 1	5619	09A9F
剿 13 画	5 5 5 2 5 1 1 1 2 3 4 2 2	3048	0527F
耤 14 画	1 1 1 2 3 4 1 2 2 1 2 5 1 1	7620	08024
耥 14 画	1 1 1 2 3 4 2 4 3 2 5 2 5 1	5620	08025
瑧 14 画	1 1 2 1 1 1 1 3 4 3 1 2 3 4	7621	07467
璈 14 画	1 1 2 1 1 1 2 1 5 3 3 1 3 4	5621	07488
璊 14 画	1 1 2 1 1 2 2 1 2 5 3 4 3 4	7622	2B7A9
瑨 14 画	1 1 2 1 1 2 2 4 3 1 2 5 1 1	7623	07468
瑱 14 画	1 1 2 1 1 2 2 5 1 1 1 1 3 4	7624	07471

汉字	笔顺	《字表》序号	UCS
静 14 画	1 1 2 1 2 5 1 1 3 5 5 1 1 2	3049	09759
碧 14 画	1 1 2 1 3 2 5 1 1 1 3 2 5 1	3050	078A7
瑶 14 画	1 1 2 1 3 4 4 3 3 1 1 2 5 2	5622	07476
瑷 14 画	1 1 2 1 3 4 4 3 4 5 1 3 5 4	7625	07477
璃 14 画	1 1 2 1 4 1 3 4 5 2 2 5 5 4	3051	07483
瑭 14 画	1 1 2 1 4 1 3 5 1 1 2 2 5 1	5623	0746D
瑢 14 画	1 1 2 1 4 4 5 3 4 3 4 2 5 1	7626	07462
獒 14 画	1 1 2 1 5 3 3 1 3 4 1 3 4 4	5624	07352
赘 14 画	1 1 2 1 5 3 3 1 3 4 2 5 3 4	3052	08D58
熬 14 画	1 1 2 1 5 3 3 1 3 4 4 4 4 4	3053	071AC
觏 14 画	1 1 2 2 1 2 5 2 1 1 2 5 3 5	5625	089CF
斠 14 画	1 1 2 2 1 2 5 2 1 1 4 4 1 2	7627	065A0
慝 14 画	1 1 2 2 1 3 2 5 1 5 4 5 4 4	5626	0615D
嫠 14 画	1 1 2 3 4 3 1 3 4 1 3 5 3 1	5627	05AE0

汉字	笔顺	《字表》序号	UCS
韬 14 画	1 1 5 2 3 4 4 3 3 2 1 5 1 1	5628	097EC
叆 14 画	1 1 5 4 3 4 4 3 4 5 1 3 5 4	5629	053C6
摏 14 画	1 2 1 1 1 1 3 4 3 2 1 5 1 1	7628	0644F
髦 14 画	1 2 1 1 1 5 4 3 3 3 3 1 1 5	5630	09AE6
墕 14 画	1 2 1 1 2 1 2 1 1 5 4 4 4 4	7629	05895
墈 14 画	1 2 1 1 2 2 1 1 1 3 4 5 5 3	7630	05888
墐 14 画	1 2 1 1 2 2 1 2 5 1 1 1 2 1	7631	05890
墘 14 画	1 2 1 1 2 2 5 1 1 1 2 3 1 5	7632	05898
墙 14 画	1 2 1 1 2 4 3 1 2 5 2 5 1 1	3054	05899
摽 14 画	1 2 1 1 2 5 2 2 1 1 1 2 3 4	5631	0647D
摴 14 画	1 2 1 1 4 5 2 4 4 4 4 1 1 5	7633	06474
墟 14 画	1 2 1 2 1 5 3 1 5 2 2 4 3 1	3055	0589F
墁 14 画	1 2 1 2 5 1 1 2 5 2 2 1 5 4	5632	05881
摺 14 画	1 2 1 2 5 1 2 1 3 5 4 2 5 1	5633	06482

汉字	笔顺	《字表》序号	UCS
摞 14 画	1 2 1 2 5 1 2 1 5 5 4 2 3 4	5634	0645E
嘉 14 画	1 2 1 2 5 1 4 3 1 5 3 2 5 1	3056	05609
摧 14 画	1 2 1 2 5 2 3 2 4 1 1 1 2 1	3057	06467
撄 14 画	1 2 1 2 5 3 4 2 5 3 4 5 3 1	5635	06484
赫 14 画	1 2 1 3 2 3 4 1 2 1 3 2 3 4	3058	08D6B
截 14 画	1 2 1 3 2 4 1 1 1 2 1 5 3 4	3059	0622A
翥 14 画	1 2 1 3 2 5 1 1 5 4 1 5 4 1	5636	07FE5

汉字	笔顺	《字表》序号	UCS
踅 14 画	1 2 1 3 3 1 2 2 5 1 2 1 3 4	5637	08E05
誓 14 画	1 2 1 3 3 1 2 4 1 1 1 2 5 1	3060	08A93
銎 14 画	1 2 1 3 5 4 3 4 1 1 2 4 3 1	7634	0928E
摭 14 画	1 2 1 4 1 3 1 2 2 1 4 4 4 4	5638	0646D
𡐓 14 画	1 2 1 4 1 3 5 1 1 2 4 1 3 4	7635	21413
墉 14 画	1 2 1 4 1 3 5 1 1 2 5 1 1 2	5639	05889
境 14 画	1 2 1 4 1 4 3 1 2 5 1 1 3 5	3061	05883

汉字	笔顺	《字表》序号	UCS
摘 14 画	1 2 1 4 1 4 3 2 5 1 2 2 5 1	3062	06458
墒 14 画	1 2 1 4 1 4 3 2 5 3 4 2 5 1	5640	05892
摔 14 画	1 2 1 4 1 5 5 4 4 1 3 4 1 2	3063	06454
撇 14 画	1 2 1 4 3 2 5 2 3 4 3 1 3 4	3064	06487
墚 14 画	1 2 1 4 4 1 5 3 4 4 1 2 3 4	7636	0589A
榖 14 画	1 2 1 4 5 1 1 2 3 4 3 5 5 4	5641	06996
撖 14 画	1 2 1 5 1 2 2 1 1 1 3 1 3 4	7637	06496
摎 14 画	1 2 1 5 4 1 5 4 1 3 4 3 3 3	7638	2A917
綦 14 画	1 2 2 1 1 1 3 4 5 5 4 2 3 4	5642	07DA6
聚 14 画	1 2 2 1 1 1 5 4 3 2 3 3 3 4	3065	0805A
蔫 14 画	1 2 2 1 2 1 2 1 1 5 4 4 4 4	5643	0852B
蔷 14 画	1 2 2 1 2 4 3 1 2 5 2 5 1 1	5644	08537
靺 14 画	1 2 2 1 2 5 1 1 2 1 1 2 3 4	5645	0977A
靼 14 画	1 2 2 1 2 5 1 1 2 2 5 1 1 1	5646	0977C

汉字	笔顺	《字表》序号	UCS
鞅 14 画	1221251 1225134	5647	09785
靽 14 画	1221251 1243112	7639	0977D
鞁 14 画	1221251 1253254	7640	09781
靿 14 画	1221251 1255453	5648	0977F
蔌 14 画	1221251 2343534	7641	0850C
蔈 14 画	1221252 2111234	7642	08508
慕 14 画	1222511 1342444	3066	06155
暮 14 画	1222511 1342511	3067	066AE
摹 14 画	1222511 1343112	3068	06479
蔓 14 画	1222511 2522154	3069	08513
蔑 14 画	1222522 1134534	3070	08511
甍 14 画	1222522 1451554	5649	0750D
蔸 14 画	1223251 1355135	5650	08538
蓰 14 画	1223322 1212134	7643	084F0

汉字	笔顺	《字表》序号	UCS
蔹 14 画	1 2 2 3 4 1 4 4 3 1 3 1 3 4	7644	08539
蔡 14 画	1 2 2 3 5 4 4 5 4 1 1 2 3 4	3071	08521
蔗 14 画	1 2 2 4 1 3 1 2 2 1 4 4 4 4	3072	08517
蔟 14 画	1 2 2 4 1 5 3 3 1 3 1 1 3 4	5651	0851F
蔺 14 画	1 2 2 4 2 5 3 2 4 1 1 1 2 1	5652	0853A
戬 14 画	1 2 2 4 3 1 2 5 1 1 1 5 3 4	5653	0622C
蔽 14 画	1 2 2 4 3 2 5 2 3 4 3 1 3 4	3073	0853D

汉字	笔顺	《字表》序号	UCS
蔊 14 画	1 2 2 4 3 3 4 2 5 1 1 1 1 2	7645	0850A
蕖 14 画	1 2 2 4 4 1 1 5 1 5 1 2 3 4	5654	08556
蔻 14 画	1 2 2 4 4 5 1 1 3 5 2 1 5 4	5655	0853B
蓿 14 画	1 2 2 4 4 5 3 2 1 3 2 5 1 1	5656	084FF
蔼 14 画	1 2 2 4 5 2 5 1 1 3 5 3 4 5	3074	0853C
斡 14 画	1 2 2 5 1 1 1 2 3 4 4 4 1 2	5657	065A1
熙 14 画	1 2 2 5 1 2 5 5 1 5 4 4 4 4	3075	07199

汉字	笔顺	《字表》序号	UCS	汉字	笔顺	《字表》序号	UCS
蔚 14画		3076	0851A	楷 14画		7647	069B0
鹕 14画		5658	09E55	模 14画		3078	06A21
兢 14画		3077	05162	槔 14画		7648	06991
嘏 14画		7646	0560F	槚 14画		7649	069DA
蓼 14画		5659	084FC	槛 14画		3079	069DB
榛 14画		5660	0699B	㭎 14画		7650	235CB
榧 14画		5661	069A7	榻 14画		5662	069BB

14 画（一）

汉字	笔顺	《字表》序号	UCS	汉字	笔顺	《字表》序号	UCS
榫 14画		5663	069AB	榜 14画		3081	0699C
榫 14画		7651	069DC	槟 14画		5668	069DF
榭 14画		5664	069AD	榨 14画		3082	069A8
槔 14画		5665	069D4	榕 14画		3083	06995
榴 14画		3080	069B4	槠 14画		5669	069E0
槺 14画		5666	069B1	榷 14画		5670	069B7
槁 14画		5667	069C1	榻 14画		7652	0698D

413

汉字	笔顺	《字表》序号	UCS
疐 14 画	1 2 4 5 2 5 1 2 1 5 2 1 3 4	7653	07590
𬸘 14 画	1 2 5 1 1 5 3 1 5 3 5 4 5 1	7654	2CE18
歌 14 画	1 2 5 1 2 1 2 5 1 2 3 5 3 4	3084	06B4C
遭 14 画	1 2 5 1 2 2 1 2 5 1 1 4 5 4	3085	0906D
僰 14 画	1 2 5 2 3 4 1 2 5 2 3 4 3 4	5671	050F0
酵 14 画	1 2 5 3 5 1 1 1 2 1 3 5 2 1	3086	09175
酽 14 画	1 2 5 3 5 1 1 1 2 2 4 3 1 3	5672	0917D

汉字	笔顺	《字表》序号	UCS
酺 14 画	1 2 5 3 5 1 1 1 2 5 1 1 2 4	7655	0917A
酾 14 画	1 2 5 3 5 1 1 1 2 5 4 2 5 4	7656	0917E
酲 14 画	1 2 5 3 5 1 1 2 5 1 1 1 2 1	7657	09172
酷 14 画	1 2 5 3 5 1 1 3 1 2 1 2 5 1	3087	09177
酶 14 画	1 2 5 3 5 1 1 3 1 5 5 4 1 4	5673	09176
酴 14 画	1 2 5 3 5 1 1 3 4 1 1 2 3 4	7658	09174
酹 14 画	1 2 5 3 5 1 1 3 4 4 3 1 2 4	5674	09179

汉字	笔顺	《字表》序号	UCS
酿 14 画	1 2 5 3 5 1 1 4 5 1 1 5 3 4	3088	0917F
酸 14 画	1 2 5 3 5 1 1 5 4 3 4 3 5 4	3089	09178
厮 14 画	1 3 1 2 2 1 1 1 3 4 3 3 1 2	5675	053AE
碶 14 画	1 3 2 5 1 1 1 1 2 5 3 1 3 4	7659	078B6
碡 14 画	1 3 2 5 1 1 1 2 1 5 5 4 1 4	5676	078A1
碟 14 画	1 3 2 5 1 1 2 2 1 5 1 2 3 4	3090	0789F
碴 14 画	1 3 2 5 1 1 2 3 4 2 5 1 1 1	5677	078B4
碱 14 画	1 3 2 5 1 1 3 1 2 5 1 5 3 4	3091	078B1
䃎 14 画	1 3 2 5 1 1 3 4 3 5 4 3 5 4	7660	040CE
𬒗 14 画	1 3 2 5 1 2 2 3 1 4 2 5 3 5	7661	2C497
碣 14 画	1 3 2 5 1 2 5 1 1 3 5 3 4 5	5678	078A3
碨 14 画	1 3 2 5 1 2 5 1 2 1 1 5 3 4	7662	078A8
𥔲 14 画	1 3 2 5 1 2 5 1 2 5 1 1 1 5	7663	25532
碳 14 画	1 3 2 5 1 2 5 2 1 3 4 3 3 4	3092	078B3

汉字	笔顺	《字表》序号	UCS
碲 14画	1 3 2 5 1 4 1 4 3 4 5 2 5 2	5679	078B2
磋 14画	1 3 2 5 1 4 3 1 1 1 3 1 2 1	5680	078CB
磁 14画	1 3 2 5 1 4 3 1 5 5 4 5 5 4	3093	078C1
碹 14画	1 3 2 5 1 4 4 5 1 2 5 1 1 1	7664	078B9
碥 14画	1 3 2 5 1 4 5 1 3 2 5 1 2 2	7665	078A5
愿 14画	1 3 3 2 5 1 1 2 3 4 4 5 4 4	3094	0613F
劂 14画	1 3 4 3 1 5 2 3 3 5 3 4 2 2	7666	05282
臧 14画	1 3 5 1 3 1 2 5 1 2 5 5 3 4	5681	081E7
豨 14画	1 3 5 3 3 3 4 3 4 1 3 2 5 2	5682	08C68
殡 14画	1 3 5 4 4 4 5 3 2 1 2 1 3 4	5683	06BA1
需 14画	1 4 5 2 4 4 4 4 1 3 2 5 2 2	3095	09700
霆 14画	1 4 5 2 4 4 4 4 3 1 2 1 5 4	5684	09706
霁 14画	1 4 5 2 4 4 4 4 4 1 3 4 3 2	5685	09701
辕 14画	1 5 2 1 1 2 1 2 5 1 3 5 3 4	5686	08F95

汉字	笔顺	《字表》序号	UCS
辖 14画	1 5 2 1 4 4 5 1 1 1 2 2 5 1	3096	08F96
辗 14画	1 5 2 1 5 1 3 1 2 2 1 5 3 4	3097	08F97
蜚 14画	2 1 1 1 2 1 1 1 2 5 1 2 1 4	5687	0871A
裴 14画	2 1 1 1 2 1 1 1 4 1 3 5 3 4	5688	088F4
翡 14画	2 1 1 1 2 1 1 1 5 4 1 5 4 1	5689	07FE1
雌 14画	2 1 2 1 1 5 3 2 4 1 1 1 2 1	3098	096CC
龇 14画	2 1 2 1 3 4 5 2 2 1 2 1 3 5	5690	09F87

汉字	笔顺	《字表》序号	UCS
龈 14画	2 1 2 1 3 4 5 2 5 1 1 5 3 4	5691	09F88
𫚖 14画	2 1 2 1 3 5 3 5 2 5 1 2 1 1	7667	2B696
睿 14画	2 1 4 5 1 3 4 3 4 2 5 1 1 1	5692	0777F
裳 14画	2 4 3 4 5 2 5 1 4 1 3 5 3 4	3099	088F3
䴗 14画	2 5 1 1 1 1 3 4 4 3 5 4 5 1	7668	04D17
颗 14画	2 5 1 1 1 2 3 4 1 3 2 5 3 4	3100	09897
夥 14画	2 5 1 1 1 2 3 4 3 5 4 3 5 4	7669	05925

汉字	笔顺	《字表》序号	UCS
瞅 14画	2 5 1 1 1 3 1 2 3 4 4 3 3 4	3101	07785
瞍 14画	2 5 1 1 1 3 2 1 5 1 1 2 5 4	7670	0778D
瞜 14画	2 5 1 1 1 4 3 1 2 3 4 5 3 1	5693	04056
睽 14画	2 5 1 1 1 5 4 3 3 4 1 1 3 4	5694	0777D
墅 14画	2 5 1 1 2 1 1 5 4 5 2 1 2 1	3102	05885
嘞 14画	2 5 1 1 2 2 1 2 5 1 1 2 5 3	5695	0561E
嘈 14画	2 5 1 1 2 5 1 2 2 1 2 5 1 1	5696	05608

汉字	笔顺	《字表》序号	UCS
嗽 14画	2 5 1 1 2 5 1 2 3 4 3 5 3 4	3103	055FD
嘌 14画	2 5 1 1 2 5 2 2 1 1 1 2 3 4	5697	0560C
嘁 14画	2 5 1 1 3 2 1 1 2 3 4 5 3 4	5698	05601
嘎 14画	2 5 1 1 3 2 5 1 1 1 1 5 3 4	5699	0560E
暧 14画	2 5 1 1 3 4 4 3 4 5 1 3 5 4	5700	066A7
鹖 14画	2 5 1 1 3 5 3 4 5 3 5 4 5 1	7671	09E56
暝 14画	2 5 1 1 4 5 2 5 1 1 4 1 3 4	5701	0669D

汉字	笔顺	《字表》序号	UCS
㬎 14 画	2 5 1 1 5 5 4 5 5 4 4 4 4 4	7672	03B0E
踌 14 画	2 5 1 2 1 2 1 1 1 1 3 1 2 4	5702	08E0C
踉 14 画	2 5 1 2 1 2 1 4 5 1 1 5 3 4	5703	08E09
跽 14 画	2 5 1 2 1 2 1 5 1 5 4 5 4 4	7673	08DFD
踊 14 画	2 5 1 2 1 2 1 5 4 2 5 1 1 2	3104	08E0A
蜻 14 画	2 5 1 2 1 4 1 1 2 1 2 5 1 1	3105	0873B
蜞 14 画	2 5 1 2 1 4 1 2 2 1 1 1 3 4	5704	0871E
蜡 14 画	2 5 1 2 1 4 1 2 2 1 2 5 1 1	3106	08721
蜥 14 画	2 5 1 2 1 4 1 2 3 4 3 3 1 2	5705	08725
蜮 14 画	2 5 1 2 1 4 1 2 5 1 1 5 3 4	5706	0872E
蜾 14 画	2 5 1 2 1 4 2 5 1 1 1 2 3 4	7674	0873E
蝈 14 画	2 5 1 2 1 4 2 5 1 1 2 1 4 1	5707	08748
蜴 14 画	2 5 1 2 1 4 2 5 1 1 3 5 3 3	5708	08734
蝇 14 画	2 5 1 2 1 4 2 5 1 2 5 1 1 5	3107	08747

汉字	笔顺	《字表》序号	UCS
蜘 14画	2 5 1 2 1 4 3 1 1 3 4 2 5 1	3108	08718
蜱 14画	2 5 1 2 1 4 3 2 5 1 1 3 1 2	5709	08731
蜩 14画	2 5 1 2 1 4 3 5 1 2 1 2 5 1	5710	08729
蜷 14画	2 5 1 2 1 4 4 3 1 1 3 4 5 5	5711	08737
蝉 14画	2 5 1 2 1 4 4 3 2 5 1 1 1 2	3109	08749
蜿 14画	2 5 1 2 1 4 4 4 5 3 5 4 5 5	5712	0873F
螂 14画	2 5 1 2 1 4 4 5 1 1 5 4 5 2	5713	08782
蜢 14画	2 5 1 2 1 4 5 2 1 2 5 2 2 1	5714	08722
嘘 14画	2 5 1 2 1 5 3 1 5 2 2 4 3 1	5715	05618
嘡 14画	2 5 1 2 4 3 4 5 2 5 1 1 2 1	5716	05621
鹗 14画	2 5 1 2 5 1 1 1 5 3 5 4 5 1	5717	09E57
嘣 14画	2 5 1 2 5 2 3 5 1 1 3 5 1 1	5718	05623
嘤 14画	2 5 1 2 5 3 4 2 5 3 4 5 3 1	5719	05624
嘚 14画	2 5 1 3 3 2 2 5 1 1 1 1 2 4	5720	0561A

汉字	笔顺	《字表》序号	UCS
嘛 14画	2 5 1 4 1 3 1 2 3 4 1 2 3 4	3110	0561B
嘀 14画	2 5 1 4 1 4 3 2 5 1 2 2 5 1	3111	05600
嗾 14画	2 5 1 4 1 5 3 3 1 3 1 1 3 4	5721	055FE
嘧 14画	2 5 1 4 4 5 4 5 4 3 4 2 5 2	5722	05627
幖 14画	2 5 2 1 2 5 2 2 1 1 1 2 3 4	7675	05E56
罴 14画	2 5 2 2 1 1 2 1 5 4 4 4 4 4	5723	07F74
罱 14画	2 5 2 2 1 1 2 2 5 4 3 1 1 2	5724	07F71
幔 14画	2 5 2 2 5 1 1 2 5 2 2 1 5 4	5725	05E54
嶂 14画	2 5 2 4 1 4 3 1 2 5 1 1 1 2	5726	05D82
幛 14画	2 5 2 4 1 4 3 1 2 5 1 1 1 2	5727	05E5B
嶍 14画	2 5 2 5 4 1 5 4 1 3 2 5 1 1	7676	05D8D
赙 14画	2 5 3 4 1 2 5 1 1 2 4 1 2 4	5728	08D59
圙 14画	2 5 3 4 1 3 2 5 2 2 1 1 1 1	7677	05719
罂 14画	2 5 3 4 2 5 3 4 3 1 1 2 5 2	5729	07F42

汉字	笔顺	《字表》序号	UCS
赚 14 画	2 5 3 4 4 3 1 5 1 1 2 2 3 4	3112	08D5A
骷 14 画	2 5 5 4 5 2 5 1 1 1 2 2 5 1	5730	09AB7
骶 14 画	2 5 5 4 5 2 5 1 1 3 5 1 5 4	5731	09AB6
鹘 14 画	2 5 5 4 5 2 5 1 1 3 5 4 5 1	5732	09E58
锲 14 画	3 1 1 1 5 1 1 1 2 5 3 1 3 4	5733	09532
锘 14 画	3 1 1 1 5 1 2 2 3 4 1 2 5 1	7678	28C4F
错 14 画	3 1 1 1 5 1 5 3 5 3 2 5 1 1	5734	09534
锶 14 画	3 1 1 1 5 2 5 1 2 1 4 5 4 4	5735	09536
锷 14 画	3 1 1 1 5 2 5 1 2 5 1 1 1 5	5736	09537
锸 14 画	3 1 1 1 5 3 1 2 3 2 1 5 1 1	5737	09538
锹 14 画	3 1 1 1 5 3 1 2 3 4 4 3 3 4	3113	09539
锺 14 画	3 1 1 1 5 3 1 2 5 1 1 2 1 1	7679	0953A
锻 14 画	3 1 1 1 5 3 2 1 1 1 3 5 5 4	3114	0953B
镂 14 画	3 1 1 1 5 3 2 1 5 1 1 2 5 4	7680	0953C

汉字	笔顺	《字表》序号	UCS
锽 14 画	3 1 1 1 5 3 2 5 1 1 1 1 2 1	7681	0953D
𬭤 14 画	3 1 1 1 5 3 2 5 1 3 1 1 3 4	7682	2CB64
锾 14 画	3 1 1 1 5 3 4 4 3 1 1 3 5 4	7683	0953E
锵 14 画	3 1 1 1 5 4 1 2 3 5 4 1 2 4	5738	09535
锿 14 画	3 1 1 1 5 4 1 2 5 1 3 5 3 4	7684	0953F
镀 14 画	3 1 1 1 5 4 1 3 1 2 2 1 5 4	3115	09540
镁 14 画	3 1 1 1 5 4 3 1 1 2 1 1 3 4	5739	09541
镂 14 画	3 1 1 1 5 4 3 1 2 3 4 5 3 1	5740	09542
镃 14 画	3 1 1 1 5 4 3 1 5 5 4 5 5 4	7685	09543
镄 14 画	3 1 1 1 5 5 1 5 3 2 2 5 3 4	7686	09544
镅 14 画	3 1 1 1 5 5 2 1 3 2 5 1 1 1	7687	09545
舞 14 画	3 1 1 2 2 2 2 1 3 5 4 1 5 2	3116	0821E
犒 14 画	3 1 2 1 4 1 2 5 1 2 5 2 5 1	5741	07292
舔 14 画	3 1 2 2 5 1 1 1 3 4 2 4 4 4	3117	08214

汉字	笔顺	《字表》序号	UCS
馝 14 画	3 1 2 3 4 2 5 1 1 4 5 4 3 4	7688	0999D
稳 14 画	3 1 2 3 4 3 5 5 1 1 4 5 4 4	3118	07A33
鹙 14 画	3 1 2 3 4 4 3 3 4 3 5 4 5 1	7689	09E59
熏 14 画	3 1 2 5 4 3 1 2 1 1 4 4 4 4	3119	0718F
箐 14 画	3 1 4 3 1 4 1 1 2 1 2 5 1 1	5742	07B90
箦 14 画	3 1 4 3 1 4 1 1 2 1 2 5 3 4	5743	07BA6
箧 14 画	3 1 4 3 1 4 1 1 4 3 1 3 4 5	5744	07BA7
箍 14 画	3 1 4 3 1 4 1 2 1 1 2 5 2 5	5745	07B8D
箸 14 画	3 1 4 3 1 4 1 2 1 3 2 5 1 1	5746	07BB8
箨 14 画	3 1 4 3 1 4 1 2 1 5 4 1 1 2	7690	07BA8
箕 14 画	3 1 4 3 1 4 1 2 2 1 1 1 3 4	3120	07B95
箬 14 画	3 1 4 3 1 4 1 2 2 1 3 2 5 1	5747	07BAC
箖 14 画	3 1 4 3 1 4 1 2 3 4 1 2 3 4	7691	07B96
算 14 画	3 1 4 3 1 4 2 5 1 1 1 1 3 2	3121	07B97

14 画（丿）

汉字	笔顺	《字表》序号	UCS	汉字	笔顺	《字表》序号	UCS
箅 14画		5748	07B85	箮 14画		5752	07BA2
箩 14画		3122	07BA9	箫 14画		3124	07BAB
劄 14画		7692	05284	箓 14画		5753	07B93
箪 14画		5749	07BAA	毓 14画		5754	06BD3
箔 14画		5750	07B94	舆 14画		3125	08206
管 14画		3123	07BA1	僖 14画		5755	050D6
箜 14画		5751	07B9C	儆 14画		5756	05106

425

汉字	笔顺	《字表》序号	UCS
僄 14画	3 2 1 2 5 2 2 1 4 3 1 2 3 4	5757	050F3
僚 14画	3 2 1 3 4 4 3 2 5 1 1 2 3 4	3126	050DA
僭 14画	3 2 1 5 3 5 1 5 3 5 2 5 1 1	5758	050ED
僬 14画	3 2 3 2 4 1 1 1 2 1 4 4 4 4	7693	050EC
劁 14画	3 2 4 1 1 1 2 1 4 4 4 4 2 2	5759	05281
僦 14画	3 2 4 1 2 5 1 2 3 4 1 3 5 4	7694	050E6
僮 14画	3 2 4 1 4 3 1 2 5 1 1 2 1 1	5760	050EE
僔 14画	3 2 4 3 1 2 5 3 5 1 1 1 2 4	7695	050D4
僧 14画	3 2 4 3 2 5 2 4 3 1 2 5 1 1	3127	050E7
鼻 14画	3 2 5 1 1 1 2 5 1 2 1 1 3 2	3128	09F3B
魄 14画	3 2 5 1 1 3 2 5 1 1 3 5 5 4	3129	09B44
魅 14画	3 2 5 1 1 3 5 5 4 1 1 2 3 4	3130	09B45
魃 14画	3 2 5 1 1 3 5 5 4 1 3 5 4 4	5761	09B43
魆 14画	3 2 5 1 1 3 5 5 4 1 5 5 3 4	5762	09B46

汉字	笔顺	《字表》序号	UCS
僎 14 画	3 2 5 1 5 5 1 5 1 2 2 1 3 4	7696	050CE
睾 14 画	3 2 5 2 2 1 1 2 1 4 3 1 1 2	5763	0777E
槃 14 画	3 3 5 4 1 4 3 5 5 4 1 2 3 4	7697	069C3
艋 14 画	3 3 5 4 1 4 5 2 1 2 5 2 2 1	5764	0824B
㙦 14 画	3 4 1 1 2 3 4 4 4 1 2 1 2 1	7698	03666
鄱 14 画	3 4 3 1 2 3 4 2 5 1 2 1 5 2	5765	09131
貌 14 画	3 4 4 3 5 3 3 3 2 5 1 1 3 5	3131	08C8C
膜 14 画	3 5 1 1 1 2 2 2 5 1 1 1 3 4	3132	0819C
膊 14 画	3 5 1 1 1 2 5 1 1 2 4 1 2 4	3133	0818A
膈 14 画	3 5 1 1 1 2 5 1 2 5 4 3 1 2	5766	08188
膀 14 画	3 5 1 1 4 1 4 3 4 5 4 1 5 3	3134	08180
膑 14 画	3 5 1 1 4 4 5 3 2 1 2 1 3 4	5767	08191
鲑 14 画	3 5 2 5 1 2 1 1 1 2 1 1 2 1	5768	09C91
鲒 14 画	3 5 2 5 1 2 1 1 1 2 1 2 5 1	7699	09C92

汉字	笔顺	《字表》序号	UCS
鲔 14画	3 5 2 5 1 2 1 1 1 3 2 5 1 1	5769	09C94
鲕 14画	3 5 2 5 1 2 1 1 1 3 2 5 2 2	7700	09C95
𫚕 14画	3 5 2 5 1 2 1 1 2 3 1 2 5 2	7701	2B695
鲖 14画	3 5 2 5 1 2 1 1 2 5 1 2 5 1	7702	09C96
鲗 14画	3 5 2 5 1 2 1 1 2 5 3 4 2 2	7703	09C97
鲘 14画	3 5 2 5 1 2 1 1 3 3 1 2 5 1	7704	09C98
鲙 14画	3 5 2 5 1 2 1 1 3 4 1 1 5 4	7705	09C99
𬶐 14画	3 5 2 5 1 2 1 1 3 4 1 5 3 4	7706	2CD90
𬶏 14画	3 5 2 5 1 2 1 1 3 5 1 3 5 5	7707	2CD8F
鲚 14画	3 5 2 5 1 2 1 1 4 1 3 4 3 2	5770	09C9A
鲛 14画	3 5 2 5 1 2 1 1 4 1 3 4 3 4	5771	09C9B
鲜 14画	3 5 2 5 1 2 1 1 4 3 1 1 1 2	3135	09C9C
𩽾 14画	3 5 2 5 1 2 1 1 4 4 5 5 3 1	7708	29F7E
鲟 14画	3 5 2 5 1 2 1 1 5 1 1 1 2 4	5772	09C9F

汉字	笔顺	《字表》序号	UCS
夐 14 画	3 5 2 5 3 4 2 5 1 1 1 3 5 4	7709	05910
疑 14 画	3 5 3 1 1 3 4 5 4 5 2 1 3 4	3136	07591
獐 14 画	3 5 3 4 1 4 3 1 2 5 1 1 1 2	5773	07350
獍 14 画	3 5 3 4 1 4 3 1 2 5 1 1 3 5	7710	0734D
飗 14 画	3 5 3 4 3 5 4 5 3 2 5 1 2 1	7711	098D7
𬸚 14 画	3 5 3 4 5 1 3 4 4 3 5 4 5 1	7712	2CE1A
觫 14 画	3 5 3 5 1 1 2 1 2 5 1 2 3 4	5774	089EB

汉字	笔顺	《字表》序号	UCS
雒 14 画	3 5 4 2 5 1 3 2 4 1 1 1 2 1	5775	096D2
孵 14 画	3 5 4 3 5 2 4 3 4 4 3 5 2 1	3137	05B75
夤 14 画	3 5 4 4 4 5 1 2 5 1 2 1 3 4	5776	05924
馑 14 画	3 5 5 1 2 2 1 2 5 1 1 1 2 1	5777	09991
馒 14 画	3 5 5 2 5 1 1 2 5 2 2 1 5 4	3138	09992
凘 14 画	4 1 1 2 2 1 1 1 3 4 3 3 1 2	7713	051D8
銮 14 画	4 1 2 2 3 4 3 4 1 1 2 4 3 1	5778	092AE

汉字	笔顺	《字表》序号	UCS
裹 14 画	4 1 2 5 1 1 1 2 3 4 3 5 3 4	3139	088F9
敲 14 画	4 1 2 5 1 2 5 2 5 1 2 1 5 4	3140	06572
豪 14 画	4 1 2 5 1 4 5 1 3 5 3 3 3 4	3141	08C6A
膏 14 画	4 1 2 5 1 4 5 2 5 1 2 5 1 1	3142	0818F
塾 14 画	4 1 2 5 1 5 2 1 3 5 4 1 2 1	5779	0587E
廑 14 画	4 1 3 1 2 2 1 2 5 1 1 1 2 1	7714	05ED1
遮 14 画	4 1 3 1 2 2 1 4 4 4 4 4 5 4	3143	0906E
麽 14 画	4 1 3 1 2 3 4 1 2 3 4 3 5 4	5780	09EBD
廙 14 画	4 1 3 2 5 1 2 1 1 2 2 1 3 4	7715	05ED9
腐 14 画	4 1 3 3 2 1 2 4 2 5 3 4 3 4	3144	08150
瘩 14 画	4 1 3 4 1 1 2 2 3 4 1 2 5 1	3145	07629
瘌 14 画	4 1 3 4 1 1 2 5 1 2 3 4 2 2	5781	0760C
瘗 14 画	4 1 3 4 1 1 4 3 1 3 4 1 2 1	7716	07617
瘟 14 画	4 1 3 4 1 2 5 1 1 2 5 2 2 1	3146	0761F

汉字	笔顺	《字表》序号	UCS
瘦 14 画	4 1 3 4 1 3 2 1 5 1 1 2 5 4	3147	07626
瘊 14 画	4 1 3 4 1 3 2 5 1 3 1 1 3 4	5782	0760A
瘥 14 画	4 1 3 4 1 4 3 1 1 1 3 1 2 1	7717	07625
瘘 14 画	4 1 3 4 1 4 3 1 2 3 4 5 3 1	5783	07618
瘕 14 画	4 1 3 4 1 5 1 2 1 1 5 1 5 4	7718	07615
瘙 14 画	4 1 3 4 1 5 4 4 2 5 1 2 1 4	5784	07619
廖 14 画	4 1 3 5 4 1 5 4 1 3 4 3 3 3	5785	05ED6
辣 14 画	4 1 4 3 1 1 3 1 2 5 1 2 3 4	3148	08FA3
彰 14 画	4 1 4 3 1 2 5 1 1 1 2 3 3 3	3149	05F70
竭 14 画	4 1 4 3 1 2 5 1 1 3 5 3 4 5	3150	07AED
韶 14 画	4 1 4 3 1 2 5 1 1 5 3 2 5 1	5786	097F6
端 14 画	4 1 4 3 1 2 5 2 1 3 2 5 2 2	3151	07AEF
旗 14 画	4 1 5 3 3 1 1 2 2 1 1 1 3 4	3152	065D7
旖 14 画	4 1 5 3 3 1 1 3 4 1 2 5 1 2	5787	065D6

汉字	笔顺	《字表》序号	UCS
膂 14 画	4 1 5 3 3 1 3 5 3 4 2 5 1 1	5788	08182
阚 14 画	4 2 5 5 1 2 2 1 1 1 3 1 3 4	5789	0961A
鄯 14 画	4 3 1 1 1 2 4 3 1 2 5 1 5 2	5790	0912F
鲝 14 画	4 3 1 1 1 3 3 5 2 5 1 2 1 1	7719	09C9D
鲞 14 画	4 3 1 1 3 4 3 5 2 5 1 2 1 1	5791	09C9E
精 14 画	4 3 1 2 3 4 1 1 2 1 2 5 1 1	3153	07CBE
粿 14 画	4 3 1 2 3 4 2 5 1 1 1 2 3 4	5792	07CBF
粼 14 画	4 3 1 2 3 4 3 5 4 1 5 2 5 5	5793	07CBC
粹 14 画	4 3 1 2 3 4 4 1 3 4 3 4 1 2	3154	07CB9
粽 14 画	4 3 1 2 3 4 4 4 5 1 1 2 3 4	5794	07CBD
糁 14 画	4 3 1 2 3 4 5 4 1 3 4 3 3 3	5795	07CC1
歉 14 画	4 3 1 5 1 1 2 2 3 4 3 5 3 4	3155	06B49
槊 14 画	4 3 1 5 2 3 3 5 1 1 1 2 3 4	5796	069CA
鹚 14 画	4 3 1 5 5 4 5 5 4 3 5 4 5 1	5797	09E5A

汉字	笔顺	《字表》序号	UCS
弊 14 画	4 3 2 5 2 3 4 3 1 3 4 1 3 2	3156	05F0A
鄫 14 画	4 3 2 5 2 4 3 1 2 5 1 1 5 2	7720	0912B
熄 14 画	4 3 3 4 3 2 5 1 1 1 4 5 4 4	3157	07184
熘 14 画	4 3 3 4 3 5 4 5 3 2 5 1 2 1	5798	07198
熇 14 画	4 3 3 4 4 1 2 5 1 2 5 2 5 1	7721	07187
熔 14 画	4 3 3 4 4 4 5 3 4 3 4 2 5 1	3158	07194
煽 14 画	4 3 3 4 4 5 1 3 5 4 1 5 4 1	3159	0717D
熥 14 画	4 3 3 4 5 4 2 5 1 1 2 4 5 4	5799	071A5
漹 14 画	4 4 1 1 2 1 2 1 1 5 4 4 4 4	7722	06F39
漖 14 画	4 4 1 1 2 1 3 5 2 1 3 1 3 4	7723	06F16
潢 14 画	4 4 1 1 2 2 1 2 5 1 2 1 3 4	5800	06F62
潆 14 画	4 4 1 1 2 2 4 5 5 5 4 2 3 4	7724	06F46
潇 14 画	4 4 1 1 2 2 5 1 1 2 3 2 3 4	3160	06F47
漤 14 画	4 4 1 1 2 3 4 1 2 3 4 5 3 1	7725	06F24

汉字	笔顺	《字表》序号	UCS	汉字	笔顺	《字表》序号	UCS
漆 14画	4 4 1 1 2 3 4 / 3 4 2 4 1 3 4	3161	06F06	漯 14画	4 4 1 2 5 1 2 / 1 5 5 4 3 4	5803	06F2F
漕 14画	4 4 1 1 2 5 1 / 2 2 1 2 5 1 1	5801	06F15	潓 14画	4 4 1 2 5 1 2 / 5 1 2 4 5 4 4	5804	06F36
漱 14画	4 4 1 1 2 5 1 / 2 3 4 3 5 4	3162	06F31	潅 14画	4 4 1 2 5 2 3 / 2 4 1 1 2 1	7727	06F3C
漂 14画	4 4 1 1 2 5 2 / 2 1 1 1 2 3 4	3163	06F02	漴 14画	4 4 1 2 5 2 4 / 4 5 1 1 2 3	7728	06F34
滹 14画	4 4 1 2 1 5 3 / 1 5 3 4 3 1 2	5802	06EF9	窨 14画	4 4 1 3 4 1 2 / 5 1 1 2 2 1 1	7729	03F4F
漫 14画	4 4 1 2 5 1 1 / 2 5 2 2 1 5 4	3164	06F2B	潋 14画	4 4 1 3 4 1 4 / 4 3 1 3 1 3 4	5805	06F4B
潩 14画	4 4 1 2 5 1 2 / 1 1 2 2 1 3 4	7726	06F69	潴 14画	4 4 1 3 5 3 1 / 2 1 3 2 5 1 1	5806	06F74

14 画（丶）

汉字	笔顺	《字表》序号	UCS	汉字	笔顺	《字表》序号	UCS
漪 14画		5807	06F2A	演 14画		3167	06F14
漈 14画		7730	06F08	澉 14画		5811	06F89
漉 14画		5808	06F09	漏 14画		3168	06F0F
漳 14画		5809	06F33	漎 14画		7731	06F0B
滴 14画		3165	06EF4	漻 14画		7732	06F3B
漩 14画		5810	06F29	潍 14画		5812	06F4D
漾 14画		3166	06F3E	懂 14画		7733	0616C

435

汉字	笔顺	《字表》序号	UCS
慢 14 画	4 4 2 2 5 1 1 2 5 2 2 1 5 4	3169	06162
慷 14 画	4 4 2 4 1 3 5 1 1 2 4 1 3 4	3170	06177
慵 14 画	4 4 2 4 1 3 5 1 1 2 5 1 1 2	5813	06175
寨 14 画	4 4 5 1 1 2 2 1 3 4 1 2 3 4	3171	05BE8
赛 14 画	4 4 5 1 1 2 2 1 3 4 2 5 3 4	3172	08D5B
搴 14 画	4 4 5 1 1 2 2 1 3 4 3 1 1 2	5814	06434
寡 14 画	4 4 5 1 3 2 5 1 1 1 3 4 5 3	3173	05BE1
窬 14 画	4 4 5 3 4 3 4 1 2 5 1 1 2 2	7734	07AAC
窨 14 画	4 4 5 3 4 4 1 4 3 1 2 5 1 1	5815	07AA8
窭 14 画	4 4 5 3 4 4 3 1 2 3 4 5 3 1	7735	07AAD
察 14 画	4 4 5 3 5 4 4 5 4 1 1 2 3 4	3174	05BDF
蜜 14 画	4 4 5 4 5 4 3 4 2 5 1 2 1 4	3175	0871C
寤 14 画	4 4 5 5 2 1 3 1 2 5 1 2 5 1	5816	05BE4
寥 14 画	4 4 5 5 4 1 5 4 1 3 4 3 3 3	3176	05BE5

汉字	笔顺	《字表》序号	UCS
㮾 14 画	4 5 1 1 5 4 3 5 1 1 1 2 3 4	7736	03BBE
𬤝 14 画	4 5 1 2 5 1 1 2 1 4 4 5 4 4	7737	2C91D
谭 14 画	4 5 1 2 5 2 2 1 2 5 1 1 1 2	3177	08C2D
肇 14 画	4 5 1 3 3 1 3 4 5 1 1 1 1 2	3178	08087
綮 14 画	4 5 1 3 3 1 3 4 5 5 4 2 3 4	5817	07DAE
谮 14 画	4 5 1 5 3 5 1 5 3 5 2 5 1 1	5818	08C2E
褡 14 画	4 5 2 3 4 1 2 2 3 4 1 2 5 1	5819	08921

汉字	笔顺	《字表》序号	UCS
褙 14 画	4 5 2 3 4 2 1 1 3 5 2 5 1 1	5820	08919
褐 14 画	4 5 2 3 4 2 5 1 1 3 5 3 4 5	3179	08910
褓 14 画	4 5 2 3 4 3 2 2 5 1 1 2 3 4	5821	08913
褕 14 画	4 5 2 3 4 3 4 1 2 5 1 1 2 2	7738	08915
褛 14 画	4 5 2 3 4 4 3 1 2 3 4 5 3 1	5822	0891B
褊 14 画	4 5 2 3 4 4 5 1 3 2 5 1 2 2	5823	0890A
褪 14 画	4 5 2 3 4 5 1 1 5 3 4 4 5 4	3180	0892A

汉字	笔顺	《字表》序号	UCS
禛 14 画	4 5 2 4 1 2 2 5 1 1 1 1 3 4	7739	0799B
禚 14 画	4 5 2 4 4 3 1 1 2 1 4 4 4 4	7740	0799A
谯 14 画	4 5 3 2 4 1 1 1 2 1 4 4 4 4	5824	08C2F
谰 14 画	4 5 4 2 5 1 2 5 4 3 1 2 3 4	5825	08C30
谱 14 画	4 5 4 3 1 2 2 4 3 1 2 5 1 1	3181	08C31
谲 14 画	4 5 5 4 5 2 3 2 5 3 4 2 5 1	5826	08C32
暨 14 画	5 1 1 5 4 1 5 3 5 2 5 1 1 1	5827	066A8
屣 14 画	5 1 3 3 3 2 2 1 2 1 2 1 3 4	5828	05C63
鹛 14 画	5 2 1 3 2 5 1 1 1 3 5 4 5 1	5829	09E5B
隩 14 画	5 2 3 2 5 4 3 1 2 3 4 1 3 4	7741	096A9
隧 14 画	5 2 4 3 1 3 5 3 3 3 4 4 5 4	3182	096A7
嫣 14 画	5 3 1 1 2 1 2 1 1 5 4 4 4 4	5830	05AE3
嫱 14 画	5 3 1 1 2 4 3 1 2 5 2 5 1 1	5831	05AF1
嫩 14 画	5 3 1 1 2 5 1 2 3 4 3 1 3 4	3183	05AE9

汉字	笔顺	《字表》序号	UCS
嫖 14 画	5 3 1 1 2 5 2 / 2 1 1 1 2 3 4	5832	05AD6
嫕 14 画	5 3 1 1 3 1 1 / 3 4 5 4 5 4 4	7742	05AD5
嫭 14 画	5 3 1 2 1 5 3 / 1 5 3 4 3 1 2	7743	05AED
嫦 14 画	5 3 1 2 4 3 4 / 5 2 5 1 2 5 2	5833	05AE6
嫚 14 画	5 3 1 2 5 1 1 / 2 5 2 2 1 5 4	5834	05ADA
嫘 14 画	5 3 1 2 5 1 2 / 1 5 5 4 2 3 4	5835	05AD8
嫜 14 画	5 3 1 4 1 4 3 / 1 2 5 1 1 1 2	7744	05ADC
嫡 14 画	5 3 1 4 1 4 3 / 2 5 1 2 2 5 1	5836	05AE1
嫪 14 画	5 3 1 5 4 1 5 / 4 1 3 4 3 3 3	7745	05AEA
鼐 14 画	5 3 2 5 1 1 1 / 5 1 3 2 1 2 5	5837	09F10
翟 14 画	5 4 1 5 4 1 3 / 2 4 1 1 1 2 1	5838	07FDF
翠 14 画	5 4 1 5 4 1 4 / 1 3 4 3 4 1 2	3184	07FE0
熊 14 画	5 4 2 5 1 1 3 / 5 3 5 4 4 4 4	3185	0718A
凳 14 画	5 4 3 3 4 1 2 / 5 1 4 3 1 3 5	3186	051F3

汉字	笔顺	《字表》序号	UCS
瞀 14 画	5 4 5 2 3 3 1 3 4 2 5 1 1 1	5839	07780
鹜 14 画	5 4 5 2 3 3 1 3 4 3 5 4 5 1	5840	09E5C
骠 14 画	5 5 1 1 2 5 2 2 1 1 1 2 3 4	5841	09AA0
缥 14 画	5 5 1 1 2 5 2 2 1 1 1 2 3 4	5842	07F25
缦 14 画	5 5 1 2 5 1 1 2 5 2 2 1 5 4	5843	07F26
骡 14 画	5 5 1 2 5 1 2 1 5 5 4 2 3 4	3187	09AA1
缧 14 画	5 5 1 2 5 1 2 1 5 5 4 2 3 4	5844	07F27
缨 14 画	5 5 1 2 5 3 4 2 5 3 4 5 3 1	5845	07F28
骢 14 画	5 5 1 3 2 5 3 5 4 1 4 5 4 4	5846	09AA2
𬙂 14 画	5 5 1 4 4 5 1 2 5 1 2 1 3 4	7746	2C642
缩 14 画	5 5 1 4 4 5 3 2 1 3 2 5 1 1	3188	07F29
缪 14 画	5 5 1 5 4 1 5 4 1 3 4 3 3 3	5847	07F2A
缫 14 画	5 5 1 5 5 5 2 5 1 1 1 2 3 4	5848	07F2B

15 画（一）

汉字	笔顺	《字表》序号	UCS	汉字	笔顺	《字表》序号	UCS
慧 15画	一二三丰丰丰丰丰彗彗彗彗彗慧慧慧	3189	06167	瑿 15画	一二干王王'王''玗玗玡玡玡瑿瑿瑿	7747	03EEC
耦 15画	一二三丰丰未耒耒'耒'耦耦耦耦耦耦	5849	08026	璀 15画	一二干王王'王''玗玗玡璀璀璀璀	5853	07480
耧 15画	一二三丰丰未耒耒'耒'耒'耧耧耧耧耧	5850	08027	璎 15画	一二干王王'王''玗玡玡玡璎璎璎	5854	0748E
瑾 15画	一二干王王'王''玗珇珇瑾瑾瑾瑾	5851	0747E	璁 15画	一二干王王'王''玗玡璁璁璁璁	5855	07481
璜 15画	一二干王王'王''玗珇珇璜璜璜璜	5852	0749C	麹 15画	一二三丰丰麦麦'麦'麹麹麹麹麹	7748	09EB9

441

15 画（一）

汉字	笔顺	《字表》序号	UCS	汉字	笔顺	《字表》序号	UCS
璋 15画	一一十王王王玗玗玗玗琦琦璋璋	5856	0748B	隶 15画	一一二乒乒乒乒隶隶隶隶隶隶隶	7751	053C7
璇 15画	一一十王王玗玙玙玙玙琀琀琀璇	5857	07487	撵 15画	一十扌扌扌扩挂挂挂挂撵撵撵撵	3190	064B5
璆 15画	一一十王王玗玗玗玗玮玮玮玮璆	7749	07486	髯 15画	一厂FFE县县县髟髟髟髟髟髟髯	5859	09AEF
藜 15画	一一十丰耒耒耒耒耒耒耒耒耒藜	7750	06F26	髫 15画	一厂FFE县县县髟髟髟髟髟髫髫	5860	09AEB
奭 15画	一一厂厂百百百百百百百百奭奭	5858	0596D	撷 15画	一十扌扌扌扌抸抸抸抸撷撷撷撷	5861	064B7

汉字	笔顺	《字表》序号	UCS
撕 15 画	1 2 1 1 2 2 1 1 1 3 4 3 3 1 2	3191	06495
撤 15 画	1 2 1 1 2 2 1 2 5 1 1 3 1 3 4	3192	06492
撅 15 画	1 2 1 1 3 4 3 1 5 2 3 3 5 3 4	5862	06485
撩 15 画	1 2 1 1 3 4 4 3 2 5 1 1 2 3 4	3193	064A9
趣 15 画	1 2 1 2 1 3 4 1 2 2 1 1 1 5 4	3194	08DA3
趟 15 画	1 2 1 2 1 3 4 2 4 3 2 5 2 5 1	3195	08D9F
墣 15 画	1 2 1 2 2 4 3 1 4 3 1 1 1 3 4	7752	058A3
撑 15 画	1 2 1 2 4 3 4 5 2 5 1 3 1 1 2	3196	06491
撮 15 画	1 2 1 2 5 1 1 1 2 2 1 1 1 5 4	3197	064AE
撬 15 画	1 2 1 3 1 1 5 3 1 1 5 3 1 1 5	3198	064AC

汉字	笔顺	《字表》序号	UCS
赭 15 画	1 2 1 3 2 3 4 1 2 1 3 2 5 1 1	5863	08D6D
墦 15 画	1 2 1 3 4 3 1 2 3 4 2 5 1 2 1	7753	058A6
播 15 画	1 2 1 3 4 3 1 2 3 4 2 5 1 2 1	3199	064AD
擒 15 画	1 2 1 3 4 4 1 3 4 5 2 2 5 5 4	3200	064D2
撸 15 画	1 2 1 3 5 2 5 1 2 1 1 2 5 1 1	5864	064B8
鋆 15 画	1 2 1 3 5 4 1 3 4 1 1 2 4 3 1	5865	092C6
墩 15 画	1 2 1 4 1 2 5 1 5 2 1 3 1 3 4	3201	058A9
撞 15 画	1 2 1 4 1 4 3 1 2 5 1 1 2 1 1	3202	0649E
撤 15 画	1 2 1 4 1 5 4 2 5 1 1 3 1 3 4	3203	064A4
墡 15 画	1 2 1 4 3 1 1 1 2 4 3 1 2 5 1	7754	058A1

汉字	笔顺	《字表》序号	UCS
撙 15 画	1 2 1 4 3 1 2 5 3 5 1 1 1 2 4 撙	5866	06499
增 15 画	1 2 1 4 3 2 5 2 4 3 1 2 5 1 1 增	3204	0589E
撺 15 画	1 2 1 4 4 5 3 4 2 5 1 2 5 1 2 撺	5867	064BA
墀 15 画	1 2 1 5 1 3 2 4 1 3 4 3 1 1 2 墀	5868	05880
撰 15 画	1 2 1 5 1 5 5 1 5 1 2 2 1 3 4 撰	3205	064B0

汉字	笔顺	《字表》序号	UCS
聩 15 画	1 2 2 1 1 1 2 5 1 2 1 2 5 3 4 聩	5869	08069
聪 15 画	1 2 2 1 1 1 4 3 2 5 1 4 5 4 4 聪	3206	0806A
觐 15 画	1 2 2 1 2 5 1 1 1 2 1 2 5 3 5 觐	5870	089D0
鞋 15 画	1 2 2 1 2 5 1 1 2 1 2 1 1 2 1 鞋	3207	0978B
鞑 15 画	1 2 2 1 2 5 1 1 2 1 3 4 4 5 4 鞑	5871	09791

汉字	笔顺	《字表》序号	UCS
蕙 15 画	1 2 2 1 2 5 1 1 2 1 4 4 5 4 4	5872	08559
鞒 15 画	1 2 2 1 2 5 1 1 2 3 1 3 4 3 2	5873	09792
鞍 15 画	1 2 2 1 2 5 1 1 2 4 4 5 5 3 1	3208	0978D
蕈 15 画	1 2 2 1 2 5 2 2 1 2 5 1 1 1 2	5874	08548
蕨 15 画	1 2 2 1 3 4 3 1 5 2 3 3 5 3 4	5875	08568
蕤 15 画	1 2 2 1 3 5 3 3 3 4 3 1 1 2 1	5876	08564
蕞 15 画	1 2 2 2 5 1 1 1 2 2 1 1 1 5 4	5877	0855E
蕺 15 画	1 2 2 2 5 1 1 2 2 1 1 1 5 3 4	5878	0857A
瞢 15 画	1 2 2 2 5 2 2 1 4 5 2 5 1 1 1	5879	077A2
蕉 15 画	1 2 2 3 2 4 1 1 1 2 1 4 4 4 4	3209	08549

汉字	笔顺	《字表》序号	UCS
劐 15画	1 2 2 3 2 4 1 1 1 2 1 5 4 2 2	7755	05290
薁 15画	1 2 2 3 2 5 4 3 1 2 3 4 1 3 4	7756	08581
蕃 15画	1 2 2 3 4 3 1 2 3 4 2 5 1 2 1	5880	08543
蕲 15画	1 2 2 4 3 2 5 1 1 1 2 3 3 1 2	5881	08572
蕰 15画	1 2 2 4 4 1 2 5 1 1 2 5 2 2 1	7757	08570
蕊 15画	1 2 2 4 5 4 4 4 5 4 4 4 5 4 4	3210	0854A
赜 15画	1 2 2 5 1 2 5 1 1 2 1 2 5 3 4	5882	08D5C
蔃 15画	1 2 2 5 1 5 2 5 1 2 5 1 2 1 4	7758	08503
蔬 15画	1 2 2 5 2 1 2 1 4 1 5 4 3 2 5	3211	0852C
蕴 15画	1 2 2 5 5 1 2 5 1 1 2 5 2 2 1	3212	08574

汉字	笔顺	《字表》序号	UCS
鼒 15 画	1 2 3 2 5 1 1 1 5 1 3 2 1 2 5	7759	09F12
槿 15 画	1 2 3 4 1 2 2 1 2 5 1 1 1 2 1	5883	069FF
横 15 画	1 2 3 4 1 2 2 1 2 5 1 2 1 3 4	3213	06A2A
樯 15 画	1 2 3 4 1 2 4 3 1 2 5 2 5 1 1	5884	06A2F
槽 15 画	1 2 3 4 1 2 5 1 2 2 1 2 5 1 1	3214	069FD
槱 15 画	1 2 3 4 1 2 5 3 5 1 1 4 4 4 4	7760	069F1
槭 15 画	1 2 3 4 1 3 2 1 1 2 3 4 5 3 4	5885	069ED
樗 15 画	1 2 3 4 1 4 5 2 4 4 4 4 1 1 5	5886	06A17
樘 15 画	1 2 3 4 2 4 3 4 5 2 5 1 1 2 1	5887	06A18
樱 15 画	1 2 3 4 2 5 3 4 2 5 3 4 5 3 1	3215	06A31

汉字	笔顺	《字表》序号	UCS
樊 15 画	1 2 3 4 3 4 3 4 1 2 3 4 1 3 4	5888	06A0A
橡 15 画	1 2 3 4 3 5 2 5 1 3 5 3 3 3 4	3216	06A61
槲 15 画	1 2 3 4 3 5 3 5 1 1 2 4 4 1 2	5889	069F2
樟 15 画	1 2 3 4 4 1 4 3 1 2 5 1 1 1 2	3217	06A1F
橄 15 画	1 2 3 4 5 1 2 2 1 1 1 3 1 3 4	3218	06A44

汉字	笔顺	《字表》序号	UCS
敷 15 画	1 2 5 1 1 2 4 4 1 5 3 3 1 3 4	3219	06577
鹝 15 画	1 2 5 1 2 5 4 3 1 2 3 5 4 5 1	7761	09E5D
豌 15 画	1 2 5 1 4 3 1 4 4 5 3 5 4 5 5	3220	08C4C
飘 15 画	1 2 5 2 2 1 1 1 2 3 4 3 5 3 4	3221	098D8
醋 15 画	1 2 5 3 5 1 1 1 2 2 1 2 5 1 1	3222	0918B

汉字	笔顺	《字表》序号	UCS	汉字	笔顺	《字表》序号	UCS
醌 15画	一 厂 冂 冋 丙 西 酉 酉 酉 酉 酉 酉 酉 醌 醌 1 2 5 3 5 1 1 2 5 1 1 1 5 3 5	5890	0918C	魇 15画	一 厂 厂 严 严 严 严 严 严 严 严 厣 厣 魇 魇 1 3 1 3 4 4 3 2 5 1 1 1 3 5 5 4	5893	09B47
醇 15画	一 厂 冂 冋 丙 西 酉 酉 酉 酉 酉 酉 酉 酉 醇 醇 1 2 5 3 5 1 1 4 1 2 5 1 5 2 1	3223	09187	餍 15画	一 厂 厂 严 严 严 严 严 严 严 厣 厣 厣 餍 餍 1 3 1 3 4 4 3 4 4 5 1 1 5 3 4	5894	0990D
醉 15画	一 厂 冂 冋 丙 西 酉 酉 酉 酉 酉 酉 酉 醉 醉 1 2 5 3 5 1 1 4 1 3 4 3 4 1 2	3224	09189	磕 15画	一 丆 石 石 石 矿 矿 矿 砗 砗 磕 磕 磕 1 3 2 5 1 1 2 1 5 4 2 5 2 2 1	3225	078D5
醅 15画	一 厂 冂 冋 丙 西 酉 酉 酉 酉 酉 酉 酉 醅 醅 1 2 5 3 5 1 1 4 1 4 3 1 2 5 1	5891	09185	磊 15画	一 丆 石 石 石 石 石 石 石 石 磊 磊 磊 磊 1 3 2 5 1 3 2 5 1 1 3 2 5 1	3226	078CA
餍 15画	一 厂 厂 严 严 严 严 严 严 严 厣 厣 厣 餍 餍 1 3 1 3 4 4 1 3 2 5 2 2 1 1 1	5892	09765	磔 15画	一 丆 石 石 石 矿 矿 矿 砗 砗 磔 磔 磔 1 3 2 5 1 3 5 4 1 5 2 1 2 3 4	5895	078D4

汉字	笔顺	《字表》序号	UCS
磙 15 画	1 3 2 5 1 4 1 3 4 5 4 3 5 3 4	5896	078D9
磅 15 画	1 3 2 5 1 4 1 4 3 4 5 4 1 5 3	3227	078C5
磏 15 画	1 3 2 5 1 4 3 1 5 1 1 2 2 3 4	7762	078CF
碾 15 画	1 3 2 5 1 5 1 3 1 2 2 1 5 3 4	3228	078BE
磉 15 画	1 3 2 5 1 5 4 5 4 5 4 1 2 3 4	7763	078C9
殣 15 画	1 3 5 4 1 2 2 1 2 5 1 1 1 2 1	7764	06BA3
慭 15 画	1 4 3 1 2 3 4 1 3 4 4 4 5 4 4	7765	0616D
震 15 画	1 4 5 2 4 4 4 4 1 3 1 1 5 3 4	3229	09707
霄 15 画	1 4 5 2 4 4 4 4 2 4 3 2 5 1 1	3230	09704
霉 15 画	1 4 5 2 4 4 4 4 3 1 5 5 4 1 4	3231	09709

汉字	笔顺	《字表》序号	UCS
雩 15画	1 4 5 2 4 4 4 4 4 1 1 1 2 5 1	7766	09705
霈 15画	1 4 5 2 4 4 4 4 4 4 1 1 2 5 2	5897	09708
辘 15画	1 5 2 1 4 1 3 5 2 2 1 1 5 3 5	5898	08F98
龉 15画	2 1 2 1 3 4 5 2 1 2 5 1 2 5 1	5899	09F89
龊 15画	2 1 2 1 3 4 5 2 2 5 1 2 1 3 4	5900	09F8A
觑 15画	2 1 5 3 1 5 2 2 4 3 1 2 5 3 5	5901	089D1
瞌 15画	2 5 1 1 1 1 2 1 5 4 2 5 2 2 1	5902	0778C
瞒 15画	2 5 1 1 1 1 2 2 1 2 5 3 4 3 4	3232	07792
瞋 15画	2 5 1 1 1 1 2 2 5 1 1 1 1 3 4	5903	0778B
题 15画	2 5 1 1 1 2 1 3 4 1 3 2 5 3 4	3233	09898

汉字	笔顺	《字表》序号	UCS
暯 15 画	2 5 1 1 1 2 2 1 2 5 1 1 1 3 4	7767	066B5
暴 15 画	2 5 1 1 1 2 2 1 3 4 2 4 1 3 4	3234	066B4
瞎 15 画	2 5 1 1 1 4 4 5 1 1 1 2 2 5 1	3235	0778E
瞑 15 画	2 5 1 1 1 4 5 2 5 1 1 4 1 3 4	5904	07791
嘻 15 画	2 5 1 1 2 1 2 5 1 4 3 1 2 5 1	3236	0563B
嘭 15 画	2 5 1 1 2 1 2 5 1 4 3 1 3 3 3	5905	0562D
噎 15 画	2 5 1 1 2 1 4 5 1 2 5 1 4 3 1	5906	0564E
嘶 15 画	2 5 1 1 2 2 1 1 3 4 3 4 3 1 2	3237	05636
噶 15 画	2 5 1 1 2 2 2 5 1 1 3 5 3 4 5	5907	05676
嘲 15 画	2 5 1 1 2 2 5 1 1 1 2 3 5 1 1	3238	05632

汉字	笔顺	《字表》序号	UCS
颙 15 画	2 5 1 1 2 5 2 1 4 1 3 2 5 3 4	5908	09899
暹 15 画	2 5 1 1 3 2 4 1 1 1 2 1 4 5 4	5909	066B9
噘 15 画	2 5 1 1 3 4 3 1 5 2 3 3 5 3 4	5910	05658
嘹 15 画	2 5 1 1 3 4 4 3 2 5 1 1 2 3 4	3239	05639
影 15 画	2 5 1 1 4 1 2 5 1 2 3 4 3 3 3	3240	05F71
暲 15 画	2 5 1 1 4 1 4 3 1 2 5 1 1 1 2	7768	066B2
暶 15 画	2 5 1 1 4 1 5 3 3 1 5 2 1 3 4	7769	066B6
踦 15 画	2 5 1 2 1 2 1 1 3 4 1 2 5 1 2	7770	08E26
踔 15 画	2 5 1 2 1 2 1 2 1 2 5 1 1 1 2	5911	08E14
踝 15 画	2 5 1 2 1 2 1 2 5 1 1 1 2 3 4	5912	08E1D

汉字	笔顺	《字表》序号	UCS
踢 15 画	2 5 1 2 1 2 1 2 5 1 1 3 5 3 3	3241	08E22
踏 15 画	2 5 1 2 1 2 1 2 5 3 4 2 5 1 1	3242	08E0F
踟 15 画	2 5 1 2 1 2 1 3 1 1 3 4 2 5 1	5913	08E1F
踒 15 画	2 5 1 2 1 2 1 3 1 2 3 4 5 3 1	5914	08E12
踬 15 画	2 5 1 2 1 2 1 3 3 1 2 2 5 3 4	5915	08E2C
踩 15 画	2 5 1 2 1 2 1 3 4 4 3 1 2 3 4	3243	08E29
踮 15 画	2 5 1 2 1 2 1 4 1 3 2 1 2 5 1	5916	08E2E
踣 15 画	2 5 1 2 1 2 1 4 1 4 3 1 2 5 1	7771	08E23
踯 15 画	2 5 1 2 1 2 1 4 3 1 1 3 4 5 2	5917	08E2F
踪 15 画	2 5 1 2 1 2 1 4 4 5 1 1 2 3 4	3244	08E2A

15 画（丨）

汉字	笔顺	《字表》序号	UCS	汉字	笔顺	《字表》序号	UCS
踺 15画	丨 ㅁ ㅁ 루 루 足 足 足 足 足 踺 踺 踺 踺 踺 2 5 1 2 1 2 1 5 1 1 1 2 5 4	5918	08E3A	蝶 15画	丨 ㅁ ㅁ 虫 虫 虫 蚆 蚆 蚆 蛣 蝶 蝶 蝶 蝶 2 5 1 2 1 4 1 2 2 4 5 1 2 3 4	5921	0877E
踞 15画	丨 ㅁ ㅁ 루 루 足 足 足 踞 踞 踞 踞 2 5 1 2 1 2 1 5 1 3 1 2 2 5 1	5919	08E1E	蝴 15画	丨 ㅁ ㅁ 虫 虫 虫 蚆 蚆 蚆 蚜 蝴 蝴 蝴 2 5 1 2 1 4 1 2 2 5 1 3 5 1 1	3246	08774
蝽 15画	丨 ㅁ ㅁ 虫 虫 虫 蚆 蚆 蚆 蚕 蝽 蝽 蝽 2 5 1 2 1 4 1 1 1 3 4 2 5 1 1	5920	0877D	蝻 15画	丨 ㅁ ㅁ 虫 虫 虫 蚆 蚆 蚆 虸 蝻 蝻 蝻 2 5 1 2 1 4 1 2 2 5 4 3 1 1 2	5922	0877B
蝶 15画	丨 ㅁ ㅁ 虫 虫 虫 蚆 蚆 蚶 蝶 蝶 蝶 蝶 2 5 1 2 1 4 1 2 2 1 5 1 2 3 4	3245	08776	蝗 15画	丨 ㅁ ㅁ 虫 虫 虫 蚆 蚆 蝗 蝗 蝗 蝗 2 5 1 2 1 4 1 2 5 1 1 5 3 1 5	7773	08758
蝽 15画	丨 ㅁ ㅁ 虫 虫 虫 蚆 蚆 蝽 蝽 蝽 蝽 蝽 2 5 1 2 1 4 1 2 2 2 4 5 2 5 2	7772	045D6	蝲 15画	丨 ㅁ ㅁ 虫 虫 虫 蚆 蚆 蝲 蝲 蝲 蝲 蝲 2 5 1 2 1 4 1 2 5 1 2 3 4 2 2	7774	08772

456

汉字	笔顺	《字表》序号	UCS
蝠 15 画	2 5 1 2 1 4 1 2 5 1 2 5 1 2 1	3247	08760
蜂 15 画	2 5 1 2 1 4 1 3 4 1 2 1 1 2 1	5923	08770
蝎 15 画	2 5 1 2 1 4 2 5 1 1 3 5 3 4 5	3248	0874E
蝌 15 画	2 5 1 2 1 4 3 1 2 3 4 4 4 1 2	3249	0874C
蝮 15 画	2 5 1 2 1 4 3 1 2 5 1 1 3 5 4	5924	0876E
螋 15 画	2 5 1 2 1 4 3 2 1 5 1 1 2 5 4	5925	0878B
蝗 15 画	2 5 1 2 1 4 3 2 5 1 1 1 1 2 1	3250	08757
蝓 15 画	2 5 1 2 1 4 3 4 1 2 5 1 1 2 2	5926	08753
蝣 15 画	2 5 1 2 1 4 4 1 5 3 3 1 5 2 1	5927	08763
蝼 15 画	2 5 1 2 1 4 4 3 1 2 3 4 5 3 1	5928	0877C

汉字	笔顺	《字表》序号	UCS
蝤 15 画	2 5 1 2 1 4 4 3 1 2 5 3 5 1 1	7775	08764
蝙 15 画	2 5 1 2 1 4 4 5 1 3 2 5 1 2 2	3251	08759
噗 15 画	2 5 1 2 2 4 3 1 4 3 1 1 1 3 4	5929	05657
嘬 15 画	2 5 1 2 5 1 1 1 2 2 1 1 1 5 4	5930	0562C
颚 15 画	2 5 1 2 5 1 1 1 5 1 3 2 5 3 4	5931	0989A
嘿 15 画	2 5 1 2 5 4 3 1 2 1 1 4 4 4 4	3252	0563F
噍 15 画	2 5 1 3 2 4 1 1 1 2 1 4 4 4 4	5932	0564D
噢 15 画	2 5 1 3 2 5 4 3 1 2 3 4 1 3 4	5933	05662
噙 15 画	2 5 1 3 4 4 1 3 4 5 2 2 5 5 4	5934	05659
噜 15 画	2 5 1 3 5 2 5 1 2 1 1 2 5 1 1	5935	0565C

汉字	笔顺	《字表》序号	UCS
噇 15 画	2 5 1 4 1 4 3 1 2 5 1 1 2 1 1	7776	05647
噂 15 画	2 5 1 4 3 1 2 5 3 5 1 1 1 2 4	7777	05642
噌 15 画	2 5 1 4 3 2 5 2 4 3 1 2 5 1 1	5936	0564C
嘱 15 画	2 5 1 5 1 3 3 2 5 1 2 5 2 1 4	3253	05631
噀 15 画	2 5 1 5 1 5 5 1 5 1 2 2 1 3 4	7778	05640
噔 15 画	2 5 1 5 4 3 3 4 1 2 5 1 4 3 1	5937	05654
颛 15 画	2 5 2 1 3 2 5 2 2 1 3 2 5 3 4	5938	0989B
罶 15 画	2 5 2 2 1 3 5 4 5 3 2 5 1 2 1	7779	07F76
幞 15 画	2 5 2 2 2 4 3 1 4 3 1 1 1 3 4	5939	05E5E
嶲 15 画	2 5 2 3 2 4 1 1 1 2 1 2 5 2 5	7780	05DB2

15 画（丨）

汉字	笔顺	《字表》序号	UCS	汉字	笔顺	《字表》序号	UCS
嶓 15画	丨 凵 山 山́ 山́ 山̂ 山̂ 山̂ 嶓 嶓 嶓 嶓 嶓 嶓 嶓	7781	05D93	嶟 15画	丨 凵 山 山́ 山̂ 山̂ 嶟 嶟 嶟 嶟 嶟 嶟 嶟 嶟 嶟	7783	05D9F
幡 15画	丨 冂 巾 巾́ 巾̂ 巾̂ 幡 幡 幡 幡 幡 幡 幡 幡 幡	5940	05E61	嶒 15画	丨 凵 山 山́ 山̂ 山̂ 嶒 嶒 嶒 嶒 嶒 嶒 嶒 嶒 嶒	7784	05D92
巌 15画	丨 丬 峀 峀 峀 峀 峀 巌 巌 巌 巌 巌 巌 巌 巌	7782	03807	嶝 15画	丨 凵 山 山́ 山̂ 山̂ 嶝 嶝 嶝 嶝 嶝 嶝 嶝 嶝 嶝	5942	05D9D
幢 15画	丨 冂 巾 巾́ 巾̂ 巾̂ 幢 幢 幢 幢 幢 幢 幢 幢 幢	3254	05E62	墨 15画	丨 冂 冋 冋 黒 黒 黒 黒 黒 黒 黒 墨 墨 墨 墨	3255	058A8
嶙 15画	丨 凵 山 山́ 山̂ 山̂ 嶙 嶙 嶙 嶙 嶙 嶙 嶙 嶙 嶙	5941	05D99	骷 15画	丨 冂 冋 冋 骨 骨 骨 骨 骨 骷 骷 骷 骷 骷 骷	5943	09ABA

汉字	笔顺	《字表》序号	UCS
骼 15 画	2 5 5 4 5 2 5 1 1 3 5 4 2 5 1	5944	09ABC
骸 15 画	2 5 5 4 5 2 5 1 1 4 1 5 3 3 4	5945	09AB8
镊 15 画	3 1 1 1 5 1 2 2 1 1 1 5 4 5 4	5946	0954A
镆 15 画	3 1 1 1 5 1 2 2 2 5 1 1 1 3 4	7785	09546
镇 15 画	3 1 1 1 5 1 2 2 5 1 1 1 1 3 4	3256	09547
镈 15 画	3 1 1 1 5 1 2 5 1 1 2 4 1 2 4	7786	09548
镉 15 画	3 1 1 1 5 1 2 5 1 2 5 4 3 1 2	5947	09549
镋 15 画	3 1 1 1 5 2 4 3 4 5 2 5 1 3 5	7787	0954B
镌 15 画	3 1 1 1 5 3 2 4 1 1 1 2 1 5 3	5948	0954C
镍 15 画	3 1 1 1 5 3 2 5 1 1 1 1 2 3 4	5949	0954D

汉字	笔顺	《字表》序号	UCS
镎 15 画	3 1 1 1 5 3 4 1 2 5 1 3 1 1 2	7788	0954E
𬭩 15 画	3 1 1 1 5 3 4 5 4 5 4 1 5 4 1	7789	2CB69
镏 15 画	3 1 1 1 5 3 5 4 5 3 2 5 1 2 1	5950	0954F
镐 15 画	3 1 1 1 5 4 1 2 5 1 2 5 2 5 1	3257	09550
镑 15 画	3 1 1 1 5 4 1 4 3 4 5 4 1 5 3	3258	09551
镒 15 画	3 1 1 1 5 4 3 1 3 4 2 5 2 2 1	5951	09552
镓 15 画	3 1 1 1 5 4 4 5 1 3 5 3 3 3 4	5952	09553
镔 15 画	3 1 1 1 5 4 4 5 3 2 1 2 1 3 4	5953	09554
镕 15 画	3 1 1 1 5 4 4 5 3 4 3 4 2 5 1	7790	09555
靠 15 画	3 1 2 1 2 5 1 2 1 1 1 2 1 1 1	3259	09760

15 画（丿）

汉字	笔顺	《字表》序号	UCS	汉字	笔顺	《字表》序号	UCS
穑 15画		7791	07A39	稿 15画		3263	07A3F
稽 15画		3260	07A3D	稼 15画		3264	07A3C
穋 15画		5954	07A37	箱 15画		3265	07BB1
稻 15画		3261	07A3B	箴 15画		5955	07BB4
黎 15画		3262	09ECE	篑 15画		5956	07BD1

汉字	笔顺	《字表》序号	UCS
篁 15 画	3 1 4 3 1 4 3 2 5 1 1 1 1 2 1	5957	07BC1
篌 15 画	3 1 4 3 1 4 3 2 5 1 3 1 1 3 4	5958	07BCC
篓 15 画	3 1 4 3 1 4 4 3 1 2 3 4 5 3 1	3266	07BD3
箭 15 画	3 1 4 3 1 4 4 3 1 2 5 1 1 2 2	3267	07BAD
篇 15 画	3 1 4 3 1 4 4 5 1 3 2 5 1 2 2	3268	07BC7
篆 15 画	3 1 4 3 1 4 5 5 1 3 5 3 3 3 4	5959	07BC6
僵 15 画	3 2 1 2 5 1 2 1 1 2 5 1 2 1 1	3269	050F5
牖 15 画	3 2 1 5 4 5 1 3 1 2 5 1 1 2 4	5960	07256
儇 15 画	3 2 2 5 2 2 1 1 2 5 1 3 5 3 4	7792	05107
儋 15 画	3 2 3 5 1 3 3 4 4 1 1 1 2 5 1	5961	0510B

汉字	笔顺	《字表》序号	UCS
躺 15画	3 2 5 1 1 1 3 2 4 3 2 5 2 5 1	3270	08EBA
皞 15画	3 2 5 1 1 3 2 5 1 1 1 3 4 1 2	7793	0769E
皛 15画	3 2 5 1 1 3 2 5 1 1 3 2 5 1 1	7794	0769B
僻 15画	3 2 5 1 3 2 5 1 4 1 4 3 1 1 2	3271	050FB
德 15画	3 3 2 1 2 2 5 2 2 1 1 4 5 4 4	3272	05FB7
䴘 15画	3 3 2 1 5 3 1 5 3 5 3 5 4 5 1	7795	04D18
徵 15画	3 3 2 2 5 2 1 1 1 2 1 3 1 3 4	5962	05FB5
艘 15画	3 3 5 4 1 4 3 2 1 5 1 1 2 5 4	3273	08258
艎 15画	3 3 5 4 1 4 3 2 5 1 1 1 1 2 1	7796	0824E
磐 15画	3 3 5 4 1 4 3 5 5 4 1 3 2 5 1	5963	078D0

汉字	笔顺	《字表》序号	UCS
艏 15画	3 3 5 4 1 4 4 3 1 3 2 5 1 1 1	7797	0824F
虢 15画	3 4 4 3 1 2 4 2 1 5 3 1 5 3 5	5964	08662
鹞 15画	3 4 4 3 3 1 1 2 5 2 3 5 4 5 1	5965	09E5E
鹟 15画	3 4 5 4 5 4 1 5 4 1 3 5 4 5 1	7798	09E5F
膝 15画	3 5 1 1 1 2 3 4 3 4 2 4 1 3 4	3274	0819D
膘 15画	3 5 1 1 1 2 5 2 2 1 1 1 2 3 4	5966	08198
膛 15画	3 5 1 1 2 4 3 4 5 2 5 1 1 2 1	3275	0819B
滕 15画	3 5 1 1 4 3 1 1 3 4 2 4 1 3 4	5967	06ED5
鲠 15画	3 5 2 5 1 2 1 1 1 2 5 1 1 3 4	5968	09CA0
鲡 15画	3 5 2 5 1 2 1 1 1 2 5 4 2 5 4	5969	09CA1

汉字	笔顺	《字表》序号	UCS
鲢 15 画	3 5 2 5 1 2 1 1 1 5 1 2 4 5 4	5970	09CA2
鲣 15 画	3 5 2 5 1 2 1 1 2 2 5 4 1 2 1	5971	09CA3
鲥 15 画	3 5 2 5 1 2 1 1 2 5 1 1 1 2 4	5972	09CA5
鲤 15 画	3 5 2 5 1 2 1 1 2 5 1 1 2 1 1	3276	09CA4
𩾃 15 画	3 5 2 5 1 2 1 1 3 5 2 5 1 3 5	7799	29F83
鲦 15 画	3 5 2 5 1 2 1 1 3 5 4 1 2 3 4	7800	09CA6
鲧 15 画	3 5 2 5 1 2 1 1 3 5 5 4 2 3 4	5973	09CA7
鲩 15 画	3 5 2 5 1 2 1 1 4 4 5 1 1 3 5	5974	09CA9
鲪 15 画	3 5 2 5 1 2 1 1 5 1 1 3 2 5 1	7801	09CAA
鲫 15 画	3 5 2 5 1 2 1 1 5 1 1 5 4 5 2	3277	09CAB

汉字	笔顺	《字表》序号	UCS
鲬 15 画	3 5 2 5 1 2 1 1 5 4 2 5 1 1 2	7802	09CAC
獉 15 画	3 5 3 1 2 1 3 2 5 1 1 1 2 3 4	7803	06A65
獗 15 画	3 5 3 1 3 4 3 1 5 2 3 3 5 3 4	5975	07357
獠 15 画	3 5 3 1 3 4 4 3 2 5 1 1 2 3 4	5976	07360
觭 15 画	3 5 3 5 1 1 2 1 3 4 1 2 5 1 2	7804	089ED

汉字	笔顺	《字表》序号	UCS
觯 15 画	3 5 3 5 1 1 2 4 3 2 5 1 1 1 2	5977	089EF
鹠 15 画	3 5 4 5 3 2 5 1 2 1 3 5 4 5 1	7805	09E60
馓 15 画	3 5 5 1 2 2 1 2 5 1 1 3 1 3 4	5978	09993
馔 15 画	3 5 5 5 1 5 5 1 5 1 2 2 1 3 4	5979	09994
熟 15 画	4 1 2 5 1 5 2 1 3 5 4 4 4 4 4	3278	0719F

汉字	笔顺	《字表》序号	UCS
摩 15 画	4 1 3 1 2 3 4 / 1 2 3 4 3 1 1 / 2	3279	06469
麾 15 画	4 1 3 1 2 3 4 / 1 2 3 4 3 1 1 / 5	5980	09EBE
褒 15 画	4 1 3 2 2 5 1 / 1 2 3 4 3 5 3 / 4	3280	08912
廛 15 画	4 1 3 2 5 1 1 / 2 1 1 3 4 1 2 / 1	5981	05EDB
瘛 15 画	4 1 3 4 1 1 1 / 1 2 5 3 4 5 4 / 4	5982	0761B
瘼 15 画	4 1 3 4 1 1 2 / 2 2 5 1 1 1 3 / 4	5983	0763C
瘪 15 画	4 1 3 4 1 3 2 / 5 1 1 1 3 4 3 / 5	3281	0762A
瘢 15 画	4 1 3 4 1 3 3 / 5 4 1 4 3 5 5 / 4	5984	07622
瘤 15 画	4 1 3 4 1 3 5 / 4 5 3 2 5 1 2 / 1	3282	07624
瘠 15 画	4 1 3 4 1 4 1 / 3 4 3 4 2 5 1 / 1	5985	07620

汉字	笔顺	《字表》序号	UCS
瘫 15 画	4 1 3 4 1 5 4 3 2 4 1 1 1 2 1	3283	0762B
齑 15 画	4 1 3 4 3 2 2 1 1 1 2 1 1 1 1	5986	09F51
鹡 15 画	4 1 3 4 3 4 2 5 1 1 3 5 4 5 1	7806	09E61
凛 15 画	4 1 4 1 2 5 2 5 1 1 1 1 2 3 4	3284	051DB
颜 15 画	4 1 4 3 1 3 3 3 3 1 3 2 5 3 4	3285	0989C
毅 15 画	4 1 4 3 1 3 5 3 3 3 4 3 5 5 4	3286	06BC5
羯 15 画	4 3 1 1 1 3 2 5 1 1 3 5 3 4 5	5987	07FAF
羰 15 画	4 3 1 1 1 3 2 5 2 1 3 4 3 3 4	5988	07FB0
糊 15 画	4 3 1 2 3 4 1 2 2 5 1 3 5 1 1	3287	07CCA
𥻗 15 画	4 3 1 2 3 4 1 2 3 4 2 5 1 1 1	5989	25ED7

汉字	笔顺	《字表》序号	UCS
糇 15 画	4 3 1 2 3 4 3 2 5 1 3 1 1 3 4	7807	07CC7
遴 15 画	4 3 1 2 3 4 3 5 4 1 5 2 4 5 4	5990	09074
糌 15 画	4 3 1 2 3 4 3 5 4 2 4 2 5 1 1	5991	07CCC
糍 15 画	4 3 1 2 3 4 4 3 1 5 5 4 5 5 4	5992	07CCD
糈 15 画	4 3 1 2 3 4 5 2 1 3 4 2 5 1 1	7808	07CC8

汉字	笔顺	《字表》序号	UCS
糅 15 画	4 3 1 2 3 4 5 4 5 2 3 1 2 3 4	5993	07CC5
翦 15 画	4 3 1 2 5 1 1 2 2 5 4 1 5 4 1	7809	07FE6
遵 15 画	4 3 1 2 5 3 5 1 1 1 2 4 4 5 4	3288	09075
鹢 15 画	4 3 1 3 4 2 5 2 2 1 3 5 4 5 1	7810	09E62
鹣 15 画	4 3 1 5 1 1 2 2 3 4 3 5 4 5 1	7811	09E63

汉字	笔顺	《字表》序号	UCS
憋 15 画	4 3 2 5 2 3 4 3 1 3 4 4 5 4 4	3289	0618B
熛 15 画	4 3 3 4 1 2 5 2 2 1 1 1 2 3 4	7812	0719B
熜 15 画	4 3 3 4 3 2 5 3 5 4 1 4 5 4 4	5994	0719C
熵 15 画	4 3 3 4 4 1 4 3 2 5 3 4 2 5 1	5995	071B5
熠 15 画	4 3 3 4 5 4 1 5 4 1 3 2 5 1 1	5996	071A0
潖 15 画	4 4 1 1 1 2 1 1 1 2 1 5 2 1 5	7813	06F56
潜 15 画	4 4 1 1 1 3 4 1 1 3 4 2 5 1 1	3290	06F5C
澍 15 画	4 4 1 1 2 1 2 5 1 4 3 1 1 2 4	5997	06F8D
澎 15 画	4 4 1 1 2 1 2 5 1 4 3 1 3 3 3	3291	06F8E
澌 15 画	4 4 1 1 2 2 1 1 1 3 4 3 3 1 2	5998	06F8C

汉字	笔顺	《字表》序号	UCS
澉 15 画	4 4 1 1 2 2 1 2 5 1 1 3 1 3 4	7814	06F75
潮 15 画	4 4 1 1 2 2 5 1 1 1 2 3 5 1 1	3292	06F6E
潸 15 画	4 4 1 1 2 3 4 1 2 3 4 2 5 1 1	5999	06F78
潭 15 画	4 4 1 1 2 5 2 2 1 2 5 1 1 1 2	3293	06F6D
㵐 15 画	4 4 1 1 3 4 3 1 5 2 3 3 5 3 4	7815	03D50

汉字	笔顺	《字表》序号	UCS
潦 15 画	4 4 1 1 3 4 4 3 2 5 1 1 2 3 4	6000	06F66
鲨 15 画	4 4 1 2 3 4 3 3 5 2 5 1 2 1 1	3294	09CA8
澂 15 画	4 4 1 2 5 2 1 1 1 2 1 3 1 3 4	7816	06F82
潲 15 画	4 4 1 3 1 2 3 4 2 4 3 2 5 1 1	6001	06F72
鋈 15 画	4 4 1 3 1 3 4 3 4 1 1 2 4 3 1	6002	092C8

汉字	笔顺	《字表》序号	UCS
潟 15 画	4 4 1 3 2 1 5 1 1 3 5 4 4 4 4	6003	06F5F
澳 15 画	4 4 1 3 2 5 4 3 1 2 3 4 1 3 4	3295	06FB3
潘 15 画	4 4 1 3 4 3 1 2 3 4 2 5 1 2 1	3296	06F58
澛 15 画	4 4 1 3 5 2 5 1 2 1 1 2 5 1 1	7817	06F9B
潼 15 画	4 4 1 4 1 4 3 1 2 5 1 1 2 1 1	6004	06F7C
澈 15 画	4 4 1 4 1 5 4 2 5 1 1 3 1 3 4	3297	06F88
瑬 15 画	4 4 1 4 1 5 4 3 2 5 1 1 2 1 4	7818	0746C
澜 15 画	4 4 1 4 2 5 1 2 5 4 3 1 2 3 4	3298	06F9C
潽 15 画	4 4 1 4 3 1 2 2 4 3 1 2 5 1 1	7819	06F7D
潾 15 画	4 4 1 4 3 1 2 3 4 3 5 4 1 5 2	7820	06F7E

汉字	笔顺	《字表》序号	UCS
潺 15 画	4 4 1 5 1 3 5 2 1 5 2 1 5 2 1	6005	06F7A
澄 15 画	4 4 1 5 4 3 3 4 1 2 5 1 4 3 1	3299	06F84
潏 15 画	4 4 1 5 4 5 2 3 2 5 3 4 2 5 1	7821	06F4F
懂 15 画	4 4 2 1 2 2 3 1 2 5 1 1 2 1 1	3300	061C2
憭 15 画	4 4 2 1 3 4 4 3 2 5 1 1 2 3 4	7822	061AD
憬 15 画	4 4 2 2 5 1 1 4 1 2 5 1 2 3 4	6006	061AC
憔 15 画	4 4 2 3 2 4 1 1 1 2 1 4 4 4 4	3301	06194
懊 15 画	4 4 2 3 2 5 4 3 1 2 3 4 1 3 4	3302	061CA
憧 15 画	4 4 2 4 1 4 3 1 2 5 1 1 2 1 1	6007	061A7
憎 15 画	4 4 2 4 3 2 5 2 4 3 1 2 5 1 1	3303	0618E

汉字	笔顺	《字表》序号	UCS
憕 15 画	4 4 2 5 4 3 3 4 1 2 5 1 4 3 1	7823	06195
𬸣 15 画	4 4 5 1 1 2 2 1 3 4 3 5 4 5 1	7824	2CE23
戭 15 画	4 4 5 1 2 5 1 2 1 3 4 1 5 3 4	7825	0622D
寮 15 画	4 4 5 1 3 4 4 3 2 5 1 1 2 3 4	6008	05BEE
窳 15 画	4 4 5 3 4 3 3 5 4 4 3 3 5 4 4	6009	07AB3
额 15 画	4 4 5 3 5 4 2 5 1 1 3 2 5 3 4	3304	0989D
谳 15 画	4 5 1 2 2 5 4 3 1 1 2 1 3 4 4	6010	08C33
翩 15 画	4 5 1 3 2 5 1 2 2 5 4 1 5 4 1	3305	07FE9
褥 15 画	4 5 2 3 4 1 3 1 1 5 3 4 1 2 4	3306	08925
褴 15 画	4 5 2 3 4 2 2 3 1 4 2 5 2 2 1	6011	08934

汉字	笔顺	《字表》序号	UCS
褟 15 画	4 5 2 3 4 2 5 1 1 5 4 1 5 4 1	6012	0891F
褫 15 画	4 5 2 3 4 3 3 2 1 5 3 1 5 3 5	6013	0892B
褯 15 画	4 5 2 3 4 4 1 3 1 2 2 1 2 5 2	7826	0892F
禤 15 画	4 5 2 4 2 5 2 2 1 5 4 1 5 4 1	7827	079A4
谴 15 画	4 5 2 5 1 2 1 2 5 1 5 1 4 5 4	3307	08C34
𫍽 15 画	4 5 2 5 2 2 1 1 2 5 1 3 5 3 4	7828	2B37D
鹤 15 画	4 5 3 2 4 1 1 1 2 1 3 5 4 5 1	3308	09E64
谵 15 画	4 5 3 5 1 3 3 4 4 1 1 1 2 5 1	6014	08C35
憨 15 画	5 1 2 2 1 1 1 3 1 3 4 4 5 4 4	3309	061A8
熨 15 画	5 1 3 1 1 2 3 4 1 2 4 4 3 3 4	6015	071A8

汉字	笔顺	《字表》序号	UCS
慰 15 画	5 1 3 1 1 2 3 4 1 2 4 4 5 4 4	3310	06170
劈 15 画	5 1 3 2 5 1 4 1 4 3 1 1 2 5 3	3311	05288
履 15 画	5 1 3 3 3 2 3 1 2 5 1 1 3 5 4	3312	05C65
屦 15 画	5 1 3 3 3 2 4 3 1 2 3 4 5 3 1	6016	05C66
嬉 15 画	5 3 1 1 2 1 2 5 1 4 3 1 2 5 1	6017	05B09
嫽 15 画	5 3 1 1 3 4 4 3 2 5 1 1 2 3 4	7829	05AFD
勰 15 画	5 3 5 3 5 3 2 5 1 2 1 4 5 4 4	6018	052F0
戮 15 画	5 4 1 5 4 1 3 4 3 3 3 1 5 3 4	6019	0622E
遹 15 画	5 4 5 2 3 2 5 3 4 2 5 1 4 5 4	7830	09079
蝥 15 画	5 4 5 2 3 3 1 3 4 2 5 1 2 1 4	6020	08765

汉字	笔顺	《字表》序号	UCS
豫 15 画	5 4 5 2 3 5 2 5 1 3 5 3 3 3 4	3313	08C6B
缬 15 画	5 5 1 1 2 1 2 5 1 1 3 2 5 3 4	6021	07F2C
缭 15 画	5 5 1 1 3 4 4 3 2 5 1 1 2 3 4	3314	07F2D
缮 15 画	5 5 1 4 3 1 1 1 2 4 3 1 2 5 1	6022	07F2E
𬴊 15 画	5 5 1 4 3 1 2 3 4 3 5 4 1 5 2	7831	2CD0A
缯 15 画	5 5 1 4 3 2 5 2 4 3 1 2 5 1 1	6023	07F2F
骣 15 画	5 5 1 5 1 3 5 2 1 5 2 1 5 2 1	6024	09AA3
畿 15 画	5 5 4 5 5 4 1 2 5 1 2 1 5 3 4	6025	0757F
耩 16 画	1 1 1 2 3 4 1 1 2 2 1 2 5 2 1 1	6026	08029
耨 16 画	1 1 1 2 3 4 1 3 1 1 5 3 4 1 2 4	6027	08028

汉字	笔顺	《字表》序号	UCS
耪 16 画	1 1 1 2 3 4 4 / 1 4 3 4 5 4 1 / 5 3	6028	0802A
璥 16 画	1 1 2 1 1 2 2 / 3 5 2 5 1 3 1 / 3 4	7832	074A5
璞 16 画	1 1 2 1 2 2 4 / 3 1 4 3 1 1 1 / 3 4	6029	0749E
璟 16 画	1 1 2 1 2 5 1 / 1 4 1 2 5 1 2 / 3 4	6030	0749F
靛 16 画	1 1 2 1 2 5 1 / 1 4 4 5 1 2 1 / 3 4	6031	0975B

汉字	笔顺	《字表》序号	UCS
璠 16 画	1 1 2 1 3 4 3 / 1 2 3 4 2 5 1 / 2 1	6032	074A0
璘 16 画	1 1 2 1 4 3 1 / 2 3 4 3 5 4 1 / 5 2	6033	07498
璲 16 画	1 1 2 1 4 3 1 / 3 5 3 3 3 4 4 / 5 4	7833	074B2
聱 16 画	1 1 2 1 5 3 3 / 1 3 4 1 2 2 1 / 1 1	6034	08071
螯 16 画	1 1 2 1 5 3 3 / 1 3 4 2 5 1 2 / 1 4	6035	087AF

16 画（一）

汉字	笔顺	《字表》序号	UCS	汉字	笔顺	《字表》序号	UCS
璒 16画		7834	07492	撼 16画		3315	064BC
鬈 16画		6036	09AFB	擂 16画		3316	064C2
髭 16画		6037	09AED	操 16画		3317	064CD
髹 16画		6038	09AF9	熹 16画		6040	071B9
擗 16画		6039	064C0	憙 16画		7835	06199

481

汉字	笔顺	《字表》序号	UCS
甏 16画	1 2 1 2 5 1 4 3 1 3 3 3 1 5 5 4	6041	0750F
擐 16画	1 2 1 2 5 2 2 1 1 2 5 1 3 5 3 4	7836	064D0
擅 16画	1 2 1 4 1 2 5 2 5 1 1 2 5 1 1 1	3318	064C5
擞 16画	1 2 1 4 3 1 2 3 4 5 3 1 3 1 3 4	6042	064DE
縠 16画	1 2 1 4 5 1 5 5 4 2 3 4 3 5 5 4	6043	07E20
磬 16画	1 2 1 5 2 1 3 3 5 5 4 1 3 2 5 1	6044	078EC
鄹 16画	1 2 2 1 1 1 5 4 3 2 3 3 3 4 5 2	7837	09139
颞 16画	1 2 2 1 1 1 5 4 5 4 1 3 2 5 3 4	6045	0989E
蕻 16画	1 2 2 1 2 1 1 1 5 4 1 2 2 1 3 4	6046	0857B
薳 16画	1 2 2 1 2 1 2 5 1 3 2 3 4 4 5 4	7838	085B3

汉字	笔顺	《字表》序号	UCS
鞘 16画	1 2 2 1 2 5 1 1 2 2 4 3 2 5 1 1	6047	09798
鞔 16画	1 2 2 1 2 5 1 1 2 3 5 2 5 1 3 5	7839	09794
燕 16画	1 2 2 1 2 5 1 2 1 1 3 5 4 4 4 4	3319	071D5
黇 16画	1 2 2 1 2 5 1 2 1 3 4 2 1 2 5 1	7840	09EC7
颟 16画	1 2 2 1 2 5 3 4 3 4 1 3 2 5 3 4	6048	0989F
薤 16画	1 2 2 1 3 5 4 2 1 1 1 2 1 1 1 1	6049	085A4
蕾 16画	1 2 2 1 4 5 2 4 4 4 4 2 5 1 2 1	3320	0857E
蘋 16画	1 2 2 2 1 2 1 2 3 3 1 3 2 5 3 4	7841	2C79F
蕗 16画	1 2 2 2 5 1 2 1 2 1 3 5 4 2 5 1	7842	08557
薯 16画	1 2 2 2 5 2 2 1 1 2 1 3 2 5 1 1	3321	085AF

汉字	笔顺	《字表》序号	UCS
薨 16 画	1 2 2 2 5 2 2 1 4 5 1 3 5 4 3 5	6050	085A8
薛 16 画	1 2 2 3 2 5 1 5 1 4 1 4 3 1 1 2	3322	0859B
薇 16 画	1 2 2 3 3 2 2 5 2 1 3 5 3 1 3 4	3323	08587
檠 16 画	1 2 2 3 5 2 5 1 3 1 3 4 1 2 3 4	6051	06AA0
擎 16 画	1 2 2 3 5 2 5 1 3 1 3 4 3 1 1 2	3324	064CE

汉字	笔顺	《字表》序号	UCS
藓 16 画	1 2 2 3 5 3 5 1 1 2 5 3 3 1 1 2	7843	085A2
薪 16 画	1 2 2 4 1 4 3 1 1 2 3 4 3 3 1 2	3325	085AA
薏 16 画	1 2 2 4 1 4 3 1 2 5 1 1 4 5 4 4	6052	0858F
薤 16 画	1 2 2 4 1 5 5 3 3 2 4 1 1 1 2 1	7844	08579
薮 16 画	1 2 2 4 3 1 2 3 4 5 3 1 3 1 3 4	6053	085AE

汉字	笔顺	《字表》序号	UCS
薄 16 画	1 2 2 4 4 1 1 2 5 1 1 2 4 1 2 4	3326	08584
颠 16 画	1 2 2 5 1 1 1 1 3 4 1 3 2 5 3 4	3327	098A0
翰 16 画	1 2 2 5 1 1 1 2 3 4 5 4 1 5 4 1	3328	07FF0
噩 16 画	1 2 2 5 1 2 5 1 1 2 5 1 2 5 1 1	3329	05669
薛 16 画	1 2 2 5 1 3 2 5 1 4 1 4 3 1 1 2	6054	0859C
薅 16 画	1 2 2 5 3 1 1 3 1 1 5 3 4 1 2 4	6055	08585
樾 16 画	1 2 3 4 1 2 1 2 1 3 4 1 5 5 3 4	6056	06A3E
橞 16 画	1 2 3 4 1 2 5 1 1 2 1 4 4 5 4 4	7845	06A5E
橱 16 画	1 2 3 4 1 3 1 2 5 1 4 3 1 1 2 4	3330	06A71
橛 16 画	1 2 3 4 1 3 4 3 1 5 2 3 3 5 3 4	6057	06A5B

16 画（一）

汉字	笔顺	《字表》序号	UCS	汉字	笔顺	《字表》序号	UCS
橑 16画	一 十 十 十 木 木 木 杉 杉 杉 橑 橑 橑 橑 橑 橑	7846	06A51	樟 16画	一 十 十 木 木 木 杉 杉 杉 橑 橑 橑 樟 樟	7847	06A66
橇 16画	一 十 十 木 木 杉 杉 杉 杉 橇 橇 橇 橇 橇	6058	06A47	樽 16画	一 十 十 木 木 木 木 桁 桁 桁 桁 樽 樽	6062	06A3D
樵 16画	一 十 十 木 木 木 木 梒 梒 梒 樵 樵 樵 樵	6059	06A35	樫 16画	一 十 十 木 木 木 木 梒 梒 梒 梒 樫 樫	6063	06A28
檎 16画	一 十 十 木 木 木 木 杉 杉 杉 檎 檎 檎 檎	6060	06A8E	橙 16画	一 十 十 木 木 木 木 橑 橑 橑 橙 橙	3331	06A59
橹 16画	一 十 十 木 木 木 杉 杉 杉 橹 橹 橹 橹 橹	6061	06A79	橘 16画	一 十 十 木 木 木 杉 橘 橘 橘 橘 橘	3332	06A58

汉字	笔顺	《字表》序号	UCS
橼 16画	1 2 3 4 5 5 1 5 5 1 3 5 3 3 3 4	6064	06A7C
墼 16画	1 2 5 1 1 1 2 5 2 3 5 5 4 1 2 1	6065	058BC
整 16画	1 2 5 1 2 3 4 3 1 3 4 1 2 1 2 1	3333	06574
橐 16画	1 2 5 1 2 4 5 1 3 2 5 1 1 2 3 4	6066	06A50
融 16画	1 2 5 1 2 5 4 3 1 2 2 5 1 2 1 4	3334	0878D
翮 16画	1 2 5 1 2 5 4 3 1 2 5 4 1 5 4 1	6067	07FEE
瓢 16画	1 2 5 2 2 1 1 1 2 3 4 3 3 5 4 4	3335	074E2
醛 16画	1 2 5 3 5 1 1 1 2 2 3 4 1 1 2 1	6068	0919B
醐 16画	1 2 5 3 5 1 1 1 2 2 5 1 3 5 1 1	6069	09190
醍 16画	1 2 5 3 5 1 1 2 5 1 1 1 2 1 3 4	6070	0918D

16 画（一）

汉字	笔顺	《字表》序号	UCS	汉字	笔顺	《字表》序号	UCS
醒 16画	一 厂 厂 丙 两 西 酉 酉 酉 酉 酉 酉 酉 醒 醒 醒	3336	09192	磕 16画	一 丆 兀 石 石 矿 矿 矿 矿 砷 砷 磕 磕 磕	7851	25562
醚 16画	一 厂 厂 丙 两 西 酉 酉 酉 酉 酉 酉 酉 醚 醚	6071	0919A	磜 16画	一 丆 兀 石 石 矿 矿 矿 矿 矿 碎 磜 磜 磜	7852	078DC
醑 16画	一 厂 厂 丙 两 西 酉 酉 酉 酉 酉 酉 酉 醑 醑	7848	09191	碾 16画	一 丆 兀 石 石 矿 矿 矿 矿 矿 碾 碾 碾 碾	6072	078F2
臖 16画	一 厂 厂 厂 后 咸 咸 咸 咸 咸 咸 臖 臖 臖 臖	7849	089F1	赝 16画	一 厂 厂 厂 厂 厂 厂 厂 厂 厂 赝 赝 赝 赝	6073	08D5D
磡 16画	一 丆 兀 石 石 矿 矿 矿 矿 碎 磡 磡 磡	7850	078E1	飙 16画	一 ナ 大 犬 犬 犬 犬 犬 飙 飙 飙 飙 飙 飙	6074	098D9

488

16 画（一）　　　　GF 0023—2020

汉字	笔顺	《字表》序号	UCS	汉字	笔顺	《字表》序号	UCS
獭 16画		7853	08C6E	霍 16画		3337	0970D
殨 16画		6075	06BAA	霎 16画		3338	0970E
霖 16画		6076	09716	錾 16画		6079	0933E
霏 16画		6077	0970F	辙 16画		3339	08F99
霓 16画		6078	09713	辚 16画		6080	08F9A

489

汉字	笔顺	《字表》序号	UCS	汉字	笔顺	《字表》序号	UCS
辒 16画		7854	2B7E6	磋 16画		7857	09E7E
臻 16画		6081	081FB	餐 16画		3341	09910
冀 16画		3340	05180	遽 16画		6082	0907D
齮 16画		7855	2CE88	虤 16画		7858	08664
齯 16画		7856	2B81C	氅 16画		6083	06C05

汉字	笔顺	《字表》序号	UCS
瞟 16画	2 5 1 1 1 1 2 5 2 2 1 1 1 2 3 4	6084	0779F
嘻 16画	2 5 1 1 1 2 1 2 5 1 4 3 1 2 5 1	7859	066BF
瞠 16画	2 5 1 1 1 2 4 3 4 5 2 5 1 1 2 1	6085	077A0
瞰 16画	2 5 1 1 1 5 1 2 2 1 1 1 3 1 3 4	6086	077B0
嚄 16画	2 5 1 1 2 2 3 2 4 1 1 1 2 1 5 4	6087	05684
嚆 16画	2 5 1 1 2 2 4 1 2 5 1 2 5 2 5 1	6088	05686
噤 16画	2 5 1 1 2 3 4 1 2 3 4 1 1 2 3 4	6089	05664
罂 16画	2 5 1 1 3 5 1 1 4 4 5 3 4 1 2 1	7860	066CC
暾 16画	2 5 1 1 4 1 2 5 1 5 2 1 3 1 3 4	6090	066BE
瞳 16画	2 5 1 1 4 1 4 3 1 2 5 1 1 2 1 1	7861	066C8

汉字	笔顺	《字表》序号	UCS
瞰 16画	2 5 1 1 4 1 5 4 2 5 1 1 3 1 3 4	7862	03B1A
蹀 16画	2 5 1 2 1 2 1 1 2 2 1 5 1 2 3 4	6091	08E40
踏 16画	2 5 1 2 1 2 1 1 2 3 4 2 5 1 1 1	7863	08E45
踶 16画	2 5 1 2 1 2 1 2 5 1 1 1 2 1 3 4	7864	08E36
踹 16画	2 5 1 2 1 2 1 2 5 2 1 3 2 5 2 2	6092	08E39

汉字	笔顺	《字表》序号	UCS
踵 16画	2 5 1 2 1 2 1 3 1 2 5 1 1 2 1 1	6093	08E35
踽 16画	2 5 1 2 1 2 1 3 2 5 1 2 5 2 1 4	6094	08E3D
嘴 16画	2 5 1 2 1 2 1 3 5 3 5 3 5 1 1 2	3342	05634
踱 16画	2 5 1 2 1 2 1 4 1 3 1 2 2 1 5 4	3343	08E31
蹄 16画	2 5 1 2 1 2 1 4 1 4 3 4 5 2 5 2	3344	08E44

汉字	笔顺	《字表》序号	UCS
蹉 16画	2 5 1 2 1 2 1 4 3 1 1 1 3 1 2 1	6095	08E49
蹁 16画	2 5 1 2 1 2 1 4 5 1 3 2 5 1 2 2	6096	08E41
蹂 16画	2 5 1 2 1 2 1 5 4 5 2 3 1 2 3 4	3345	08E42
螨 16画	2 5 1 2 1 4 1 2 2 1 2 5 3 4 3 4	6097	087A8
蟒 16画	2 5 1 2 1 4 1 2 2 1 3 4 4 1 3 2	6098	087D2
蟆 16画	2 5 1 2 1 4 1 2 2 2 5 1 1 1 3 4	3346	087C6
螈 16画	2 5 1 2 1 4 1 3 3 2 5 1 1 2 3 4	6099	08788
䗛 16画	2 5 1 2 1 4 3 2 2 3 5 4 2 5 1 1	7865	045DB
螅 16画	2 5 1 2 1 4 3 2 5 1 1 1 4 5 4 4	6100	08785
螭 16画	2 5 1 2 1 4 4 1 3 4 5 2 2 5 5 4	6101	087AD

汉字	笔顺	《字表》序号	UCS
螗 16画	2 5 1 2 1 4 4 1 3 5 1 1 2 2 5 1	7866	08797
螃 16画	2 5 1 2 1 4 4 1 4 3 4 5 4 1 5 3	3347	08783
螠 16画	2 5 1 2 1 4 4 3 1 3 4 2 5 2 2 1	6102	087A0
螟 16画	2 5 1 2 1 4 4 5 2 5 1 1 4 1 3 4	6103	0879F
噱 16画	2 5 1 2 1 5 3 1 5 1 3 5 3 3 3 4	6104	05671

汉字	笔顺	《字表》序号	UCS
疁 16画	2 5 1 2 1 5 4 1 5 4 1 3 4 3 3 3	7867	07581
器 16画	2 5 1 2 5 1 1 3 4 4 2 5 1 2 5 1	3348	05668
噪 16画	2 5 1 2 5 1 2 5 1 2 5 1 1 2 3 4	3349	0566A
噬 16画	2 5 1 3 1 4 3 1 4 1 2 3 4 3 4 1	6105	0566C
噫 16画	2 5 1 4 1 4 3 1 2 5 1 1 4 5 4 4	6106	0566B

汉字	笔顺	《字表》序号	UCS
噻 16画	2 5 1 4 4 5 1 1 2 2 1 3 4 1 2 1	6107	0567B
噼 16画	2 5 1 5 1 3 2 5 1 4 1 4 3 1 1 2	6108	0567C
㠓 16画	2 5 2 1 2 2 4 5 1 1 3 5 3 3 3 4	7868	03813
幪 16画	2 5 2 1 2 2 4 5 1 1 3 5 3 3 3 4	7869	05E6A
𪩘 16画	2 5 2 1 2 2 5 4 3 1 1 2 1 3 4 4	7870	2AA58

汉字	笔顺	《字表》序号	UCS
罹 16画	2 5 2 2 1 4 4 2 3 2 4 1 1 1 2 1	6109	07F79
嶦 16画	2 5 2 3 5 1 3 3 4 4 1 1 1 2 5 1	7871	05DA6
圜 16画	2 5 2 5 2 2 1 1 2 5 1 3 5 3 4 1	6110	0571C
鹦 16画	2 5 3 4 2 5 3 4 5 3 1 3 5 4 5 1	3350	09E66
赠 16画	2 5 3 4 4 3 2 5 2 4 3 1 2 5 1 1	3351	08D60

汉字	笔顺	《字表》序号	UCS
默 16画	2 5 4 3 1 2 1 1 4 4 4 4 1 3 4 4	3352	09ED8
黔 16画	2 5 4 3 1 2 1 1 4 4 4 4 3 4 4 5	3353	09ED4
𬭬 16画	3 1 1 1 5 1 1 1 2 1 1 1 2 5 1 1	7872	2CB6C
䦃 16画	3 1 1 1 5 1 2 2 1 2 1 3 2 5 1 1	6111	04983
𨱑 16画	3 1 1 1 5 1 2 2 1 2 5 1 2 1 3 4	7873	28C51

汉字	笔顺	《字表》序号	UCS
镖 16画	3 1 1 1 5 1 2 5 2 2 1 1 1 2 3 4	6112	09556
镗 16画	3 1 1 1 5 2 4 3 4 5 2 5 1 1 2 1	6113	09557
镘 16画	3 1 1 1 5 2 5 1 1 2 5 2 2 1 5 4	6114	09558
镚 16画	3 1 1 1 5 2 5 2 3 5 1 1 3 5 1 1	6115	0955A
镛 16画	3 1 1 1 5 4 1 3 5 1 1 2 5 1 1 2	6116	0955B

汉字	笔顺	《字表》序号	UCS
镜 16 画	3 1 1 1 5 4 1 4 3 1 2 5 1 1 3 5	3354	0955C
镝 16 画	3 1 1 1 5 4 1 4 3 2 5 1 2 2 5 1	6117	0955D
镞 16 画	3 1 1 1 5 4 1 5 3 3 1 3 1 1 3 4	6118	0955E
𬭯 16 画	3 1 1 1 5 4 3 2 5 2 3 4 3 1 3 4	7874	2CB6F
镠 16 画	3 1 1 1 5 5 4 1 5 4 1 3 4 3 3 3	6119	09560
氇 16 画	3 1 1 5 3 5 2 5 1 2 1 1 2 5 1 1	6120	06C07
氆 16 画	3 1 1 5 4 3 1 2 2 4 3 1 2 5 1 1	6121	06C06
赞 16 画	3 1 2 1 3 5 3 1 2 1 3 5 2 5 3 4	3355	08D5E
憩 16 画	3 1 2 2 5 1 3 2 5 1 1 1 4 5 4 4	6122	061A9
穑 16 画	3 1 2 3 4 1 2 4 3 1 2 5 2 5 1 1	6123	07A51

汉字	笔顺	《字表》序号	UCS
馞 16画	3 1 2 3 4 2 5 1 1 1 2 4 5 5 2 1	7875	0999E
穆 16画	3 1 2 3 4 3 2 5 1 1 2 3 4 3 3 3	3356	07A46
穄 16画	3 1 2 3 4 3 5 4 4 5 4 1 1 2 3 4	7876	07A44
篝 16画	3 1 4 3 1 4 1 1 2 2 1 2 5 2 1 1	6124	07BDD
篚 16画	3 1 4 3 1 4 1 2 1 1 1 2 1 1 1 5	7877	07BDA

汉字	笔顺	《字表》序号	UCS
篥 16画	3 1 4 3 1 4 1 2 5 2 2 1 1 2 3 4	6125	07BE5
篮 16画	3 1 4 3 1 4 2 2 3 1 4 2 5 2 2 1	3357	07BEE
篡 16画	3 1 4 3 1 4 2 5 1 1 1 1 3 4 5 4	3358	07BE1
篯 16画	3 1 4 3 1 4 3 1 1 1 5 1 1 5 3 4	7878	07BEF
簉 16画	3 1 4 3 1 4 3 1 2 1 2 5 1 4 5 4	7879	07C09

汉字	笔顺	《字表》序号	UCS
箟 16画	3 1 4 3 1 4 3 2 5 3 4 1 1 5 3 5	6126	07BE6
篪 16画	3 1 4 3 1 4 3 3 2 1 5 3 1 5 3 5	6127	07BEA
篷 16画	3 1 4 3 1 4 3 5 4 1 1 1 2 4 5 4	3359	07BF7
篙 16画	3 1 4 3 1 4 4 1 2 5 1 2 5 2 5 1	6128	07BD9
篱 16画	3 1 4 3 1 4 4 1 3 4 5 2 2 5 5 4	3360	07BF1
盥 16画	3 2 1 1 2 5 3 4 5 1 1 2 5 2 2 1	6129	076E5
儒 16画	3 2 1 4 5 2 4 4 4 4 1 3 2 5 2 2	3361	05112
劓 16画	3 2 5 1 1 1 2 5 1 2 1 1 3 2 2 2	6130	05293
鼽 16画	3 2 5 1 1 1 2 5 1 2 1 1 3 2 3 5	7880	09F3D
翱 16画	3 2 5 1 1 1 3 4 1 2 5 4 1 5 4 1	6131	07FF1

汉字	笔顺	《字表》序号	UCS
魉 16画	3 2 5 1 1 3 5 5 4 1 2 5 3 4 3 4	6132	09B49
魈 16画	3 2 5 1 1 3 5 5 4 2 4 3 2 5 1 1	6133	09B48
邀 16画	3 2 5 1 1 4 1 5 3 3 1 3 4 4 5 4	3362	09080
衠 16画	3 3 2 1 2 2 5 1 1 1 1 3 4 1 1 2	7881	08860
徼 16画	3 3 2 3 2 5 1 1 4 1 5 3 3 1 3 4	6134	05FBC
衡 16画	3 3 2 3 5 2 5 1 2 1 1 3 4 1 1 2	3363	08861
歙 16画	3 4 1 2 5 1 5 4 1 5 4 1 3 5 3 4	6135	06B59
盦 16画	3 4 4 5 1 2 5 3 5 1 1 2 5 2 2 1	7882	076E6
膨 16画	3 5 1 1 1 2 1 2 5 1 4 3 1 3 3 3	3364	081A8
膳 16画	3 5 1 1 4 3 1 1 1 2 4 3 1 2 5 1	6136	081B3

16 画（丿） GF 0023—2020

汉字	笔顺	《字表》序号	UCS	汉字	笔顺	《字表》序号	UCS
螣 16画	丿 丿 冂 月 月 月゛ 月゛ 月゛ 月゛ 朕 朕 螣 螣 螣 3 5 1 1 4 3 1 1 3 4 2 5 1 2 螣 螣 1 4	7883	087A3	鲭 16画	丿 ⺈ 彳 夂 鱼 鱼 鱼 鱼一 鱼二 鱼丰 鲭 鲭 鲭 鲭 3 5 2 5 1 2 1 1 1 1 2 1 2 5 鲭 鲭 1 1	7885	09CAD
滕 16画	丿 冂 月 月 月゛ 月゛ 月゛ 朕 朕 朕 膝 膝 滕 滕 3 5 1 1 4 3 1 1 3 4 5 5 4 2 滕 滕 3 4	7884	07E22	鲮 16画	丿 ⺈ 彳 夂 鱼 鱼 鱼一 鱼二 鱼丰 鲮 鲮 鲮 鲮 3 5 2 5 1 2 1 1 1 1 2 1 3 4 3 鲮 鲮 5 4	6139	09CAE
䐲 16画	丿 冂 月 月 月゛ 月゛ 月゛ 月゛ 月゛ 月゛ 月゛ 月゛ 䐲 䐲 3 5 1 1 4 3 1 2 3 4 3 5 4 1 䐲 䐲 5 2	6137	081A6	鲯 16画	丿 ⺈ 彳 夂 鱼 鱼 鱼一 鱼二 鱼丰 鲯 鲯 鲯 鲯 3 5 2 5 1 2 1 1 1 2 2 1 1 1 鲯 鲯 3 4	7886	09CAF
膃 16画	丿 冂 月 月 月゛ 月゛ 月゛ 月゛ 月゛ 月゛ 月゛ 膃 膃 膃 3 5 1 1 5 1 5 2 5 1 2 5 1 2 膃 膃 1 4	6138	08199	鲰 16画	丿 ⺈ 彳 夂 鱼 鱼 鱼一 鱼二 鱼丰 鲰 鲰 鲰 鲰 3 5 2 5 1 2 1 1 1 2 2 1 1 1 鲰 鲰 5 4	7887	09CB0
雕 16画	丿 冂 月 月 冃 周 周 周 雕 雕 雕 雕 雕 雕 3 5 1 2 1 2 5 1 3 2 4 1 1 1 雕 雕 2 1	3365	096D5	鲱 16画	丿 ⺈ 彳 夂 鱼 鱼 鱼丨 鲱 鲱 鲱 鲱 鲱 鲱 鲱 3 5 2 5 1 2 1 1 2 1 1 1 2 1 鲱 鲱 1 1	6140	09CB1

501

汉字	笔顺	《字表》序号	UCS
鲲 16画	3 5 2 5 1 2 1 1 2 5 1 1 1 5 3 5	6141	09CB2
鲳 16画	3 5 2 5 1 2 1 1 2 5 1 1 2 5 1 1	6142	09CB3
鲴 16画	3 5 2 5 1 2 1 1 2 5 1 2 2 5 1 1	6143	09CB4
鲵 16画	3 5 2 5 1 2 1 1 3 2 1 5 1 1 3 5	6144	09CB5
鲷 16画	3 5 2 5 1 2 1 1 3 5 1 2 1 2 5 1	6145	09CB7
鲸 16画	3 5 2 5 1 2 1 1 4 1 2 5 1 2 3 4	3366	09CB8
鲺 16画	3 5 2 5 1 2 1 1 5 3 2 5 1 2 1 4	7888	09CBA
鲹 16画	3 5 2 5 1 2 1 1 5 4 1 3 4 3 3 3	7889	09CB9
鲻 16画	3 5 2 5 1 2 1 1 5 5 5 2 5 1 2 1	6146	09CBB
獴 16画	3 5 3 1 2 2 4 5 1 1 3 5 3 3 3 4	6147	07374

汉字	笔顺	《字表》序号	UCS	汉字	笔顺	《字表》序号	UCS
獭 16画		6148	0736D	鹧 16画		6151	09E67
獬 16画		6149	0736C	磨 16画		3367	078E8
邂 16画		6150	09082	廨 16画		6152	05EE8
馓 16画		7890	2B5F4	斓 16画		6153	08D5F
嚲 16画		7891	04EB8	瘭 16画		7892	07640

汉字	笔顺	《字表》序号	UCS
瘭 16画	4 1 3 4 1 1 2 5 2 2 1 1 1 2 3 4	7893	0762D
瘰 16画	4 1 3 4 1 2 5 1 2 1 5 5 4 2 3 4	6154	07630
廪 16画	4 1 3 4 1 2 5 2 5 1 1 1 1 2 3 4	6155	05EEA
瘿 16画	4 1 3 4 1 2 5 3 4 2 5 3 4 5 3 1	6156	0763F
瘵 16画	4 1 3 4 1 3 5 4 4 5 4 1 1 2 3 4	6157	07635
瘴 16画	4 1 3 4 1 4 1 4 3 1 2 5 1 1 1 2	6158	07634
癃 16画	4 1 3 4 1 5 2 3 5 4 1 3 1 1 2 1	6159	07643
瘾 16画	4 1 3 4 1 5 2 3 5 5 1 1 4 5 4 4	3368	0763E
瘸 16画	4 1 3 4 1 5 3 2 5 1 2 5 3 4 3 4	3369	07638
瘳 16画	4 1 3 4 1 5 4 1 5 4 1 3 4 3 3 3	6160	07633

汉字	笔顺	《字表》序号	UCS
斓 16画	4 1 3 4 4 2 5 1 2 5 4 3 1 2 3 4	6161	06593
麋 16画	4 1 3 5 2 2 1 1 5 3 5 3 1 2 3 4	6162	09E87
麈 16画	4 1 3 5 2 2 1 1 5 3 5 4 1 1 2 1	6163	09E88
凝 16画	4 1 3 5 3 1 1 3 4 5 4 5 2 1 3 4	3370	051DD
辨 16画	4 1 4 3 1 1 3 4 3 4 1 4 3 1 1 2	3371	08FA8

汉字	笔顺	《字表》序号	UCS
辩 16画	4 1 4 3 1 1 3 4 5 4 1 4 3 1 1 2	3372	08FA9
嬴 16画	4 1 5 2 5 1 3 5 1 1 5 3 1 3 5 4	6164	05B34
𬸦 16画	4 1 5 3 3 1 3 1 1 3 4 3 5 4 5 1	7894	2CE26
壅 16画	4 1 5 5 3 3 2 4 1 1 1 2 1 1 2 1	6165	058C5
羱 16画	4 3 1 1 1 3 1 3 3 2 5 1 1 2 3 4	7895	07FB1

GF 0023—2020　　16 画（丶）

汉字	笔顺	《字表》序号	UCS
羲 16 画	4 3 1 1 2 1 3 1 2 3 4 1 5 5 3 4	6166	07FB2
精 16 画	4 3 1 2 3 4 1 2 2 1 3 2 5 1 1 2	7896	07CD2
糙 16 画	4 3 1 2 3 4 3 1 2 1 2 5 1 4 5 4	3373	07CD9
糗 16 画	4 3 1 2 3 4 3 2 5 1 1 1 1 3 4 4	6167	07CD7
糖 16 画	4 3 1 2 3 4 4 1 3 5 1 1 2 2 5 1	3374	07CD6
糕 16 画	4 3 1 2 3 4 4 3 1 1 2 1 4 4 4 4	3375	07CD5
瞥 16 画	4 3 2 5 2 3 4 3 1 3 4 2 5 1 1 1	6168	077A5
甑 16 画	4 3 2 5 2 4 3 1 2 5 1 1 1 5 5 4	6169	07511
燎 16 画	4 3 3 4 1 3 4 4 3 2 5 1 1 2 3 4	6170	071CE
燋 16 画	4 3 3 4 3 2 4 1 1 1 2 1 4 4 4 4	7897	071CB

汉字	笔顺	《字表》序号	UCS	汉字	笔顺	《字表》序号	UCS
燠 16画		6171	071E0	燊 16画		7899	071CA
燏 16画		7898	071BB	燄 16画		7900	071DA
燔 16画		6172	071D4	燏 16画		7901	071CF
燃 16画		3376	071C3	濩 16画		7902	06FE9
燧 16画		6173	071E7	濋 16画		7903	06FCB

汉字	笔顺	《字表》序号	UCS
濑 16画	4 4 1 1 2 5 1 2 3 4 3 5 2 5 3 4	6174	06FD1
澪 16画	4 4 1 1 4 5 2 4 4 4 4 3 4 4 5 4	7904	06FAA
濒 16画	4 4 1 2 1 2 1 2 3 3 1 3 2 5 3 4	3377	06FD2
澽 16画	4 4 1 2 1 5 3 1 5 1 3 5 3 3 3 4	7905	06FBD
濉 16画	4 4 1 2 5 1 1 1 3 2 4 1 1 1 2 1	6175	06FC9
潞 16画	4 4 1 2 5 1 2 1 2 1 3 5 4 2 5 1	6176	06F5E
澧 16画	4 4 1 2 5 1 2 2 1 1 2 5 1 4 3 1	6177	06FA7
澡 16画	4 4 1 2 5 1 2 5 1 2 5 1 1 2 3 4	3378	06FA1
澴 16画	4 4 1 2 5 2 2 1 1 2 5 1 3 5 3 4	7906	06FB4
激 16画	4 4 1 3 2 5 1 1 4 1 5 3 3 1 3 4	3379	06FC0

汉字	笔顺	《字表》序号	UCS
澹 16 画	4 4 1 3 5 1 3 3 4 4 1 1 1 2 5 1	6178	06FB9
澥 16 画	4 4 1 3 5 3 5 1 1 2 5 3 3 1 1 2	6179	06FA5
澶 16 画	4 4 1 4 1 2 5 2 5 1 1 2 5 1 1 1	6180	06FB6
濂 16 画	4 4 1 4 1 3 4 3 1 5 1 1 2 2 3 4	6181	06FC2
澭 16 画	4 4 1 4 1 5 5 3 3 2 4 1 1 1 2 1	7907	06FAD
澼 16 画	4 4 1 5 1 3 2 5 1 4 1 4 3 1 1 2	7908	06FBC
憷 16 画	4 4 2 1 2 3 4 1 2 3 4 5 2 1 3 4	7909	061B7
懒 16 画	4 4 2 1 2 5 1 2 3 4 3 5 2 5 3 4	3380	061D2
憾 16 画	4 4 2 1 3 1 2 5 1 5 3 4 4 5 4 4	3381	061BE
憺 16 画	4 4 2 3 5 1 3 3 4 4 1 1 1 2 5 1	7910	061BA

汉字	笔顺	《字表》序号	UCS
懈 16画	4 4 2 3 5 3 5 1 1 2 5 3 3 1 1 2	3382	061C8
懔 16画	4 4 2 4 1 2 5 2 5 1 1 1 1 2 3 4	7911	061D4
黉 16画	4 4 3 4 5 1 2 2 1 2 5 1 2 1 3 4	7912	09EC9
褰 16画	4 4 5 1 1 2 2 1 3 4 4 1 3 5 3 4	6182	08930
寰 16画	4 4 5 2 5 2 2 1 1 2 5 1 3 5 3 4	6183	05BF0
窸 16画	4 4 5 3 4 3 4 3 1 2 3 4 4 5 4 4	6184	07AB8
窿 16画	4 4 5 3 4 5 2 3 5 4 1 3 1 1 2 1	3383	07ABF
褶 16画	4 5 2 3 4 5 4 1 5 4 1 3 2 5 1 1	6185	08936
禧 16画	4 5 2 4 1 2 1 2 5 1 4 3 1 2 5 1	6186	079A7
壁 16画	5 1 3 2 5 1 4 1 4 3 1 1 2 1 2 1	3384	058C1

汉字	笔顺	《字表》序号	UCS
避 16画	5 1 3 2 5 1 4 1 4 3 1 1 2 4 5 4	3385	0907F
嬖 16画	5 1 3 2 5 1 4 1 4 3 1 1 2 5 3 1	6187	05B16
犟 16画	5 1 5 2 5 1 2 5 1 2 1 4 3 1 1 2	6188	0729F
隰 16画	5 2 2 5 1 1 5 5 4 5 5 4 4 4 4 4	6189	096B0
嬛 16画	5 3 1 2 5 2 2 1 1 2 5 1 3 5 3 4	7913	05B1B
嬗 16画	5 3 1 4 1 2 5 2 5 1 1 2 5 1 1 1	6190	05B17
鹨 16画	5 4 1 5 4 1 3 4 3 3 3 3 5 4 5 1	7914	09E68
翯 16画	5 4 1 5 4 1 4 1 2 5 1 2 5 2 5 1	7915	07FEF
颡 16画	5 4 5 4 5 4 1 2 3 4 1 3 2 5 3 4	6191	098A1
缰 16画	5 5 1 1 2 5 1 2 1 1 2 5 1 2 1 1	3386	07F30

汉字	笔顺	《字表》序号	UCS
缯 16画	5 5 1 2 5 1 2, 1 2 5 1 5 1 4, 5 4	6192	07F31
缫 16画	5 5 1 2 5 1 2, 5 1 2 5 1 1 2, 3 4	6193	07F32
缳 16画	5 5 1 2 5 2 2, 1 1 2 5 1 3 5, 3 4	6194	07F33
缴 16画	5 5 1 3 2 5 1, 1 4 1 5 3 3 1, 3 4	3387	07F34
𫄷 16画	5 5 1 4 1 4 3, 1 2 5 1 1 4 5, 4 4	7916	2B137

汉字	笔顺	《字表》序号	UCS
璱 17画	1 1 2 1 1 1 2, 1 1 1 2 1 4 5, 4 3 4	7917	074B1
𤩽 17画	1 1 2 1 1 2 2, 5 4 3 1 1 2 1, 3 4 4	7918	24A7D
璨 17画	1 1 2 1 2 1 3, 5 4 5 4 4 3 1, 2 3 4	6195	074A8
璩 17画	1 1 2 1 2 1 5, 3 1 5 1 3 5 3, 3 3 4	6196	074A9
璐 17画	1 1 2 1 2 5 1, 2 1 2 1 3 5 4, 2 5 1	6197	07490

汉字	笔顺	《字表》序号	UCS
璪 17 画	1 1 2 1 2 5 1 2 5 1 2 5 1 1 2 3 4	6198	074AA
璬 17 画	1 1 2 1 3 2 5 1 1 4 1 5 3 3 1 3 4	7919	074AC
璮 17 画	1 1 2 1 4 1 2 5 2 5 1 1 2 5 1 1 1	7920	074AE
髽 17 画	1 2 1 1 1 5 4 3 3 3 3 4 3 4 1 2 1	7921	09AFD
戴 17 画	1 2 1 2 5 1 2 1 1 2 2 1 3 4 5 3 4	3388	06234
螫 17 画	1 2 1 3 2 3 4 3 1 3 4 2 5 1 2 1 4	6199	087AB
擤 17 画	1 2 1 3 2 5 1 1 1 2 5 1 2 1 1 3 2	6200	064E4
壕 17 画	1 2 1 4 1 2 5 1 4 5 1 3 5 3 3 3 4	6201	058D5
擿 17 画	1 2 1 4 1 4 3 2 5 1 2 2 5 1 4 5 4	7922	064FF
擦 17 画	1 2 1 4 4 5 3 5 4 4 5 4 1 1 2 3 4	3389	064E6

汉字	笔顺	《字表》序号	UCS
縠 17 画	1 2 1 4 5 1 3 5 3 5 1 1 2 3 5 5 4	6202	089F3
罄 17 画	1 2 1 5 2 1 3 3 5 5 4 3 1 1 2 5 2	6203	07F44
擢 17 画	1 2 1 5 4 1 5 4 1 3 2 4 1 1 1 2 1	6204	064E2
藉 17 画	1 2 2 1 1 1 2 3 4 1 2 2 1 2 5 1 1	3390	085C9
薹 17 画	1 2 2 1 2 1 2 5 1 4 5 1 5 4 1 2 1	6205	085B9
鞡 17 画	1 2 2 1 2 5 1 1 2 1 2 1 4 1 4 3 1	6206	097A1
鞠 17 画	1 2 2 1 2 5 1 1 2 3 5 4 3 1 2 3 4	3391	097A0
鞬 17 画	1 2 2 1 2 5 1 1 2 5 1 1 1 1 2 5 4	6207	097AC
藏 17 画	1 2 2 1 3 5 1 3 1 2 5 1 2 5 5 3 4	3392	085CF
薷 17 画	1 2 2 1 4 5 2 4 4 4 4 1 3 2 5 2 2	6208	085B7

汉字	笔顺	《字表》序号	UCS
薰 17 画	1 2 2 3 1 2 5 4 3 1 2 1 1 4 4 4 4	6209	085B0
藐 17 画	1 2 2 3 4 4 3 5 3 3 3 2 5 1 1 3 5	3393	085D0
藓 17 画	1 2 2 3 5 2 5 1 2 1 1 4 3 1 1 1 2	6210	085D3
薿 17 画	1 2 2 3 5 3 1 1 3 4 5 4 5 2 1 3 4	7923	085BF
藁 17 画	1 2 2 4 1 2 5 1 2 5 2 5 1 1 2 3 4	6211	085C1
薸 17 画	1 2 2 4 4 1 1 2 5 2 2 1 1 1 2 3 4	7924	085B8
檬 17 画	1 2 3 4 1 2 2 4 5 1 1 3 5 3 3 3 4	3394	06AAC
檑 17 画	1 2 3 4 1 4 5 2 4 4 4 4 2 5 1 2 1	7925	06A91
櫆 17 画	1 2 3 4 3 2 5 1 1 3 5 5 4 4 4 1 2	7926	06AC6
檄 17 画	1 2 3 4 3 2 5 1 1 4 1 5 3 3 1 3 4	6212	06A84

汉字	笔顺	《字表》序号	UCS	汉字	笔顺	《字表》序号	UCS
檐 17画		3395	06A90	醓 17画		6215	091A2
橺 17画		7927	06A9E	醨 17画		7928	091A8
檩 17画		6213	06AA9	翳 17画		6216	07FF3
檀 17画		3396	06A80	繄 17画		7929	07E44
懋 17画		6214	061CB	磹 17画		7930	078F9

汉字	笔顺	《字表》序号	UCS
礁 17 画	1 3 2 5 1 3 2 4 1 1 1 2 1 4 4 4 4	3397	07901
磻 17 画	1 3 2 5 1 3 4 3 1 2 3 4 2 5 1 2 1	7931	078FB
礅 17 画	1 3 2 5 1 4 1 2 5 1 5 2 1 3 1 3 4	6217	07905
磷 17 画	1 3 2 5 1 4 3 1 2 3 4 3 5 4 1 5 2	3398	078F7
磴 17 画	1 3 2 5 1 5 4 3 3 4 1 2 5 1 4 3 1	6218	078F4
鹩 17 画	1 3 4 4 3 2 5 1 1 2 3 4 3 5 4 5 1	6219	09E69
霜 17 画	1 4 5 2 4 4 4 4 1 2 3 4 2 5 1 1 1	3399	0971C
霞 17 画	1 4 5 2 4 4 4 4 5 1 2 1 1 5 1 5 4	3400	0971E
龋 17 画	2 1 2 1 3 4 5 2 3 2 5 1 2 5 2 1 4	6220	09F8B
龌 17 画	2 1 2 1 3 4 5 2 5 1 3 1 5 4 1 2 1	6221	09F8C

17画（丨）

汉字	笔顺	《字表》序号	UCS	汉字	笔顺	《字表》序号	UCS
豩 17画		6222	08C73	瞧 17画		3402	077A7
壑 17画		6223	058D1	瞬 17画		3403	077AC
蘖 17画		6224	09EFB	瞳 17画		3404	077B3
曈 17画		7932	077AB	瞵 17画		7933	077B5
瞭 17画		3401	077AD	瞩 17画		3405	077A9

汉字	笔顺	《字表》序号	UCS
瞪 17 画	2 5 1 1 1 5 4 3 3 4 1 2 5 1 4 3 1	3406	077AA
嚏 17 画	2 5 1 1 2 4 5 2 5 1 2 1 5 2 1 3 4	6225	0568F
曙 17 画	2 5 1 1 2 5 2 2 1 1 2 1 3 2 5 1 1	3407	066D9
嚅 17 画	2 5 1 1 4 5 2 4 4 4 4 1 3 2 5 2 2	6226	05685
蹑 17 画	2 5 1 2 1 2 1 1 2 2 1 1 1 5 4 5 4	6227	08E51
蹒 17 画	2 5 1 2 1 2 1 1 2 2 1 2 5 3 4 3 4	6228	08E52
蹋 17 画	2 5 1 2 1 2 1 2 5 1 1 5 4 1 5 4 1	3408	08E4B
蹈 17 画	2 5 1 2 1 2 1 3 4 4 3 3 2 1 5 1 1	3409	08E48
蹊 17 画	2 5 1 2 1 2 1 3 4 4 3 5 5 4 1 3 4	6229	08E4A
蹐 17 画	2 5 1 2 1 2 1 4 1 3 4 3 4 2 5 1 1	7934	08E50

汉字	笔顺	《字表》序号	UCS
蟥 17画	2 5 1 2 1 4 1 2 2 1 2 5 1 2 1 3 4	6230	087E5
蟏 17画	2 5 1 2 1 4 1 2 2 5 1 1 2 3 2 3 4	7935	087CF
螬 17画	2 5 1 2 1 4 1 2 5 1 2 2 1 2 5 1 1	6231	087AC
螵 17画	2 5 1 2 1 4 1 2 5 2 2 1 1 1 2 3 4	6232	087B5
曈 17画	2 5 1 2 1 4 1 4 3 1 2 5 1 1 2 1 1	6233	07583
螳 17画	2 5 1 2 1 4 2 4 3 4 5 2 5 1 1 2 1	6234	087B3
螺 17画	2 5 1 2 1 4 2 5 1 2 1 5 5 4 2 3 4	3410	087BA
蟋 17画	2 5 1 2 1 4 3 4 3 1 2 3 4 4 5 4 4	3411	087CB
蟑 17画	2 5 1 2 1 4 4 1 4 3 1 2 5 1 1 1 2	6235	087D1
蟀 17画	2 5 1 2 1 4 4 1 5 5 4 4 1 3 4 1 2	3412	087C0

汉字	笔顺	《字表》序号	UCS
嚎 17 画	2 5 1 4 1 2 5 1 4 5 1 3 5 3 3 3 4	3413	0568E
㘎 17 画	2 5 1 4 2 5 5 1 2 2 1 1 1 3 1 3 4	7936	0360E
嚓 17 画	2 5 1 4 4 5 3 5 4 4 5 4 1 1 2 3 4	6236	05693
羁 17 画	2 5 2 2 1 1 2 2 1 2 5 1 1 2 5 5 1	6237	07F81
罽 17 画	2 5 2 2 1 1 3 4 3 3 4 4 3 3 4 2 2	6238	07F7D
罾 17 画	2 5 2 2 1 4 3 2 5 2 4 3 1 2 5 1 1	6239	07F7E
嶷 17 画	2 5 2 3 5 3 1 1 3 4 5 4 5 2 1 3 4	6240	05DB7
赡 17 画	2 5 3 4 3 5 1 3 3 4 4 1 1 1 2 5 1	3414	08D61
黜 17 画	2 5 4 3 1 2 1 1 4 4 4 4 5 2 2 5 2	6241	09EDC
黝 17 画	2 5 4 3 1 2 1 1 4 4 4 4 5 5 4 5 3	6242	09EDD

汉字	笔顺	《字表》序号	UCS
髁 17 画	2 5 5 4 5 2 5 1 1 2 5 1 1 1 2 3 4	6243	09AC1
髀 17 画	2 5 5 4 5 2 5 1 1 3 2 5 1 1 3 1 2	6244	09AC0
𬭳 17 画	3 1 1 1 5 1 2 1 2 5 1 4 3 1 2 5 1	7937	2CB73
镡 17 画	3 1 1 1 5 1 2 5 2 2 1 2 5 1 1 1 2	6245	09561
镢 17 画	3 1 1 1 5 1 3 4 3 1 5 2 3 3 5 3 4	6246	09562

汉字	笔顺	《字表》序号	UCS
镣 17 画	3 1 1 1 5 1 3 4 4 3 2 5 1 1 2 3 4	6247	09563
镤 17 画	3 1 1 1 5 2 2 4 3 1 4 3 1 1 1 3 4	7938	09564
𬭶 17 画	3 1 1 1 5 2 5 4 3 1 2 1 1 4 4 4 4	7939	2CB76
𫔍 17 画	3 1 1 1 5 3 4 3 1 2 3 4 2 5 1 2 1	7940	2B50D
镥 17 画	3 1 1 1 5 3 5 2 5 1 2 1 1 2 5 1 1	7941	09565

汉字	笔顺	《字表》序号	UCS
镦 17 画	3 1 1 1 5 4 1 2 5 1 5 2 1 3 1 3 4	6248	09566
镧 17 画	3 1 1 1 5 4 2 5 1 2 5 4 3 1 2 3 4	6249	09567
镨 17 画	3 1 1 1 5 4 3 1 2 2 4 3 1 2 5 1 1	7942	09568
𬭸 17 画	3 1 1 1 5 4 3 1 2 3 4 3 5 4 1 5 2	7943	2CB78
𨱔 17 画	3 1 1 1 5 4 3 1 2 5 3 5 1 1 1 2 4	7944	28C54
𬭼 17 画	3 1 1 1 5 4 3 1 3 5 3 3 3 4 4 5 4	7945	2CB7C
镩 17 画	3 1 1 1 5 4 4 5 3 4 2 5 1 2 5 1 2	6250	09569
镪 17 画	3 1 1 1 5 5 1 5 2 5 1 2 5 1 2 1 4	6251	0956A
镫 17 画	3 1 1 1 5 5 4 3 3 4 1 2 5 1 4 3 1	6252	0956B
𫔎 17 画	3 1 1 1 5 5 4 5 2 3 2 5 3 4 2 5 1	7946	2B50E

汉字	笔顺	《字表》序号	UCS
罅 17 画	3 1 1 2 5 2 2 1 5 3 1 5 3 4 3 1 2	6253	07F45
矰 17 画	3 1 1 3 4 4 3 2 5 2 4 3 1 2 5 1 1	7947	077F0
穗 17 画	3 1 2 3 4 1 2 5 1 1 2 1 4 4 5 4 4	3415	07A57
穙 17 画	3 1 2 3 4 2 2 4 3 1 4 3 1 1 1 3 4	7948	07A59
黏 17 画	3 1 2 3 4 3 4 2 4 1 3 4 2 1 2 5 1	6254	09ECF
穜 17 画	3 1 2 3 4 4 1 4 3 1 2 5 1 1 2 1 1	7949	07A5C
穟 17 画	3 1 2 3 4 4 3 1 3 5 3 3 3 4 4 5 4	7950	07A5F
魏 17 画	3 1 2 3 4 5 3 1 3 2 5 1 1 3 5 5 4	3416	09B4F
簕 17 画	3 1 4 3 1 4 1 2 2 1 2 5 1 1 2 5 3	7951	07C15
簧 17 画	3 1 4 3 1 4 1 2 2 1 2 5 1 2 1 3 4	3417	07C27

汉字	笔顺	《字表》序号	UCS	汉字	笔顺	《字表》序号	UCS
籔 17画		6255	07C0C	簇 17画		3418	07C07
簌 17画		6256	07BFE	簖 17画		6258	07C16
簃 17画		7952	07C03	篹 17画		6259	07C0B
簋 17画		6257	07BFC	繁 17画		3419	07E41
簏 17画		7953	07C0F	鼢 17画		6260	09F22

汉字	笔顺	《字表》序号	UCS
黛 17画	3 2 1 5 4 2 5 4 3 1 2 1 1 4 4 4 4	6261	09EDB
儡 17画	3 2 2 5 1 2 1 2 5 1 2 1 2 5 1 2 1	6262	05121
鹪 17画	3 2 4 1 1 1 2 1 4 4 4 4 3 5 4 5 1	6263	09E6A
儦 17画	3 2 4 1 3 5 2 2 1 1 5 3 5 4 4 4 4	7954	05126
鼾 17画	3 2 5 1 1 1 2 5 1 2 1 1 3 2 1 1 2	6264	09F3E
皤 17画	3 2 5 1 1 3 4 3 1 2 3 4 2 5 1 2 1	6265	076A4
魍 17画	3 2 5 1 1 3 5 5 4 2 5 4 3 1 4 1 5	6266	09B4D
魋 17画	3 2 5 1 1 3 5 5 4 3 2 4 1 1 1 2 1	7955	09B4B
斶 17画	3 3 1 2 2 5 2 2 1 3 5 2 5 1 2 1 4	7956	065B6
徽 17画	3 3 2 2 5 2 1 5 5 4 2 3 4 3 1 3 4	3420	05FBD

17 画 (丿)

汉字	笔顺	《字表》序号	UCS	汉字	笔顺	《字表》序号	UCS
艚 17画		7957	0825A	獏 17画		6269	08C98
龠 17画		6267	09FA0	邈 17画		6270	09088
䰪 17画		7958	2CE2A	貔 17画		6271	08C94
爵 17画		3421	07235	豀 17画		7959	08C3F
繇 17画		6268	07E47	臌 17画		6272	081CC

汉字	笔顺	《字表》序号	UCS
朦 17 画	3 5 1 1 1 2 2 4 5 1 1 3 5 3 3 3 4	3422	06726
臊 17 画	3 5 1 1 2 5 1 2 5 1 2 5 1 1 2 3 4	3423	081CA
膻 17 画	3 5 1 1 4 1 2 5 2 5 1 1 2 5 1 1 1	6273	081BB
臆 17 画	3 5 1 1 4 1 4 3 1 2 5 1 1 4 5 4 4	6274	081C6
臃 17 画	3 5 1 1 4 1 5 5 3 3 2 4 1 1 1 2 1	6275	081C3
䲠 17 画	3 5 2 5 1 2 1 1 1 1 1 3 4 2 5 1 1	7960	04CA0
鲼 17 画	3 5 2 5 1 2 1 1 1 2 1 2 2 2 5 3 4	6276	09CBC
鲽 17 画	3 5 2 5 1 2 1 1 1 2 2 1 5 1 2 3 4	6277	09CBD
𬶟 17 画	3 5 2 5 1 2 1 1 1 2 5 1 2 3 4 2 2	7961	2CD9F
鲾 17 画	3 5 2 5 1 2 1 1 1 2 5 1 2 5 1 2 1	7962	09CBE

汉字	笔顺	《字表》序号	UCS
鰊 17 画	3 5 2 5 1 2 1 1 1 2 5 4 3 1 2 3 4	7963	2CDA0
鲿 17 画	3 5 2 5 1 2 1 1 2 4 3 4 5 1 1 5 4	7964	09CBF
鳀 17 画	3 5 2 5 1 2 1 1 2 5 1 1 1 2 1 3 4	6278	09CC0
鳁 17 画	3 5 2 5 1 2 1 1 2 5 1 1 2 5 2 2 1	7965	09CC1
鳂 17 画	3 5 2 5 1 2 1 1 2 5 1 2 1 1 5 3 4	7966	09CC2

汉字	笔顺	《字表》序号	UCS
鳃 17 画	3 5 2 5 1 2 1 1 2 5 1 2 1 4 5 4 4	6279	09CC3
鳄 17 画	3 5 2 5 1 2 1 1 2 5 1 2 5 1 1 1 5	3424	09CC4
鳅 17 画	3 5 2 5 1 2 1 1 3 1 2 3 4 4 3 3 4	6280	09CC5
鳇 17 画	3 5 2 5 1 2 1 1 3 2 5 1 1 1 1 2 1	6281	09CC7
鳈 17 画	3 5 2 5 1 2 1 1 3 2 5 1 1 2 5 3 4	7967	09CC8

汉字	笔顺	《字表》序号	UCS
鳉 17画	3 5 2 5 1 2 1 1 4 1 2 3 5 4 1 2 4	7968	09CC9
鳊 17画	3 5 2 5 1 2 1 1 4 5 1 3 2 5 1 2 2	6282	09CCA
獯 17画	3 5 3 3 1 2 5 4 3 1 2 1 1 4 4 4 4	7969	0736F
螽 17画	3 5 4 4 4 2 5 1 2 1 4 2 5 1 2 1 4	6283	087BD
燮 17画	4 1 1 1 2 5 1 4 3 3 4 4 3 3 4 5 4	6284	071EE
鹫 17画	4 1 2 5 1 2 3 4 1 3 5 4 3 5 4 5 1	6285	09E6B
襄 17画	4 1 2 5 1 2 5 1 1 1 2 2 1 3 5 3 4	6286	08944
䗪 17画	4 1 3 1 2 2 1 4 4 4 4 2 5 1 2 1 4	7970	045EA
糜 17画	4 1 3 1 2 3 4 1 2 3 4 4 3 1 2 3 4	6287	07CDC
縻 17画	4 1 3 1 2 3 4 1 2 3 4 5 5 4 2 3 4	6288	07E3B

汉字	笔顺	《字表》序号	UCS
膺 17 画	4 1 3 3 2 3 2 4 1 1 1 2 1 2 5 1 1	6289	081BA
癍 17 画	4 1 3 4 1 1 1 2 1 4 1 3 4 1 1 2 1	6290	0764D
癌 17 画	4 1 3 4 1 2 5 1 2 5 1 2 5 1 2 5 2	3425	0764C
麋 17 画	4 1 3 5 2 2 1 1 5 3 5 4 3 1 2 3 4	6291	09E8B
辫 17 画	4 1 4 3 1 1 3 5 5 1 4 1 4 3 1 1 2	3426	08FAB
赢 17 画	4 1 5 2 5 1 3 5 1 1 2 5 3 4 3 5 4	3427	08D62
糟 17 画	4 3 1 2 3 4 1 2 5 1 2 2 1 2 5 1 1	3428	07CDF
糠 17 画	4 3 1 2 3 4 4 1 3 5 1 1 2 4 1 3 4	3429	07CE0
馘 17 画	4 3 1 3 2 5 1 1 1 1 2 5 1 1 5 3 4	7971	09998
燥 17 画	4 3 3 4 2 5 1 2 5 1 2 5 1 1 2 3 4	3430	071E5

汉字	笔顺	《字表》序号	UCS
懑 17 画	4 4 1 1 2 2 1 2 5 3 4 3 4 4 5 4 4	6292	061D1
濡 17 画	4 4 1 1 4 5 2 4 4 4 4 1 3 2 5 2 2	6293	06FE1
濮 17 画	4 4 1 3 2 2 2 4 3 1 4 3 1 1 1 3 4	6294	06FEE
濞 17 画	4 4 1 3 2 5 1 1 1 2 5 1 2 1 1 3 2	6295	06FDE
濠 17 画	4 4 1 4 1 2 5 1 4 5 1 3 5 3 3 3 4	6296	06FE0

汉字	笔顺	《字表》序号	UCS
濯 17 画	4 4 1 5 4 1 5 4 1 3 2 4 1 1 1 2 1	6297	06FEF
懦 17 画	4 4 2 1 4 5 2 4 4 4 4 1 3 2 5 2 2	3431	061E6
豁 17 画	4 4 5 1 1 1 2 2 5 1 3 4 3 4 2 5 1	3432	08C41
蹇 17 画	4 4 5 1 1 2 2 1 3 4 2 5 1 2 1 3 4	6298	08E47
謇 17 画	4 4 5 1 1 2 2 1 3 4 4 1 1 1 2 5 1	6299	08B07

汉字	笔顺	《字表》序号	UCS
邃 17 画	4 4 5 3 4 4 3 1 3 5 3 3 3 4 4 5 4	6300	09083
襕 17 画	4 5 2 3 4 4 2 5 1 2 5 4 3 1 2 3 4	7972	08955
襚 17 画	4 5 2 3 4 4 3 1 3 5 3 3 3 4 4 5 4	7973	0895A
襁 17 画	4 5 2 3 4 5 1 5 2 5 1 2 5 1 2 1 4	6301	08941
𬶨 17 画	5 1 1 5 4 1 5 3 5 3 5 2 5 1 2 1 1	7974	2CDA8
螱 17 画	5 1 3 1 1 2 3 4 1 2 4 2 5 1 2 1 4	7975	087B1
臀 17 画	5 1 3 1 2 2 1 3 4 3 5 5 4 2 5 1 1	3433	081C0
檗 17 画	5 1 3 2 5 1 4 1 4 3 1 1 2 1 2 3 4	6302	06A97
甓 17 画	5 1 3 2 5 1 4 1 4 3 1 1 2 1 5 5 4	7976	07513
臂 17 画	5 1 3 2 5 1 4 1 4 3 1 1 2 2 5 1 1	3434	081C2

汉字	笔顺	《字表》序号	UCS
擘 17 画	5 1 3 2 5 1 4 1 4 3 1 1 2 3 1 1 2	6303	064D8
孺 17 画	5 2 1 1 4 5 2 4 4 4 4 1 3 2 5 2 2	6304	05B7A
隳 17 画	5 2 1 3 1 2 1 2 5 1 1 3 4 2 4 4 4	6305	096B3
嬬 17 画	5 3 1 1 4 5 2 4 4 4 4 1 3 2 5 2 2	7977	05B2C
嬷 17 画	5 3 1 4 1 3 1 2 3 4 1 2 3 4 3 5 4	6306	05B37
嬥 17 画	5 3 1 5 4 1 5 4 1 3 2 4 1 1 1 2 1	7978	05B25
翼 17 画	5 4 1 5 4 1 2 5 1 2 1 1 2 2 1 3 4	3435	07FFC
蟊 17 画	5 4 5 2 3 2 5 1 2 1 4 2 5 1 2 1 4	6307	087CA
鹬 17 画	5 4 5 2 3 2 5 3 4 2 5 1 3 5 4 5 1	6308	09E6C
鍪 17 画	5 4 5 2 3 3 1 3 4 3 4 1 1 2 4 3 1	6309	0936A

汉字	笔顺	《字表》序号	UCS
骤 17 画	5 5 1 1 2 2 1 1 1 5 4 3 2 3 3 3 4	3436	09AA4
𦈡 17 画	5 5 1 1 4 5 2 4 4 4 4 1 3 2 5 2 2	7979	26221
𫄸 17 画	5 5 1 3 1 2 5 4 3 1 2 1 1 4 4 4 4	7980	2B138
瓀 18 画	1 1 2 1 1 4 5 2 4 4 4 4 1 3 2 5 2 2	7981	074C0
鏊 18 画	1 1 2 1 5 3 3 1 3 4 3 4 1 1 2 4 3 1	6310	093CA

汉字	笔顺	《字表》序号	UCS
鳌 18 画	1 1 2 1 5 3 3 1 3 4 3 5 2 5 1 2 1 1	6311	09CCC
釐 18 画	1 1 2 3 4 3 1 3 4 1 3 2 5 1 1 2 1 1	7982	091D0
鬶 18 画	1 1 3 4 2 5 3 5 1 2 5 1 2 5 4 3 1 2	7983	09B36
鬈 18 画	1 2 1 1 1 5 4 3 3 3 4 3 1 1 3 4 5 5	6312	09B08
鬃 18 画	1 2 1 1 1 5 4 3 3 3 4 4 5 1 1 2 3 4	6313	09B03

汉字	笔顺	《字表》序号	UCS	汉字	笔顺	《字表》序号	UCS
瞽 18画		6314	077BD	鞮 18画		7986	097AE
藕 18画		3437	085D5	鞨 18画		6316	097A8
爇 18画		7984	07207	鞭 18画		3438	097AD
鞯 18画		6315	097AF	鞫 18画		6317	097AB
鞳 18画		7985	097B3	鞧 18画		6318	097A7

18 画 (一)

汉字	笔顺	《字表》序号	UCS	汉字	笔顺	《字表》序号	UCS
鞣 18画		6319	097A3	藤 18画		3439	085E4
蘬 18画		7987	2C7C1	藦 18画		7989	085E6
蓸 18画		7988	085DF	蘆 18画		7990	085E8
藜 18画		6320	085DC	藩 18画		6322	085E9
藠 18画		6321	085E0	鹲 18画		7991	09E72

537

汉字	笔顺	《字表》序号	UCS
檫 18 画	1 2 3 4 4 4 5 3 5 4 4 5 4 1 1 2 3 4	7992	06AAB
覆 18 画	1 2 5 2 2 1 3 3 2 3 1 2 5 1 1 3 5 4	3440	08986
醪 18 画	1 2 5 3 5 1 1 5 4 1 5 4 1 3 4 3 3 3	6323	091AA
靥 18 画	1 3 1 3 4 4 2 5 4 3 1 2 1 1 4 4 4 4	7993	09EE1
蹙 18 画	1 3 2 1 1 2 3 4 5 3 4 2 5 1 2 1 3 4	6324	08E59
礤 18 画	1 3 2 5 1 1 2 2 4 5 1 1 3 5 3 3 3 4	7994	0791E
礓 18 画	1 3 2 5 1 1 2 5 1 2 1 1 2 5 1 2 1 1	6325	07913
礌 18 画	1 3 2 5 1 1 4 5 2 4 4 4 4 2 5 1 2 1	7995	0790C
𥖨 18 画	1 3 2 5 1 2 5 1 2 5 1 2 5 1 1 2 3 4	7996	255A8
燹 18 画	1 3 5 3 3 3 4 1 3 5 3 3 3 4 4 3 3 4	6326	071F9

18 画（一丨）

汉字	笔顺	《字表》序号	UCS	汉字	笔顺	《字表》序号	UCS
餮 18画		6327	0992E	曜 18画		6331	066DC
瞿 18画		6328	077BF	蹯 18画		6332	08E87
瞻 18画		3441	077BB	蹚 18画		6333	08E5A
曛 18画		6329	066DB	蹦 18画		3442	08E66
颢 18画		6330	098A2	鹭 18画		6334	09E6D

汉字	笔顺	《字表》序号	UCS
蹢 18 画	2 5 1 2 1 2 1 4 1 4 3 2 5 1 2 2 5 1	7997	08E62
蹜 18 画	2 5 1 2 1 2 1 4 4 5 3 2 1 3 2 5 1 1	7998	08E5C
蟛 18 画	2 5 1 2 1 4 1 2 1 2 5 1 4 3 1 3 3 3	6335	087DB
蟪 18 画	2 5 1 2 1 4 1 2 5 1 1 2 1 4 4 5 4 4	6336	087EA
蟫 18 画	2 5 1 2 1 4 1 2 5 2 2 1 2 5 1 1 1 2	7999	087EB
䗴 18 画	2 5 1 2 1 4 3 1 4 3 1 4 3 1 2 1 5 4	8000	045F4
蟠 18 画	2 5 1 2 1 4 3 4 3 1 2 3 4 2 5 1 2 1	6337	087E0
蟮 18 画	2 5 1 2 1 4 4 3 1 1 1 2 4 3 1 2 5 1	6338	087EE
嚚 18 画	2 5 1 2 5 1 1 2 5 1 2 5 2 5 1 2 5 1	8001	0569A
嚣 18 画	2 5 1 2 5 1 1 3 2 5 3 4 2 5 1 2 5 1	3443	056A3

汉字	笔顺	《字表》序号	UCS
鹮 18画	2 5 2 2 1 1 2 5 1 3 5 3 4 3 5 4 5 1	6339	09E6E
黠 18画	2 5 4 3 1 2 1 1 4 4 4 4 1 2 1 2 5 1	6340	09EE0
黟 18画	2 5 4 3 1 2 1 1 4 4 4 4 3 5 4 3 5 4	6341	09EDF
髃 18画	2 5 5 4 5 2 5 1 1 2 5 1 1 2 5 2 1 4	8002	09AC3
髅 18画	2 5 5 4 5 2 5 1 1 4 3 1 2 3 4 5 3 1	6342	09AC5
髂 18画	2 5 5 4 5 2 5 1 1 4 4 5 3 5 4 2 5 1	6343	09AC2
镬 18画	3 1 1 1 5 1 2 2 3 2 4 1 1 1 2 1 5 4	6344	0956C
镭 18画	3 1 1 1 5 1 4 5 2 4 4 4 4 2 5 1 2 1	6345	0956D
镮 18画	3 1 1 1 5 2 5 2 2 1 1 2 5 1 3 5 3 4	8003	0956E
镯 18画	3 1 1 1 5 2 5 2 2 1 3 5 2 5 1 2 1 4	6346	0956F

汉字	笔顺	《字表》序号	UCS
镰 18 画	3 1 1 1 5 4 1 3 4 3 1 5 1 1 2 2 3 4	3444	09570
镜 18 画	3 1 1 1 5 4 1 4 3 1 2 5 1 1 4 5 4 4	8004	09571
鄼 18 画	3 1 2 1 3 5 3 1 2 1 3 5 2 5 3 4 5 2	8005	09142
馧 18 画	3 1 2 3 4 2 5 1 1 2 5 1 1 2 5 2 2 1	8006	099A7
馥 18 画	3 1 2 3 4 2 5 1 1 3 1 2 5 1 1 3 5 4	6347	099A5
簠 18 画	3 1 4 3 1 4 1 2 5 1 1 2 4 2 5 2 2 1	8007	07C20
簟 18 画	3 1 4 3 1 4 1 2 5 2 2 1 2 5 1 1 1 2	6348	07C1F
簝 18 画	3 1 4 3 1 4 1 3 4 4 3 2 5 1 1 2 3 4	8008	07C1D
簪 18 画	3 1 4 3 1 4 1 5 3 5 1 5 3 5 2 5 1 1	6349	07C2A
簰 18 画	3 1 4 3 1 4 3 2 1 5 3 2 5 1 1 3 1 2	8009	07C30

汉字	笔顺	《字表》序号	UCS	汉字	笔顺	《字表》序号	UCS
鼫 18画		8010	09F2B	艟 18画		6352	0825F
鼬 18画		6350	09F2C	翻 18画		3445	07FFB
鼩 18画		8011	09F29	臑 18画		8013	081D1
雠 18画		6351	096E0	䲒 18画		8014	04CA2
瞰 18画		8012	076A6	鳍 18画		3446	09CCD

汉字	笔顺	《字表》序号	UCS
鳎 18 画	3 5 2 5 1 2 1 1 2 5 1 1 5 4 1 5 4 1	6353	09CCE
鳏 18 画	3 5 2 5 1 2 1 1 2 5 2 2 1 2 3 3 4 4	6354	09CCF
鳐 18 画	3 5 2 5 1 2 1 1 3 4 4 3 3 1 1 2 5 2	6355	09CD0
鳑 18 画	3 5 2 5 1 2 1 1 4 1 4 3 4 5 4 1 5 3	8015	09CD1
鳒 18 画	3 5 2 5 1 2 1 1 4 3 1 5 1 1 2 2 3 4	8016	09CD2
鹱 18 画	3 5 4 5 1 1 2 2 3 2 4 1 1 1 2 1 5 4	8017	09E71
鹯 18 画	4 1 2 5 2 5 1 1 2 5 1 1 1 3 5 4 5 1	8018	09E6F
鹰 18 画	4 1 3 3 2 3 2 4 1 1 1 2 1 3 5 4 5 1	3447	09E70
癞 18 画	4 1 3 4 1 1 2 5 1 2 3 4 3 5 2 5 3 4	6356	0765E
癗 18 画	4 1 3 4 1 1 4 5 2 4 4 4 4 2 5 1 2 1	8019	07657

汉字	笔顺	《字表》序号	UCS
癔 18画	4 1 3 4 1 4 1 4 3 1 2 5 1 1 4 5 4 4	6357	07654
癜 18画	4 1 3 4 1 5 1 3 1 2 2 1 3 4 3 5 5 4	6358	0765C
癖 18画	4 1 3 4 1 5 1 3 2 5 1 4 1 4 3 1 1 2	6359	07656
𦒍 18画	4 1 4 3 1 2 5 1 1 2 1 1 5 4 1 5 4 1	8020	2648D
旞 18画	4 1 5 3 3 1 4 3 1 3 5 3 3 3 4 4 5 4	8021	065DE
翷 18画	4 3 1 2 3 4 3 5 4 1 5 2 5 4 1 5 4 1	8022	07FF7
糨 18画	4 3 1 2 3 4 5 1 5 2 5 1 2 5 1 2 1 4	6360	07CE8
冁 18画	4 3 2 5 1 1 1 2 5 1 3 1 2 2 1 5 3 4	8023	05181
蹩 18画	4 3 2 5 2 3 4 3 1 3 4 2 5 1 2 1 3 4	6361	08E69
䎖 18画	4 3 2 5 2 4 3 1 2 5 1 1 5 4 1 5 4 1	8024	04396

汉字	笔顺	《字表》序号	UCS
瀫 18 画	4 4 1 1 2 1 4 5 1 3 1 2 3 4 3 5 5 4	8025	07014
瀑 18 画	4 4 1 2 5 1 1 1 2 2 1 3 4 2 4 1 3 4	3448	07011
瀍 18 画	4 4 1 4 1 3 2 5 1 1 2 1 1 3 4 1 2 1	8026	0700D
瀌 18 画	4 4 1 4 1 3 5 2 2 1 1 5 3 5 4 4 4 4	8027	0700C
鎏 18 画	4 4 1 4 1 5 4 3 2 5 3 4 1 1 2 4 3 1	6362	0938F
懵 18 画	4 4 2 1 2 2 2 5 2 2 1 4 5 2 5 1 1 1	6363	061F5
襟 18 画	4 5 2 3 4 1 2 3 4 1 2 3 4 1 1 2 3 4	3449	0895F
襜 18 画	4 5 2 3 4 3 5 1 3 3 4 4 1 1 1 2 5 1	8028	0895C
璧 18 画	5 1 3 2 5 1 4 1 4 3 1 1 2 1 1 2 1 4	3450	074A7
䴙 18 画	5 1 3 2 5 1 4 1 4 3 1 1 2 3 5 4 5 1	8029	04D19

汉字	笔顺	《字表》序号	UCS
戳 18 画	5 4 1 5 4 1 3 2 4 1 1 1 2 1 1 5 3 4	3451	06233
𬙊 18 画	5 5 1 2 5 4 3 1 2 1 1 4 4 4 4 1 2 1	8030	2C64A
彝 18 画	5 5 1 4 3 1 2 3 4 5 5 4 2 3 4 1 3 2	6364	05F5D
邋 18 画	5 5 5 2 5 3 4 1 5 4 4 5 4 4 5 4 5 4	6365	0908B
鬏 19 画	1 2 1 1 1 5 4 3 3 3 3 1 2 3 4 4 3 3 4	6366	09B0F

汉字	笔顺	《字表》序号	UCS
攉 19 画	1 2 1 1 4 5 2 4 4 4 4 3 2 4 1 1 1 2 1	6367	06509
嚭 19 画	1 2 1 2 5 1 4 3 1 2 5 1 1 3 2 4 2 5 1	8031	056AD
攒 19 画	1 2 1 3 1 2 1 3 5 3 1 2 1 3 5 2 5 3 4	6368	06512
鞲 19 画	1 2 2 1 2 5 1 1 2 1 1 2 2 1 2 5 2 1 1	6369	097B2
鞴 19 画	1 2 2 1 2 5 1 1 2 1 2 2 1 3 2 5 1 1 2	6370	097B4

汉字	笔顺	《字表》序号	UCS
藿 19画	1 2 2 1 4 5 2 4 4 4 4 3 2 4 1 1 1 2 1	6371	085FF
蘧 19画	1 2 2 2 1 5 3 1 5 1 3 5 3 3 3 4 4 5 4	6372	08627
蘖 19画	1 2 2 3 2 5 1 5 1 4 1 4 3 1 1 2 5 2 1	3452	05B7D
蘅 19画	1 2 2 3 3 2 3 5 2 5 1 2 1 1 3 4 1 1 2	6373	08605
警 19画	1 2 2 3 5 2 5 1 3 1 3 4 4 1 1 1 2 5 1	3453	08B66
蘑 19画	1 2 2 4 1 3 1 2 3 4 1 2 3 4 1 3 2 5 1	3454	08611
藻 19画	1 2 2 4 4 1 2 5 1 2 5 1 2 5 1 1 2 3 4	3455	085FB
麓 19画	1 2 3 4 1 2 3 4 4 1 3 5 2 2 1 1 5 3 5	6374	09E93
㰀 19画	1 2 3 4 3 1 2 3 4 3 5 3 3 4 2 4 1 3 4	8032	03C00
攀 19画	1 2 3 4 3 4 3 4 1 2 3 4 1 3 4 3 1 1 2	3456	06500

汉字	笔顺	《字表》序号	UCS	汉字	笔顺	《字表》序号	UCS
鬏 19画		8033	09B37	霆 19画		6378	0972A
醭 19画		8034	091AD	霭 19画		6379	0972D
醮 19画		6375	091AE	霨 19画		6380	09728
醯 19画		6376	091AF	蘠 19画		6381	09EFC
酃 19画		6377	09143	曝 19画		3457	066DD

汉字	笔顺	《字表》序号	UCS
嚯 19 画	2 5 1 1 4 5 2 4 4 4 4 3 2 4 1 1 1 2 1	6382	056AF
蹰 19 画	2 5 1 2 1 2 1 1 3 1 2 5 1 4 3 1 1 2 4	6383	08E70
蹶 19 画	2 5 1 2 1 2 1 1 3 4 3 1 5 2 3 3 5 3 4	6384	08E76
蹽 19 画	2 5 1 2 1 2 1 1 3 4 4 3 2 5 1 1 2 3 4	6385	08E7D
蹼 19 画	2 5 1 2 1 2 1 2 2 4 3 1 4 3 1 1 1 3 4	6386	08E7C
蹯 19 画	2 5 1 2 1 2 1 3 4 3 1 2 3 4 2 5 1 2 1	8035	08E6F
蹴 19 画	2 5 1 2 1 2 1 4 1 2 5 1 2 3 4 1 3 5 4	6387	08E74
蹾 19 画	2 5 1 2 1 2 1 4 1 2 5 1 5 2 1 3 1 3 4	6388	08E7E
蹲 19 画	2 5 1 2 1 2 1 4 3 1 2 5 3 5 1 1 1 2 4	3458	08E72
蹭 19 画	2 5 1 2 1 2 1 4 3 2 5 2 4 3 1 2 5 1 1	3459	08E6D

汉字	笔顺	《字表》序号	UCS
蹿 19画	2 5 1 2 1 2 1 4 4 5 3 4 2 5 1 2 5 1 2	6389	08E7F
蹬 19画	2 5 1 2 1 2 1 5 4 3 3 4 1 2 5 1 4 3 1	3460	08E6C
蠖 19画	2 5 1 2 1 4 1 2 2 3 2 4 1 1 1 2 1 5 4	6390	08816
蠓 19画	2 5 1 2 1 4 1 2 2 4 5 1 1 3 5 3 3 3 4	6391	08813
蠋 19画	2 5 1 2 1 4 2 5 2 2 1 3 5 2 5 1 2 1 4	8036	0880B
蟾 19画	2 5 1 2 1 4 3 5 1 3 3 4 4 1 1 1 2 5 1	6392	087FE
蠊 19画	2 5 1 2 1 4 4 1 3 4 3 1 5 1 1 2 2 3 4	6393	0880A
巅 19画	2 5 2 1 2 2 5 1 1 1 1 3 4 1 3 2 5 3 4	3461	05DC5
翾 19画	2 5 2 2 1 1 2 5 1 3 5 3 4 5 4 1 5 4 1	8037	07FFE
黢 19画	2 5 4 3 1 2 1 1 4 4 4 4 5 4 3 4 3 5 4	6394	09EE2

汉字	笔顺	《字表》序号	UCS	汉字	笔顺	《字表》序号	UCS
髋 19画		6395	09ACB	籁 19画		6399	07C41
骸 19画		6396	09ACC	簿 19画		3463	07C3F
镲 19画		6397	09572	鳌 19画		8038	09CD8
籀 19画		6398	07C40	傥 19画		8039	05133
簸 19画		3462	07C38	儴 19画		8040	05134

19 画（丿）

汉字	笔顺	《字表》序号	UCS	汉字	笔顺	《字表》序号	UCS
齁 19画		6400	09F41	鳔 19画		6404	09CD4
魑 19画		6401	09B51	鳕 19画		6405	09CD5
朦 19画		6402	08268	鳗 19画		6406	09CD7
鼗 19画		8041	09F17	鳓 19画		8042	2CDAD
鳓 19画		6403	09CD3	鳏 19画		8043	29F8C

19 画 (丿、)

汉字	笔顺	《字表》序号	UCS	汉字	笔顺	《字表》序号	UCS
鳙 19画		6407	09CD9	麿 19画		3466	09761
鳚 19画		8044	09CDA	癣 19画		3467	07663
鳛 19画		8045	09CDB	麒 19画		6408	09E92
蠏 19画		3464	087F9	麂 19画		8046	09E91
亶 19画		3465	098A4	麈 19画		6409	093D6

554

19 画（丶）

汉字	笔顺	《字表》序号	UCS	汉字	笔顺	《字表》序号	UCS
麇 19画		8047	09E96	鏊 19画		3470	09CD6
辮 19画		3468	074E3	爆 19画		3471	07206
羸 19画		8048	08803	㸆 19画		6411	03E06
赢 19画		6410	07FB8	瀚 19画		6412	0701A
羹 19画		3469	07FB9	瀣 19画		6413	07023

汉字	笔顺	《字表》序号	UCS	汉字	笔顺	《字表》序号	UCS
瀛 19画		6414	0701B	疆 19画		3472	07586
襦 19画		6415	08966	嬿 19画		8050	05B3F
谶 19画		6416	08C36	骥 19画		6418	09AA5
蠖 19画		8049	05F5F	缵 19画		6419	07F35
襞 19画		6417	0895E	瓒 20画		6420	074D2

汉字	笔顺	《字表》序号	UCS
鬒 20画	1 2 1 1 1 5 4 3 3 3 1 2 2 5 1 1 1 1 3 4	8051	09B12
鬓 20画	1 2 1 1 1 5 4 3 3 3 4 4 5 3 2 1 2 1 3 4	3473	09B13
壤 20画	1 2 1 4 1 2 5 1 2 5 1 1 1 2 2 1 3 5 3 4	3474	058E4
攘 20画	1 2 1 4 1 2 5 1 2 5 1 1 1 2 2 1 3 5 3 4	6421	06518
馨 20画	1 2 1 5 2 1 3 3 5 5 4 3 1 2 3 4 2 5 1 1	3475	099A8
蘩 20画	1 2 2 3 1 5 5 4 1 4 3 1 3 4 5 5 4 2 3 4	6422	08629
蘖 20画	1 2 2 3 2 5 1 5 1 4 1 4 3 1 1 2 1 2 3 4	6423	08616
蘘 20画	1 2 2 4 1 2 5 1 2 5 1 1 1 2 2 1 3 5 3 4	8052	08618
欂 20画	1 2 3 4 1 2 2 4 4 1 1 2 5 1 1 2 4 1 2 4	8053	06B02
醵 20画	1 2 5 3 5 1 1 2 1 5 3 1 5 1 3 5 3 3 3 4	8054	091B5

汉字	笔顺	《字表》序号	UCS
醴 20画	1 2 5 3 5 1 1 2 5 1 2 2 1 1 2 5 1 4 3 1	6424	091B4
霰 20画	1 4 5 2 4 4 4 4 1 2 2 1 2 5 1 1 3 1 3 4	6425	09730
颥 20画	1 4 5 2 4 4 4 4 1 3 2 5 2 2 1 3 2 5 3 4	8055	098A5
酆 20画	2 1 1 1 2 1 1 1 2 5 2 1 2 5 1 4 3 1 5 2	6426	09146
甗 20画	2 1 5 3 1 5 1 2 5 1 2 5 4 3 1 2 1 5 5 4	8056	07517
耀 20画	2 4 3 1 3 5 5 4 1 5 4 1 3 2 4 1 1 1 2 1	3476	08000
𨟠 20画	2 5 1 1 1 2 5 1 1 1 3 2 4 1 1 1 2 1 5 2	8057	287E0
矍 20画	2 5 1 1 1 2 5 1 1 1 3 2 4 1 1 1 2 1 5 4	6427	077CD
曦 20画	2 5 1 1 4 3 1 1 2 1 3 1 2 3 4 1 5 5 3 4	6428	066E6
躁 20画	2 5 1 2 1 2 1 2 5 1 2 5 1 2 5 1 1 2 3 4	3477	08E81

汉字	笔顺	《字表》序号	UCS
躅 20 画	2 5 1 2 1 2 1 2 5 2 2 1 3 5 2 5 1 2 1 4	6429	08E85
蠕 20 画	2 5 1 2 1 4 1 4 5 2 4 4 4 4 1 3 2 5 2 2	3478	08815
鼍 20 画	2 5 1 2 5 1 2 5 1 2 1 1 2 5 1 2 5 1 1 5	6430	09F0D
嚼 20 画	2 5 1 3 4 4 3 2 5 2 2 1 5 1 1 5 4 1 2 4	3479	056BC
嚷 20 画	2 5 1 4 1 2 5 1 2 5 1 1 1 2 2 1 3 5 3 4	3480	056B7

汉字	笔顺	《字表》序号	UCS
巇 20 画	2 5 2 2 1 5 3 1 5 1 2 5 1 4 3 1 1 5 3 4	8058	05DC7
巍 20 画	2 5 2 3 1 2 3 4 5 3 1 3 2 5 1 1 3 5 5 4	3481	05DCD
酅 20 画	2 5 2 3 2 4 1 1 1 2 1 2 5 3 4 2 5 1 5 2	8059	09145
巉 20 画	2 5 2 3 5 2 5 1 1 5 3 5 3 5 2 5 1 3 5 4	6431	05DC9
黩 20 画	2 5 4 3 1 2 1 1 4 4 4 4 1 2 5 4 4 1 3 4	6432	09EE9

20画（丨丿）

汉字	笔顺	《字表》序号	UCS	汉字	笔顺	《字表》序号	UCS
黥 20画	丨 冂 冃 日 甲 甲 里 2 5 4 3 1 2 1 里 里 里 黒 黒 黒 黔 1 4 4 4 4 4 1 黔 黔 黥 黥 黥 黥 2 5 1 2 3 4	6433	09EE5	黐 20画	一 二 千 禾 禾 利 利 3 1 2 3 4 3 5 利 稍 稍 稍 稍 稍 稍 3 2 5 4 3 1 2 稍 黐 黐 黐 黐 黐 1 1 4 4 4 4	6437	09EE7
黢 20画	丨 冂 冃 日 甲 甲 里 2 5 4 3 1 2 1 里 里 里 黒 黒 黒 黔 1 4 4 4 4 5 4 黔 黔 黢 黢 黢 黢 1 3 4 3 3 3	6434	09EEA	籍 20画	丿 ⺮ ⺮ ⺮ ⺮ ⺮ ⺮ 3 1 4 3 1 4 1 竺 竺 笻 笻 笺 笺 笺 1 1 2 3 4 1 2 箝 箝 箝 籍 籍 籍 2 1 2 5 1 1	3482	07C4D
髎 20画	丨 冂 冃 月 月 冎 骨 2 5 5 4 5 2 5 骨 骨 骨 骨 骨 骨 骨 1 1 5 4 1 5 4 骨 骨 骨 骸 髎 髎 1 3 4 3 3 3	8060	09ACE	篡 20画	丿 ⺮ ⺮ ⺮ ⺮ ⺮ ⺮ 3 1 4 3 1 4 2 竺 笁 笁 笁 笁 笁 篡 5 1 1 1 1 3 4 篡 篡 篡 篡 篡 篡 5 5 4 2 3 4	6438	07E82
镰 20画	丿 ⺁ ⺁ 乍 钅 钅 钅 3 1 1 1 5 4 1 钅 钅 钅 钅 钅 钅 镰 3 5 2 2 1 1 5 镰 镰 镰 镰 镰 镰 3 5 4 4 4 4	6435	09573	璺 20画	丿 ⺁ ⺁ 厂 厂 严 严 3 2 1 1 2 5 1 严 严 严 严 严 严 严 2 5 1 5 1 1 4 严 严 璺 璺 璺 璺 5 1 1 2 1 4	6439	074BA
镲 20画	丿 ⺁ ⺁ 乍 钅 钅 钅 3 1 1 1 5 5 5 钅 钅 钅 钅 钅 钅 镲 5 2 5 3 4 1 5 镲 镲 镲 镲 镲 镲 4 4 5 4 4 5	6436	09574	鼯 20画	丿 ⺁ ⺁ 臼 臼 臼 臼 3 2 1 5 1 1 5 臼 臼 臼 臼 臼 臼 鼯 4 4 5 4 4 5 1 鼯 鼯 鼯 鼯 鼯 鼯 2 5 1 2 5 1	6440	09F2F

560

汉字	笔顺	《字表》序号	UCS
犨 20画	3 2 4 1 1 1 2 1 3 2 4 1 1 1 2 1 3 1 1 2	8061	072A8
臜 20画	3 5 1 1 3 1 2 1 3 5 3 1 2 1 3 5 2 5 3 4	6441	081DC
𬶮 20画	3 5 2 5 1 2 1 1 1 2 1 2 5 1 4 3 1 2 5 1	8062	2CDAE
鳜 20画	3 5 2 5 1 2 1 1 1 3 4 3 1 5 2 3 3 5 3 4	6442	09CDC
鳝 20画	3 5 2 5 1 2 1 1 4 3 1 1 1 2 4 3 1 2 5 1	6443	09CDD
鳞 20画	3 5 2 5 1 2 1 1 4 3 1 2 3 4 3 5 4 1 5 2	3483	09CDE
鳟 20画	3 5 2 5 1 2 1 1 4 3 1 2 5 3 5 1 1 1 2 4	6444	09CDF
獾 20画	3 5 3 1 2 2 2 5 1 2 5 1 3 2 4 1 1 1 2 1	6445	0737E
魔 20画	4 1 3 1 2 3 4 1 2 3 4 3 2 5 1 1 3 5 5 4	3484	09B54
𨭉 20画	4 1 3 4 1 1 2 1 2 1 5 4 3 4 1 1 2 4 3 1	8063	28B49

汉字	笔顺	《字表》序号	UCS	汉字	笔顺	《字表》序号	UCS
糯 20画		3485	07CEF	瀹 20画		8067	07039
爉 20画		8064	03E0C	瀼 20画		8068	0703C
爔 20画		8065	07214	灈 20画		8069	07035
灌 20画		3486	0704C	襬 20画		8070	0896B
灂 20画		8066	07031	臂 20画		3487	08B6C

汉字	笔顺	《字表》序号	UCS
孀 20画	5 3 1 1 4 5 2 4 4 4 4 1 2 3 4 2 5 1 1 1	6446	05B40
孅 20画	5 3 1 3 4 3 4 1 2 1 1 1 2 1 1 1 1 5 3 4	8071	05B45
骦 20画	5 5 1 1 4 5 2 4 4 4 4 1 2 3 4 2 5 1 1 1	8072	09AA6
骧 20画	5 5 1 4 1 2 5 1 2 5 1 1 1 2 2 1 3 5 3 4	6447	09AA7
𬙋 20画	5 5 1 4 1 2 5 1 2 5 1 1 1 2 2 1 3 5 3 4	8073	2C64B
耰 21画	1 1 1 2 3 4 1 3 2 5 1 1 4 5 4 5 4 4 3 5 4	8074	08030
蠢 21画	1 1 1 3 4 2 5 1 1 2 5 1 2 1 4 2 5 1 2 1 4	3488	08822
瓘 21画	1 1 2 1 1 2 2 2 5 1 2 5 1 3 2 4 1 1 1 2 1	6448	074D8
𤫉 21画	1 1 2 1 4 1 1 1 2 5 1 4 3 3 4 4 3 3 4 5 4	8075	24AC9
瓖 21画	1 1 2 1 4 1 2 5 1 2 5 1 1 1 2 2 1 3 5 3 4	8076	074D6

21画（一｜）

汉字	笔顺	《字表》序号	UCS	汉字	笔顺	《字表》序号	UCS
鬘 21画		8077	09B18	霸 21画		3489	09738
趯 21画		8078	08DAF	露 21画		3490	09732
鼙 21画		6449	09F19	霹 21画		3491	09739
醺 21画		6450	091BA	颦 21画		6452	098A6
礴 21画		6451	07934	齹 21画		8079	2CE93

21画（丨丿）

汉字	笔顺	《字表》序号	UCS	汉字	笔顺	《字表》序号	UCS
曩 21画		6453	066E9	鼱 21画		8081	09F31
躏 21画		3492	08E8F	鳠 21画		8082	09CE0
蠱 21画		8080	07F4D	鳡 21画		8083	09CE1
黯 21画		3493	09EEF	鳢 21画		6454	09CE2
髓 21画		3494	09AD3	鳣 21画		8084	09CE3

汉字	笔顺	《字表》序号	UCS	汉字	笔顺	《字表》序号	UCS
癫 21画		6455	0766B	爁 21画		8086	0721A
麝 21画		6456	09E9D	爝 21画		6458	0721D
赣 21画		3495	08D63	灌 21画		8087	07048
夔 21画		6457	05914	灏 21画		6459	0704F
爟 21画		8085	0721F	襶 21画		6460	079B3

21 画（一） 22 画（一） GF 0023—2020

汉字	笔顺	《字表》序号	UCS
鐾 21 画	5 1 3 2 5 1 4 1 4 3 1 1 2 3 4 1 1 2 4 3 1	6461	0943E
羼 21 画	5 1 3 4 3 1 1 1 2 4 3 1 1 1 3 4 3 1 1 1 2	6462	07FBC
蠡 21 画	5 5 1 3 5 3 3 3 4 2 5 1 2 1 4 2 5 1 2 1 4	6463	08821
耱 22 画	1 1 1 2 3 4 4 1 3 1 2 3 4 1 2 3 4 1 3 2 5 1	6464	08031
懿 22 画	1 2 1 4 5 1 2 5 1 4 3 1 4 1 3 5 3 4 4 5 4 4	6465	061FF
韂 22 画	1 2 2 1 2 5 1 1 2 3 5 1 3 3 4 4 1 1 1 2 5 1	8088	097C2
蘸 22 画	1 2 2 1 2 5 3 5 1 1 3 2 4 1 1 1 2 1 4 4 4 4	6466	08638
鹳 22 画	1 2 2 2 5 1 2 5 1 3 2 4 1 1 1 2 1 3 5 4 5 1	6467	09E73

汉字	笔顺	《字表》序号	UCS
蘖 22 画	1 2 2 3 2 5 1 / 5 1 4 1 4 3 1 / 1 2 4 3 1 2 3 / 4	8089	07CF5
蘼 22 画	1 2 2 4 1 3 1 / 2 3 4 1 2 3 4 / 2 1 1 1 2 1 1 / 1	8090	0863C
囊 22 画	1 2 5 1 2 4 5 / 2 5 1 2 5 1 1 / 1 2 2 1 3 5 3 / 4	3496	056CA
礵 22 画	1 3 2 5 1 1 4 / 5 2 4 4 4 4 1 / 2 3 4 2 5 1 1 / 1	8091	07935
鹴 22 画	1 4 5 2 4 4 4 / 4 1 2 3 4 2 5 / 1 1 1 3 5 4 5 / 1	8092	09E74
霾 22 画	1 4 5 2 4 4 4 / 4 3 4 4 3 5 3 / 3 2 5 1 1 2 1 / 1	6468	0973E
氍 22 画	2 5 1 1 1 2 5 / 1 1 1 3 2 4 1 / 1 1 2 1 3 1 1 / 5	6469	06C0D
饕 22 画	2 5 1 1 5 2 1 / 5 3 1 5 3 5 3 / 4 4 5 1 1 5 3 / 4	6470	09955

汉字	笔顺	《字表》序号	UCS
躔 22画	2 5 1 2 1 2 1 4 1 3 2 5 1 1 2 1 1 3 4 1 2 1	8093	08E94
躐 22画	2 5 1 2 1 2 1 5 5 5 2 5 3 4 1 5 4 4 5 4 4 5	6471	08E90
髑 22画	2 5 5 4 5 2 5 1 1 2 5 2 2 1 3 5 2 5 1 2 1 4	6472	09AD1
镵 22画	3 1 1 1 5 3 5 2 5 1 1 5 3 5 3 5 2 5 1 3 5 4	6473	09575
镶 22画	3 1 1 1 5 4 1 2 5 1 2 5 1 1 1 2 2 1 3 5 3 4	3497	09576
穰 22画	3 1 2 3 4 4 1 2 5 1 2 5 1 1 1 2 2 1 3 5 3 4	6474	07A70
皭 22画	3 2 5 1 1 3 4 4 3 2 5 2 2 1 5 1 1 5 4 1 2 4	8094	076AD
龢 22画	3 4 1 2 5 1 2 5 1 2 5 1 2 5 1 2 2 3 1 2 3 4	8095	09FA2

汉字	笔顺	《字表》序号	UCS	汉字	笔顺	《字表》序号	UCS
鳣 22画		8096	09CE4	鬻 22画		6476	09B3B
蘸 22画		3498	074E4	鬟 23画		6477	09B1F
亹 22画		8097	04EB9	趱 23画		6478	08DB1
饕 22画		6475	09954	攫 23画		6479	0652B

23 画 (一丨丿)

汉字	笔顺	《字表》序号	UCS	汉字	笔顺	《字表》序号	UCS
攩 23画	(笔顺图)	6480	06525	籛 23画	(笔顺图)	8098	07C65
虇 23画	(笔顺图)	6481	098A7	鼹 23画	(笔顺图)	6483	09F39
蹟 23画	(笔顺图)	6482	08E9C	鼷 23画	(笔顺图)	8099	09F37
罐 23画	(笔顺图)	3499	07F50	鱲 23画	(笔顺图)	8100	2B6AD

571

汉字	笔顺	《字表》序号	UCS
玃 23 画	3 5 3 2 5 1 1 1 2 5 1 1 1 3 2 4 1 1 1 2 1 5 4	8101	07383
癯 23 画	4 1 3 4 1 2 5 1 1 1 2 5 1 1 1 3 2 4 1 1 1 2 1	6484	0766F
麟 23 画	4 1 3 5 2 2 1 1 5 1 5 4 3 1 2 3 4 3 5 4 1 5 2	6485	09E9F
蠲 23 画	4 3 1 3 4 2 5 2 2 1 2 5 2 2 1 3 5 2 5 1 2 1 4	6486	08832
矗 24 画	1 2 2 5 1 1 1 1 1 2 2 5 1 1 1 1 1 2 2 5 1 1 1 1	3500	077D7
蠹 24 画	1 2 5 1 2 4 5 1 3 2 5 1 2 5 1 2 1 4 2 5 1 2 1 4	6487	08839
醾 24 画	1 2 5 3 5 1 1 4 1 3 1 2 3 4 1 2 3 4 4 3 1 2 3 4	8102	091BE
躞 24 画	2 5 1 2 1 2 1 4 1 1 1 2 5 1 4 3 3 4 4 3 3 4 5 4	6488	08E9E

24画（丿、） 25画（一丨） GF 0023—2020

汉字	笔顺	《字表》序号	UCS	汉字	笔顺	《字表》序号	UCS
衢 24画		6489	08862	纛 25画		6493	07E9B
鑫 24画		6490	0946B	鬣 25画		6494	09B23
灞 24画		6491	0705E	攮 25画		6495	0652E
襻 24画		6492	0897B	囔 25画		6496	056D4

汉字	笔顺	《字表》序号	UCS	汉字	笔顺	《字表》序号	UCS
鼺 25画	ノ ヽ 宀 白 白 白 白 3 2 5 1 1 1 2 自 自 自 自 自 自 自 5 1 2 1 1 3 2 鼻 鼻 鼻 鼻 鼻 鼻 鼻 2 1 5 3 1 5 2 鼺 鼺 鼺 鼺 5 1 1 1	8103	09F47	戆 25画	丶 亠 一 产 产 产 音 4 1 4 3 1 2 5 音 音 音 章 章 章 章 1 1 1 2 3 5 4 章 章 章 章 章 章 贛 1 2 1 3 4 1 2 贛 戆 戆 戆 4 5 4 4	6498	06206
觿 25画	ノ ク 广 角 角 角 角 3 5 3 5 1 1 2 角 角 角 角 角 角 角 2 5 2 3 2 4 1 觿 觿 觿 觿 觿 觿 1 2 1 2 5 3 觿 觿 觿 觿 4 2 5 1	8104	089FF	蠼 26画	丨 ㄇ 口 虫 虫 虫 虫 2 5 1 2 1 4 2 虫 虫 虫 虫 虫 虫 虫 5 1 1 1 2 5 1 虫 虫 虫 虫 虫 虫 蠼 1 1 3 2 4 1 1 蠼 蠼 蠼 蠼 蠼 1 2 1 5 4	8105	0883C
馕 25画	ノ ノ 乍 饣 饣 饣 饣 3 5 5 1 2 5 1 饣 馕 馕 馕 馕 馕 馕 2 4 5 2 5 1 2 馕 馕 馕 馕 馕 馕 馕 5 1 1 1 2 2 1 馕 馕 馕 馕 3 5 3 4	6497	09995	爨 30画	ノ 亻 丨 丨 丨 丨 丨 3 2 1 1 2 5 1 爨 爨 爨 爨 爨 爨 爨 2 5 1 5 1 1 4 爨 爨 爨 爨 爨 爨 爨 5 1 2 3 4 1 2 爨 爨 爨 爨 爨 爨 3 4 1 3 4 3 爨 爨 3 4	6499	07228

汉字	笔顺	《字表》序号	UCS
齉 36画	3 2 5 1 1 1 2 5 1 2 1 1 3 2 1 2 5 1 2 4 5 2 5 1 2 5 1 1 1 2 2 1 3 5 3 4	6500	09F49

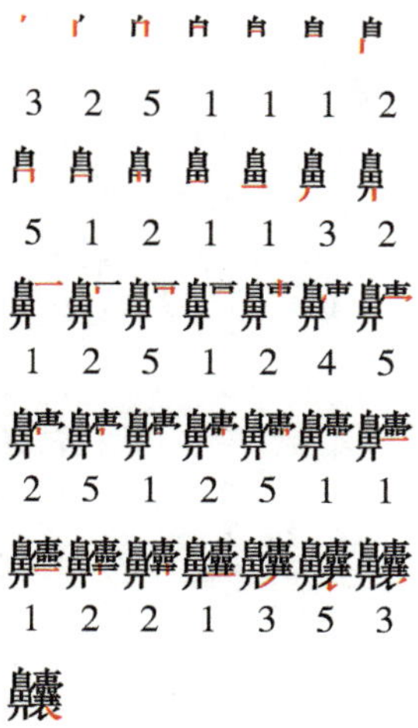